Avaliação psicológica de idosos

Coleção Avaliação Psicológica

Coordenador:
Makilim Nunes Baptista

Conselho editorial IBAP:
Katya Luciane de Oliveira (UEL)
Daniela Sacramento Zanini (PUC-GO)
Karina da Silva Oliveira (UFMG)

Dados Internacionais de Catalogação na Publicação (CIP)
(Câmara Brasileira do Livro, SP, Brasil)

Avaliação psicológica de idosos / organizadores
 Irani Iracema de Lima Argimon...[et al.]. – 1. ed. – Petrópolis, RJ : Vozes, 2023.
Vários autores.
Outros organizadores: Sabrina Martins Barroso, Makilim Nunes Baptista, Hugo Ferrari Cardoso.

Bibliografia.
ISBN 978-65-5713-806-9

1. Avaliação psicológica 2. Idosos – Aspectos psicológicos I. Argimon, Irani Iracema de Lima. II. Barroso, Sabrina Martins. III. Baptista, Makilim Nunes. IV. Cardoso, Hugo Ferrari.

23-151017   CDD-150.287

Índices para catálogo sistemático:
1. Avaliação psicológica 150.287

Aline Graziele Benitez – Bibliotecária – CRB-1/3129

Avaliação psicológica de idosos

Irani Iracema de Lima Argimon
Sabrina Martins Barroso
Makilim Nunes Baptista
Hugo Ferrari Cardoso
(orgs.)

© 2023, Editora Vozes Ltda.
Rua Frei Luís, 100
25689-900 Petrópolis, RJ
www.vozes.com.br
Brasil

Todos os direitos reservados. Nenhuma parte desta obra poderá ser reproduzida ou transmitida por qualquer forma e/ou quaisquer meios (eletrônico ou mecânico, incluindo fotocópia e gravação) ou arquivada em qualquer sistema ou banco de dados sem permissão escrita da editora.

CONSELHO EDITORIAL

Diretor
Volney J. Berkenbrock

Editores
Aline dos Santos Carneiro
Edrian Josué Pasini
Marilac Loraine Oleniki
Welder Lancieri Marchini

Conselheiros
Elói Dionísio Piva
Francisco Morás
Gilberto Gonçalves Garcia
Ludovico Garmus
Teobaldo Heidemann

Secretário executivo
Leonardo A.R.T. dos Santos

_____

Editoração: Andrea Bassotto Gato
Diagramação: Sheilandre Desenv. Gráfico
Revisão gráfica: Fernando Sergio Olivetti da Rocha
Capa: Editora Vozes
Ilustração de capa: Interchange, pintada por Willem de Kooning

ISBN 978-65-5713-806-9

Este livro foi composto e impresso pela Editora Vozes Ltda.

Sumário

Prefácio, 7
    Irani Iracema de Lima Argimon

Seção 1 – Contexto e focos da avaliação psicológica, 9

Ciclo vital e o desenvolvimento na velhice, 11
    Irani Iracema de Lima Argimon, Allana Almeida Moraes e Francisca Valda Gonçalves

Avaliação cognitiva do idoso, 27
    Sabrina Martins Barroso e Priscila Mara Lorencini Selingardi

Avaliação da personalidade, 46
    Sérgio Eduardo Silva de Oliveira, Fabio Iglesias, Bruno Bonfá-Araujo e André Pereira Gonçalves

Avaliação de aspectos de humor e suicídio em idosos, 59
    Makilim Nunes Baptista, Hugo Ferrari Cardoso, Bruno Bonfá-Araujo e Lisandra Borges Vieira Lima

Avaliação de aspectos psicológicos da sexualidade em pessoas idosas, 70
    Deusivania Vieira da Silva Falcão, Heloísa Gonçalves Ferreira e Ludgleydson Fernandes de Araújo

Avaliação sobre luto e percepção da finitude em pessoas idosas, 87
    Maycoln Leôni Martins Teodoro e Patrícia de Cássia Carvalho-Campos

As contribuições da psicologia positiva para avaliação psicológica de idosos, 98
    Caroline Tozzi Reppold, Ana Paula Porto Noronha, Sabrina Braga dos Santos e Leila Maria Ferreira Couto

Seção 2 – Avaliação de idosos em diferentes contextos, 113

Avaliação psicológica do idoso na clínica particular e em instituições de longa permanência, 115
    Tatiana Quarti Irigaray, Daiana Meregalli Schütz, Tainá Rossi e Valéria Gonzatti

Avaliação psicológica do idoso no contexto jurídico, 128
    Regina Maria Fernandes Lopes, Marianne Farina e Fabiane Konowaluk Santos Machado

Atitudes, planejamento, decisão e bem-estar na aposentadoria: pesquisas, medidas e intervenções, 146
    Lucia Helena de Freitas Pinho França e Silvia Miranda Amorim

O cuidar na perspectiva dos cuidados paliativos para idosos, 162
    Claudiane Aparecida Guimarães, Matheus Fernando Felix Ribeiro e Raphaela Campos de Sousa

Seção 3 – Técnicas para a avaliação psicológica de idosos, 179

Avaliação psicológica de idosos: entrevista inicial, 181
    Clarissa Marceli Trentini, Micheli Bassan Martins, Julia Jochims Schneider e Murilo Ricardo Zibetti

Instrumentos psicológicos: testes e escalas específicas, 195
    Camila Rosa de Oliveira, Márcia Fortes Wagner, Luís Henrique Paloski e Fernanda Cerutti

O uso de fontes complementares de informação na avaliação psicológica com pessoas idosas, 209
   Heloísa Gonçalves Ferreira e Carlos Eduardo Nórte

Sobre os autores, 223

Prefácio

Ser convidada para realizar o prefácio de um livro é sempre uma honra. Escrever o prefácio do livro *Avaliação psicológica de idosos* é uma honra ainda maior, pois na década de 1990, junto a tantos outros pesquisadores, iniciei minha jornada de estudos na área do envelhecimento humano, quando esta temática ainda carecia de atenção por grande parte das ciências humanas e da saúde. Que bom que este percurso se mantém até hoje. São estes anos de pesquisas, encontros e parcerias que resultam em grandes criações, como esta que o leitor tem em mãos. O convite para fazer parte desta obra possibilitou rever amigos e colegas para elaboração deste livro profundamente rico, representando o resultado deste caminho por nós trilhado e a certeza de que juntos estamos conseguindo reinventar a cultura do envelhecimento, colocando o idoso em posição de destaque, transformando o velho em sábio, fonte de aprendizagem a qual tanto podemos nos beneficiar enquanto sociedade, que busca constante evolução e aperfeiçoamento.

Este livro, além de representar uma significativa contribuição para os estudos acerca desta etapa do ciclo vital, também pretende promover uma reflexão aprofundada, de modo que o leitor acresça sua consciência sobre a importância deste tema para a prática da Psicologia, e, mais precisamente, da avaliação psicológica. O livro possibilita um eventual encontro entre ideias e sentidos, com capítulos organizados de tal forma que o leitor poderá iniciar sua leitura de acordo com seu interesse nas temáticas aqui oferecidas. Os temas são apresentados por meio de um processo amplo de reflexão que perpassa a clínica e a pesquisa, discorrendo tanto sobre as perdas e dificuldades como também sobre as diferentes formas de promoção de saúde e as possibilidades de empoderamento nesta faixa etária.

A diversidade de perspectivas sob o tema se dá pelo fato de os autores serem profissionais com larga experiência na área do envelhecimento humano, assim como na avaliação psicológica, que trazem a riqueza dos múltiplos olhares para o pensar sobre o idoso. Inicialmente é apresentado o envelhecimento como um processo natural do ciclo vital. Neste papel dos fatores psicossociais é possível que as pessoas idosas se impliquem comportamentos de prevenção e promoção de saúde. Estão presentes as riquezas acumuladas por um tempo importante de vida, assim como suas dificuldades. Em sequência, são apresentadas as aplicações sobre Avaliação cognitiva, Avaliação de personalidade, Sexualidade e relacionamentos, Avaliação em psicologia positiva, com ênfase na promoção de saúde e prevenção de adoecimento. O contexto clínico e jurídico também se faz presente, com intensa relevância para o entendimento psicológico e cognitivo em avaliações de processos. Para um conhecimento mais prático também contamos com as especificidades das entrevistas, anamnese e instrumentos psicológicos.

E por fim, como últimos capítulos mas não menos importantes, tem-se a proposta de preencher um espaço importante no foco da avaliação específica do envelhecimento, com a inserção de tópicos relacionados a sintomas depressivos, ideação suicida, além de manejo e avaliação relacionada ao luto e finitude, cuidados paliativos junto ao idoso e Técnicas Complementares (observação, informantes externos, prontuários e protocolos).

Em suma, este livro contou com a participação brilhante de 36 competentes autores que estão contribuindo com os 14 capítulos aqui descritos, e por tratar-se de um conteúdo direcionado à aprendizagem, à prática e ao aperfeiçoamento de profissionais da área da Psicogerontologia, tanto especialistas como alunos da graduação poderão se beneficiar de seu conteúdo. Por isso, deixamos aqui nosso convite para que mais colegas entrem nessa jornada conosco, rumo a este novo paradigma sobre a velhice e suas peculiaridades.

Irani Iracema de Lima Argimon

ABCSeção 1
Contexto e focos da avaliação psicológica

Ciclo vital e o desenvolvimento na velhice

Irani Iracema de Lima Argimon
Allana Almeida Moraes
Francisca Valda Gonçalves

Destaques

1) Idosos "também se desenvolvem"; e o desenvolvimento ocorre ao longo de todo ciclo vital.

2) Existem diferenças individuais no processo de envelhecer.

3) O processo de desenvolvimento e manutenção da capacidade funcional possibilita o bem-estar na velhice.

4) É possível que o bem-estar e o funcionamento cognitivo sejam mantidos e até melhorados à medida que se envelhece.

5) Os idosos não são necessariamente vítimas passivas do preconceito relativo à idade.

6) Conexões positivas e significativas nas redes sociais também acontecem ao envelhecer.

7) O envolvimento ativo com a vida é provavelmente o componente mais vital do envelhecimento bem-sucedido.

8) Avaliar a capacidade funcional é importante para fornecer parâmetros da qualidade de vida e apontar limitações da população idosa.

Contextualização temática

O envelhecimento faz parte do ciclo da vida. Todos os organismos começam a envelhecer a partir do dia em que nascem (Sugar, 2020). Este processo é modulado por fatores raciais, hereditários, ambientais, nutricionais e de saúde. Não existe um mecanismo único que possa explicá-lo, pois é multifatorial, multiforme e assíncrono. Por isso, costuma-se dizer que é: cumulativo, ocasionado por uma série de mudanças que ocorrem ao longo da vida; universal, indicando que nada está isento ao processo de envelhecer; progressivo, cujas mudanças ocorrem gradualmente ao longo do tempo; intrínseco, acontecendo dentro do corpo, com ou sem influências ambientais; e deletério, entendendo como tal a diminuição gradual e progressiva do desempenho funcional que ocorre ao longo do ciclo vital (Macías-Núñez et al., 2020). Portanto, para entender o desenvolvimento de pessoas idosas é interessante conhecer as mudanças que são comuns à maioria delas, caracterizadas por padrões normativos de envelhecimento, como também por aqueles considerados não normativos, que torna os idosos heterogêneos e diferenciados.

Neste capítulo destacaremos as mudanças físicas e psicológicas que acompanham o processo natural do envelhecimento, considerando perdas e ganhos. Abordaremos os conceitos de adaptação, envelhecimento bem-sucedido e envelhecimento positivo, tendo em vista o novo paradigma sobre a velhice, ao qual nos inserimos atualmente. Também discorreremos sobre a funcionalidade do idoso e suas atitudes e crenças diante do envelhecer, sugerindo alguns instrumentos de avaliação que podem fornecer suporte aos profissionais que trabalham com este público. Em suma, o objetivo principal deste capítulo é apresentar uma visão balanceada da velhice e suas peculiaridades, uma visão que foge dos estereótipos e que leva em consideração a diversidade e o potencial das pessoas de todas as idades.

As mudanças físicas, cognitivas e emocionais

Não existe um calendário comum especificado para o envelhecimento humano. Em vez disso, existem enormes diferenças individuais no processo de envelhecer, sendo que nem todos os idosos as experimentam. Tais mudanças devem ser diferenciadas de condições médicas, que de alguma forma também podem se tornar mais comuns com o aumento da idade, embora nem todas as pessoas as adquiram. Ou seja, transformações que podem ser quase imperceptíveis no início da vida tendem a ocorrer em todos os sistemas físicos do corpo, fazendo parte do processo natural do envelhecimento e comuns à maioria das pessoas. Para essas há principalmente adaptações simples (Novak, 2018; Sugar, 2020).

Entre as mudanças físicas mais visíveis que podem ocorrer, à medida que envelhecemos, podemos citar os cabelos grisalhos, prateados ou brancos; a pele, que se torna mais fina, reduz gordura e enruga, perdendo um pouco de sua maciez e suavidade; e os pés, que tendem a se afinar ou podem ficar mais largos, devido à perda de elasticidade nos tendões e ligamentos que os sustentam. Outras, por exemplo, perda auditiva e hipotermia, podem ser menos visíveis. Os idosos não se ajustam tão bem às mudanças de temperatura quanto os jovens. Por isso, são mais propensos aos efeitos negativos tanto das temperaturas frias, que podem resultar em hipotermia, quanto das temperaturas quentes, que podem resultar em hipertermia. Da mesma forma, a perda de gordura subcutânea e a diminuição do fluxo sanguíneo para a pele e extremidades também são importantes contribuintes para a redução da capacidade termorreguladora dos idosos (Macías-Núñez et al., 2020; Sugar, 2020).

À medida que envelhecemos, várias são as mudanças que ocorrem em nossos olhos, incluindo presbiopia (hipermetropia), olhos secos e catarata, todas as quais podem ser tratadas de maneira relativamente simples hoje em dia. Limitações em nossa audição também se tornam mais comuns. Os homens mais velhos são mais propensos a ter problemas auditivos do que as mulheres mais velhas. O olfato começa a diminuir a partir dos 50 anos, com as mulheres tendo um risco menor de sua capacidade diminuir ao longo do tempo em comparação com os homens. Já a capacidade de saborear parece ser menos afetada pela idade, mas a percepção do paladar pode ser afetada se a produção de saliva diminuir, o que acontece em alguns adultos mais velhos. A micção também muda. A capacidade da bexiga diminui de 30% a 40%, sem significar sintoma ou doença. Assim como os padrões de sono também mudam com a idade. Muitas vezes o idoso precisa de mais tempo para adormecer, sendo que a quantidade de tempo gasto nos sonos REM e não REM (o sono mais profundo e reparador) diminui à medida que envelhecemos, com uma redução do tempo de sono profundo. Perdemos gradualmente massa muscular e função muscular e nos deparamos com a menopausa e andropausa (Macías-Núñez et al., 2020; Sugar, 2020).

Mesmo na ocorrência de mudanças físicas, existem aspectos positivos e negativos em todas as idades ao longo da vida, e o envelhecimento não é exceção. Quando se trata de saúde mental, isto passa a ser notório. Muito do que acreditamos sobre a saúde mental e as habilidades cognitivas dos idosos é excessivamente negativo ou simplesmente errado, pois são diversos os fatores que afetam nosso bem-estar psicológico e emocional e nosso funcionamento cognitivo ao longo da vida. É possível que o bem-estar e o funcionamento cognitivo sejam mantidos e até melhorados à medida que se envelhece. E mesmo que ainda tenhamos muito a aprender sobre esta área, sabe-se com certeza que nunca é tarde demais para começar um novo empreendimento, seja ele físico, mental ou social (Sugar, 2020).

Essas grandes diferenças individuais entre os adultos mais velhos têm desafiado os pesquisadores que buscam obter uma melhor compreensão de como os processos mentais se desenvolvem na velhice. Isso porque alguns adultos parecem envelhecer com pouca ou nenhuma redução em suas habilidades mentais, sendo que, para alguns, elas podem até melhorar, enquanto para outros, as habilidades mentais parecem diminuir à medida que envelhecem. Um crescente corpo de pesquisa está demonstrando que, ao longo da vida, novos neurônios se desenvolvem no hipocampo, uma área do cérebro que é crítica para o funcionamento cognitivo (Boldrini et al., 2018). Os pesquisadores argumentam que essa neurogênese é evolutivamente vantajosa, pois aumenta a flexibilidade cognitiva para sobreviver em novos ambientes (Kempermann, 2012). Também sabemos que algumas habilidades cognitivas são mantidas, ou mesmo melhoradas com a idade, incluindo conhecimentos gerais e vocabulário. Ainda assim, é fato que algumas habilidades cognitivas declinam com a idade, incluindo a rapidez com que a informação é percebida e posta em ação (velocidade de processamento) e quanta informação pode ser ativamente mantida e manipulada na memória de uma só vez "memória de trabalho" (Sugar, 2020).

Por outro lado, à medida que os indivíduos envelhecem melhoram sua capacidade de regular suas emoções e se tornam mais hábeis em reconhecer e se concentrar nos aspectos de suas vidas que consideram mais significativos, incluindo relacionamentos próximos (Charles & Carstensen, 2010). Ao envelhecer há estreitamento de foco para conexões mais positivas e significativas nas redes sociais, com maior permissão para que as menos significativas expirem. Além disso, os adultos mais velhos podem apresentar taxas mais altas de felicidade do que os adultos mais jovens porque ignoram ou minimizam informações e situações negativas. É como se os anos de experiência permitissem colocar eventos negativos em perspectiva, resultando em uma maior capacidade de levar as coisas em seu ritmo (Mather, 2012).

Em pesquisa realizada, Stone et al. (2010) entrevistaram 340.847 indivíduos, entre 18 e 85 anos, sobre vários aspectos do bem-estar psicológico. Eles identificaram que o bem-estar global atinge pontos mais altos entre 18 e 21 anos e entre 74 e 85 anos. Nesse estudo, prazer e felicidade mostraram um aumento modesto na velhice, começando novamente quando os indivíduos estão no final dos 50 anos. Por outro lado, o estresse e a raiva diminuem à medida que os indivíduos envelhecem, e a preocupação começa a reduzir a partir dos 50 anos, atingindo seus níveis mais baixos após os 70 anos. Dado que os adultos mais velhos têm taxas relativamente altas de bem-estar psicológico e felicidade, não é surpreendente saber que eles também têm taxas relativamente altas de bem-estar emocional.

Bhattacharyya (2021) afirma que os traços de personalidade também estão diretamente relacionados à saúde física e mental dos idosos. Para Sadeq e Molinari (2018) a personalidade está associada ao declínio cognitivo em idades mais avançadas, causando impacto na saúde dos indivíduos. Os aspectos básicos da cognição como memória, atenção e velocidade de processamento, apresentam declínio gradual com a idade, embora a variabilidade intraindividual influencie o desempenho cognitivo dos idosos. Anteriormente, Graham e Lachman (2012) já sugeriam que as mudanças de personalidade na idade adulta estariam relacionadas à saúde física e à longevidade.

O neuroticismo é provavelmente o traço de personalidade mais comumente examinado em conjunto com o comportamento negativo de saúde. É caracterizado por emoções negativas, como raiva, ansiedade e depressão. Tem sido sugerido como um fator de risco para o aumento dos níveis de estresse. Por outro lado, a conscienciosidade é indiscutivelmente o traço de personalidade com maior probabilidade de estar implicado no comportamento de promoção da saúde e no engajamento social. De acordo com Kandler et al. (2015), o bem-estar individual diminui com níveis fortemente crescentes de neuroticismo e diminuição da extroversão, consciência e controle percebido, sugerindo que os traços de personalidade afetam o bem-estar, mas não vice-versa. Por outro lado, estudando 5.200 idosos em um período de 4 anos, Stephan et al. (2016) descobriram que a desregulação fisiológica em vários sistemas desafia a estabilidade da personalidade e pode até alterar os traços de personalidade. Verificou-se que a personalidade tende a melhorar com o tempo. Os psicólogos consideram isso como "o princípio da maturidade" (Van den Akker et al., 2014). As pessoas se tornam mais extrovertidas, emocionalmente estáveis, agradáveis e conscientes à medida que envelhecem. Eventos da vida, como casamento e parto, os ajudam a mudar ao longo do tempo (Bhattacharyya, 2021).

Viver por mais anos pode ser uma dádiva maravilhosa, mas, convenhamos, ninguém quer viver até os 80, 90 ou 100 anos com problemas de saúde. A boa notícia é que, em todo o mundo, esses anos "adicionais" estão se tornando cada vez mais saudáveis. Para diferenciar entre o tempo de vida e os anos de vida em que uma pessoa é saudável, o termo "*healthspan*" foi cunhado. "*Healthspan*" é a parte da vida de uma pessoa durante a qual ela está saudável, ou seja, livre das principais causas de morte como as doenças cardíacas ou câncer de pulmão, por exemplo (Sugar, 2020).

Embora possamos não ter controle sobre nossos "bons genes", como pensamos e nos comportamos pode ter um impacto substancial sobre como envelhecemos. Os hábitos, rotinas e comportamentos que estabelecemos bem antes de atingirmos a velhice podem persistir, mas também são altamente modificáveis. Dieta, exercício, crenças, interações sociais, curiosidade, positividade e um senso de propósito na vida podem influenciar muito a forma como vivenciamos a velhice. As pessoas que têm uma atitude positiva em relação à velhice costumam envelhecer melhor. Ou seja, nossos estereótipos e expectativas sobre o envelhecimento podem influenciar o quão bem envelhecemos (Castel, 2019).

Talvez por isso nossa nação está enfrentando a realidade de um novo paradigma do envelhecimento no século 21 – uma nova visão do que significa ser mais velho. Nas gerações anteriores, os idosos eram frequentemente vistos como únicos ou como um grupo separado da população como um todo. Parece que tudo isso está mudando com a longevidade crescente e as oportunidades e desafios que ela apresenta à nossa sociedade. Este paradigma consiste em olhar para o envelhecimento e para os idosos como parte integrante de toda a nossa sociedade (Bhattacharyya, 2021).

O novo paradigma – O envelhecimento bem-sucedido

Um aspecto importante desse novo paradigma é o conceito conhecido de dividendo da longevidade. O dividendo de longevidade refere-se aos benefícios que podem resultar de uma vida mais longa. Os idosos que não apenas vivem mais, mas também têm uma saúde melhor, podem impulsionar a economia em virtude de seus períodos mais longos de produtividade, sua capacidade de ganhar e economizar mais renda ao longo do tempo e suas compras e consumo de bens. Além disso, por causa de sua sabedoria, habilidades e talentos acumulados, eles têm muito a contribuir para o nosso ambiente social (Sugar, 2020). Outros termos como "envelhecimento saudável", "envelhecimento produtivo" ou "envelhecimento alegre" transmitem os muitos temas associados a uma frase mais abrangente de envelhecimento bem-sucedido.

Uma quantidade substancial de pesquisas foi realizada nos últimos anos com foco nos determinantes e na aplicação dos termos "envelhecimento bem-sucedido", "envelhecimento produtivo", "envelhecimento alegre", "envelhecimento positivo", "envelhecimento ativo" e "envelhecimento saudável" (Castel, 2019). No entanto, um debate de longa data sobre esses conceitos e seus componentes continua em paralelo. Sendo motivo de debate em gerontologia por muitas décadas, o envelhecimento bem-sucedido talvez seja o mais amplamente citado nas pesquisas, pois, de alguma forma, compila os muitos temas associados, e não seja um conceito simples de definir. Isso porque as expectativas de vida dos indivíduos, seus estilos de enfrentamento, padrão econômico, estilo de vida, interações sociais, cultura e padrões genéticos, moldam a personalidade e o comportamento de uma pessoa e têm um impacto crucial nas enormes complexidades do envelhecimento bem-sucedido (Bhattacharyya, 2021).

Vários estudiosos exploraram a ideia de envelhecimento bem-sucedido por meio da inserção de diferentes perspectivas (podemos citar Havighurst, 1961; Fries, 1990; Kahana & Kahana, 1996; Tornstam, 2005). Considerado um dos mais antigos pensamentos sobre o envelhecimento bem-sucedido, o conceito de Erikson (1950, apud Alves, 2020) descreve oito estágios da vida humana, abrangendo o período da infância à velhice, nos quais o sétimo e o oitavo estágios representam a idade adulta e velhice. No entanto, provavelmente o modelo mais proeminente e amplamente aceito de envelhecimento bem-sucedido foi proposto por Rowe e Kahn (1997), que abrange a ausência de doenças e incapacidades, alto funcionamento cognitivo e físico e envolvimento ativo com a vida. Para eles, o aumento do engajamento social tem um efeito benéfico no funcionamento cognitivo entre os idosos.

Outro modelo proeminente é o proposto por Baltes e Baltes (1990). Os autores descreveram o envelhecimento bem-sucedido de desenvolvimento ao longo da vida por meio de um processo entrelaçado de três componentes: seleção, otimização e compensação (chamado de modelo SOC). O modelo SOC explica vários comportamentos humanos comuns que são usados para alcançar o maior resultado benéfico por meio da adaptação. Esse modelo apoia o reconhecimento dos processos comportamentais, motivacionais e cognitivos associados ao envelhecimento bem-sucedido. Baltes e Baltes não se esquivaram de discutir as perdas do envelhecimento, mas mostraram otimismo em relação a como as perdas não apenas podem ser atenuadas, mas também que o envelhecimento pode trazer benefícios positivos únicos, como a sabedoria (Bhattacharyya, 2021).

Mais atualmente, uma noção biopsicossocial, talvez mais aceitável para clínicos e pesquisadores (Martin et al., 2015). Em um estudo, pesquisadores relataram encontrar 29 definições de envelhecimento bem-sucedido, a mais abrangente delas sugere a incorporação de medidas biopsicossociais em vez de apenas biomédicas (Carr & Weir, 2017; Jeste et al., 2010). Jeste et al. (2010) classificaram o envelhecimento bem-sucedido em dois tipos fundamentais: objetivo e subjetivo. Delinearam o conceito objetivo de características físicas e mentais mensuráveis e o subjetivo como adaptação à sociedade e sentido da vida. O interessante é que a concepção de envelhecimento bem-sucedido parece estar mais alinhada com a percepção subjetiva de um indivíduo do que a medida objetiva, especialmente nas idades mais avançadas (Jeste et al., 2010; Lamb, 2014). Os componentes objetivos são relativamente fáceis de medir, enquanto os componentes subjetivos não. As avaliações subjetivas dependem principalmente da personalidade e da adaptabilidade e resiliência psicológica do indivíduo em questão (Bhattacharyya, 2021). Vale salientar que ao definir o envelhecimento bem-sucedido, a definição da maioria dos pesquisadores ocidentais descreve a ausência de doenças e deficiências (Jeste et al., 2010); por outro lado, a literatura não ocidental concentra-se principalmente na adaptação, significado, conexão, reconhecimento e espiritualidade (Amin, 2017; Hilton et al., 2012; Lamb, 2014).

Enquanto o envelhecimento bem-sucedido pode ser uma maneira de descrever o quão bem envelhecemos, o conceito de "envelhecimento significativo" pode ser outra maneira importante de considerar o envelhecer bem. O envelhecimento significativo não envolve "ganhadores ou perdedores" em termos de longevidade e saúde, mas sim a necessidade de se concentrar no que é mais significativo para uma pessoa, especialmente durante a velhice. Às vezes, isso envolve não fazer mais para permanecer ativo, mas, talvez, fazer menos, abrir mão de algum controle sobre nossas vidas, estar mais atento aos outros e ciente da necessidade de perdoar e esquecer. O envelhecimento significativo nos encoraja a encontrar significado e paz em nossas vidas, e os efeitos que essas práticas têm sobre como envelhecemos podem, de fato, levar a uma forma de envelhecimento bem-sucedido (Castel, 2019).

Portanto, podemos concluir que "envelhecer melhor" ou "envelhecer bem" é possível em todas as partes do mundo, não apenas em um determinado país, mas é necessário um planejamento adequado, seja a motivação advinda do indivíduo, da sociedade ou do governo. No entanto, algo fundamental que impacta tanto o sucesso quanto a satisfação, que a maioria dos pesquisadores esqueceu de considerar, é a "aceitação", que deve vir com prazer, não por obrigação ou medo. A aceitação social e o engajamento ativo estão inter-relacionados e se afetam positivamente (Bhattacharyya, 2021).

Por isso, é fundamental destacar que muitas das coisas que passamos a acreditar sobre as pessoas mais velhas estão erradas. Por exemplo, a maioria das pessoas idosas considera sua saúde física boa, é feliz, gosta e se envolve em atividades sexuais. A maioria vive em casa própria, mantém relações próximas com os familiares e é trabalhadora ativa. As características, desejos, forças e necessidades das pessoas em diferentes estágios da vida podem variar muito. Ou seja, todos os grupos etários – jovens, adultos-jovens, pessoas de meia-idade, jovens-idosos, idosos-velhos e idosos-idosos – são heterogêneos, com uma ampla gama de recursos e necessidades (Sugar, 2020). Mas, ainda assim, os humanos podem ser uma espécie única, vivendo no paradoxo que celebra e teme o processo de envelhecimento. Ou seja, enquanto comemoramos aniversários, também tememos o processo de envelhecer, investindo em esforços que possam esconder os sinais do tempo. Por isso, a psicologia do envelhecimento tenta entender não apenas como envelhecemos, mas também nossas crenças sobre o envelhecimento e como as expectativas influenciam a maneira como vivemos esta fase da vida (Castel, 2019).

Crenças, estereótipos e ageísmo

Como já mencionamos, um número crescente de pessoas está vivendo mais do que nunca na história humana, muito provavelmente em função das melhorias nas condições de vida e condições socioeconômicas, bem como pela diminuição das mortes por doenças infecciosas. Em função disso, nas últimas décadas, a redução das taxas de mortalidade de pessoas mais velhas também incidiu no aumento do número de pessoas que vivem até idades muito avançadas – os chamados centenários ou longevos, uma conquista humana que deve ser comemorada (Sugar, 2020). No entanto, parafraseando uma citação atribuída ao Dr. Edward Stieglitz (1946) em seu livro *Second Forty Years*, o importante não é apenas acrescentar anos à nossa vida, mas vida aos nossos anos. A questão então é o que vamos fazer com todos esses longos anos de nossas vidas. Segundo Sugar (2020), para aproveitar as oportunidades que esses anos nos reservam, uma das coisas mais importantes a fazer é mudar as atitudes negativas e os estereótipos imprecisos sobre o envelhecimento que são muito difundidos em nossa sociedade.

Para isso é preciso atentar ao "ageísmo" ou "idadismo" – conceito cunhado por Robert N. Butler, especialista em gerontologia e medicina geriátrica, em 1969 – que se refere à discriminação contra pessoas com base em sua idade, mais comumente direcionado a pessoas mais velhas. Butler descreveu três aspectos desse tipo de preconceito: atitudes negativas em relação aos idosos, à velhice e ao processo de envelhecimento; práticas discriminatórias contra idosos; e práticas e políticas institucionais que perpetuam estereótipos e atitudes negativas sobre os idosos (Sugar, 2020). Tais conceitos são tão socialmente difundidos que as próprias pessoas mais velhas não estão isentas do preconceito de idade, e por fazerem parte de uma cultura anti-idade, também são submetidas a mensagens que depreciam o processo de envelhecer (Novak, 2018; Sugar, 2020). Assim, o ageísmo pode ser implícito ou explícito. Está implícito quando faz parte de pensamentos e sentimentos subconscientes, deixando muitas vezes de ser reconhecido. Por exemplo, como quando simples casos de esquecimento em pessoas mais velhas são vistos como um possível resultado da doença de Alzheimer, desconsiderando todas as vezes que pessoas jovens esquecem coisas ao longo de sua trajetória cotidiana (Sugar, 2020).

As crenças sobre o bem-estar na velhice podem afetar negativamente adultos mais jovens e mais velhos (Novak, 2018). Inclusive cognitivamente, pois sabe-se que as crenças e estereótipos negativos sobre suas habilidades de memória afetam o desempenho dos idosos quando confrontados com uma tarefa desse tipo (Sugar, 2020). Demonstrou-se que uma vida inteira de exposição a mensagens ruins relacionadas ao envelhecimento sobre a memória afeta negativamente o desempenho real em testes de memória. Estereótipos negativos aceleram o envelhecimento celular e predizem sinais da doença de Alzheimer (Levy et al., 2014; Pietrzak et al., 2016). Por outro lado, pesquisas demonstraram que visões positivas sobre o envelhecimento podem aumentar a longevidade, acelerar a recuperação de incapacidades e melhorar o desempenho ao dirigir, por exemplo (Lakra et al., 2012; Levy et al., 2013; Levy et al., 2012).

Atitudes negativas em relação ao envelhecimento não aparecem apenas nos últimos anos, elas são adotadas em uma idade precoce e se manifestam como atitudes negativas em relação a um grupo externo antes de se tornarem autorrelevantes quando os indivíduos atingem a idade avançada. Portanto, em contextos educacionais, as crianças devem ser encorajadas a desenvolver visões saudáveis sobre o envelhecimento (Crawford, 2015), por meio de uma "educação do envelhecimento". Se isso for feito desde cedo, há grandes chances de reduzir o preconceito de idade e melhorar a experiência de envelhecimento dessas gerações.

Em resumo, para profissionais e formuladores de políticas, a compreensão dos riscos do preconceito de idade fornece uma lente através da qual se pode ver a promoção do envelhecimento ativo e bem-sucedido. Os profissionais e os formuladores de políticas devem procurar maneiras pelas quais as políticas e práticas possam reduzir os riscos de preconceito de idade, formulação e incorporação de estereótipos. Em particular eles podem: (1) reduzir a propensão para autoestereótipos negativos direcionando mais ativamente a atenção para o valor dos idosos como um grupo e questionando as atribuições baseadas na idade sobre habilidades ou necessidades, (2) evitar comparações entre faixas etárias, e (3) apoiar as pessoas a interagir com as outras de forma a evitar expressar preconceito de idade (como, por exemplo, a linguagem paternalista). Outras ações úteis seriam: (4) aumentar a inclusão dos idosos nos processos de tomada de decisão dentro das estruturas de governança e (5) promover comunidades "amigas do idoso" que aumentem as oportunidades e o apoio ao contato intergeracional. Todas essas abordagens devem reduzir as experiências de preconceito de idade, que devem, então, promover melhor saúde e bem-estar (Swift et al., 2017).

Avaliação de acompanhamento de idosos

Conforme mencionado, à medida que a população global está envelhecendo, as noções de envelhecimento bem-sucedido, positivo e saudável emergem gradualmente. A ideia atual, conforme orientação da Organização Mundial da Saúde (OMS, 2020), enfatiza que envelhecer bem contempla "o processo de desenvolvimento e manutenção da capacidade funcional que possibilita o bem-estar na velhice". Sendo assim, destaca a noção de que a avaliação funcional do idoso longevo passa a ser um importante marcador para orientação e direção dos profissionais que atendem esta clientela, seja em unidades de saúde, atendimento domiciliar, instituições de longa permanência ou serviços hospitalares (Lourenço et al., 2012). Para os autores, a capacidade funcional, bem como as dimensões socioeconômicas e demográficas, estado nutricional, capacidade física e cognitiva, devem ser investigadas.

Sugere-se que o envolvimento ativo com a vida é provavelmente o componente mais vital do envelhecimento bem-sucedido (Bhattacharyya, 2021). Anteriormente, Baltes e Baltes (1990) e Rowe e Kahn (1997) já sinalizavam que a manutenção de atividades físicas e o engajamento social, sem dúvida, incidiriam na melhora e preservação do funcionamento cognitivo – algo essencial para que os idosos permaneçam ativos e saudáveis. Isso os ajuda a ter um estilo de vida independente e a se envolverem socialmente, atuando como fator de superação para a solidão, o tédio e o desamparo, ajudando-os a permanecer engajados com a vida.

Existem algumas funções que são conservadas desde a juventude até a velhice, enquanto outras declinam em função muito mais cedo. A característica fundamental do processo de envelhecimento fisiológico é a atenuação do desempenho funcional. No entanto, a taxa de capacidade funcional varia entre os indivíduos e com o tipo de função avaliada. Este desempenho funcional reduzido leva os idosos a demorarem mais ou, por vezes, a não conseguirem adaptar-se a situações biológicas, físicas, psicológicas, ambientais ou sociais de sobrecarga ou restrição (Macías-Núñez et al., 2020).

Assim, a avaliação da capacidade funcional é de suma importância, pois fornece um parâmetro direto da qualidade de vida da população idosa e aponta limitações físicas, mentais ou sociais. A perda de capacidade funcional, por sua vez, representa fator de risco para a depressão, o que funciona como uma espécie de círculo vicioso, com a degradação gradativa da capacidade funcional e qualidade de vida do idoso longevo (Lourenço, 2012; Uchoa et al., 2019). Para avaliar a capacidade funcional de idosos utiliza-se os conceitos de Atividades Básicas de Vida Diária (ABVD) e Atividades Instrumentais de Vida Diária (AIVD) (Lawton & Brody, 1969; Santos & Virtuoso Junior, 2008). Para avaliar as AIVDs são analisadas oito atividades: preparar refeições, fazer tarefas domésticas, lavar roupas, manusear dinheiro, usar o telefone, tomar medicações, fazer compras e utilizar os meios de transporte. E para avaliar as ABVDs é utilizado o índice de Katz, criado por Sidney Katz e adaptado para o Brasil por Lino et al. (2008), no qual se avalia uma lista de seis itens que indicam que a perda da função no idoso começa pelas atividades mais complexas, como vestir-se, banhar-se, até chegar as de autorregulação como alimentar-se e as de eliminação ou excreção (Lourenço, 2012; Uchoa et al., 2019).

Ao mesmo tempo que a capacidade funcional se revela de extrema importância para o pleno desenvolvimento na velhice, as atitudes negativas em relação ao envelhecimento podem inibir o envelhecimento bem-sucedido, ativo e saudável (Swift et al., 2017). Para reduzir o impacto da ameaça do estereótipo e das atitudes negativas internalizadas em relação à idade, Swift et al. (2016) sugerem que os responsáveis pela formação dos profissionais de saúde e assistência social devam estar cientes dos potenciais gatilhos de ameaça e personificação dos estereótipos. Conectados à ideia de mudança de atitudes, os autores sugerem que é importante que os próprios idosos desafiem os estereótipos de idade para combater seus efeitos prejudiciais nos determinantes pessoais do envelhecimento ativo.

Ensinar as pessoas mais velhas sobre o preconceito de idade e a ameaça dos estereótipos pode permitir que assumam essa perspectiva de desafio. Para tanto, alguns instrumentos podem auxiliar, como a *Ambivalent Ageism Scale* (AAS), ou Escala de Idadismo Ambivalente, introduzida por Cary et al. (2017). O instrumento realça a existência de subtipos de idadismo, um benevolente (em que tratamentos aparentemente positivos podem ser reflexo de uma realidade de preconceito latente) e um claramente negativo e hostil. As escalas *Succession, Identity, and Consumption Scale of Prescriptive Ageism* (SIC) (North & Fiske, 2013) – uma escala de conflito intergercional – e a Escala Fraboni de Idadismo (Fraboni et al., 1990), ou *Fraboni Scale of Ageism* (FSA), que visa avaliar o componente afetivo do preconceito por meio de três dimensões, também podem ser utilizadas.

Como os idosos são o único setor da sociedade que tem o conhecimento mais íntimo da adaptação ao processo de envelhecimento, um questionário de atitudes em relação ao envelhecimento também se faz essencial para capturar a avaliação mais realista dessa importante fase da vida. O estereótipo negativo do envelhecimento deve ser desafiado ainda mais quando as atitudes transculturais são levadas em consideração. Ainda mais porque, ao questionar-se sobre o envelhecimento, podem surgir descobertas surpreendentes, pois a experiência individual do envelhecimento é muitas vezes vista sob uma luz mais positiva, na qual o crescimento, o desenvolvimento e a mudança positiva ainda são possíveis e comuns. Neste sentido, sugere-se a utilização do *Attitudes to Ageing Questionnaire* (AAQ) proposto por Laidlaw et al. (2007), ou o Questionário de Atitudes Diante do Envelhecimento, no Brasil adaptado por Chachamovich et al. (2008).

Além disso, desenvolvida por Reker (2009) para avaliar o envelhecimento bem-sucedido, há a Escala de Envelhecimento Bem-sucedido (SAS). A vantagem deste instrumento de triagem é abranger os principais modelos do envelhecimento bem-sucedido em um único instrumento de triagem, contemplando os fatores de hábitos de vida saudáveis, enfrentamento adaptativo e engajamento com a vida. Além dele, há também a *Brief Successful Aging Inventory* – SAI (Lee et al., 2016).

Já no sentido de realizar uma avaliação mais ampla e abrangente, também podemos citar o questionário *The Older Adult Self-Report* (OASR) (Achenbach et al., 2004; Oliveira et al., 2017) que consiste em várias subescalas que investigam o funcionamento adaptativo (por exemplo, relacionamento, cuidados pessoais e habilidades de vida diária) e psicopatologia (ansiedade, depressão e problemas de memória). O interessante é que apesar de ampla abrangência, o OASR não fornece um diagnóstico, mas quantifica sintomas que orientam para uma avaliação mais aprofundada desses aspectos, caso o profissional perceba esta necessidade (Achenbach et al., 2004). Por isso, consiste em um excelente instrumento de avaliação geral da pessoa idosa, diante do processo de envelhecer. A Escala de Ansiedade sobre Envelhecer (Lasher & Faulkender, 1993), pode também auxiliar neste sentido.

Considerações finais

Precisamos de uma nova visão do envelhecimento – uma visão que leve em consideração a diversidade e o potencial das pessoas de todas as idades. Algumas pessoas estão "esgotadas" aos 50 anos, enquanto outras estão no auge aos 68 ou 70 anos. Algumas são vulneráveis no final da meia-idade devido a condições crônicas de saúde, enquanto outras trabalham a parte mais importante de suas vidas no final dos 60 e 70 anos. Algumas pessoas de 40 anos gostariam de fazer uma pausa no emprego e depois retornar ao mercado de trabalho. Outras sofreram discriminação durante toda a vida por causa de seu sexo, raça ou origem étnica. Por isso, todos os profissionais que estudam o envelhecimento devem compreender realisticamente este processo. Para isso devem estar cientes das grandes e rápidas mudanças populacionais que estão ocorrendo; avaliar o que o envelhecimento significa atualmente para a sociedade e para os próprios idosos; estar ciente dos recursos e suportes disponíveis; perceber os impactos de uma sociedade em envelhecimento nas estruturas empresariais, governamentais e familiares; e participar das discussões e debates que envolvem as questões que afetam os idosos (Bhattacharyya, 2021).

De acordo com Laura L. Carstensen (2014), nossa sociedade precisa encontrar maneiras criativas de referência, nossas gerações mais velhas, sua experiência e sua sabedoria. Até o momento, o envelhecimento foi (e muitas vezes ainda é) considerado uma parte negativa do curso da vida humana, e diferentes representações midiáticas transmitem essa mensagem para uma parcela mais significativa da sociedade. Essa atitude é mais proeminente na cultura ocidental do que em sua contraparte oriental. No entanto, com as transformações em relação à expectativa de vida e as mudanças físicas e mentais que geralmente vêm com a progressão da idade, os antigos conceitos se alteram gradativamente, demonstrando que envelhecer tem vários lados positivos. A população idosa em rápido crescimento tem muito a contribuir com a sociedade, e isso deve ser encarado como um recurso crescente. Portanto, precisamos mudar nosso foco para longe da negatividade e das incapacidades associadas à idade avançada. Em vez disso, devemos repensar a potencialidade da mente envelhecida e considerar nossa geração mais velha uma geração mais sábia. Alternativamente, devemos pensar que, à medida que as pessoas envelhecem, elas desenvolvem estratégias a partir de seus processos de aprendizagem ao longo da vida, que as ajudam a compensar e superar os encargos (Bhattacharyya, 2021).

Existem enormes oportunidades para nos beneficiarmos do envelhecimento da nossa população. Mas há desafios também. Está ao nosso alcance enfrentar todos esses desafios, alguns dos quais já foram mencionados: discriminação no local de trabalho; isolamento, que pode levar a abusos e negligência; pobreza, especialmente entre mulheres mais velhas e membros mais velhos de grupos minoritários; e questões que surgem na viuvez, entre muitos outros. Para enfrentar os desafios e aproveitar as oportunidades à medida que envelhecemos, precisamos desenvolver novas políticas e práticas (Bhattacharyya, 2021).

Em uma sociedade complexa, composta pelos desafios que se evidenciam todos os dias, envelhecer precisa ser visto simplesmente como mais uma fase da vida. Reconhecendo a diversidade da população idosa, é preciso desenvolver uma nova percepção do envelhecimento que evite os estereótipos que moldaram a percepção da sociedade sobre os idosos, bem como a percepção dos idosos sobre si mesmos. A modernização persistirá para sempre, e o impacto do aumento da expectativa de vida humana dependerá de nós (não apenas os idosos) como podemos nos adaptar às situações. Só poderemos dar um passo à frente para envelhecer melhor depois que essa adaptação ocorrer com aceitação universal (Sugar, 2020).

Pessoas de todas as gerações têm algo a contribuir para enriquecer nossa sociedade e criar maior bem-estar social, econômico e cívico para todos. Cada geração tem seu próprio conjunto de ativos, e os idosos não são exceção. À medida que envelhecemos, construímos sabedoria, experiência, habilidades e talentos que devemos usar para fazer nossa sociedade avançar. Precisamos remover as barreiras para que os idosos participem plenamente de nossas comunidades (Sugar, 2020). Os estereótipos podem nos levar a julgar mal as pessoas, a tratá-las de forma inadequada. Neste caso, precisamos lembrar que embora a gerontologia seja um campo de estudos sobre o envelhecimento, talvez seu maior trunfo seja nos chamar para olharmos para nós mesmos, nossas crenças, valores e ações. Quanto mais entendermos o processo de envelhecer, maiores serão nossas habilidades de criar uma "boa velhice" para nós e para quem amamos (Novak, 2018).

Perguntas e respostas

1. Qual o conceito de envelhecimento?

Resposta: É um processo natural comum à maioria das pessoas e faz parte do ciclo da vida. É modulado por fatores raciais, hereditários, ambientais, nutricionais e de saúde. É multifatorial, multiforme e assíncrono. É cumulativo, universal, progressivo, intrínseco e deletério (Macías-Núñez et al., 2020).

2. Quais as mudanças que ocorrem no processo de envelhecimento do ponto de vista físico, cognitivo e emocional?

Resposta: Entre as mudanças físicas perceptíveis estão cabelos grisalhos, prateados ou brancos; a pele, que se torna mais fina, reduz gordura e enruga, perda de sua maciez e suavidade; e os pés, que tendem a se afinar ou podem ficar mais largos. Acrescentem-se ainda: perda auditiva, hipotermia e hipertermia, porque se ajustam menos às mudanças de temperatura no ambiente. Outras alterações como hipermetropia, olhos secos e cataratas, audição limitada, percepção do paladar afetada, mudança na micção, alterações no sono e perda de massa muscular também acontecem nesse processo. (Macías-Núñez et al., 2020; Sugar, 2020).

O bem-estar e o funcionamento cognitivo podem ser mantidos e até melhorados à medida que se envelhece. Pesquisadores buscam obter uma maior compreensão sobre o desenvolvimento dos processos mentais na velhice, indagando por que alguns adultos envelhecem com pouca ou nenhuma redução em suas habilidades mentais, alguns podem até melhorar, e outros parecem diminuir à medida que envelhecem. Pesquisas demonstram que, ao longo da vida, novos neurônios se desenvolvem no hipocampo, uma área do cérebro que é crítica para o funcionamento cognitivo (Boldrini et al., 2018). Essa neurogênese é evolutivamente vantajosa, pois aumenta a flexibilidade cognitiva para sobreviver em novos ambientes (Kempermann, 2012).

A capacidade de regular as emoções vai melhorando à medida que os indivíduos envelhecem e se tornam mais eficientes em reconhecer e se concentrar nos aspectos mais significativos de suas vidas, incluindo relacionamentos próximos (Charles & Carstensen, 2010).

3. Quais as perdas e ganhos do envelhecimento?

Resposta: Perdas se dão com a redução do desempenho funcional, uma vez que os idosos demoram mais ou, por vezes, não conseguem adaptar-se a situações biológicas, físicas, psicológicas, ambientais ou sociais de sobrecarga ou restrição (Macías-Núñez et al., 2020).

Ganhos acontecem com a atividade física, por aumentar o funcionamento cognitivo entre os idosos, o que é essencial para que permaneçam ativos e saudáveis (Rowe & Kahn, 1997). Isso os ajuda a terem um estilo de vida independente e a se envolverem socialmente, atuando em um fator de superação para a solidão, o tédio e o desamparo, ajudando-os a permanecer engajados com a vida (Bhattacharyya, 2021).

4. O que distingue envelhecimento bem-sucedido de envelhecimento positivo?

Resposta: Enquanto o envelhecimento bem-sucedido pode ser uma maneira de descrever o quão bem envelhecemos, conforme o dividendo de longevidade (Sugar, 2020), o conceito de "envelhecimento significativo" pode ser outra maneira importante de considerar o envelhecer bem. O envelhecimento significativo não envolve "ganhadores ou perdedores" em termos de longevidade e saúde, mas sim a necessidade de se concentrar no que é mais significativo para uma pessoa, especialmente na velhice. Às vezes, isso envolve não fazer mais para permanecer ativo, mas, talvez, fazer menos, renunciar a algum controle sobre nossas vidas, estar mais atentos aos outros e estar cientes da necessidade de perdoar e esquecer. O envelhecimento significativo nos encoraja a encontrar significado e paz em nossas vidas, e os efeitos que essas práticas têm sobre como envelhecemos podem, de fato, levar a uma forma de envelhecimento bem-sucedido (Castel, 2019).

5. Quais os principais instrumentos para avaliar idosos?

Resposta: Para avaliar a capacidade funcional de idosos – Atividades Básicas de Vida Diária (ABVD) e Atividades Instrumentais de Vida Diária (AIVD) (Lawton & Brody, 1969; Santos & Virtuoso Junior, 2008).

Para ensinar sobre o preconceito de idade e a ameaça dos estereótipos – *Ambivalent Ageism Scale* (AAS), ou Escala de Idadismo Ambivalente, introduzida por Cary et al. (2017). As escalas *Succession, Identity, and Consumption Scale of Prescriptive Ageism* (SIC) (North & Fiske, 2013) – uma escala de conflito intergercional – e a escala Fraboni de Idadismo (Fraboni et al., 1990), ou *Fraboni Scale of Ageism* (FSA).

Para uma avaliação realista sobre o envelhecimento – *Attitudes to Ageing Questionnaire* (AAQ), proposto por Laidlaw et al. (2007), ou Questionário de Atitudes Diante do Envelhecimento, no Brasil adaptado por Chachamovich et al. (2008).

Para avaliar o envelhecimento bem-sucedido – Escala de Envelhecimento Bem-sucedido (SAS); e *Brief Successful Aging Inventory* (SAI) (Lee et al., 2016).

Para realizar a avaliação mais ampla e abrangente – o questionário *The Older Adult Self-Report* (OASR) (Achenbach et al., 2004; Oliveira et al., 2017); e a escala de ansiedade sobre envelhecer (Lasher & Faulkender, 1993).

Referências

Achenbach, T. M., Newhouse, P.A., & Rescorla, L.A. (2004). *Manual for the ASEBA Older Adult Forms & Profiles*. University of Vermont, Research Center for Children, Youth, and Families.

Alves, L. M. (2020). *Erik Erikson: os estágios psicossociais do desenvolvimento. Ensaios e notas*. https://ensaiosenotas.com/2020/06/13/erik-erikson-os-estagios-psicossociais-do-desenvolvimento/

Amin, I. (2017). Perceptions of successful aging among older adults in Bangladesh: An exploratory study. *Journal of Cross-Cultural Gerontology, 32*(2), 191-207. https://doi.org/10.1007/s10823-017-9319-3

Bhattacharyya, K. K. (2021). Healthy Aging and Aging Well. In *Rethinking the Aging Transition: Psychological, Health, and Social Principles to Guide Aging Well*. Springer. https://doi.org/10.1007/978-3-030-88870-1_4

Baltes, P. B., & Baltes, M. M. (1990). Psychological perspectives on successful aging: The model of selective optimization with compensation. In P. B. Baltes P. B., & M. M. Baltes (eds.). *Successful aging: Perspectives from the behavioral sciences* (pp. 1–34). Cambridge University Press.

Boldrini, M., Fulmore, C. A., Tartt, A. N., Simeon, L. R., Pavlova, I., Poposka, V., & Mann, J. J. (2018). Human hippocampal neurogenesis persists throughout aging. *Cell Stem Cell, 22*(4), 589-599.e5. https://doi.org/10.1016/j.stem.2018.03.015

Carr, K., & Weir, P. L. (2017). A qualitative description of successful aging through different decades of older adulthood. *Aging & Mental Health, 21*(12), 1.317-1.325. https://doi.org/10.1080/13607863.2016.1226764

Carstensen, L. L. (2014). Our aging population – it may save us all. In P. H. Irving (ed.). *The upside of aging: How long life is changing the world of health, work, innovation, policy, and purpose*. Wiley.

Cary, L. A., Chasteen, A. L., & Remedios, J. (2017). The ambivalent ageism scale: developing and validating a scale to measure benevolent and hostile ageism. *Gerontologist, 57*(2), 27-36. https://doi.org/10.1093/geront/gnw118

Castel, A. D. (2019). *Better with age: the psychology of successful aging*. Oxford University Press.

Chachamovich, E., Fleck, M., Trentini, C., Laidlaw, K., & Power, M. (2008). Development and validation of the Brazilian version of the Attitudes to Aging Questionnaire (AAQ): An example of merging classical psychometric theory and the Rasch measurement model. *Health and Quality of LifeOutcomes, 6*(5), 1-10. https://doi.org/10.1186/1477-7525-6-5

Charles, S. T., & Carstensen, L. L. (2010). Social and emotional aging. *Annual Review of Psychology, 61*, 383-409. https://doi.org/10.1146/annurev.psych.093008.100448

Crawford, P. A. (2015). Focus on elementary: Rock of ages: Developing healthy perspectives of aging in the elementary grades. *Childhood Education, 91*, 395-401.

Fraboni, M., Salstone, R., & Hughes, S. (1990). The Fraboni Scale of Ageism (FSA): An attempt at a more precise measure of ageism. *Canadian Journal on Aging, 9*(1), 56-66. http://dx.doi.org/10.1017/S0714980800016093

Fries, J. F. (1990). Medical perspectives upon successful aging. In P. B. Baltes, & M. M. Baltes (eds.). *Successful aging: Perspectives from the behavioral sciences* (pp. 35-49). Cambridge University Press. https://doi.org/10.1017/CBO9780511665684.004

Graham, E. K., & Lachman, M. E. (2012). Personality stability is associated with better cognitive performance in adulthood: Are the stable more able? *The Journals of Gerontology. Series B, Psychological Sciences and Social Sciences, 67*(5), 545-554. https://doi.org/10.1093/geronb/gbr149

Havighurst, R. J. (1961). Successful aging. *The Gerontologist, 1*, 8-13.

Hilton, J., Gonzalez, C., Saleh, M., Maitoza, R., & Anngela-Cole, L. (2012). Perceptions of successful aging among older Latinos in cross-cultural context. *Journal of Cross-Cultural Gerontology, 27*(3), 183-199. https://doi.org/10.1007/s10823-012-9171-4

Jeste, D. V., Depp, C. A., & Vahia, I. V. (2010). Successful cognitive and emotional aging. *World Psychiatry, 9*(2), 78-84.

Kahana, E., & Kahana, B. (1996). Conceptual and empirical advances in understanding aging well through proactive adaptation. In V. Bengtson (ed.). *Adulthood and aging: Research on continuities and discontinuities* (pp. 18-40). Springer.

Kandler, C., Kornadt, A. E., Hagemeyer, B., & Neyer, F. J. (2015). Patterns and sources of person- ality development in old age. *Journal of Personality and Social Psychology, 109*(1), 175-191. https://doi.org/10.1037/pspp0000028

Kempermann, G. (2012). New neurons for "survival of the ttest." *Nature Reviews Neuroscience, 13*(10), 727-736. https://doi.org/10.1038/nrn3319

Laidlaw, K., Power, M. J., Schmidt, S., & WHOQOL-OLD Group. (2007). The Attitudes to Ageing Questionnaire (AAQ): development and psychometric properties. *International Journal of Geriatric Psychiatry, 22*(4), 367-379. https://doi.org/10.1002/gps.1683

Lakra, D. C., Ng, R., & Levy, B. R. (2012). Increased longevity from viewing retirement positively. *Ageing and Society, 32*(8), 1.418-1.427. https://doi.org/10.1017/S0144686X11000985

Lamb, S. (2014). Permanent personhood or meaningful decline? Toward a critical anthropology of successful aging. *Journal of Aging Studies, 29*, 41-52. https://doi.org/10.1016/j.jaging.2013.12.006

Lasher, K. P., & Faulkender, P. J. (1993). Measurement of aging anxiety: development of the anxiety about aging scale. *International Journal on Aging and Human Development, 37*(4), 247-259. https://doi.org/10.2190/1U69-9AU2-V6LH-9Y1L

Lawton, M. P., & Brody, E. M. (1969). Assessment of older people: self-maintaining and instrumental activities of daily living. *Gerontologist, 9*, 179-186. https://doi.org/10.1093/geront/9.3_Part_1.179

Lee, J. E., Kahana, B., & Kahana, E. (2017). Successful Aging from the Viewpoint of Older Adults: Development of a Brief Successful Aging Inventory (SAI). *Gerontology 63*, 359-371. https://doi.org/10.1159/000455252

Levy, B. R., Ng, R., Myers, L., & Marottoli, R. A. (2013). A psychological predictor of elders' driving performance: Social comparisons on the road. *Journal of Applied Social Psychology, 43*(3), 556-561. https://doi.org/10.1111/j.1559-1816.2013.01035.x

Levy, B. R., Pilver, C. E., & Pietrzak, R. H. (2014). Lower prevalence of psychiatric conditions when negative age stereotypes are resisted. *Social Science and Medicine, 119*, 170-174. https://doi.org/10.1016/j.socscimed.2014.06.046

Levy, B. R., Slade, M., Murphy, T. E., & Gill, T. (2012). Association between positive age stereotypes and recovery from disability in older persons. *Journal of the American Medical Association, 308*(19), 1.972-1.973. https://doi.org/10.1001/jama.2012.14541

Lino, V. T. S., Pereira, S. R., Camacho, L. A. B., Ribeiro Filho, S. T., & Buksman, S. (2008). Adaptação transcultural da Escala de Independência em Atividades da Vida Diária (Escala de Katz). *Cadernos de Saúde Pública, 24*, 103-112. https://doi.org/10.1590/S0102-311X2008000100010

Lourenço, T. M., Lenardt, M. H., Kletemberg, D. F., Seima, M. D., Tallmann, A. E. C., & Neu, D. K. M. (2012). Capacidade funcional no idoso longevo: uma revisão integrativa. *Rev Gaúcha Enferm., 33*(2), 176-185.

Macías-Núñez, J.-F., Gregori, J.-A. A., & López-Novoa, J.-M. (2020). Biology of the Aging Process. In Rattan, S. S. *Encyclopedia of Biomedical Gerontology*. Academic Press.

Martin, P., Kelly, N., Kahana, B., Kahana, E., Willcox, B. J., Willcox, D. C., & Poon, L. W. (2015). Dening successful aging: A tangible or elusive concept? *The Gerontologist, 55*(1), 14-25. https://doi.org/10.1093/geront/gnu044

Mather, M. (2012). The emotion paradox in the aging brain. *Annals of the New York Academy of Sciences, 1251*, 33-40. https://doi.org/10.1111/j.1749-6632.2012.06471.x

North, M. S., & Fiske, S. T. (2013). A prescriptive, intergenerational-tension ageism scale: Succession, identity, and consumption (SIC). *Psychological As-*

sessment, 25(3), 706-713. https://doi.org/10.1037/a0032367

Novak, M. (2018). *Issues in Aging* (4. ed.). Routlegde.

Oliveira, C. R., Paloski, L. H., Farina, M. Gonzatti V., Cunha, A. M., Oliveira M. Z., Argimon I. I. L., Irigaray, T. Q. (2017). Older Adult Self Report Construct and Criterion Validity Evidence for the Brazilian Elderly. anales de psicología, 33(2), 277-282. http://dx.doi.org/10.6018/analesps.33.2.236881

Pietrzak, R. H., Zhu, Y., Slade, M. D., Qi, Q., Krystal, J. H., Southwick, S. M., & Levy, B. R. (2016). Association between negative age stereotypes and accelerated cellular aging: Evidence from two cohorts of older adults. *Journal of the American Geriatrics Society*, 64(11), e228-e230.

Reker, G. T. (2009). *A brief manual of the Successful Aging (SAS)*. Student Psychologists Press.

Rowe, J. W., & Kahn, R. L. (1997). Successful aging. *The Gerontologist*, 37(4), 433-440.

Sadeq, N. A., & Molinari, V. (2018). Personality and its relationship to depression and cognition in older adults: Implications for practice. *Clinical Gerontologist*, 41(5), 385-398. https://doi.org/10.1080/07317115.2017.1407981

Lopes dos Santos, R., & Virtuoso Júnior, J. S. (2008). Confiabilidade da versão brasileira da escala de atividades instrumentais da vida diária. *Revista Brasileira em Promoção da Saúde*, 21(4), 290-296. https://www.redalyc.org/articulo.oa?id=40811508010

Stephan, Y., Sutin, A. R., Luchetti, M., & Terracciano, A. (2016). Allostatic load and personality: A 4-year longitudinal study. *Psychosomatic Medicine*, 78(3), 302-310. https://doi.org/10.1097/ PSY.0000000000000281

Stieglitz, E. J. (1946). The second forty years. *Science*, 107, 125-126.

Stone, A. A., Schwartz, J. E., Broderick, J. E., & Deaton, A. (2010). A snapshot of the age distribution of psychological well-being in the United States. *Proceedings of the National Academy of Sciences*, 107(22), 9.985-9.990. https://doi.org/10.1073/pnas.1003744107

Sugar, J. A. (2020). Introduction to aging: A Positive, Interdisciplinary Approach. Springer Publishing Company.

Swift, H. J., Abrams D., Drury, L., & Lamont, R. A. (2016). *Briefing paper: The perception of ageing and age discrimination*. British Medical Association.

Swift, H. J., Abrams, D., Lamont, R. A., & Drury, L. (2017). The Risks of Ageism Model: How Ageism and Negative Attitudes toward Age Can Be a Barrier to Active Aging. *Social Issues and Policy Review*, 11(1), 195-231.

Tornstam, L. (2005). *Gerotranscendence: A developmental theory of positive aging*. Springer Publishing Company.

Uchoa, V. S., Chaves, L. L., Botelho, E. P., Polaro, S. H. I., & Oliveira, M. F. V. (2019). Fatores associados a sintomas depressivos e capacidade funcional em idosos. *Cogitare Enfermagem*, 24, e60868. https://dx.doi.org/10.5380/ce.v24i0.60868

Van den Akker, A. L., Deković, M., Asscher, J., & Prinzie, P. (2014). Mean-level personality development across childhood and adolescence: A temporary de ance of the maturity principle and bidirectional associations with parenting. *Journal of Personality and Social Psychology*, 107(4), 736-750. https://doi.org/10.1037/a0037248

World Health Organization (2020). *Decade of healthy ageing*. World Health Organization. https://www.who.int/ageing/decade-of-healthy-ageing

Avaliação cognitiva do idoso

Sabrina Martins Barroso
Priscila Mara Lorencini Selingardi

Destaques

1) Profissionais que trabalham com avaliação de idosos precisam entender de psicometria, avaliação psicológica, desenvolvimento, psicopatologia e psicofarmacologia.

2) A avaliação cognitiva de idosos deve ser holística e ecológica, sempre que possível.

3) É necessário avaliar aspectos emocionais e funcionais como parte da avaliação de idosos.

4) Algumas das dificuldades para avaliar idosos no Brasil devem-se a ausência de instrumentos e qualidade das normas para essa população.

5) A avaliação cognitiva de idosos ajuda a identificar déficits precoces, diagnósticos e a orientar encaminhamentos e planos de ação.

Contextualização temática

Envelhecer é tanto um processo biológico quanto cultural. Pelo aspecto biológico, a falha no processo de replicação de nossas células faz com que nosso corpo se altere e a existência de condições clínicas debilitantes. No aspecto social, o período em que nascemos (coorte de nascimento), condições de vida a que somos submetidos (por exemplo: qualidade da alimentação, condições sanitárias e de acesso a tratamentos de saúde, tipo de trabalho desempenhado, existência de pessoas que prestam suporte social), geram grande impacto em como envelhecemos.

Exatamente porque depende de aspectos biológicos e sociais, o aumento na expectativa de vida e no número de pessoas idosas é considerado um índice de desenvolvimento para os países. A expectativa de vida dos brasileiros foi ampliada de 45,5 anos, em 1940, para 73,6 anos em 2021 (Instituto Brasileiro de Geografia e Estatística [IBGE], 2021). Esse valor era mais alto em 2019 (76,6 anos), mas vivenciamos uma redução derivada das consequências diretas da Covid-19 (morte de idosos, sequelas crônicas que reduzem anos de vida saudáveis) e de suas consequências indiretas, em especial a ampliação da população abaixo da linha da miséria e da porcentagem de pessoas vivendo sob insegurança alimentar no país (IBGE, 2020). Apesar disso, o IBGE estima que haverá uma virada no perfil da população brasileira até 2030, que levará a porcentagem de brasileiros com 60 anos ou mais a ultrapassar o percentual de pessoas até 14 anos. Isso significa que a população idosa representará 18% da população brasileira, enquanto a população infantojuvenil corresponderá a 17,6%, o que representa um bom índice de desenvolvimento para o país. Além disso, as estimativas são que essa inversão se acentue, fazendo com que, em 2050, a população idosa atinja 66,5 milhões de pessoas, representando 29,3% da população brasileira total (IBGE, 2016).

A ampliação da população idosa e o avanço na expectativa de vida exige adaptações sociais e dos cuidados referentes à saúde, pois vem acompanhada do crescimento do número de pessoas com doenças relacionadas ao envelhecimento. Nesse contexto, não é apenas necessário considerar as patologias físicas, que comprometem mobilidade, é extremamente importante investigar os prejuízos cognitivos, capazes de comprometer a independência funcional dos idosos, afetando seus hábitos de vida e seu bem-estar. Ambos podem impactar a frequência e tempo de internações hospitalares, uso de medicação e a necessidade de cuidadores, o que afeta a vida dos indivíduos tanto quanto a própria economia do país (Dos Santos et al., 2020).

As 10 principais patologias não transmissíveis ligadas ao envelhecimento incluem doenças cardiovasculares, diabetes, catarata, demências, hipertensão arterial, depressão, osteoporose, parkinsonismo e infecções urinárias e respiratórias (Valtorta et al., 2018). Quanto à cognição, há diversas possibilidades de problemas, desde comprometimentos cognitivos leves de domínio único até quadros demenciais (Barroso, 2022). Como este capítulo é dedicado à avaliação cognitiva de idosos, serão apresentados conceitos importantes para entender o tema e avaliá-lo adequadamente na população com 60 anos ou mais.

Sob o rótulo de cognição estão incluídos todos os processos de aquisição de conhecimento, manutenção das informações, recuperação espontânea e intencional e integração do conhecimento adquirido. Portanto, sob o termo cognição inclui-se aspectos atencionais, as diversas funções executivas de controle inibitório, organização/planejamento, flexibilidade mental, capacidade de abstração, rotação mental de objetos, memória, habilidades visuoespaciais e visuoconstrutivas, percepção, habilidades matemáticas e linguagem. Uma diferenciação importante para a área é a avaliação dessas funções sob qualquer condição, ou quando intencionalmente usadas para interpretar e alterar o mundo. Esse segundo entendimento, geralmente, recebe a alcunha de funções executivas.

As funções executivas incluem nossa capacidade de mobilização de processos cognitivos de forma intencional e focada em metas e sua principal utilidade é auxiliar quando o processamento automático ou intuitivo é insuficiente, impossível ou inadequado (Diamond, 2013). Assim, as funções executivas são um contraponto à manifestação espontânea das nossas capacidades mentais, de forma a conseguir avaliar seu processo de uso e escolher as estratégias mais funcionais (Malloy-Diniz et al., 2014). Segundo Diamond (2013), as funções cognitivas e executivas seguem uma relação funcional, que poderia ser esquematizada assim:

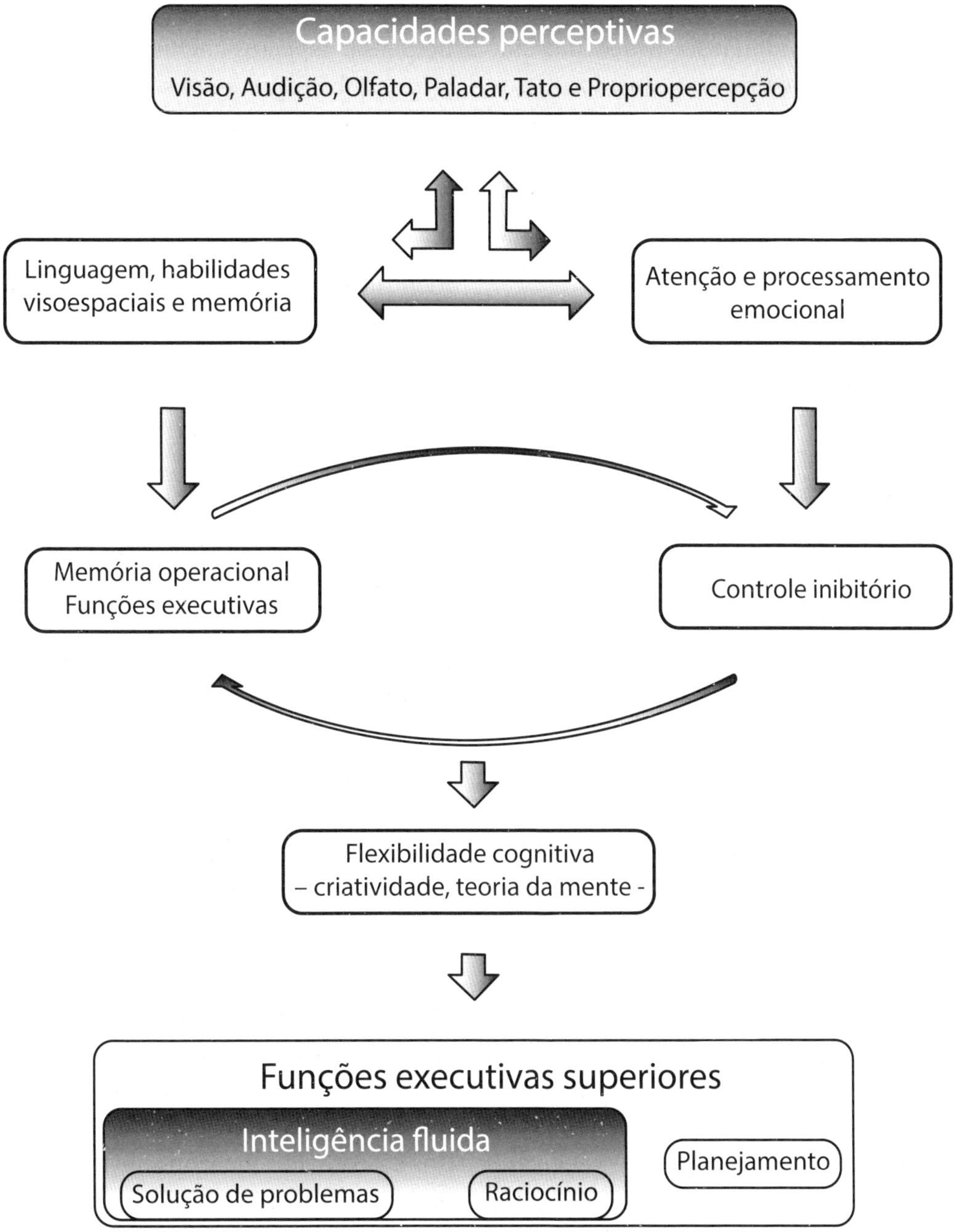

Avaliação cognitiva do idoso 29

Capacidades perceptivas
Visão, Audição, Olfato, Paladar, Tato e Propriopercepção

Linguagem, habilidades visoespaciais e memória

Atenção e processamento emocional

Memória operacional
Funções executivas

Controle inibitório

Flexibilidade cognitiva
– criatividade, teoria da mente –

Funções executivas superiores
Inteligência fluida
Solução de problemas
Raciocínio
Planejamento

Figura 1: Adaptação visual da proposta de compreensão da cognição e funções executivas de Diamond, 2013

Fonte: Autoras

Sabe-se que mesmo no envelhecimento natural, ou seja, em idosos saudáveis, o declínio em alguns dos aspectos cognitivos é esperado. Isso ocorre, principalmente, nos aspectos cognitivos que envolvem inteligência fluida e a velocidade para processar informações. Porém, no envelhecimento saudável, este declínio ocorre de forma leve e gradual, não ocasionando perda funcional ou criando dependência de cuidadores (Bertola et al., 2017). Diante desta perspectiva, um dos desafios para os profissionais que precisam avaliar pessoas idosas é, justamente, saber diferenciar o que pode ser considerado normal do que deve ser percebido como patológico nas perdas cognitivas. Nesse contexto, a realização de uma avaliação psicológica ou neuropsicológica cuidadosa ganha relevância. E uma boa avaliação pode contribuir para diferenciar problemas cognitivos derivados de lesões cerebrais, ou diagnósticos neuropsiquiátricos, daqueles decorrentes de depressão ou outra condição física ou emocional.

Pensando a avaliação cognitiva de idosos

A avaliação psicológica ou neuropsicológica mais útil para a pessoa avaliada não é nomotética, pelo menos não exclusivamente. Isso significa que ela não deveria focar apenas em identificar ou não a presença de um diagnóstico, pois pessoas com um mesmo diagnóstico podem variar imensamente quanto a sintomas, evolução e prognóstico. A avaliação da funcionalidade da pessoa e sua capacidade de viver com qualidade de vida devem assumir um foco primordial nas avaliações, o que obriga a uma perspectiva holista da pessoa e da avaliação psicológica/neuropsicológica.

A memória é uma das funções cognitivas afetadas em diversos quadros de adoecimento cognitivo, por isso sua avaliação é sempre relevante ao pensar aspectos cognitivos. As funções executivas também precisam ser avaliadas. Outros aspectos, como atenção e independência funcional devem ser considerados, bem como os aspectos emocionais.

As avaliações cognitivas são feitas para tentar identificar diagnósticos ou detectar sintomas precocemente, para fazer a avaliação ou acompanhamento de tratamentos cirúrgicos, medicamentosos e de reabilitação ou com finalidades legais (Mader-Joaquim, 2018). Um profissional que decide se dedicar à avaliação psicológica precisará de um bom nível de conhecimento sobre formas de avaliar e instrumentos psicológicos, mas também sobre diversas outras áreas. Faz muita diferença para a compreensão dos possíveis fenômenos avaliados entender sobre neuroanatomia, psicologia do desenvolvimento, gerontologia, psicopatologia e psicometria. Esses conhecimentos podem ajudar a diferenciar o esperado do patológico e a conhecer o potencial e as fragilidades dos instrumentos disponíveis para a avaliação, de forma a confiar mais em seus resultados ou complementá-los com outras técnicas.

Com frequência é necessário avaliar a possibilidade de quadros demenciais, e existem diversos tipos diferentes de demência com comprometimentos semelhantes, o que pode dificultar o diagnóstico diferencial. Ao saber a prevalência dos transtornos neuropsiquiátricos, por exemplo, o profissional que identifica déficits cognitivos sabe que existe maior chance de diagnóstico de demência de Alzheimer, pois essa patologia representa entre 60 e 80% dos casos (Martins et al., 2019). Mas sabe, também, que existem outras possibilidades, como a de demência vascular, correspondendo a cerca de 20% dos diagnósticos (Souza et al., 2020).

O profissional precisa lembrar-se que questões físicas, emocionais e ambientais interferem no desempenho das habilidades cognitivas e encontrar uma forma de incluir esse conhecimento em suas avaliações. Geralmente isso é feito de forma qualitativa e complementa a interpretação de instrumentos de avaliação objetiva. O histórico de desenvolvimento do quadro, o perfil de comprometimento cognitivo, as alterações de humor e do comportamento, bem como a análise de exames de imagem e de alguns biomarcadores podem ser úteis para identificar as causas das alterações, estimar evolução e prognóstico e definir uma conduta terapêutica.

Entre os aspectos físicos a serem considerados, destacam-se os níveis hormonais (por exemplo: TSH, T3, T4), níveis de vitaminas (em especial B e D), infecções e uso de medicamentos, pois impactam diretamente as funções cognitivas. Uma das alternativas para incluir tais aspectos na avaliação é realizá-la apenas após uma avaliação médica desses fatores. Outra opção é, no início da avaliação, solicitar a busca por um médico e realização concomitante dessas medições, antes de definir as hipóteses de diagnóstico e concluir o laudo. Além disso, deve-se saber todos os medicamentos utilizados pelo avaliado, com dosagens, horários e a forma como são tomados, sobretudo psicotrópicos, neurolépticos e sedativos. Pedir as fotos das caixas ou anotação completa dos nomes pode auxiliar nessa compreensão, mas perguntas sobre o uso precisam constar da entrevista de anamnese.

Recomendações para os profissionais:

Peçam que o avaliado leve as caixas ou fotografe todos os medicamentos que toma, incluindo fitoterápicos. Além disso, pergunte diretamente como toma a medicação.

Certa vez, uma cliente respondeu à pergunta sobre como tomava suas medicações indicando que, por serem muitas, batia todos os comprimidos juntos no liquidificador e os misturava em um *shake*, no café da manhã, assim não esquecia nenhum. Certamente essa forma de uso, não prevista por nenhuma farmacêutica, e que jamais seria relatada de forma espontânea, afetava o funcionamento e interação medicamentosa dos remédios utilizados.

Outro cuidado é fazer uma triagem emocional em todas as avaliações e aprofundá-la, caso creia que um comprometimento dessa ordem possa estar interferindo ou gerando as perdas cognitivas observadas. Tanto para quadros depressivos quanto ansiosos é comum a ocorrência de comprometimento das funções executivas, de processos atencionais, de memória e redução na velocidade de processamento de informações (Perini et al., 2019). Como tais patologias são bastante prevalentes na população idosa, e estão entre as patologias emocionais que mais afetam a capacidade funcional e cognitiva dos idosos, é importante que sempre sejam consideradas diante de quadros de comprometimento cognitivo. Mas tal ponderação exige cuidado.

No passado criou-se uma falsa crença de que todos os idosos eram deprimidos, o que fez muitos profissionais partirem dessa premissa sem se preocuparem com a avaliação do estado emocional dessa população. Diante da certeza da depressão, já se fazia sua inclusão como comorbidade e seguia-se com a avaliação cognitiva de forma isolada. Essa prática mudou porque o erro de lógica foi reconhecido quando os dados de pesquisas em todo o mundo mostraram que nem todos os idosos são depressivos.

Segundo dados de 2019, a prevalência média estimada de sintomatologia depressiva para idosos brasileiros, residentes na comunidade, é de 21% (Meneguci et al., 2019). Além disso, sabe-se que, na população de idosos que vivem em Instituições de Longa Permanência para Idosos, apresentam maior frequência de déficits cognitivos e sintomatologia depressiva, podendo atingir até 80%, mas também não representa a totalidade de idosos. Mesmo ao falar de idosos institucionalizados há pessoas sem comprometimento cognitivo ou afetivo. Havendo identificação de transtornos emocionais e perdas cognitivas, o profissional precisará decidir se podem representar comorbidades ou se será necessário tratar o quadro emocional e reavaliar os aspectos cognitivos, antes de fechar um diagnóstico definitivo.

Como há muitas funções cognitivas, cada uma com um mecanismo de funcionamento específico, mas interligado, por isso é frequente que a avaliação inclua baterias de testes com finalidades diferentes. Esse é um dos desafios da avaliação psicológica/neuropsicológica de idosos, pois há poucas ferramentas adaptadas para tal população que contenham uma amostra normativa robusta e representativa dos idosos brasileiros.

Alguns instrumentos disponíveis para investigação cognitiva, em especial os que avaliam processos atencionais, possuem quantidade reduzida de participantes com idade acima de 60 anos e com representatividade dos diversos níveis de escolaridade dos idosos brasileiros. De fato, a atual coorte de idosos ainda é representada por muitas pessoas analfabetas ou com baixa escolaridade, mas esse é um perfil que está mudando e os instrumentos deverão se adaptar a tais mudanças, para não subestimar o desempenho dos idosos. Diante deste cenário, pode ser difícil para o profissional da área encontrar ferramentas que permitam comparar de forma fidedigna o desempenho de idosos com escolaridade mais alta ou ainda dos analfabetos, principalmente no que se refere à avaliação da cognição. Outro problema é a dependência que os instrumentos têm da praxia construtiva. O número de instrumentos brasileiros que dependem que a pessoa avaliada marque em um papel suas respostas desconsidera a quantidade de idosos com comprometimento dos membros superiores, por patologias nas articulações ou perdas de membros.

Muitas vezes, na falta de um instrumento padronizado, ou diante de normas construídas com poucos sujeitos, vindos de uma região específica, é preciso ter cautela quanto à interpretação dos resultados. Esse é um dos motivos que faz a triangulação de informações, que é o nome dado a quando o profissional considera o contexto em que a pessoa avaliada se desenvolveu, suas condições de vida, suas queixas, os resultados objetivos de seus testes e a percepção qualitativa do processo de realização do teste, tão importante.

A existência de tantos meandres ajuda a explicar o motivo das avaliações cognitivas de idosos deverem ter como primeiro passo a realização de uma entrevista com a pessoa que buscou a avaliação, ou com seus familiares/cuidadores, caso o grau de comprometimento já não permita que a pessoa responda por si mesma. Em muitos casos, dependendo do comprometimento apresentado pelo idoso, a busca parte de alguém da família, encaminhado pelo médico que já acompanha o avaliado. Caso avaliado e familiar compareçam, pode ser interessante ouvir a ambos, mas é extremamente útil para o profissional ter momentos separados com cada um dos informantes. Caso a iniciativa da busca pela avaliação parta do próprio avaliado, recomenda-se chamar alguém que convive com ele, em outro momento, para fornecer informações sobre o desempenho em atividades práticas da vida diária, alterações de comportamento e aspectos do humor que possam ter passado despercebidos pelo próprio avaliado. Esse contato será preferencialmente presencial, mas, diante de dificuldades logísticas, pode ser realizado por videoconferência, ou mesmo por telefone.

Quando a iniciativa da avaliação parte do familiar, o primeiro contato deve se dar com a pessoa que buscou pela avaliação. Sugere-se que esta entrevista seja feita em reservado, sem a presença do avaliado, para que o familiar tenha liberdade para falar abertamente sobre tudo que tem observado. Outro motivo para essa prática é entender se a demanda da família é realista, e se não há motivadores ocultos para sua realização, tais como interdição com fins de acesso ao patrimônio do avaliado.

Esta etapa inicial da avaliação – a realização da(s) entrevista(s) – é considerada uma das mais importantes, pois fornece um panorama geral, vindo de diferentes pontos de vista sobre a situação a ser avaliada. Com base nas hipóteses construídas nas entrevistas iniciais é que o profissional poderá definir que aspectos irá enfocar em sua avaliação e que instrumentos poderão colaborar com informações úteis para sua tomada de decisão.

Escolha dos instrumentos para avaliação cognitiva

As hipóteses formuladas previamente sobre quais as funções cognitivas prejudicadas ajudam na escolha dos instrumentos que podem avaliar de forma mais fidedigna como os comprometimentos se manifestam na vida prática. Embora não haja muitos instrumentos específicos para idosos e um número ainda menor de instrumentos ecológicos, ou seja, com tarefas próximas às que são realizadas na vida cotidiana, eles sempre deverão ser considerados, quando disponíveis.

Além disso, como antecipado, os principais dados do avaliado devem ser levados em consideração, principalmente suas habilidades perceptivas (audição, visão e controle muscular), idade e escolaridade, uma vez que estes são fatores que podem influenciar o desempenho em testes que avaliam a cognição. Por exemplo, é muito difícil discernir se resultados ruins em testes de atenção por cancelamento de idosos com perda visual são gerados por baixa atenção ou por dificuldades decorrentes do pequeno tamanho dos estímulos dos testes existentes. Isso faz com que a escolha de testes por cancelamento para avaliação de idosos precise ser bem pensada. Outro exemplo pode ser encontrado ao utilizar o subteste Dígitos, das Escalas Wechsler de Inteligência para Adultos – WAIS (Wechsler, 2004), para avaliar a memória operacional de idosos com baixa acuidade auditiva, ou sem aparelho assistivo para compensar sua perda. Nesse caso, a compreensão dos números poderia ser prejudicada pela baixa capacidade auditiva, o que impactaria sua capacidade de responder e poderia fazer com que a capacidade de memória do idoso fosse percebida de forma incorreta.

Os pontos indicados acima não são críticas aos instrumentos de atenção por cancelamento ou ao WAIS. São pílulas de realidade para profissionais que desejam trabalhar com a população idosa quanto a alguns cuidados que podem ficar invisibilizados ao trabalhar com pessoas mais jovens.

Igualmente importante é que o profissional verifique as tabelas normativas dos instrumentos antes de incluí-los em sua bateria de avaliação. Pois, embora essa seja uma prática comum, ao trabalhar com idosos não é recomendável escolher um instrumento por ter a indicação de que pode ser usado para avaliar pessoas com 60 anos ou mais sem antes consultar o tamanho da amostra normativa que corresponde ao grupo com mesma faixa etária e/ou escolaridade do avaliado. Sabe-se que muitas vezes o número de pessoas com características semelhantes às do avaliado é reduzido na amostra normativa e, portanto, tomar o desempenho apresentado nas normas criadas com esta pequena parcela da população como padrão de normalidade pode representar um risco. Isso não significa que o instrumento não possa ser usado, caso não haja outro com uma amostra mais expressiva, porém, a análise dos resultados deverá ser feita com cautela.

Principais instrumentos de avaliação disponíveis para uso com idosos

As entrevistas representam uma das formas mais ricas de coleta de informações disponíveis para os psicólogos. Há vários tipos de entrevistas disponíveis, que se adequam de formas distintas a diferentes objetivos em processos de avaliação psicológica/neuropsicológica. Há diversos tipos de entrevistas, entre elas a entrevista informativa, entrevista de seleção, entrevista persuasiva, entrevista para aconselhamento, entrevistas para área da saúde e anamnese (Steward & Cash Jr., 2015). Para o contexto da avaliação cognitiva indicamos que os profissionais considerem o uso de uma boa entrevista de anamnese, feita de forma semiestruturada.

Além da(s) entrevista(s) pode ser necessário fazer a avaliação formal de alguns aspectos cognitivos e funcionais do avaliado. O Brasil conta com alguns instrumentos padronizados para avaliação da população idosa, que podem ser utilizados como fontes fundamentais durante processos de avaliação. Mas não há instrumentos validados e normatizados para avaliar todas as funções que um profissional pode desejar, por isso, muitas vezes o profissional precisará adotar como fontes complementares (Conselho Federal de Psicologia [CFP], 2018). Para tanto, faz-se necessário que o método complementar tenha consistência teórica e estudos científicos que demonstrem sua utilidade. Nessa categoria se encontram muitas escalas, provas clínicas e tarefas cognitivas.

Há, ainda, uma grande carência de instrumentos voltados para a avaliação de pessoas idosas, mas isso não pode ser usado como motivo para que um profissional utilize instrumentos não validados para o contexto brasileiro ou tabelas normativas criadas para a população estrangeira. Essa prática, que infelizmente foi bastante realizada no passado, gera resultados não confiáveis, que podem impedir que o avaliado receba o diagnóstico e auxílio que necessita e representa uma quebra ética para os profissionais que a realizam. Em caso de dúvidas sobre a possibilidade ou não de utilização de uma técnica ou instrumento, cabe ao profissional buscar orientação junto ao Conselho Federal de Psicologia ou buscar por supervisão, sendo vedado a ele alegar que adotou uma prática sem evidências de validade em um processo de avaliação psicológica por desconhecimento (CFP, 2018).

Entrevista de anamnese

A entrevista é a primeira etapa do processo investigativo e uma das mais importantes dentro de uma avaliação cognitiva. É mediante esta entrevista que o profissional tem o primeiro contato com as queixas do avaliado, seu histórico de saúde, de desenvolvimento e surgimento dos sintomas. Mediante uma seleção cuidadosa e criteriosa de temas a serem abordados pode-se obter informações que servirão de base para a formulação das hipóteses diagnósticas e identificação dos prováveis prejuízos cognitivos. São estas hipóteses, juntamente com o perfil sociodemográfico do avaliado, em especial sua idade e escolaridade e a existência ou não de comprometimentos sensoriais e motores, que nortearão a escolha dos instrumentos utilizados durante o processo de avaliação. Deve-se, ainda, considerar o local onde o avaliado nasceu e se desenvolveu, pois as normas dos instrumentos frequentemente são divididas por estados ou regiões, havendo normas melhores em certos testes para o local de onde o avaliado provém.

A anamnese pode ser conduzida de diversas formas, mas indica-se que seja feita como uma entrevista semiestruturada, com roteiro preparado previamente. Esse roteiro terá os tópicos gerais que auxiliam na avaliação da maior parte dos casos de pessoas de dada faixa etária, perguntas que frequentemente auxiliam na identificação de diagnósticos cognitivos diferenciais e de fatores de confusão diagnóstica, e perguntas mais específicas poderão ser incorporadas à medida que as percepções do profissional sobre o caso se tornem mais claras.

Partindo dessa premissa, faz-se necessário investigar aspectos pessoais, como idade, lateralidade e escolaridade. Duas observações se fazem necessárias aqui: 1. É frequente que os idosos errem a própria idade, de forma intencional ou não. Por isso, sempre confira com a data de nascimento ou algum documento que tenha tal informação. 2. A escolaridade final tem menos relevância do que a quantidade de anos de estudo, pois há cursos que permitem concluir o ensino fundamental e/ou médio em menos tempo que o habitual. Além disso, alguns idosos fizeram cursos de "Admissional", que era um ano de estudo preparatório entre o quarto ano primário e o quinto ano ginasial, ou outros que não existem mais e nem são contados para titulação da escolarização, mas que geram aprendizado e impactam aspectos cognitivos.

Uma vez que os dados principais do avaliado já tenham sido levantados, parte-se em busca de suas queixas, verificando quais áreas de sua vida prática estão sendo afetadas pelos prováveis prejuízos cognitivos. São justamente essas queixas que auxiliarão a identificar inicialmente possíveis prejuízos cognitivos. Deve-se atentar para quando os sintomas começaram, a forma como surgiram, se lentamente ou de forma abrupta e se estão piorando ao longo do tempo, oscilam ou permanecem estáveis (Barroso, 2022). Essas informações são importantes, pois, uma vez que se saiba o tipo de evolução dos sintomas, pode-se dizer muito sobre suas causas. No que se refere ao histórico de saúde, é importante verificar tanto o do avaliado como o de sua família, uma vez que alguns quadros podem apresentar predisposição genética, como ocorre com alguns transtornos psiquiátricos, por exemplo. Se houver exames de neuroimagem, pede-se que sejam levados para a entrevista, pois pode ser útil verificar pelo menos o laudo conclusivo relativo a tais exames, a fim de checar a ocorrência de áreas cerebrais comprometidas e que podem estar relacionadas às queixas apresentadas.

Aspectos da rotina diária podem ajudar a entender os hábitos alimentares e qualidade do sono do avaliado e como ocupa seu tempo. Saber tais informações também ajuda a entender se o avaliado mantém a capacidade de planejamento e se finaliza as atividades que inicia, o que é uma forma indireta de já começar a avaliar as funções executivas (Malloy-Diniz et al., 2018).

Saber se pratica alguma atividade física, se está envolvido em alguma atividade cognitivamente estimulante tem relevância, pois estes aspectos podem, de alguma maneira, interferir no funcionamento cognitivo. Posteriormente, pode ser interessante checar o histórico escolar, a fim de verificar se houve dificuldades de aprendizado na infância. O histórico profissional também pode oferecer informações importantes sobre que habilidades o avaliado desenvolveu ao longo da vida, o que pode ser esperado de seu desempenho nas tarefas propostas ao longo da avaliação e que tipo de tarefa pode fazer sentido na vida que o avaliado construiu para si (ter apelo ecológico). É pertinente, também, saber se o avaliado passou por alguma dificuldade pessoal ou social que possa ter agido como gatilho para o surgimento dos sintomas, ou mesmo parte de suas causas.

Por fim, cabe ressaltar a importância de solicitar a relação de medicamentos em uso, uma vez que alguns tipos de medicações também podem promover alterações na cognição. Por vezes, saber sobre o histórico de medicamentos utilizados por longo tempo ao longo da vida também pode ser útil.

Essas informações ajudam a conhecer o funcionamento atual e pré-mórbido do avaliado, o que é importante para evitar erros diagnósticos. De posse de todas essas informações, o profissional terá condições de formar ou eliminar algumas hipóteses, bem como decidir a melhor forma de prosseguir com a avaliação.

Recomendações para os profissionais

Ao criar um roteiro de anamnese sempre considerar:

Aspectos pessoais: idade, anos de estudo. Histórico físico (déficits de desenvolvimento, problemas físicos) e social (onde viveu, em que tipo de escola estudou).

Sintomatologia atual e pregressa: Emocional, cognitiva e física.

Medicamentos.

Prejuízos: pessoais ou sociais acarretados pelos sintomas.

Possíveis gatilhos: Situações de vida que podem estar ligadas ao surgimento dos sintomas.

Instrumentos de rastreio cognitivo

O uso de instrumentos de rastreio cognitivo é uma prática frequente em baterias de avaliação cognitiva de idosos. Trata-se de testes de rápida aplicação, com tarefas breves, que permitem rastrear comprometimentos nas funções cognitivas, ainda que de forma superficial. Esse tipo de instrumento pode ser interessante no início do processo investigativo, desde que o profissional verifique antes suas características de sensibilidade e especificidade para detecção de déficits. Alguns testes de rastreio possuem efeito de teto, ou seja, identificam apenas déficits mais pronunciados, não sendo úteis para pegar déficits mais leves ou iniciais.

O Miniexame do Estado Mental (MEEM) é um dos instrumentos de rastreio cognitivo mais utilizado nacional e internacionalmente e foi adaptado para a população brasileira por Brucki et al. (2003). O MEEM é composto por 30 itens, que avaliam orientação temporal e espacial, memória imediata e de evocação de palavras, capacidade de realizar cálculos simples, nomeação, repetição, execução de um comando, leitura, escrita e habilidade visomotora (De Melo et al., 2017). Apesar de muito utilizado, alguns estudos mostram baixa acurácia desta ferramenta em diferenciar Comprometimento Cognitivo Leve da Doença de Alzheimer em estágios iniciais (Pinto et al., 2019).

Outro instrumento de triagem cognitiva bastante utilizado é o Montreal Cognitive Assessment (MoCA), adaptado para o Brasil por Sarmento (2009). O MoCA avalia atenção, funções executivas, memória, linguagem, habilidades visuoconstrutivas e orientação. Esse instrumento é capaz de identificar déficits cognitivos iniciais de quadros demenciais, em especial em pessoas com 4 anos ou mais de estudo (Pinto et al., 2019), mas pode ser um instrumento difícil para idosos com menor escolaridade.

Ainda sobre instrumentos para rastreio cognitivo, a escala *Addenbrooke's Cognitive Examination Revised* (ACE-R), adaptada para o Brasil por Carvalho e Caramelli (2007), avalia cinco domínios cognitivos: atenção e orientação, memória, fluência verbal, linguagem e habilidades visuoespaciais. Esse instrumento tem mostrado boa capacidade de acurácia para diferenciar idosos com Doença de Alzheimer de outros com Demência Fronto-Temporal de pessoas saudáveis (Amaral-Carvalho et al., 2022).

Além dos testes gerais, o Triacog (Rodrigues et al., 2021) também é um instrumento de rastreio cognitivo, especialmente pensado para aplicação em pessoas que sofreram acidentes vasculares cerebrais. Outras opções a serem consideradas são o Dysexecutive Questionnaire (DEX), recentemente validado para o Brasil (Oliveira et al., 2021), o *Behavioral Assessment of the Dysexecutive Syndrome* e a Subescala Iniciativa-Perseveração da bateria Mattis.

Avaliação da memória

A memória tende a ser a principal queixa trazida por avaliados e familiares de idosos. Ela é uma habilidade que ocupa um lugar de destaque na investigação cognitiva de idosos e sempre existe a necessidade de verificar se possíveis comprometimentos identificados estão relacionados aos processos mnemônicos iniciais – registro e evocação, e que dependem principalmente das capacidades do lobo frontal, e dos processos atencionais, ou relacionados ao armazenamento da informação em si. E, nesse sentido, dependeriam mais de estruturas do lobo temporal, em especial do hipocampo.

É comum que a triagem dos aspectos de memória seja feita por meio do subteste de Lista de Palavras que integra a *Consortium to Establish a Registry for Alzheimer's Disease* – CERAD (Bertolucci et al., 2001). A CERAD avalia diversas outras funções cognitivas, mas, ao avaliar a memória, foca-se na memória verbal e a avalia quanto à memória imediata, evocação e reconhecimento.

Outra opção é adotar o teste de Aprendizagem Auditivo Verbal de Rey – RAVLT (de Paula & Malloy-Diniz, 2018). Esse instrumento avalia a capacidade de aprendizagem de uma lista de palavras aleatórias que é repetida ao longo de cinco ensaios. Espera-se que o número de palavras recordadas espontaneamente aumente à medida que as listas de palavras sejam repetidas. Esse teste conta, ainda, com uma lista distratora, a fim de verificar o quanto a exposição a um novo conteúdo pode interferir no aprendizado anterior. Após a repetição das listas, que serve para avaliar a memória imediata, espera-se 30 minutos para que a evocação tardia possa ser avaliada e, em seguida, faz-se uma tarefa de reconhecimento.

Malloy-Diniz et al. (2018) indicam alguns outros instrumentos para avaliação da memória de trabalho (Span de Dígitos, Cubos de Corsi, Sequência de Números e Letras, Preliminary SAT/National Merit Scholarship Qualifying Test, Trigramas Consonantais, Self-Ordered Pointing Test, Span de Símbolos e Soma Espacial) e citam, ainda, um dos poucos testes ecológicos para essa avaliação, o Teste de Arrumação do Armário. O Teste de Arrumação do Armário teve suas propriedades psicométricas analisadas por Santana (2019), mostrando sua capacidade para avaliação de percepção visuoespacial e memória operacional.

Ainda sobre a avaliação da memória, a investigação da memória semântica oferece informações sobre recursos protetivos e reserva cognitiva. Essa avaliação tem sua importância aumentada quando se trata dos idosos brasileiros, pois a qualidade da educação formal que receberam oscilou muito ao longo do tempo, fazendo com que o nível de alfabetização real possa não corresponder aos anos de escolaridade relatados. A memória semântica é uma habilidade cristalizada, responsável pelo conhecimento, e que aumenta de acordo com o engajamento cultural, ocupacional e a experiência diária, o que pode torná-la uma medida mais precisa do que simplesmente considerar os anos de estudo (Bertola et al., 2019). Para avaliar esse aspecto da memória, a Bateria de Avaliação da Memória Semântica (BAMS), instrumento composto por sete tarefas que avaliam a fluência verbal semântica, nomeação por definição e por confronto visual, conhecimentos gerais, definição de palavras, categorização visual e verbal, pode ser uma boa opção (Bertola & Malloy-Diniz, 2020).

Avaliação da inteligência e funções executivas

Conforme dito anteriormente, o funcionamento pré-mórbido pode ser uma medida interessante uma vez que esta pode ser considerada uma linha de base do que se poderia esperar do funcionamento cognitivo como um todo, ou seja, de como deveria ser o desempenho nas demais funções cognitivas. Para se ter uma ideia acerca dessa medida, informações como dados demográficos, educação, classe social, ocupação e nível de envolvimento em atividades cognitivas ao longo da vida, podem oferecer uma percepção acerca do funcionamento cognitivo antes de os prejuízos surgirem, ainda que de forma qualitativa. Para realização de uma avaliação baseada em dados quantitativos, o uso de testes que avaliam aspectos relacionados à inteligência cristalizada, ou seja, aqueles conhecimentos que são adquiridos de maneira mais formal ou acadêmica ou ainda mediante as experiências vividas ao longo da vida, pode ser uma alternativa. Alguns estudos mostram que o desempenho nestas tarefas tende a sofrer um menor impacto não só do envelhecimento normal, mas também do patológico. Algumas alternativas de instrumentos úteis encontram-se listadas.

O WAIS avalia diversos aspectos cognitivos, fornecendo informações sobre o potencial cognitivo geral, verbal e de execução, além de trazer dados úteis sobre memória operacional, inteligência fluida e cristalizada, velocidade de processamento de informações, entre outros (Wechsler, 2004). Caso apenas a triagem seja suficiente, o subteste Vocabulários, incluído no WAIS, pode ser uma boa alternativa para a avaliação (De Oliveira et al., 2014).

Outra opção é a adoção da versão abreviada das escalas Wechsler, a Escala Wechsler Abreviada de Inteligência (WASI), adaptada e validada para o Brasil por Trentini et al. (2014). Esse instrumento oferece uma medida de inteligência geral, além de informações sobre o quoeficiente intelectual verbal e de execução. Isso significa que ele oferece uma medida de inteligência cristalizada (subtestes Vocabulário e Semelhanças) e, também, de inteligência fluida, ou seja, da capacidade de dar respostas a problemas novos e que depende menos do aprendizado formal (como é necessário para responder aos subtestes Raciocínio Matricial e Cubos). Quando comparada ao WAIS, a WASI tem a vantagem de apresentar uma melhor estratificação quanto à faixa etária, oferecendo tabelas de desempenho em faixas de cinco em cinco anos, para pessoas acima de 65 anos e requerer menor tempo para aplicação.

Quanto a outras funções executivas, existem alguns testes padronizados e tarefas cognitivas potencialmente úteis. Para avaliação do controle inibitório, o Teste dos Cinco Dígitos (Sedó et al., 2017) é uma alternativa para uso em idosos de baixa escolaridade ou analfabetos, pois contém números como estímulos distratores e não palavras. O instrumento é composto por quatro etapas, sendo que, nas duas primeiras, são avaliados processos mais automáticos e que envolvem atenção e velocidade de processamento, enquanto nas duas últimas avalia-se capacidades mais complexas, que envolvem maior controle e flexibilidade mental (de Paula et al., 2017). Outra alternativa é adotar o teste de Stroop versão Victoria, que tem dados sobre aplicação em idosos brasileiros (Klein et al., 2010) e pode ser útil para avaliar o controle inibitório de idosos alfabetizados. Um estudo desenvolvido com objetivo de avaliar o desempenho em tarefas como Stroop e Trail Making Test – TMT avaliou 1.447 pessoas com idade a partir de 18 anos nas diferentes faixas de escolaridade, e para tanto oferece tabelas que podem servir como referência de desempenho para ambas as tarefas cognitivas (Campanholo et al., 2014). Outros instrumentos potencialmente úteis para avaliar controle inibitório são o Teste Stroop Cor-Palavra, Teste Stroop Dia-Noite, Tarefas Go-No Go, Teste Hayling, Teste de Desempenho Contínuo de Conners, Tarefa Stop Signal e o Matching Familiar Figures Test.

Para avaliação das praxias visuoconstrutivas, bem como da capacidade de organização e planejamento, indica-se a adoção das Figuras Complexas de Rey (Rey, 2010). Por meio deste instrumento é possível verificar capacidades mais relacionadas às funções executivas e habilidades visuoconstrutivas, mediante a cópia de uma figura geométrica abstrata e complexa. A evocação da figura é realizada após 3 a 10 minutos de distração, permitindo verificar a memória episódica visual. Esse instrumento, que representa padrão-ouro para avaliação memória visual, tem se mostrado igualmente útil na investigação diagnóstica de disfunção cerebral (Cecato et al., 2020). Outra opção é a adoção do Teste do Desenho do Relógio, seja com a correção proposta por Sunderland et al. (1989) ou a indicada por Shulman et al. (1993), e validada para o Brasil por Ataláia-Silva e Lorenço (2008).

Enquanto a flexibilidade cognitiva pode ser avaliada por meio do Teste de Classificação de Cartas de Wisconsin (Heaton et al., 2004). Essa capacidade diz da percepção de que uma solução não consegue mais responder as demandas de solução de um problema e uma nova forma de raciocínio precisa ser tentada. Outras opções são adotar os testes Torre de Londres, Torre de Hanói ou *Iowa Gambling Task*.

O Teste de Trilhas Coloridas, adaptado para o Brasil por Rabelo et al. (2010), avalia habilidades de sequenciamento, atenção e velocidade de processamento a partir de uma tarefa dividida em duas partes, sendo que na primeira o indivíduo deve ligar números respeitando a sequência numérica, e na segunda deve intercalar números e letras, sendo que os números devem respeitar a sequência do menor para o maior, e as letras a ordem alfabética. Além dele, a Bateria Psicológica para Avaliação da Atenção (Rueda, 2013) também possui normas para a identificação das capacidades de atenção concentrada, dividida, alternada e geral para pessoas entre 6 e 82 anos. Apesar de ser um teste de atenção por cancelamento e o tamanho dos estímulos poder ter relevância, é mais uma opção para avaliação.

Cabe destacar que a avaliação dos processos atencionais na população idosa é um grande desafio no Brasil. A maior parte dos testes de atenção do país é de tarefas de cancelamento, que utilizam estímulos pequenos. Além disso, contam com tabelas normativas com baixa quantidade de pessoas com idade avançada. Esses aspectos não impedem seu uso, mas indicam a necessidade de cuidados extras e mostram uma lacuna importante que precisa ser suprida no futuro.

Avaliação da linguagem

Para avaliação da linguagem, além da verificação da capacidade de compreensão e expressão por meio da observação ao longo de todo o processo de avaliação, pode ser relevante avaliar a fluência fonológica e semântica. O teste F.A.S. é bastante adotado para tal finalidade, pois é de rápida aplicação (um minuto para cada tarefa) e auxilia a detectar alterações no lobo frontal (Brucki et al., 1997). O F.A.S. também pode fornecer uma medida qualitativa da velocidade de processamento verbal, uma vez que trabalha com tempos curtos de execução, mas é importante considerar o nível de escolarização dos avaliados (Machado et al., 2009).

Outra opção a ser considerada é adotar o Instrumento de Avaliação Neuropsicológica Breve – NEUPSILIN (Fonseca et al., 2009). Além desses, o profissional pode avaliar as vantagens do uso do *The Hayling Sentence Completion Test*.

Outros aspectos a serem avaliados

Aspectos emocionais e funcionais também requerem avaliação. Há instrumentos para triagem emocional desenvolvidos ou que contam com normas específicas para avaliar a população idosa. Os principais utilizados no Brasil são: Escala Geriátrica de Depressão (Almeida & Almeida, 1999), Escala de Ansiedade Geriátrica (Martiny et al., 2011), Escala Baptista de Depressão – versão idosos (Baptista, 2019). O Inventário de Depressão de Beck – II também possui normas pra pessoas até 79 anos (Beck et al., 2014).

Pode-se considerar, ainda, adotar entrevistas diagnósticas desenvolvidas para diagnosticar transtornos emocionais que podem ser utilizadas ao avaliarmos idosos, com destaque para a Entrevista Clínica Estruturada para os Transtornos do DSM-5 (SCID-5; First et al., 2017). Ou, se os idosos já apresentarem comprometimento cognitivo significativo, pode-se adotar o Questionário do Inventário Neuropsiquiátrico (Q-INP), pois esse instrumento avalia 12 domínios psiquiátricos e fornece informações sobre a gravidade dos sintomas (Camozzato et al., 2015). E a aplicação da Escala Barratt de Impulsividade também pode ser considerada.

Além disso, como já foi anteriormente indicado, deve-se considerar a independência funcional dos avaliados. Destaca-se a Classificação de Idosos quanto à Capacidade para o Autocuidado focada na avaliação da independência funcional de idosos brasileiros (Silva & Domingues, 2017). E Barroso et al. (submetido) listaram outras 20 escalas de avaliação da capacidade funcional, sendo elas: Índice de Katz, Escala Lawton, Barthel/Escala Modificada de Barthel, Medida de Independência Funcional, Teste de AVD – Glittre, Dysexecutive Questionnaire, Test d'Evaluation des Membres Supérieurs de Personnes Agées, Motor Activity Log, World Health Organization Disability Assessment Schedule II, Questionário de Medida Funcional para Amputados, Amyotrophic Lateral Sclerosis Assessment Questionnaire, Avaliação de Desempenho Ocupacional em Casa, Manual Ability Measure, Escala de Medida de Independência de Lesados Medulares, Inventário de Fatores Ambientais do Hospital Craig, Índice da Qualidade do Sono de Pittsburgh, Escala Geral de Atividades de Vida Diária, Questionário de Pfeffer, Functional Activities Questionnaire, mas nem todas estão validadas para o Brasil ou possuem normas para uso com a população idosa.

Considerações finais

De posse de todas as informações pertinentes, incluindo os resultados dos testes, é hora de analisá-las e correlacioná-las com as queixas apresentadas. Tais relações serão a base da decisão diagnóstica e das indicações de encaminhamento e intervenção, que serão apresentadas no laudo. Por fim, o laudo deve ser redigido de maneira clara e concisa, contendo as informações principais para compreensão do quadro e para compreensão da forma como a avaliação foi conduzida, respeitando as normativas do Conselho Federal de Psicologia (CFP, 2019).

Além disso, o profissional deve organizar-se para realizar a entrevista de devolução dos resultados, onde vai comunicar ao avaliado e/ou seus familiares sobre o que percebeu e concluiu ao longo da avaliação e ainda fazer orientações e encaminhamentos, sempre que necessário. Assim, entende-se que o profissional que trabalha com a avaliação cognitiva de idosos, portanto, pode contribuir não só no sentido de auxiliar no diagnóstico das patologias do envelhecimento, mas também fornecer, por meio de seu conhecimento e experiência, orientações, de modo a contribuir para melhoria na qualidade de vida do avaliado e familiares.

Com o que foi apresentado neste capítulo, espera-se que a importância da avaliação cognitiva de idosos tenha sido demonstrada e alguns cuidados especiais que tal prática exige do profissional. Listamos instrumentos úteis para a avaliação que contêm normas para a população idosa brasileira e a indicação que o total de idosos nas normas sejam checadas, antes da opção por dado instrumento. Como a população idosa é a que mais cresce no Brasil, preparar-se para realizar sua avaliação terá cada vez mais relevância para os profissionais da área.

Perguntas e respostas

1. Qual o papel dos informantes secundários na avaliação cognitiva dos idosos?

Resposta: Como algumas vezes os idosos não têm uma completa percepção de seu quadro ou apresentam confusão mental, os familiares e informantes secundários ganham especial importância na avaliação cognitiva de idosos.

2. Saber a escolarização é sempre importante, mas na avaliação cognitiva de idosos não é suficiente. Por quê?

Resposta: Porque as mudanças no sistema educacional e a variação na qualidade das escolas e do ensino pelas regiões podem levar à compreensão sobre o papel da escola como fonte de aprendizado dos idosos. Entender quantos anos estudaram, onde e como era a escola traz informações mais confiáveis para a avaliação dos idosos.

3. Ao avaliar a cognição de idosos outros aspectos são importantes, em especial os aspectos emocionais e funcionais. Que formas um profissional dispõe para fazer essas avaliações?

Resposta: O profissional pode avaliar esses aspectos por meio de observação ao longo do processo avaliativo, das entrevistas com o avaliado e informantes secundários, e pode, ainda, contar com escalas criadas para esse fim.

4. O que é avaliação ecológica?

Resposta: É a avaliação realizada no contexto e com itens que realmente fazem parte do cotidiano da pessoa que passa pelo processo de avaliação, como por exemplo, considerando se consegue fazer compras de supermercado ou lembrar das pessoas com quem convive. Apesar de ser uma avaliação que guarda mais sentido para a realidade das pessoas avaliadas, há poucos instrumentos cognitivos com esse foco e ela demanda mais tempo do profissional, o que faz com que ainda não seja a mais frequentemente realizada.

5. Por que é importante conhecer a rotina e consumo de medicamentos dos idosos avaliados?

Resposta: Esses aspectos podem impactar na cognição e mascarar os resultados dos testes cognitivos, por isso o profissional precisa ter tais informações, para que possa considerá-las qualitativamente.

Referências

Almeida, O. P., & Almeida, S. A. (1999). Short versions of the geriatric depression scale: a study of their validity for the diagnosis of a major depressive episode according to ICD-10 and DSM-IV. *International Journal of Geriatric Psychiatry*, *14*(10), 858 – 865. https://doi.org/10.1002/(sici)1099-1166(199910)14:10<858::aid-gps35>3.0.co;2-8

Amaral-Carvalho, V., Lima-Silva, T. B., Mariano, L. I., de Souza, L. C., Guimarães, H. C., Bahia, V. S., Nitrini, R., Barbosa, M. T., Yassuda, M. S., & Caramelli, P. (2022). Brazilian Version of Addenbrooke's Cognitive Examination-Revised in the Differential Diagnosis of Alzheimer'S Disease and Behavioral Variant Frontotemporal Dementia. *Archives of Clinical Neuropsychology: The Official Journal of the Natio-*

nal Academy of Neuropsychologists, 37(2), 437-448. https://doi.org/10.1093/arclin/acab071

Atalaia-Silva, K. C., & Lourenço, R. A. (2008). Tradução, adaptação e validação de construto do Teste do Relógio aplicado entre idosos no Brasil. *Revista de Saúde Pública*, 42(5), 930-937. https://doi.org/10.1590/S0034-89102008000500020

Baptista, M. N. (2019). *Escala Baptista de Depressão: Versão Idoso* (EBADEP-ID). São Paulo: Vetor.

Barroso, S. M., Cardoso, A. A., & Mendes, L. H. (submetido). Escala de Independência Funcional e Expressiva: construção dos itens e análises iniciais. *Avaliação Psicológica*.

Barroso, S. M. (2022). Avaliação psicológica de idosos com transtornos neuropsiquiártricos (pp. 169-182). In C. R. Campos, & M. S. F. Chueiri (orgs.). *Avaliação psicológica inclusiva – contexto clínico*. Artesã.

Beck, A. T., Steer, R. A., & Brown, G. K. (2014). *Inventário de Depressão de Beck II*. Pearson/Casa do Psicólogo.

Bertola, L., & Malloy-Diniz, L. M. (2020). *Bateria de Avaliação da Memória Semântica*. Vetor.

Bertola, L., Ávila, R. T., Bicalho, M. A. C., & Malloy-Diniz, L. F. (2019). Semantic memory, but not education or intelligence, moderates cognitive aging: A cross-sectional study. *Brazilian Journal of Psychiatry*, 41(6), 535–539. https://doi.org/10.1590/1516-4446-2018-0290

Bertola, L., Ávila, R., Costa, M. V., & Malloy-Diniz, L. (2017). Neuropsicologia e sua prática clínica em psicogeriatria (p. 43). In A. L. Teixeira, B. S. Diniz, & L. F. Malloy-Diniz (eds.), *Psicogeriatria na prática clínica*. Pearson Clinical Brasil.

Bertolucci, P. H. F., Okamoto, I. H., Brucki, S. M. D., Siviero, M. O., Toniolo Neto, J., & Ramos, L. R. (2001). Applicability of the CERAD neuropsychological battery to Brazilian elderly. *Arquivos de Neuropsiquiatria*, 59, 532-536. https://doi.org/10.1590/S0004-282X2001000400009

Brucki, S. M. D., Malheiros, S. M. F., Okamoto, I. H., & Bertoluc, P. H. (1997). Dados normativos para o teste de fluência verbal categoria animais em nosso meio. *Arquivo de Neuropsiquiatria*, 55(1), 56-61. https://doi.org/10.1590/S0004-282X1997000100009

Brucki, S. M. D., Nitrin, R., Caramelli, P., Bertolucci, P. H. F., & Okamoto, I. H. (2003). Sugestões para o uso do miniexame do estado mental no Brasil. *Arquivos de Neuro-Psiquiatria*, 61(3 B), 777-781. https://doi.org/10.1590/S0004-282X2003000500014

Camozzato, A. L., Godinho, C., Kochhann, R., Massochini, G., & Chaves, M. L. (2015). Validity of the Brazilian version of the Neuropsychiatric Inventory Questionnaire (NPI-Q). *Arquivos de Neuro-Psiquiatria*, 73(1), 41-45. https://doi.org/10.1590/0004-282X20140177

Campanholo, K. R., Romão, M. A., Machado, M. A. R., Serrao, V. T., Coutinho, D. G. C., Benute, G. R. G., & Lucia, M. C. S. (2014). Performance of an adult Brazilian sample on the Trail Making Test and Stroop Test. *Dementia & Neuropsychologia [online]*, 8(1), 26-31. https://doi.org/10.1590/S1980-57642014DN81000005.

Cecato, J., Fuentes, D. E., Martinelli, J. E., Jundiaí, F. D. M. De, Paulo, S., Francisco, U. S., & Paulo, S. (2020). Evidências de validade para o Teste Gestáltico de Bender: dados normativos na avaliação neuropsicológica de idosos brasileiros na doença de Alzheimer e Demência Vascular. *Neuropsicologia Latinoamericana*, 12(2), 31-43. https://doi.org/10.5579/rnl.2016.0520

De Melo, D. M., Barbosa, A. J. G., & Neri, A. L. (2017). Miniexame do Estado Mental: Evidências de validade baseadas na estrutura interna. *Avaliacao Psicologica*, 16(2), 161-168. http://dx.doi.org/10.15689/AP.2017.1602.06

De Oliveira, M. O., Nitrini, R., Yassuda, M. S., & Brucki, S. M. D. (2014). Vocabulary is an appropriate measure of premorbid intelligence in a sample with heterogeneous educational level in brazil. *Behavioural Neurology*, ID875960. https://doi.org/10.1155/2014/875960

Diamond, A. (2013). Executive functions. *Annual Review of Psychology*, 64(1), 135-168.

Dos Santos, C. de S., de Bessa, T. A., & Xavier, A. J. (2020). Factors associated with dementia in elderly. *Ciencia e Saude Coletiva*, 25(2), 603-611.

First, M. B., Gibbon, M., Spitzer, R. L., Williams, J. B. W., & Benjamin, L. S. (2017). *Entrevista Clínica Estruturada para os Transtornos do DSM-5: SCID-5-CV Versão Clínica*. Artmed.

Fonseca, R. P., Salles, J. F., & Parente, M. A. M. P. (2009). *NEUPSILIN: Instrumento de Avaliação Neuropsicológica Breve*. Vetor.

Heaton, R. K., Chelune, G. J., Talley, J. L., Kay, G. G., & Curtiss, G. (2004). *Teste Wisconsin de Classificação de Cartas*. Casa do Psicólogo.

Klein, M., Adda, C. C., Miotto, E. C., Souza, L. M. C., & Scaff, M. (2010). O paradigma stroop em uma amostra de idosos brasileiros. *Psicologia Hospitalar*, 8(1), 93-112.

Machado, T. H., Fichman, H. C., Santos, E. L., Carvalho, V. A., Fialho, P. P., Koenig, A. M., Fernandes, C. S., Lourenço, R. A., Paradela, E. M. de P., & Caramelli, P. (2009). Normative data for healthy elderly on the phonemic verbal fluency task – FAS. *Dementia & Neuropsychologia*, 3(1), 55-60. https://doi.org/10.1590/s1980-57642009dn30100011

Mader-Joaquim, M. J. (2018). O neuropsicólogo e seu paciente: a construção de uma prática (pp. 10-16). In L. F. Malloy-Diniz, D. Fuentes, P. Mattos, & N. Abreu. *Avaliação neuropsicológica*. 2. ed. Artmed.

Malloy-Diniz, L. F., Sallum, I., Fuentes, D., Baroni, L. B., Costa, D. S., & Paula, J. J. (2018). O exame das funções executivas (pp. 90-105). In L. F. Malloy-Diniz, D. Fuentes, P. Mattos, & N. Abreu. *Avaliação neuropsicológica*. 2. ed. Artmed.

Malloy-Diniz, L., de Paula, J. J., Fuentes, D., Sedó, M., & Leite, W. B. (2014). Neuropsicologia das funções executivas e da atenção (pp. 115-138). In D. Fuentes, L. F. Malloy-Diniz, C. H. Pires de Camargo, & R. M. Cosenza (orgs.). *Neuropsicologia: Teoria e prática*. 2. ed. Artmed.

Martins, N. I. M., Caldas, P. R., Cabral, E. D., Lins, C. C. D. S. A., & Coriolano, M. das G. W. de S. (2019). Cognitive assessment instruments used in elderly Brazilians in the last five years. *Ciencia e Saude Coletiva*, 24(7), 2.513-2.530. https://doi.org/10.1590/1413-81232018247.20862017

Martiny, C., Oliveira e Silva, A. C., Nardi, A. E., & Pachana, N. A. (2011). Tradução e adaptação transcultural da versão brasileira do Inventário de Ansiedade Geriátrica (GAI). *Archives of Clinique Psychiatry*, 38(1), 8-12. https://doi.org/10.1590/S0101-60832011000100003

Meneguci, J., Meneguci, C. A. G., Moreira, M. M., Pereira, K. R., Tribess, S., Sasaki, J. E., & Virtuoso Júnior, J. S. (2019). Prevalence of depressive symptoms among Brazilian older adults: A systematic review with meta-analysis. *Jornal Brasileiro de Psiquiatria*, 68(4), 221-230. https://doi.org/10.1590/0047-2085000000250

Oliveira, C. R., Lima, M. M. B. M. P., Barroso, S. M., & Argimon, I. I. L. (2021). Psychometric properties of the Dysexecutive Questionnaire (DEX): a study with Brazilian older adults. *PSICO-USF*, 26, 97-107. https://doi.org/10.1590/1413-8271202126nesp10

Paula, J. J., & Malloy-Diniz, L. F. (2018). *Teste de aprendizagem auditivo-verbal de Rey (RAVLT): livro de instruçoes*. Vetor.

Paula, J. J., Oliveira, T. D., Querino, E. H. G., & Malloy-Diniz, L. F. (2017). The Five Digits Test in the assessment of older adults with low formal education: construct validity and reliability in a Brazilian clinical sample. *Trends in Psychiatry and Psychotherapy*, 39(3), 173-179. https://doi.org/10.1590/2237-6089-2016-0060

Pinto, T. C. C., Machado, L., Bulgacov, T. M., Rodrigues-Júnior, A. L., Costa, M. L. G., Ximenes, R. C. C., & Sougey, E. B. (2019). Is the Montreal Cognitive Assessment (MoCA) screening superior to the Mini-Mental State Examination (MMSE) in the detection of mild cognitive impairment (MCI) and Alzheimer's Disease (AD) in the elderly? *International Psychogeriatrics*, 31(4), 491-504. https://doi.org/10.1017/S1041610218001370

Rey, A. (2010). *Figuras complexas de Rey*. Casa do Psicólogo.

Rodrigues, J. C., Bandeira, D. R., & Salles, J. F. (2021). *Triacog – triagem cognitiva*. Vetor.

Santana, Y. E. G. (2019). *Parâmetros psicométricos do teste de arrumação do armário* [Dissertação de Mestrado]. Universidade Federal da Bahia.

Sarmento A. R. L. (2009). *Apresentação e aplicabilidade da versão brasileira da MoCA (Montreal Cognitive Assessment) para rastreio de comprometimento cognitivo leve* [Dissertação de Mestrado]. Universidade Federal de São Paulo.

Sedó, M., Paula, J. J., & Malloy-Diniz, L. F. (2015). *Teste dos cinco dígitos*. Hogrefe.

Shulman, K. I., Gold, D. P., Cohen, C. A., & Zucchero, C. A. (1993). Clock-drawing and dementia in the community: a longitudinal study. *International Journal Geriatric Psychiatry*, 8, 487-496. https://doi.org/10.1002/gps.930080606

Silva, J. V., Domingues, E. A. R. (2017). Adaptação cultural e validação da escala para avaliar as capacidades de autocuidado. *Rev Arq Ciencia Saúde*, 24(4), 30-36.

Souza, R., Amanda, B., Gasperin, G., Garcia, H., Barcellos, P., & Nisihara, R. (2020). Prevalência de Demência em Avaliados Atendidos em um Hospital Privado no Sul do Brasil. *Einstein*, 18, 1-7. https://doi.org/10.31744/einstein

Stewart, C. J., & Cash Jr., W. B. (2015). *Técnicas de entrevista – estruturação e dinâmica para entrevistados e entrevistadores*. 14. ed. Grupo A Educação S.A e McGraw-Hill Educatio.

Sunderland, T., Hill, J. L., Mellow, A. M., Lawlor, B. A., Gundersheimer, J., Newhouse, P. A., & Grafman, J. H. (1989). Clock drawing in Alzheimer's disease: a novel measure of dementia severity. *Journal American Geriatric Society*, 37, 725-729. https://doi.org/10.1111/j.1532-5415.1989.tb02233.x

Trentini, C. M., Yates, D. B., & Heck, V. S. (2014). *Escala Wechsler Abreviada de Inteligência*. Pearson/Casa do Psicólogo.

Valtorta, N. K., Kanaan, M., Gilbody, S., & Hanratty, B. (2018). Loneliness, social isolation and risk of cardiovascular disease in the English Longitudinal Study of Ageing. *Eur J Prev Cardiol*, 25, 1387-1396. https://doi.org/10.1177/2047487318792696

Wechsler, D. (2004). *WAIS III – Escala de Inteligência Wechsler para adultos – Manual*. Casa do Psicólogo.

Avaliação da personalidade

Sérgio Eduardo Silva de Oliveira
Fabio Iglesias
Bruno Bonfá-Araujo
André Pereira Gonçalves

Destaques

1) A última grande fase do desenvolvimento compreende as pessoas com 60 anos ou mais. A nomeação dessa fase é ainda fonte de debate: velhice, fase idosa, senescência? Independente do nome, essa fase é marcada também por tarefas desenvolvimentais.

2) Apesar de mudanças qualitativas que envolvem a fase da vida de pessoas idosas, as pesquisas relacionadas à mudança da personalidade ainda sugerem que os traços tendem à estabilidade e que as mudanças tendem a ser um pouco mais comuns em idosos com mais idade.

3) A literatura sobre fatores de risco para a depressão na terceira idade deixa bastante evidente a relação entre eventos negativos de vida e alguns traços de personalidade, como o neuroticismo.

4) Existe uma lacuna de estudos nessa faixa etária, seja de prevalência, prejuízos ou avaliação e diagnóstico, impactando diretamente na prática clínica e no manejo de idosos com prejuízos e sofrimentos decorrentes dos transtornos da personalidade.

5) Os idosos são um público negligenciado no que diz respeito a pesquisas e desenvolvimentos de testes específicos. A coleta de dados com esse público e o acesso às pessoas com diagnóstico confirmado de transtorno da personalidade são um desafio para pesquisadores da área.

Contextualização temática

A personalidade de uma pessoa é constituída por diferentes fatores, os quais incluem aspectos que antecedem a sua fecundação (numa perspectiva transgeracional) até aqueles que ocorrem no dia da morte dela. Assim, é um construto de complexa definição, mas de grande validade e utilidade na psicologia. De modo geral, as diferentes escolas psicológicas concordam que personalidade é o conjunto de características que tornam cada pessoa única. Essas características incluem padrões de pensamento, de sentimento e de comportamento relativamente estáveis ao longo do tempo. Por sua vez, esses padrões possuem bases neurobiológicas e psicossociais, as quais, em constante e dinâmica interação, atuam na forma como as pessoas se expressam na vida. A identificação das características de personalidade de uma pessoa é essencial para a compreensão da forma como ela interpreta, experimenta e age em situações pessoais e interpessoais. O presente capítulo tem como objetivo examinar aspectos pertinentes à avaliação da personalidade de idosos. Inicialmente é feita uma caracterização do desenvolvimento da personalidade ao longo do ciclo vital, em seguida apresentamos como são realizados os diagnósticos nos transtornos de personalidade. Por fim, é indicado como o processo de avaliação ocorre em idosos no que diz respeito à personalidade e aos transtornos de personalidade.

Personalidade no ciclo vital

Numa perspectiva mais abrangente, entende-se que a personalidade de uma pessoa é constituída por fatores que antecedem a sua fecundação e concepção biológica. Esses fatores incluem os pais, as famílias dos pais, as condições socioculturais das famílias, a micro, meso e macrocultura, a política, o tempo histórico e outros fatores ambientais. Todos esses elementos se configuram como o "berço" que irá acomodar um novo indivíduo. As impressões genéticas de seus pais também serão mescladas em sua formação, influenciando seu modo de reação emocional primário, além de estruturar os fundamentos da expressão de diferentes características pessoais ao longo da vida. O estudo de Zwir et al. (2021), por exemplo, mostrou que os genes codificam perfis de temperamento e de caráter separadamente, integrados por interações genético-ambientais em redes adaptativas complexas. Em outras palavras, os pesquisadores encontraram que as influências ambientais no desenvolvimento da personalidade se aplicam na organização das relações entre temperamento e caráter, não nos perfis de temperamento e caráter separadamente, os quais são em grande parte independentes sob o critério genético.

As maturações física e cerebral nos primeiros anos de vida, somadas às experiências psicossociais iniciais, são fatores fundamentais para a constituição da personalidade de uma pessoa, algo compartilhado por diversas escolas psicológicas. Escolas psicanalíticas, como a freudiana, a winnicottiana e a kleiniana, enfatizam o papel das primeiras interações interpessoais e suas influências na constituição da personalidade (Feist et al., 2015). Bandura, em sua Teoria Social Cognitiva, também descreve o papel das relações na formação da personalidade a partir da internalização de modelos, que para crianças pequenas são geralmente os pais ou principais cuidadores. Mesmo teorias de traços biológicos ou as teorias evolucionistas que identificam variáveis de natureza distal conferem aos primeiros anos de vida um papel estratégico na formação e desenvolvimento da personalidade.

O desenvolvimento da personalidade é um processo contínuo e dinâmico, mas a fase da adolescência, conhecida como o período de transição da infância para a idade adulta, é marcada por importantes marcadores psicológicos, os quais incluem, dentre outros, a definição da identidade. Essa é, portanto, outra importante fase do desenvolvimento, pois depois dela há uma tendência à maior estabilidade na expressão da personalidade (Costa et al., 2019). O processo de definição da identidade consiste basicamente numa compreensão abrangente de quem a pessoa é, quem ela era e quem ela se tornará no futuro (Lind et al., 2020). Esse processo pode resultar em uma integração ou difusão da identidade, o que se associa de modo sumário a um desenvolvimento normal ou patológico da personalidade, respectivamente. Desse modo, a adolescência se mostra como outra fase bastante importante para a definição da personalidade.

Já a fase adulta é considerada o período mais estável do desenvolvimento da personalidade (Roberts & Yoon, 2022). Para grande parte da população consiste no estabelecimento e manutenção de relacionamentos sociais e românticos, na constituição da família, na realização profissional e na conquista de objetivos (Hutteman et al., 2014). Novos aprendizados, relacionamentos e atividades de trabalho repercutem no desenvolvimento de novas habilidades e competências que são frequentemente integradas ao *self*.

Os novos papéis típicos da vida adulta, como os de esposa/esposo, mãe/pai, profissional, funcionário/patrão, tendem a oportunizar a ampliação do senso de identidade, ao passo que também modelam novas formas de expressão da personalidade nesses contextos.

A última grande fase do desenvolvimento compreende as pessoas com 60 anos ou mais. A nomeação dessa fase é ainda fonte de debate: velhice, fase idosa, terceira idade, senescência? Independentemente do nome, é marcada também por tarefas desenvolvimentais, como propostas por Hutteman et al. (2014), que incluem, por exemplo, a adaptação às mudanças físicas típicas da idade. A expressão do *self* no mundo ocorre em todas as fases da vida e a forma de expressão das características individuais variam conforme as situações e tempos. A pessoa idosa conta com a sabedoria decorrente das experiências de vida e tende a manifestar suas características individuais considerando todo esse aprendizado acumulado ao longo dos anos. Apesar desses elementos qualitativos que envolvem a fase da vida de pessoas idosas, entretanto, as pesquisas relacionadas à mudança da personalidade nessa fase da vida ainda sugerem que os traços tendem à estabilidade e que as mudanças tendem a ser um pouco mais comuns em idosos com mais idade (> 80 anos; Mõttus et al., 2012). As mudanças tendem a ser relacionadas à diminuição dos níveis médios dos traços. Assim, idosos tendem a apresentar níveis menores de neuroticismo, extroversão, amabilidade, conscienciosidade e abertura a experiências (Wortman et al., 2012). Diante disso, é importante que a avaliação psicológica da personalidade de idosos seja feita considerando dados normativos específicos para a idade.

O desenvolvimento da personalidade ao longo do ciclo vital é algo que precisa ser continuamente investigado, buscando identificar fatores associados à mudança e à estabilidade. Ainda, faz-se necessário conhecer mais profundamente as especificidades da personalidade em idosos, porque a maioria das pesquisas ainda focam no estudo da personalidade em adultos. Esses conhecimentos tendem a subsidiar práticas de avaliação e tomadas de decisão cientificamente fundamentadas. Cabe ainda destacar a necessidade de compreender melhor tanto o desenvolvimento saudável quanto patológico da personalidade em idosos.

A avaliação da personalidade de idosos

Dada a abrangência do termo personalidade, é razoável esperar uma sobreposição de suas medidas com várias outras atitudinais, de saúde (e doença) mental, de valores e de preferências. Isso gera consideráveis problemas teóricos e psicométricos, desde as medidas mais objetivas e padronizadas até aquelas mais abertas a diferentes interpretações. Como toda pesquisa realizada com idosos, a mensuração da personalidade guarda desafios metodológicos, psicométricos, analíticos e logísticos que sugerem um viés circular: por definição, quanto mais idoso for o perfil buscado, menos disponível é a sua amostragem, seja por dificuldades de comunicação, de locomoção, de cognição, de acesso, de registro ou por doenças incapacitantes. Japão, França e Itália se destacam por registrar alguns dos indivíduos que mais tempo viveram (ou ainda vivem), por vezes nomeados como supercentenários: mulheres com cerca de 120 anos e homens com cerca de 115 anos, não raramente com evidências de boa saúde física e mental. No Brasil, o recorde parece ser de 114 anos para Maria Gomes Valentim, falecida em 2011, que foi um caso bastante extremo na distribuição demográfica. Apesar de o Instituto Brasileiro de Geografia e Estatística (IBGE) indicar que a expectativa de vida no país é de 76,8 anos, um número distante da média daqueles países, tem uma população que está envelhecendo cada vez mais notoriamente. Estima-se, por exemplo, que em 2050 a expectativa de vida do brasileiro ao nascer será de cerca de 81 anos. Mais ainda, o percentual de 0 a 14 anos pode se igualar ao de maiores de 65 anos, ameaçando até mesmo a sustentabilidade do crescimento populacional. Por razões não somente teórico-conceituais, mas sobretudo aplicadas, como exemplificamos a seguir, é estratégico dedicar maior esforço à mensuração da personalidade de idosos.

A literatura sobre fatores de risco para a depressão na terceira idade deixa bastante evidente a relação entre eventos negativos de vida e alguns traços de personalidade, como o neuroticismo (Fiske et al., 2009). Já no campo das finanças pessoais, a conscienciosidade e a extroversão ajudam a explicar o comportamento de poupar dinheiro, enquanto neuroticismo e abertura à experiência representam maior dificuldade e, portanto, decisões arriscadas (Asebedo et al., 2019). Há também evidências, tanto baseadas em autorrelato quanto em medidas feitas por acelerômetros (Artese et al., 2017), de que traços de personalidade são preditores da atividade física de idosos, sobretudo a conscienciosidade (positivamente) e o neuroticismo (negativamente). Somente por dados como esses já deveria ser premente conhecer melhor a personalidade de idosos, afinal as repercussões se estendem de forma transversal para o sistema de saúde, o trabalho e o mercado de consumo, entre outras esferas. Trata-se, definitivamente, de uma questão de política pública (Bleidorn et al., 2019). Ainda assim, os estudos empíricos com a população idosa são bem mais escassos do que aqueles com jovens adultos.

A psicologia da personalidade geralmente considera aqueles acima de 60 anos como "adultos mais velhos", e alguns sugerem o uso do termo "idosos mais velhos" (que em português corre o risco de parecer pejorativo) para aqueles acima de 85 anos de idade. No entanto, o mero critério cronológico pode ser muito limitado, não garante a heterogeneidade dos perfis e não representa a complexidade dos processos de desenvolvimento nesse período. Para McAdams (2019) apenas recentemente a psicologia da personalidade tem efetivamente incorporado discussões que envolvem ciclo de vida, a pertença diferenciada a classes sociais e o momento histórico em que o indivíduo se desenvolve(u) – ou seja, o quando (e não somente o como) ocorre a mensuração da sua personalidade.

Um problema recorrente e bastante compartilhado da psicologia da personalidade com a psicologia social é que embora muitas medidas possam ser bastante fidedignas, os tamanhos de efeito em vários estudos tendem a ser baixos. Em outras palavras, muitos instrumentos têm evidências de que medem algo bem e consistentemente, mas são focados em construtos que têm uma importância prática mais limitada ou muito específica. Bardi e Zentner (2017) discutiram a repercussão desse quadro para problemas que envolvem os estudos de replicação, como esforço cada vez mais enfatizado em psicologia, porque escolhas metodológicas aparentemente menos importantes podem alterar sobremaneira os resultados, como os procedimentos estatísticos, a amostragem e o local de coleta. Esses autores se juntam a tantos outros na defesa para que também se publiquem estudos com resultados não significativos, de modo a minimizar vieses nas meta-análises da área. Por outro lado, um grupo de pesquisadores (Atherton et al., 2021) conferiu à psicologia da personalidade uma posição de destaque na crise de credibilidade e replicabilidade que assolou a psicologia na década de 2010. Segundo eles, embora as teorias tenham perdido o poder de impacto transversal que autores clássicos promoveram, as medidas, métodos e análises tendem a ser robustos e transparentes, baseadas em normas exemplares que são mantidas com rigor na comunidade atuante.

Partindo das bases científicas da avaliação da personalidade de idosos para a prática da avaliação, vários elementos precisam ser considerados. Até o dia 30 de outubro de 2022 encontram-se aprovados no Brasil os seguintes testes de personalidade com indicação de faixa etária superior a 60 anos nos dados normativos, disponíveis em editoras especializadas:

1) Inventários da personalidade:

– Bateria Fatorial da Personalidade (BFP; 10 a 75 anos)

– Inventário de Personalidade NEO Revisado (NEO PI-R; 16 a 74 anos)

– Inventário de Personalidade NEO Revisado Versão Curta (NEO FFI-R; 18 a 74 anos)

– Inventário Fatorial de Personalidade (IFP-II; 14 a 86 anos)

– Inventário de Expressão de Raiva como Estado e Traço (STAXI-2; 17 a 67 anos)

– Orpheus – Inventário de Personalidade para o Trabalho (18 a 66 anos)

– Escala Fatorial de Socialização (EFS; 14 a 64 anos)

2) Testes projetivos e expressivos da personalidade:

– Pirâmides Coloridas de Pfister (TPC; 18 a 66 anos)

– Zulliger Sistema Compreensivo (ZSC; 18 a 67 anos)

– Zulliger Escola de Paris (18 a 92 anos)

– Zulliger (Z-Teste; 16 a 78 anos)

– Rorschach Sistema de Avaliação por Performance (R-PAS; 17 a 69 anos)

– Técnica de Apercepção para Idosos (SAT; mais de 60 anos)

– Psicodiagnóstico Miocinético (PMK; 18 a 66 anos)

Ao utilizar quaisquer um desses instrumentos para a avaliação da personalidade em idosos, recomenda-se a análise do manual no que diz respeito aos estudos normativos, considerando a idade dos participantes. Muitos desses instrumentos podem ter em seus dados normativos pessoas com mais de 70 anos, mas a representatividade dessa faixa etária pode ser bem baixa. Desse modo, as tomadas de decisão por meio do uso desses instrumentos devem ser feitas com prudência e teoricamente fundamentada. A descrição da personalidade, a partir de um processo de avaliação psicológica, deve ser feita considerando as especificidades da pessoa avaliada, incluindo sua história de vida e os dados coletados por meio de outros métodos durante o processo avaliativo.

Transtornos da personalidade

Para introduzir o funcionamento patológico da personalidade em idosos, faz-se necessário indicar o que seriam os transtornos da personalidade, bem como a forma como têm sido diagnosticados atualmente. Os transtornos da personalidade podem ser compreendidos como variações extremas de padrões ou traços saudáveis da personalidade (First et al., 2017). Comportamentos apresentados por pessoas com esses transtornos são notadamente desviantes dos padrões sociais e culturais, são difusos e pouco flexíveis (American Psychiatric Association [APA], 2013). As variações extremas, que caracterizam o funcionamento das pessoas com transtornos da personalidade, acarretam prejuízos no funcionamento do *self* e no funcionamento ligado aos relacionamentos interpessoais, além de sofrimento para a própria pessoa e/ou para pessoas próximas (Skodol, 2012). A cronicidade também é um aspecto importante a considerar quando se trata dos transtornos de personalidade. Isso indica que é um padrão de comportamento persistente ao longo do tempo e com manifestação em diferentes contextos.

A origem dos transtornos da personalidade ainda gera discussão na área, sendo o mais aceitável que tenha uma origem multifatorial (e.g.: psicológicos, genéticos, sociais) e, geralmente, começam a se manifestar no início da vida adulta, fase da vida que passa a ser possível e mais seguro realizar o diagnóstico. Os transtornos da personalidade demandam tratamentos mais longos e elaborados, sendo um desafio para os profissionais da área da saúde mental (Kessler & Üstün, 2008). As bases para o diagnóstico dos transtornos da personalidade são os manuais psiquiátricos, como o Manual de Diagnóstico e Estatístico de Transtornos Mentais 5ª edição (DSM-5; APA, 2013) e a Classificação Estatística Internacional de Doenças e Problemas Relacionados com a Saúde, atualmente em sua décima primeira edição (CID-11; World Health Organization [WHO], 2019/2021).

Dois modelos diagnósticos estão incluídos no DSM-5. O primeiro, oficial, é apresentado na seção II e conta com 10 categorias diagnósticas, ou seja, 10 transtornos distintos da personalidade: paranoide, esquizoide, esquizotípica, antissocial, *borderline*, histriônica, narcisista, evitativa, dependente e obsessivo-compulsiva. Nessa seção, para cada um dos transtornos são apresentados critérios que os clínicos precisam observar nos pacientes para que o diagnóstico possa ser realizado (APA, 2013). Assim, trata-se de a pessoa ter ou não ter um determinado critério, e no caso de ser observada uma quantidade previamente estabelecida de critérios essa pessoa pode ser classificada em uma ou mais categorias diagnósticas. Por exemplo, uma pessoa chega ao consultório com hipótese diagnóstica de transtorno da personalidade obsessivo-compulsiva. Segundo o DSM-5, na seção II, para que um paciente tenha esse diagnóstico é preciso que ele apresente pelo menos quatro dentre oito critérios possíveis. O profissional precisa identificar se o paciente em avaliação apresenta os critérios indicados para definir se tem ou não o transtorno. Esse modelo é conhecido como modelo categórico.

Mesmo o modelo categórico sendo ainda o oficial para diagnóstico de transtornos da personalidade no DSM-5, existe uma vasta literatura com críticas robustas a esse paradigma (Hopwood et al., 2018; Kotov et al., 2017). Os métodos para a definição do número de critérios que uma pessoa precisa preencher não são claros e baseados em pesquisas suficientes. Por exemplo, por que devem ser usados quatro critérios para diagnóstico de transtorno da personalidade obsessivo-compulsiva e não três ou cinco? Outra crítica a esse modelo é a heterogeneidade sintomática dentro das categorias diagnósticas. Novamente, considerando como exemplo o transtorno da personalidade obsessivo-compulsiva, é possível ter pacientes com o mesmo diagnóstico, mas que não compartilham qualquer um dos critérios diagnósticos indicados (e.g.: considerando os oito critérios diagnósticos, uma pessoa pode ter os quatro primeiros critérios e outra pessoa ter os quatro últimos, sendo mesmo assim diagnosticadas dentro da mesma categoria). Por fim, estudos indicam que os transtornos da personalidade não devem ser verificados pela presença e ausência de sintomas, mas por níveis nos traços. Essa forma de pensar indica que todas as pessoas têm todos os traços de personalidade e o que as diferencia são os níveis desses traços.

Devido às críticas expostas e às evidências de que os transtornos da personalidade são melhor compreendidos dentro de uma perspectiva dimensional, o DSM-5 incluiu em sua seção III um modelo alternativo para compreensão do funcionamento do paciente com transtorno da personalidade. Trata-se de um modelo híbrido, pois parte de uma avaliação dimensional e pode resultar em um diagnóstico categórico. Envolve avaliar se a pessoa tem prejuízos no funcionamento da personalidade (critério A) e avaliar, em um conjunto de 25 traços, se existem um ou mais em níveis patológicos (critério B). No critério A são avaliados prejuízos no funcionamento do *self* e interpessoal, enquanto no critério B são examinados 25 traços, organizados em cinco dimensões amplas da personalidade: afetividade negativa, distanciamento, desinibição, antagonismo e psicoticismo (APA, 2013). O diagnóstico, nesse modelo, pode ser categórico ou dimensional. O diagnóstico categórico ocorre quando uma pessoa apresenta um perfil de traços semelhante a um de seis perfis delimitados: *borderline*, narcisista, antissocial, evitativa, esquizotípica e obsessivo-compulsiva (APA, 2013). A classificação agora comporta, portanto, apenas seis perfis, ao contrário do modelo puramente categórico que caracteriza dez. Quatro categorias foram excluídas por não apresentarem evidências robustas de validade na literatura científica. Ainda, esse modelo possibilita que o diagnóstico possa ser dimensional, recebendo o nome de "transtorno da personalidade – especificado pelo traço", seguido da especificação do nível de prejuízo do funcionamento da personalidade (critério A) e dos traços patológicos da personalidade observados (critério B).

Outro sistema para compreensão dos transtornos da personalidade e usado como referência na saúde pública brasileira é a CID-11. A CID-11 trouxe importantes modificações na compreensão desses transtornos, adotando um paradigma dimensional. Nesse modelo os transtornos da personalidade são compreendidos como um *continuum*, que varia de padrões saudáveis até níveis patológicos extremos. Assim, os transtornos de personalidade deixaram de ser classificados em categorias distintas (p. ex., dependente ou evitativa) e passaram a ser observados com base na intensidade dos sintomas. As diretrizes diagnósticas da CID-11 são bastante simples e implicam na identificação do transtorno da personalidade em um contínuo que varia entre personalidade normal, dificuldade da personalidade, transtorno da personalidade leve, transtorno da personalidade moderado e transtorno da personalidade grave. Em seguida, de forma opcional, o clínico pode qualificar o transtorno da personalidade a partir de traços estilísticos mal-adaptativos, a saber, afetividade negativa, distanciamento, dissociabilidade, desinibição e anancastia. Por fim, é ainda possível fazer uma qualificação de padrão *borderline*, que compreende os critérios da categoria do transtorno da personalidade *borderline* (WHO, 2019/2021). Esse foi o único resquício do modelo categórico mantido na CID-11.

Uma diferença importante entre os modelos híbrido do DSM-5 e dimensional da CID-11 se refere ao início dos sintomas. Enquanto no DSM-5 os sintomas devem se iniciar no final da adolescência e início da idade adulta, na CID-11 não há esse critério inicial. De fato, para o diagnóstico de transtorno da personalidade na CID-11 as diretrizes orientam que os sintomas devem ser observados por pelo menos dois anos. Com isso, há uma ampliação para o diagnóstico de transtorno da personalidade em pessoas idosas (Bangash, 2021; Tyrer & Howard, 2020), uma vez mais fundamental para a produção de soluções clínicas nessa faixa etária.

Avaliação dos transtornos da personalidade em idosos

Os transtornos da personalidade tendem a se manifestar no início da idade adulta, com prejuízos significativos para os indivíduos com características crônicas. Porém, a literatura aponta para uma estabilidade dessas manifestações patológicas ao longo do tempo, gerando assim uma negligência com o tema em idades mais avançadas. Além disso, existe uma lacuna de estudos com a faixa etária de idosos, seja de prevalência, prejuízos ou avaliação e diagnóstico impactando diretamente na prática clínica e no manejo de idosos com prejuízos e sofrimentos decorrentes dos transtornos da personalidade (Penders et al., 2020). Estudos longitudinais seriam necessários para compreender de fato como é a manifestação e evolução dos transtornos nessa fase da vida; porém, estudos assim demandam tempo e as perdas amostrais durante o processo são dificultadores para esse tipo de pesquisa.

Estima-se que a prevalência de transtornos da personalidade em idosos seja algo entre 10,6% e 14,5%, aumentando para cerca de 58% em pacientes que estão morando em Instituições de Longa Permanência (ILPIs; Penders et al., 2020). Esses números podem ser ainda maiores devido à dificuldade na avaliação dos idosos. Os prejuízos que os transtornos de personalidade causam nessa faixa etária são, no entanto, similares aos nas demais faixas. Por exemplo, um funcionamento mais patológico da personalidade estaria positivamente associado a maiores taxas de suicídio (Szücs et al., 2018) e a outras psicopatologias, como depressão e ansiedade. Além disso, pode estar relacionado com declínio cognitivo leve. Tais estudos indicam a importância de identificar e acompanhar o adulto-jovem com transtorno da personalidade durante o processo de envelhecimento. Envolve também a necessidade de identificar os transtornos da personalidade nos idosos, para que se possa oferecer um envelhecimento com maior qualidade de vida.

A avaliação e diagnóstico na faixa etária de 60 anos ou mais é um processo com alguns desafios que necessitam de cuidados. O método mais comum de avaliação dos transtornos da personalidade, conforme disposto na literatura da área, é por meio de escalas de autorrelato. Instrumentos como o *Personality Inventory for DSM-5* (PID-5) e a *Gerontological Personality Disorders Scale* (GPS) são alguns exemplos de avaliação para essa finalidade. Segundo Wu e Francois (2021), grande parte dos instrumentos disponíveis para aplicação em idosos apresenta itens que não são apropriados para as características dessa população. Por exemplo, um instrumento desenvolvido para a população geral pode ter itens como "evito encontros sociais" ou "prefiro atividades solitárias". Esses tipos de itens podem gerar constrangimento e não ser úteis para avaliar o traço desejado conforme as características reais do paciente idoso. O caminho, segundo esses autores, é o desenvolvimento de instrumentos específicos, que respeitem as características também específicas dessa faixa etária.

No Brasil temos uma escala de autorrelato disponível e com parecer favorável do Sistema de Avaliação dos Testes Psicológicos (SATEPSI) para avaliação do funcionamento patológico da personalidade. O Inventário Dimensional Clínico da Personalidade, atualmente em sua segunda versão (IDCP-2; Carvalho & Primi, no prelo), é um instrumento que pode ser utilizado em pacientes com até 70 anos. Os itens do IDCP-2, todavia, não foram desenvolvidos exclusivamente para avaliação de idosos. Esse é um teste composto por 206 itens que se agrupam em 47 fatores que, por sua vez, compõem 12 dimensões amplas da personalidade (Carvalho & Primi, no prelo). Ele foi desenvolvido e revisado com base nos critérios diagnósticos para transtornos de personalidade do DSM-IV, nos traços patológicos do critério B do modelo alternativo do DSM-5 (APA, 2013), além de outros modelos (e.g.: dimensões do SWAP) e dimensões do modelo de Clark. Uma alternativa ao uso escalas de autorrelato disponível no Brasil é a Entrevista Diagnóstica para Transtornos da Personalidade (E-TRAP; Carvalho et al., 2020). Trata-se de uma entrevista diagnóstica com base no modelo categórico e alternativo do DSM-5. Tem um formato semiestruturado e semiadaptativo, sendo composta por perguntas que avaliam tanto o critério A quanto o critério B do modelo alternativo do DSM-5. Assim como o IDCP-2, também não é um instrumento desenvolvido para a faixa etária idosa, mas pode ser aproveitado para aplicação nesse público.

A avaliação clínica de padrões mal-adaptativos da personalidade em idosos precisa considerar ainda uma série de fatores. É comum que pacientes que possuem lesões cerebrais apresentem alterações importantes no comportamento e afeto, que podem facilmente ser confundidos como típicos de um transtorno da personalidade. Esse diagnóstico seria inadequado, tendo em vista que o melhor tratamento não deveria focar nos padrões de pensamento, comportamento e afeto, mas na lesão cerebral que causa essa alteração comportamental. Ainda, fatores como o isolamento social e familiar, o etarismo e outros fenômenos sociais de desvalorização do idoso precisam ser considerados nas avaliações, de modo a diferenciar aspectos derivados da personalidade daqueles de base sociocultural.

Como resta evidente, os idosos são um público bastante negligenciado no que diz respeito a pesquisas e desenvolvimentos de testes específicos, seja na avaliação de traços, seja na avaliação de patologias. A coleta de dados com esse público e o acesso a pessoas com diagnóstico confirmado de transtorno da personalidade nessa faixa etária são ainda desafiadores para pesquisadores da área, que muitas vezes conduzem pesquisas com escassos recursos financeiros. De qualquer forma, é importante salientar que faltam estudos na área da psicologia da personalidade com essa população, sobretudo para o contexto cada vez maior de envelhecimento no Brasil, com suas características demográficas distintivas.

Considerações finais

A avaliação da personalidade em idosos é fundamental para a compreensão do funcionamento psicológico de uma população que está envelhecendo, cada vez mais, com saúde, disposição e vitalidade. No entanto, entre as publicações mais emblemáticas da psicologia da personalidade somente nas mais recentes (p. ex.: *Handbook of Personality: Theory and Research*, de John & Robins, 2021) é que as questões de envelhecimento têm recebido maior destaque, ainda assim com menos foco nos problemas de mensuração. Vários estudos têm finalmente adotado uma abordagem mais transcultural, que tem permitido comparações intra e internacionais, em direção a identificar o papel de variáveis contextuais na personalidade de idosos (Allik & Realo, 2018). A longevidade parece estar atrelada a características da personalidade como conscienciosidade (Masui et al., 2006; Stephan et al., 2019), otimismo (Lee et al., 2019), extroversão e abertura a experiências (Masui et al., 2006). Dessa forma, conhecer como traços estilísticos da personalidade geram desfechos de saúde (Heilmayr & Friedman, 2020) possibilita a identificação de fatores de risco e de proteção de idosos. Assim, encaminhamentos e planificações de intervenções podem ser precisamente delineados, garantindo um atendimento integral e personalizado para a pessoa idosa.

Perguntas e respostas

1. Quais cuidados devem ser considerados durante o processo avaliativo da personalidade em idosos?

Resposta: Por se tratar de uma população específica, a avaliação da personalidade tende a ser bastante dificultosa. Sugere-se, inicialmente, o uso de instrumentos que possuam itens adequados à população idosa. Eles devem diferenciar entre as características da personalidade e as características de situações ambientais e sociais que impossibilitem seu funcionamento pleno. Por exemplo, avaliar a quantidade de encontros sociais em idosos institucionalizados pode apresentar um resultado incompatível com a realidade. Além disso, é imprescindível identificar as distinções entre processos próprios do envelhecimento e vivências positivas/negativas associadas aos traços de personalidade.

2. Como sugere-se que seja realizado o processo de avaliação dos transtornos de personalidade em idosos?

Resposta: Os transtornos de personalidade têm sua manifestação inicial na vida adulta. Além disso, é sabido que tais características tendem a se mostrar relativamente estáveis ao longo do tempo. Portanto, um processo avaliativo dos transtornos de personalidade deve ser elaborado inicialmente com base na diferenciação das características dos transtornos e próprias do processo de envelhecimento, como, por exemplo, um declínio cognitivo leve. Sabendo que a prevalência de transtornos de personalidade é maior em idosos em instituições de longa permanência, sugere-se que inicialmente sejam demarcadas características sociodemográficas, que podem ser compreendidas por meio de entrevistas. Além disso, a seleção de instrumentos capazes de avaliar o nível de funcionamento global e níveis patológicos mostra-se como uma decisão estratégica e parcimoniosa.

3. Quais instrumentos podem ser utilizados para a avaliação da personalidade de idosos no Brasil?

Resposta: Este capítulo listou uma série de instrumentos recomendados para cada finalidade, entre inventários e testes projetivos e expressivos. O Sistema de Avaliação de Testes Psicológicos (SATEPSI) do Conselho Federal de

Psicologia descreve os dados periodicamente atualizados dos instrumentos que têm parecer favorável para uso por psicólogos. O detalhamento de construtos, idades, tipo de aplicação, estudos de validade e estudos de normatização com as datas vigentes para cada um deles pode ser verificado em www.satepsi.cfp.org.br

4. Qual a relação entre o diagnóstico da psicopatologia de idosos com o diagnóstico em fases anteriores da vida?

Resposta: A literatura indica uma expressiva consistência nos traços de personalidade ao longo do ciclo vital. Mas critérios atualizados pelo DSM-5 e pela CID-11 conferem ao diagnóstico precoce um papel ainda maior para a compreensão dos transtornos de personalidade. Destaca-se que na CID-11, diferentemente da DSM-5, prevê-se que transtornos de personalidade podem surgir em qualquer fase da vida, mesmo que o histórico seja de uma infância e adolescência com saúde mental estável.

5. Quais desafios demográficos o contexto brasileiro apresenta para a avaliação da personalidade em idosos?

Resposta: Embora ainda não tenha a expectativa de vida observada em países desenvolvidos, o Brasil está invertendo sua pirâmide populacional e em poucas décadas contará com um contingente de idosos maior do que de jovens. Conhecer os elementos associados à personalidade dessa parcela cada vez maior da sociedade é não somente um problema para a avaliação psicológica, mas para as políticas públicas de ordem macro, sobretudo na área da saúde.

Referências

Allik, J., & Realo, A. (2018). Cross-cultural perspectives on personality and individual differences. In V. Zeigler- Hill & T. K. Shackelford (eds.), *The SAGE handbook of personality and individual differences: Origins of personality and individual differences* (pp. 303-320). Sage Reference. https://doi.org/10.4135/9781526451200.n17

American Psychiatric Association (2013). *DSM-5: Manual diagnóstico e estatístico de transtornos mentais*. Artmed.

Artese, A., Ehley, D., Sutin, A. R., & Terracciano, A. (2017). Personality and actigraphy-measured physical activity in older adults. *Psychology and Aging, 32*(2), 131-138. https://doi.org/10.1037/pag0000158

Asebedo, S. D., Wilmarth, M. J., Seay, M. C., Archuleta, K., Brase, G. L., & MacDonald, M. (2019). Personality and saving behavior among older adults. *Journal of Consumer Affairs, 53*(2), 488-519. https://doi.org/10.1111/joca.12199

Atherton, O. E., Chung, J. M., Harris, K., Rohrer, J. M., Condon, D. M., Cheung, F., ... & Corker, K. S. (2021). Why has personality psychology played an outsized role in the credibility revolution? *Personality Science, 2*. https://doi.org/10.5964/ps.6001

Bangash, A. (2020). Personality disorders in later life: Epidemiology, presentation and management. *BJPsych Advances, 26*(4), 208-218. https://doi.org/10.1192/bja.2020.16

Bangash, A. (2021). ICD-11 and DSM-5 criteria for personality disorders: relevance for older people. *Journal of Geriatric Care and Research, 8*(1), 3-7. https://instituteofinsight.org/wp-content/uploads/2021/07/Journal_of_Geriatric_Care_and_Research_2021_06.pdf#page=9

Bardi, A., & Zentner, M. (2017). Grand challenges for personality and social psychology: Moving beyond the replication crisis. *Frontiers in Psychology*, 8, 2068. https://doi.org/10.3389/fpsyg.2017.02068

Bleidorn, W., Hill, P. L., Back, M. D., Denissen, J. J., Hennecke, M., Hopwood, C. J., ... & Roberts, B. (2019). The policy relevance of personality traits. *American Psychologist*, 74(9), 1.056-1.067. https://doi.org/10.1037/amp0000503

Carvalho, L. F., Oliveira, S. E. S., & Pianowski, G. (2020). *E-TRAP: Entrevista Diagnóstica para Transtornos de Personalidade*. Vetor.

Carvalho, L. F., & Primi, R. (no prelo). *Manual técnico do Inventário Dimensional Clínico da Personalidade 2* (IDCP-2) *e versão triagem* (IDCP-triagem). Pearson.

Costa, P. T., Jr, McCrae, R. R., & Löckenhoff, C. E. (2019). Personality across the life span. *Annual Review of Psychology*, 70(1), 423-448. https://doi.org/10.1146/annurev-psych-010418-103244

Feist, J., Feist, G. J., T-A. (2015). *Teorias da Personalidade*. Artmed.

First, M. B., Skodol, A. E., Bender, D. S., & Oldham, J. M. (2017). *User's guide for the Structured Clinical Interview for the DSM-5® Alternative Model for Personality Disorders (SCID-5-AMPD)*. American Psychiatric Pub.

Fiske, A., Wetherell, J. L., & Gatz, M. (2009). Depression in older adults. *Annual Review of Clinical Psychology*, 5, 363-389. https://doi.org/10.1146/annurev.clinpsy.032408.153621

Heilmayr, D., & Friedman, H. S. (2020). Personality and Health Outcomes. In K. Sweeny, M. L. Robbins, & L. M. (eds.), *CohenThe Wiley encyclopedia of health psychology*, (pp. 429-438). Wiley.

Hopwood, C. J., Kotov, R., Krueger, R. F., Watson, D., Widiger, T. A., Althoff, R. R., ... & Zimmermann, J. (2018). The time has come for dimensional personality disorder diagnosis. *Personality and Mental Health*, 12(1), 82-86. https://doi.org/10.1002/pmh.1408

Howard, R., & Bergmann, K. (1993). Personality disorders in old age. *International Review of Psychiatry*, 5(4), 469-475. https://doi.org/10.3109/09540269309037809

Hutteman, R., Hennecke, M., Orth, U., Reitz, A., & Specht, J. (2014). Developmental tasks as a framework to study personality development in adulthood and old age. *European Journal of Personality*, 28(3), 267-278. https://doi.org/10.1002/per.1959

John, O.P., & Robins, R. W. (eds.) (2021). *Handbook of personality: Theory and research*. Guilford.

Kessler, R. C., & Üstün, T. B. (2008). The World Health Organization composite international diagnostic interview. In R. C. Kessler, & T. B. Üstün, (eds.), *The WHO world mental health surveys: Global perspectives on the epidemiology of mental disorders* (pp. 58-90). World Health Organization.

Kotov, R., Krueger, R. F., Watson, D., Achenbach, T. M., Althoff, R. R., Bagby, R. M., ... & Zimmerman, M. (2017). The Hierarchical Taxonomy of Psychopathology (HiTOP): A dimensional alternative to traditional nosologies. *Journal of Abnormal Psychology*, 126(4), 454-477. https://doi.org/10.1037/abn0000258

Lee, L. O., James, P., Zevon, E. S., Kim, E. S., Trudel-Fitzgerald, C., Spiro III, A., ... & Kubzansky, L. D. (2019). Optimism is associated with exceptional longevity in 2 epidemiologic cohorts of men and women. *Proceedings of the National Academy of Sciences*, 116(37), 18.357-18.362. https://doi.org/10.1073/pnas.1900712116

Lind, M., Adler, J. M., & Clark, L. A. (2020). Narrative identity and personality disorder: An empirical and conceptual review. *Current Psychiatry Reports*, 22(12), 1-11. https://doi.org/10.1007/s11920-020-01187-8

Masui, Y., Gondo, Y., Inagaki, H., & Hirose, N. (2006). Do personality characteristics predict longevity? Findings from the Tokyo Centenarian Study. *Age (Dordrecht, Netherlands)*, 28(4), 353-361. https://doi.org/10.1007/s11357-006-9024-6

McAdams, D. P. (2005). What psychobiographers might learn from personality psychology. In W. T. Schultz (ed.), *Handbook of psychobiography* (pp. 64-83). Oxford University Press.

Mõttus, R., Johnson, W., & Deary, I. J. (2012). Personality traits in old age: Measurement and rank-order stability and some mean-level change. *Psychology and Aging, 27*(1), 243-249. https://doi.org/10.1037/a0023690

Penders, K. A., Peeters, I. G., Metsemakers, J. F., & Van Alphen, S. P. (2020). Personality disorders in older adults: A review of epidemiology, assessment, and treatment. *Current Psychiatry Reports, 22*(3), 1-14. https://doi.org/10.1007/s11920-020-1133-x

Roberts, B. W., & Yoon, H. J. (2022). Personality psychology. *Annual Review of Psychology, 73*, 489-516. https://doi.org/10.1146/annurev-psych-020821-114927

Skodol, A. E. (2012). Personality disorders in DSM-5. *Annual Review of Clinical Psychology, 8*, 317-344. https://doi.org/10.1146/annurev-clinpsy-032511-143131

Stephan, Y., Sutin, A. R., Luchetti, M., & Terracciano, A. (2019). Facets of conscientiousness and longevity: Findings from the Health and Retirement Study. *Journal of Psychosomatic Research, 116*, 1-5. https://doi.org/10.1016/j.jpsychores.2018.11.002

Szücs, A., Szanto, K., Aubry, J. M., & Dombrovski, A. Y. (2018). Personality and suicidal behavior in old age: A systematic literature review. *Frontiers in psychiatry, 9*, 128. https://doi.org/10.3389/fpsyt.2018.00128

Tyrer, P., & Howard, R. (2020). Late-onset personality disorder: A condition still steeped in ignorance. *BJPsych Advances, 26*(4), 219-220. https://doi.org/10.1192/bja.2020.19

World Health Organization (2019/2021). *ICD-11 for mortality and morbidity statistics*. Recuperado de https://icd.who.int/browse11/l-m/en

Wortman, J., Lucas, R. E., & Donnellan, M. B. (2012). Stability and change in the Big Five personality domains: Evidence from a longitudinal study of Australians. *Psychology and Aging, 27*(4), 867-874. https://doi.org/10.1037/a0029322

Wu, A., & Francois, D. (2021). Personality disorders in late life: An update. *The Journal of Gerontopsychology and Geriatric Psychiatry, 35*(3), 167-175. https://doi.org/10.1024/1662-9647/a000261

Zwir, I., Del-Val, C., Arnedo, J., Pulkki-Råback, L., Konte, B., Yang, S. S., Romero-Zaliz, R., Hintsanen, M., Cloninger, K. M., Garcia, D., Svrakic, D. M., Lester, N., Rozsa, S., Mesa, A., Lyytikäinen, L. P., Giegling, I., Kähönen, M., Martinez, M., Seppälä, I., Raitoharju, E., ... Cloninger, C. R. (2021). Three genetic-environmental networks for human personality. *Molecular psychiatry, 26*(8), 3.858-3.875. https://doi.org/10.1038/s41380-019-0579-x

Avaliação de aspectos de humor e suicídio em idosos

Makilim Nunes Baptista
Hugo Ferrari Cardoso
Bruno Bonfá-Araujo
Lisandra Borges Vieira Lima

Destaques

1) Os transtornos depressivos são entidades nosológicas muito frequentes na humanidade na maioria das faixas etárias.

2) Já a prevalência de suicídios no mundo atinge a 800.000 pessoas por ano e é considerada um problema de saúde pública, sendo que os idosos são um dos grupos mais afetados por esse complexo fenômeno.

3) O processo avaliativo da depressão em idosos pode ser bastante dificultoso, dado que os diversos comportamentos e sintomas podem ser facilmente confundidos com outras patologias.

4) ...dentre os maiores riscos para ideação e tentativa de suicídio estão idosos com transtornos neurocognitivos e psiquiátricos, que se sentem socialmente excluídos, em processo de luto e com deficiências físicas.

5) Portanto, desenvolver e realizar estratégias preventivas são abordagens-chave para que este processo (depressão) seja identificado em seu início.

Contextualização temática

No processo de envelhecimenhto é esperado que ocorram diminuições de algumas atividades anteriormente realizadas pelos indivíduos. Esta fase do desenvolvimento humano também tende a ser caracterizada por comprometimentos de diversas ordens, como físicas, cognitivas, sociais, psicológicas, financeiras, entre outras (Crestani et al., 2019; Eloi & Lourenço, 2019; Tan et al., 2021). Neste capítulo encontram-se algumas informações relevantes sobre depressão e suicídio entre os idosos. Em primeiro lugar são expressas taxas de epidemiologia de depressão na população, especificamente em idosos, bem como características da depressão neste ciclo de vida, já que parece ser mais complexo seu diagnóstico e o diagnóstico diferencial entre idosos. Na sequência são abordados importantes aspectos sobre a avaliação e o uso de multimétodos para uma avaliação mais completa, com integração dos dados. São descritas, ainda, algumas das principais escalas usadas e suas características. Dando continuidade, os principais fatores de risco associados ao desenvolvimento de depressão e suicídio são abordados, principalmente a partir de estudos com grandes amostras (metanálises), finalizando com alguns apontamentos a respeito da importância de intervenções preventivas, bem como fatores de proteção.

Os transtornos depressivos são entidades nosológicas muito frequentes na humanidade na maioria das faixas etárias. Do ponto de vista dos manuais psiquiátricos, eles podem ser divididos em tipos diferentes, que constituem características de alta complexidade diagnóstica, com diversos fatores de risco e proteção e não tão simples de se realizar diagnósticos diferenciais. Sendo assim, multimétodos devem ser empregados para uma adequada avaliação dos transtornos depressivos, principalmente em faixas etárias mais difíceis de realizar um diagnóstico diferencial, tais como a infância e os idosos (Baptista, 2018; Baptista et al., 2019).

Especificamente nos adultos, o Manual Diagnóstico e Estatístico de Transtornos Mentais – DSM-5 TR (American Psychological Association [APA], 2022), bem como outras pesquisas epidemiológicas, demonstram que de 4,4 a 5% da população mundial experienciaram pelo menos um episódio de depressão (Episódio Depressivo Maior – EPD), nos últimos 12 meses, em suas vidas. Dados de pesquisas epidemiológicas (Friedman & Anderson, 2014; Gotlib & Hammen, 2015) revelaram que aproximadamente 15% da população dos Estados Unidos irão experimentar um episódio pelo menos de depressão durante suas vidas, sendo, em sua maioria, mulheres e 6,6% experimentaram um episódio no último ano. Além disso, mais de 50% das pessoas com diagnóstico de depressão irão experienciar ao menos mais um episódio, o que a torna uma doença recorrente. Alguns correlatos sociodemográficos associados à depressão são: idade, sexo feminino, raça/etnia não branca, *status* profissional (desemprego), não ser casado, ter menos anos de escolarização, rendimentos financeiros mais baixos e urbanidade.

No que tange à prevalência de sintomas depressivos em idosos, é necessária maior atenção para a atribuição de diagnósticos, uma vez que a alteração em sintomas físicos (por exemplo, diminuição da prática de atividades físicas ou modificações nos padrões de sono) são comuns em indivíduos idosos. Em uma revisão sistemática realizada com estudos publicados entre 2000 e 2021, em 72.878 idosos de todos os continentes, foi encontrado que 28,4% foram triados como positivos para depressão (Hu et al., 2022). Enquanto em outro estudo de revisão sistemática seguido por meta-análise, que contou com 57.486 idosos, foi identificado que 31,74% apresentaram sintomas depressivos. Este resultado foi mais expressivo para países em desenvolvimento (40,78%, o Brasil incluído nesse grupo) quando comparado com países desenvolvidos (17,05%; Zenebe et al., 2021). Tais resultados destacam as altas taxas de transtornos depressivos em indivíduos idosos; nessa conformidade é possível reafirmar, de acordo com tais prevalências, que a depressão em idosos é um importante problema de saúde pública, dado que suas consequências estão associadas com maior sofrimento emocional, mortalidade por causas outras e risco de suicídio.

Já a prevalência de suicídios no mundo atinge a 800.000 pessoas por ano e é considerada um problema de saúde pública, sendo que os idosos são um dos grupos mais afetados por esse complexo fenômeno. Martini et al. (2019), por exemplo, realizaram um estudo baseado nos dados do departamento de estatística do Sistema Único de Saúde (DATASUS), estratificando os suicídios ocorridos entre 2000 e 2016 por sexo e faixa etária. Como resultado, nesse período de 17 anos foram registradas 156.292 mortes por suicídio, com taxa de 4,81 mortes a cada 100.000 habitantes, sendo, em 2016, 8,65 para homens e 2,24 para mulheres. Idades mais avançadas também apresentaram estatísticas mais elevadas de suicídios, principalmente para os homens. Sabe-se que transtornos mentais estão intrinsecamente ligados ao suicídio, principalmente os transtornos depressivos.

O termo depressão, ou melhor, o Episódio Depressivo Maior (EDM) ou Transtorno Depressivo Maior (TDM), que serão utilizados como sinônimo aqui. Esse termo surgiu no início do século XIX, indicando um estado de tristeza. Importante lembrar que a depressão como é conhecida hoje, já foi denominada de melancolia no passado. Ainda é importante lembrar que a sintomatologia de depressão pode ser observada independentemente do diagnóstico, em pacientes com diagnóstico de EDM, TDM, mas também como comorbidade, em pessoas com doenças físicas diversas, e na população geral (ex.: estudantes). Atualmente vem crescendo a denominação de depressão subsindrômica ou subliminar, que seriam sintomas em menor frequência, intensidade e duração do que aqueles observados em um diagnóstico categórico psiquiátrico. A depressão subsindrômica é um importante preditor do desenvolvimento de TDM subsequente (Paykel, 2008).

Processo avaliativo da depressão em idosos

A mensuração da depressão em idosos pode ser bastante difícil, dado que os diversos comportamentos e sintomas podem ser facilmente confundidos com outras patologias. A presença de sintomas somáticos graves, por exemplo, pode ocorrer sem explicações orgânicas e sem a aflição de alterações de humor. Bem como a depressão em idosos é facilmente confundida com demências.

A pseudodemência depressiva e a demência são caracterizadas por apatia, redução psicomotora, insônia e diminuição do peso, sendo um dos principais exemplos que causam diagnósticos incorretos por apresentarem sintomas semelhantes. Além disso, tais características podem ser difíceis de identificar até mesmo pelos cuidadores formais ou informais (Colasanti et al., 2010). Portanto, deve-se visar a uma avaliação sistemática com enfoque em diferenciar depressão e ansiedade, e seus níveis de severidade, comorbidades presentes, *status* cognitivo, suporte social, dentre outros. Fazendo uso também de avaliações mais avançadas como biopreditores e marcadores capazes de identificar idosos com alto risco (Hindi et al., 2011).

Diferentes ferramentas podem ser utilizadas para avaliar a presença e evolução de processos depressivos em idosos, dentre as principais estão os instrumentos de heterorrelato, respondidos por cuidadores e/ou profissionais de saúde, ou de autorrelato, respondido pelo próprio indivíduo. Cada uma destas opções possui vantagens e desvantagens; desse modo, é necessário atenção ao recorrer ao uso de instrumentos de autorrelato, uma vez que esses tendem a superestimar a presença de sintomas devido ao relato exacerbado de pacientes. Enquanto, assim como os instrumentos de autorrelato, as entrevistas de heterorrelato podem se mostrar como insuficientes a depender das habilidades do entrevistador. Uma solução para ambos os casos é o uso combinado de instrumentos e entrevistas, avaliando assim a miríade de sintomas presentes e suas consequências (Colasanti et al., 2010; Hu et al., 2022).

No que tange aos materiais de heterorrelato, a *Hamilton Depression Rating Scale* (HAM-D) está entre as mais utilizadas e possui propriedades psicométricas adequadas para o português brasileiro (Araújo, 2011). Esse instrumento é capaz de mensurar sintomas somáticos, comportamentais, cognitivos e de humor; porém, idosos com dificuldades cognitivas podem apresentar resultados distorcidos. Dentre os instrumentos de autorrelato existentes, os mais utilizados, como indicado pela revisão sistemática de Colasanti et al. (2010) e Hu et al. (2022), estão a *Geriatric Depression Scale* em suas duas versões (GDS-30 e GDS-15), com evidências adequadas para o português brasileiro (Paradela et al., 2005), a *Center for Epidemiologic Studies Depression Scale* (CES-D) com evidências satisfatórias para o português brasileiro (Batistoni et al., 2007) e o *Beck Depression Inventory* (BDI-II), também com adaptação adequada para o português brasileiro (Gorenstein et al., 2011).

As versões da GDS apresentam certa vantagem quando aplicadas em idosos por desconsiderarem sintomas físicos, próprios do processo de envelhecimento, não associando-os a sintomatologia depressiva, além de poderem ser utilizadas em idosos com declínio cognitivo. Além disso, a GDS, em suas diferentes versões, mostra-se como um instrumento sensível e com acurácia. A metnálise de Krishnamoorthy et al. (2020), a partir de 17.018 participantes idosos dos diferentes continentes, encontrou que dentre as diferentes versões do instrumento, a escala com 30 itens mostrou-se como a mais eficiente. Contudo, as versões de 15 e 10 itens também obtiveram resultados satisfatórios e podem ser usadas em situações específicas, como avaliações de triagem, em que se possui um menor tempo ou deseja-se avaliar apenas características-chave da depressão.

A GDS-30 e 15 também se apresentaram como ferramentas sensíveis e com acurácia na mensuração da depressão em idosos hospitalizados, visto que esta população tende a apresentar maior prevalência quando comparada à população geral (Dennis et al., 2012). Todavia, foram encontrados resultados insatisfatórios para as versões de quatro e cinco itens (GDS-4 e 5), devendo essas serem usadas apenas em casos absolutamente necessários de uma avaliação de triagem (Brañez-Condorena et al., 2021).

Por sua vez, a GDS não considera o processo de evolução clínica, bem como desconsidera a influência medicamentosa. Já o BDI-II, apesar de ser um dos principais instrumentos conhecidos na avaliação de sintomatologia depressiva, mostrou-se como pouco sensitivo para variações clínicas, superestimando os resultados em indivíduos idosos (Colasanti et al., 2010). Um instrumento psicológico desenvolvido no Brasil e de uso adequado para a população idosa é a Escala Baptista de Depressão – Versão Idosos (EBADEP-ID; Baptista, 2019). Esse instrumento tem como enfoque as classificações para o transtorno depressivo maior, considerando as consequências do processo de envelhecimento, como humor deprimido, autoestima, anedonia e desesperança.

Como visto, existem diferentes materiais destinados a avaliações específicas de indicadores de depressão em idosos. Assim, durante um processo avaliativo com o uso de ferramentas de autorrelato, deve-se levar em consideração quais os objetivos, vantagens e desvantagens dos instrumentos existentes. Dessa maneira, a postura mais adequada ao realizar um processo de avaliação de sintomas depressivos em idosos é a abordagem multidimensional, levando em consideração entrevistas clínicas, anamnese de comportamentos pré-patologia, observação do comportamento presente no idoso e entrevista com cuidadores e familiares (Colasanti et al., 2010). Além disso, é fundamental que o processo diagnóstico esteja de acordo com a versão mais atual do Manual Diagnóstico e Estatístico de Transtornos Mentais (DSM).

Fatores de risco e de proteção

Existem diferentes fatores de risco que podem culminar no desenvolvimento de um processo depressivo, e tais fatores variam desde a idade dos indivíduos até a influência cultural. Conhecer estes fatores pode ser uma das primeiras estratégias para o desenvolvimento de intervenções e prevenção, em especial para a população idosa, visto que estes tendem a apresentar um desenvolvimento mais rápido dos transtornos de humor. A partir da metanálise de Cole e Dendukuri (2003), realizada com 23.058 participantes, foi possível identificar cinco dos principais fatores de risco para o desenvolvimento da depressão em idosos. São eles: luto, distúrbios do sono, deficiências, diagnóstico prévio de depressão e ser do gênero feminino.

Em outra metanálise mais recente, publicada por Maier et al. (2021), foi identificado que menor *status* socioeconômico na infância, ser do sexo feminino, histórico de depressão ou ansiedade e deficiências foram fatores de risco para o desenvolvimento de depressão em idosos com mais de 65 anos. Enquanto isso, um estudo de revisão brasileiro reforçou tais achados também para idosos em Instituições de Longa Permanência – ILPI's (Nóbrega et al., 2015). Apesar de serem heterogêneas entre si, tais características são marcadores importantes para compreensão dos transtornos depressivos. A partir de tal identificação, algumas destas características podem ser modificadas a partir de, por exemplo, grupos de suporte para o processo de luto, treinamento de novas habilidades e criação de rotinas, aumento da rede de suporte social, além de protocolos para o aumento da qualidade do sono e prática de atividade e exercício físico (por exemplo, exercícios aeróbicos e de resistência) podem atuar como fatores protetivos (Cole & Dendukuri, 2003; Maier et al., 2021; Miller et al., 2020).

Como visto, em idosos os transtornos depressivos são frequentes e tendem a contribuir para o aumento da intensidade de sentimentos de desvalia, baixa autoestima e autoeficácia para a realização de atividades diárias. Pesquisas recentes encontraram evidências de que ter um transtorno depressivo é um forte fator de risco para comportamentos de automutilação e suicídio em idosos (Oh & Bae, 2021; Oonarom et al., 2020). A revisão de Troya et al. (2019) encontrou que dentre os métodos mais utilizados por idosos para automutilação estão a ingestão de medicamentos ou substâncias tóxicas (86,1%), queimaduras e cortes propositais (8,1%) e métodos como enforcamento ou armas de fogo (5,6%), além disso, dentre os participantes que se automutilaram, 68,5% apresentavam diagnóstico de depressão e em 42,4% havia prescrições para antidepressivos. Ortín e Torres (2021) realizaram uma revisão sistemática da literatura com o objetivo de verificar os fatores de risco associados à ideação e conduta suicida em idosos. Os autores utilizaram como fontes de buscas as bases de dados *PubMed*, *Web of Science*, SciELO, CUIDEN e Google Acadêmico, sem determinar um período para as buscas. Dos artigos localizados, 18 investigaram idosos que haviam tentado suicídio. Os autores destacam diversos fatores de risco identificados; porém frisam que ter transtorno mental grave, com destaque para depressão, é um fator que potencializa o risco para a ideação e conduta suicida em idosos.

Em pesquisa epidemiológica utilizando dados do DATASUS, do Ministério da Saúde do Brasil, Santos et al. (2021) verificaram que, no período entre 2012 e 2016, foram registrados 8.977

suicídios na população com idade superior a 60 anos no Brasil. Por se tratar de um fenômeno de causa multifatorial, não sendo possível afirmar com exatidão todos, nem mesmo os mais significativos fatores de risco para o comportamento suicida em idosos (Eloi & Lourenço, 2019). Na análise de tais fatores deve-se levar em consideração a história de vida de cada pessoa, porém, há evidências nos estudos científicos acerca de alguns, como, sexo, idade, estado civil, bem como a percepção de saúde, física e psicológica.

Sobre a variável sexo, a literatura científica já tem bastante documentado o fato de que, em geral, mulheres apresentam maior ideação suicida do que homens; porém, homens cometem mais suicídio que mulheres. Quando se observa os dados em idosos, essa informação se mantém (Lee et al., 2018). Santos et al. (2019) ainda destacaram que as mulheres idosas na atualidade possivelmente vivenciaram um contexto sociocultural, ao longo de suas vidas, marcado por grande submissão (muitas vezes com histórico de abuso sexual, estupros e casamentos arranjados), bem como dependência econômica de seus cônjuges, fatores esses que podem contribuir para o aumento de ideação suicida em mulheres idosas.

Idosos com idades mais avançadas (70 a 79 anos) apresentam taxas de suicídios superiores, quando comparada à faixa de 60 a 69 anos, por exemplo. A respeito desta informação, o aumento da expectativa de vida, bem como o fato de as pessoas trabalharem mais anos até se aposentarem, poderiam ser fatores associados a uma vida com maior possibilidade de relacionamentos sociais e sentimento de valorização (por parte da sociedade e de membros da família), o que poderiam ser vistos como fatores protetivos frente ao adoecimento mental (Crestani et al., 2019).

Ainda de acordo com Crestani et al. (2019), estado civil é um fator a ser considerado, principalmente quando se analisa em relação à presença de mais pessoas morando juntamente com o idoso. Nesse sentido, a taxa de suicídio em idosos solteiros, separados e viúvos, que não moram com mais pessoas na mesma residência, são superiores às taxas de idosos casados ou com relacionamento estável e que residem com seus cônjuges e demais familiares. Entretanto, essa informação deve ser analisada com cautela, pois a qualidade dos relacionamentos deve ser levada em consideração. É comum que idosos passem a ter gradativamente a sensação de isolamento e até abandono por parte de familiares, podendo serem observados relatos de violência intrafamiliar contra o idoso, praticadas por filhos, cônjuges e parentes. Em outras palavras, para além de se verificar o estado civil em si do idoso como variável de risco para a ideação e o comportamento suicida, também deve-se observar a qualidade desses relacionamentos, bem como percepção de suporte por parte do idoso.

As condições de saúde, física e mental, também são consideradas fatores relevantes quando se trata de ideação e suicídio em idosos. Doenças crônicas e debilitantes, como por exemplo o câncer, doenças cardiovasculares, renais, incapacidade física e dores musculares têm sido fortemente associadas à ideação e tentativas de suicídio nessa fase do desenvolvimento humano. Além disso, idosos enfrentam gradativas reduções das atividades sociais e autonomia física para se locomover, o que tende a acarretar sensação de perdas, solidão e isolamento social. Esse quadro coloca os idosos em condições de vulnerabilidade para o desenvolvimento de transtornos mentais, especialmente a depressão (Lee et al., 2018).

Como visto, diversos são os fatores de risco para o suicídio em idosos. Tan et al. (2021), em pesquisa recente, apresentaram uma classificação considerando os fatores de risco como modificáveis e não modificáveis. Dos primeiros, os autores salientam a existência de eventos de vida negativos e recentes (como conflitos familiares e sociais), estar em isolamento social ou morando sozinho, baixo nível socioeconômico (dificuldades financeiras), estar em conflito com a justiça, ter dores (desde que tratáveis), uso de álcool ou outra substância que possa causar dependência e ter acesso a meios letais. Quanto aos fatores de risco para o suicídio em idosos considerados não modificáveis estão: ser do sexo masculino (uma vez que homens cometem mais suicídios do que mulheres), a idade (como já foi abordado neste capítulo, quanto maior a idade, maior a probabilidade de aumento de ideação e comportamento suicida), ter histórico de tentativas de suicídio (do próprio idoso e/ou de membros de sua família de origem) e histórico de doenças psiquiátricas (próprio idoso e/ou em sua família de origem).

Em estudo de revisão da literatura científica, Conejero et al. (2018) de certa forma reforçaram os dados apresentados anteriormente, indicando que, dentre os maiores riscos para ideação e tentativa de suicídio, estão os idosos com transtornos neurocognitivos e psiquiátricos, que se sentem socialmente excluídos, em processo de luto e com deficiências físicas. Portanto, desenvolver e realizar estratégias preventivas são abordagens-chave para que este processo seja identificado em seu início, possibilitando, assim, a construção de uma rede de proteção que inclua desde o contato primário de saúde até a conscientização sobre o uso de medicamentos e o perigo de armas de fogo (Brooks et al., 2019).

De forma mais específica, favorecer a percepção de apoio consiste em uma importante estratégia de prevenção de suicídio em idosos (Oh & Bae, 2021; Oonarom et al., 2020; Santos et al., 2019). A sensação de ser apoiado, por familiares, amigos e comunidade, contribui para a superação de ideação e tentativas de suicídio, uma vez que os idosos esperam, das pessoas importantes em suas vidas (aqui inclui familiares, amigos e demais membros da comunidade) que estes os respeitem, protejam e acolham suas dificuldades em um momento de vida no qual suas capacidades (cognitivas, motoras etc.) gradativamente declinam. Ser praticante de alguma religião também tem se mostrado como um fator de proteção, ou seja, tal prática (frequentar missas, cultos e outros eventos religiosos em que poderão dividir suas angústias e medos com os demais membros) tende a representar para o idoso uma forma de se sentir útil, acolhido, com propósito de vida e senso de pertencimento.

Interagir com outros idosos, bem como ter atividades sociais regulares também são fatores protetivos frente à ideação e tentativas de suicídio em idosos. Ser tutor de um animal de estimação também pode fazer com que o idoso se sinta importante e útil. Em outras palavras, quanto maior a rede de apoio social e a autonomia para a realização de atividades cotidianas, menor tende a ser o risco de suicídio (Kim et al., 2020; Minayo et al., 2019).

Por fim, quando se fala em qualquer processo patológico, a melhor estratégia é a prevenção, de maneira que, por seu meio, visa-se a um aumento da qualidade e período de vida. Sabe-se, por exemplo, que a prevenção do transtorno depressivo maior está associada a um declínio cognitivo mais lento, melhor controle da dor e menor carga para cuidadores. Bem como, quando não realizada, está associada a consequências como maior mortalidade e risco suicida, responsável por 30% dos tratamentos ao longo prazo. Além disso, não se deve ter dedicação exclusiva ao processo medicamentoso, dado que apenas um terço dos indivíduos tratados entram em remissão completa, enquanto os outros necessitam de novas intervenções e apresentam menor resposta aos medicamentos (Hindi et al., 2011; Miller et al., 2020).

Considerações finais

Este capítulo se propôs a apresentar dados relevantes acerca da depressão e suicídio em idosos. Embora relevantes, ainda podem ser consideradas temáticas pouco exploradas na literatura nacional. Ao longo deste texto foi possível ter acesso aos conceitos de transtornos depressivos e suicídio, bem como foram elucidadas informações epidemiológicas em relação à depressão e suicídio em idosos. Como forma de auxiliar a categoria profissional da Psicologia foram apresentados diferentes métodos avaliativos dos indicadores de depressão na população idosa, sendo destacada a importância do uso de multimétodos no processo de mensuração. Dentre os instrumentos no formato de escalas (de auto e heterorrelato) estão a *Hamilton Depression Rating Scale* (HAM-D), a *Geriatric Depression Scale* (GDS), a *Center for Epidemiologic Studies Depression Scale* (CES-D), o *Beck Depression Inventory* (BDI-II) e a Escala Baptista de Depressão – Versão Idosos (EBADEP-ID), todas essas ferramentas com estudos psicométricos para grupos amostrais de idosos brasileiros.

O capítulo também apresentou fatores considerados de risco em relação à depressão e suicídio. Para tanto, foram utilizados estudos robustos publicados tanto na literatura nacional quanto internacional, estudos esses com grandes amostras e de metanálises. Por fim, foram apresentados apontamentos a respeito dos fatores considerados protetivos frente à depressão e ao comportamento suicida. Todas essas informações são relevantes para os profissionais da área da saúde, em especial para os da Psicologia, uma vez que, com o envelhecimento populacional cada vez mais notório, ser competente para conduzir avaliações e intervenções eficazes com idosos, familiares e cuidadores se configura como altamente necessário.

Perguntas e respostas

1. Os transtornos depressivos são frequentes em idosos?

Resposta: Não somente nos idosos. Os transtornos depressivos são entidades nosológicas muito frequentes na humanidade, na maioria das faixas etárias. Estima-se que entre 4,4 e 5% da população mundial experienciou, pelo menos um episódio de depressão (Episódio Depressivo Maior – EPD), nos últimos 12 meses, em suas vidas. Mais de 50% das pessoas com diagnóstico de depressão irão experienciar, ao menos, mais um episódio, o que a torna uma doença recorrente.

2. Existe relação entre transtornos mentais e risco de suicídio em idosos?

Resposta: Sim. O suicídio é um fenômeno complexo, um problema de saúde pública. Por ano, mais de 800 mil pessoas cometem suicídio no mundo. Estudos têm revelado que transtornos mentais estão intrinsecamente ligados ao suicídio, principalmente os transtornos depressivos. Inclusive, com base no Manual Diagnóstico e Estatístico de Transtornos Mentais – DSM-5 TR, a presença de ideação suicida e tentativa de suicídio estão elencados como indicadores de depressão.

3. Como deve se planejar o processo avaliativo para a mensuração de depressão em idosos?

Resposta: Este processo tende a ser bastante difícil. O avaliador precisa ser competente e conhecer os indicadores característicos, já que os sintomas da depressão podem ser facilmente confundidos com outras patologias. Além disso, o processo de avaliação deve ser multimétodo, ou seja, além de considerar instrumentos de auto e heterorrelato (destacados ao longo do capítulo), o profissional também deverá utilizar outros recursos, como entrevistas clínicas (com o próprio idoso, cuidadores e/ou familiares), observação de comportamentos e anamnese de comportamentos pré-patologia.

4. Quais são os fatores de risco para transtornos depressivos, bem como ideação e comportamento suicida em idosos?

Resposta: Existem diferentes fatores de risco que podem culminar no desenvolvimento de um processo depressivo, assim como a ideação e comportamento suicida. Tais fenômenos devem ser concebidos por sua natureza multidimensional, porém existem fatores de risco bem-documentados na literatura científica, como distúrbios do sono, deficiências, diagnóstico prévio de depressão, ser do gênero feminino e não apresentar boa saúde, física e mental.

5. Quais são os fatores de proteção para transtornos depressivos, bem como ideação e comportamento suicida em idosos?

Resposta: Há certo consenso na literatura científica de que a percepção de apoio é apontada como uma importante estratégia de prevenção de suicídio em idosos. Sentir-se amado e valorizado por familiares, amigos e comunidade são métodos eficientes e de proteção frente aos transtornos depressivos, ideação e tentativas de suicídio.

Referências

American Psychiatric Association (2022). *Diagnostic and statistical manual of mental disorders: DSM 5-TR*. Fifth edition, text revision. American Psychiatric Association Publishing.

Araújo, R. H. S. (2011). *Adaptação transcultural da GRID Hamilton Rating Scale for Depression (GRID-HAMD) para o português brasileiro e avaliação do impacto de um treinamento sobre a confiabilidade interavaliadores*. [Dissertação de mestrado]. Universidade Federal da Bahia.

Baptista, M. N. (2018). Avaliando "depressões": dos critérios diagnósticos às escalas psicométricas. *Avaliação Psicológica*, 17(3), 301-310. https://dx.doi.org/10.15689/ap.2018.1703.14265.03

Baptista, M. N. (2019). *Escala Baptista de Depressão – Versão Idosos* (EBADEP-ID). Manual. Vetor.

Baptista, M. N., Irigaray, T. Q., & Cardoso, H. F. (2019). Avaliação em sintomatologia depressiva (pp. 670-680). In M. N. Baptista, M. Muniz, C. T. Reppold, C. H. S. S. Nunes, ... L. Pasquali. *Compêndio de Avaliação Psicológica*. Vozes.

Batistoni, S. S. T., Neri, A. L., & Cupertino, A. P. F. B. (2007). Validade da escala de depressão do Center for Epidemiological Studies entre idosos brasileiros. *Revista de Saúde Pública*, 41(4), 598-605. https://doi.org/10.1590/S0034-89102007000400014

Brañez-Condorena, A., Soriano-Moreno, D. R., Navarro-Flores, A., Solis-Chimoy, B., Diaz-Barrera, M. E., & Taype-Rondan, A. (2021). Accuracy of the Geriatric Depression Scale (GDS)-4 and GDS-5 for the screening of depression among older adults: A systematic review and meta-analysis. *PloS One*, 16(7), e0253899. https://doi.org/10.1371/journal.pone.0253899

Brooks, S. E., Burruss, S. K., & Mukherjee, K. (2019). Suicide in the elderly: A multidisciplinary approach to prevention. *Clinics in Geriatric Medicine*, 35(1), 133-145. https://doi.org/10.1016/j.cger.2018.08.012

Colasanti, V., Marianetti, M., Micacchi, F., Amabile, G. A., & Mina, C. (2010). Tests for the evaluation of depression in the elderly: a systematic review. *Archives of Gerontology and Geriatrics, 50*(2), 227-230. https://doi.org/10.1016/j.archger.2009.04.001

Cole, M. G., & Dendukuri, N. (2003). Risk factors for depression among elderly community subjects: A systematic review and meta-analysis. *American Journal of Psychiatry, 160*(6), 1.147-1.156. https://doi.org/10.1176/appi.ajp.160.6.1147

Conejero, I., Olié, E., Courtet, P., & Calati, R. (2018). Suicide in older adults: Current perspectives. *Clinical Interventions in Aging, 13*, 691-699. https://doi.org/10.2147/CIA.S130670

Crestani, C., Masotti, V., Corradi, N., Schirripa, M. L., & Cecchi, R. (2019). Suicide in the elderly: a 37-years retrospective study. *Acta Biomed, 90*(1), 68-76. http://dx.doi.org/10.23750/abm.v90i1.6312

Dennis, M., Kadri, A., & Coffey, J. (2012). Depression in older people in the general hospital: A systematic review of screening instruments. *Age and Ageing, 41*(2), 148-154. https://doi.org/10.1093/ageing/afr169

Eloi, J. F., &. Lourenço, J.R.C. (2019). Suicídio na Velhice: Um Estudo de Revisão Integrativa da Literatura. *Revista CES Psicología, 12*(1), 80-95. http://dx.doi.org/10.21615/cesp.12.1.7

Friedman, E. S., & Anderson, I. M. (2014). Classification, causes, and epidemiology. In *Handbook of depression* (pp. 1-12). Springer Healthcare.

Gorenstein, C., Pang, W. Y., Argimon, I. L., & Werlang, B. S. G. (2011). *Inventário Beck de Depressão-II*. Manual. Casa do Psicólogo.

Gotlib, I. H., & Hammen, C. L. (eds.). (2015). *Handbook of depression* (3rd ed.). Guilford Press.

Hindi, F., Dew, M. A., Albert, S. M., Lotrich, F. E., & Reynolds, C. F. (2011). Preventing depression in later life: State of the art and science circa 2011. *Psychiatric Clinics, 34*(1), 67-78. https://doi.org/10.1016/j.psc.2010.11.008

Hu, T., Zhao, X., Wu, M., Li, Z., Luo, L., Yang, C., & Yang, F. (2022). Prevalence of depression in older adults: A systematic review and meta-analysis. *Psychiatry Research, 311*, 114511. https://doi.org/10.1016/j.psychres.2022.114511

Kim, J. W., Jung, H. Y., Won, D. Y., Shin, Y. S., Noh, J. H., & Kang, T. I. (2020). Landscape of Elderly Suicide in South Korea: Its Trend According to Age, Gender, and Educational Attainment. *Journal of Death and Dying, 82*(2) 214-229. https://doi.org/10.1177/0030222818807845

Krishnamoorthy, Y., Rajaa, S., & Rehman, T. (2020). Diagnostic accuracy of various forms of geriatric depression scale for screening of depression among older adults: Systematic review and meta-analysis. *Archives of Gerontology and Geriatrics, 87*, 104002. https://doi.org/10.1016/j.archger.2019.104002

Lee, H., Seol, K. H., & Kim, J. W. (2018). Age and sex-related differences in risk factors for elderly suicide: Differentiating between suicide ideation and attempts. *Int J Geriatr Psychiatry, 33*, 300–306. https://doi.org/10.1002/gps.4794

Maier, A., Riedel-Heller, S. G., Pabst, A., & Luppa, M. (2021). Risk factors and protective factors of depression in older people 65+: A systematic review. *PloS One, 16*(5), e0251326. https://doi.org/10.1371/journal.pone.0251326

Martini, M., da Fonseca, R. C., de Sousa, M. H. et al. (2019). Age and sex trends for suicide in Brazil between 2000 and 2016. *Soc Psychiatry Psychiatr Epidemiol, 54*, 857-860. https://doi.org/10.1007/s00127-019-01689-8

Miller, K. J., Gonçalves-Bradley, D. C., Areerob, P., Hennessy, D., Mesagno, C., & Grace, F. (2020). Comparative effectiveness of three exercise types to treat clinical depression in older adults: A systematic review and network meta-analysis of randomised controlled trials. *Ageing Research Reviews, 58*, 100999. https://doi.org/10.1016/j.arr.2019.100999

Minayo, M. C. S., Figueiredo, A. E. B., & Mangas, R. M. N. (2019). Estudo das publicações científicas (2002-2017) sobre ideação suicida, tentativas de suicídio e autonegligência de idosos internados em Instituições de Longa Permanência. *Ciência & Saúde Coletiva, 24*(4), 1.393-1.404. https://doi.org/10.1590/1413-81232018244.01422019

Nóbrega, I. R. A. P. D., Leal, M. C. C., Marques, A. P. D. O., & Vieira, J. D. C. M. (2015). Fatores associados à depressão em idosos institucionalizados: Revisão integrativa. *Saúde em Debate, 39*, 536-550. https://doi.org/10.1590/0103-110420151050002020

Oh, H., & Bae, S. (2021). The moderating effects of individual and community social capital on the relationship between depressive symptoms and suicide in the elderly. *Current Psychology, 40*, 4.164-4.171. https://doi.org/10.1007/s12144-021-01589-8

Oonarom, A., Wongpakaran, T., Kuntawong, P., & Wongpakaran, N. (2020). Attachment anxiety, depression, and perceived social support: a moderated mediation model of suicide ideation among the elderly. *International Psychogeriatrics, 33*(2), 169-178. https://doi.org/10.1017/S104161022000054X

Ortín, J. V., & Torres, M. I. L. (2021). Suicide related factors in the elderly: a systematic review. *Revista Espanhola de Salud Publica, 95*(e202110166). https://pubmed.ncbi.nlm.nih.gov/34620818/

Paykel, E. S. (2008). Basic concepts of depression. *Dialogues in Clinical Neurosciences, 10*(3), 279-289. https://doi.org/10.31887/DCNS.2008.10.3/espaykel

Paradela, E. M. P., Lourenço, R. A., & Veras, R. P. (2005). Validation of geriatric depression scale in a general outpatient clinic. *Revista de Saúde Pública, 39*, 918-923. https://doi.org/10.1590/S0034-89102005000600008

Santos, M. C. L., Giusti, B. B., Yamamoto, C. A., Ciosak, S. I., & Szylit, R. (2021). Suicide in the elderly: an epidemiologic study. *Revista da Escola de Enfermagem da USP, 55*(e03694), 1-9. https://doi.org/10.1590/S1980-220X2019026603694

Santos, E. D. G. M., Lira, G. O. L., Santos, L. M., Alves, M. E. S., Araújo, L. F., & Santos, J. V. O. (2019). Suicídio entre idosos no Brasil: uma revisão de literatura dos últimos 10 anos. *Psicología, Conocimiento y Sociedad, 9*(1), 258-282. http://dx.doi.org/10.26864/PCS.v9.n1.12

Tan, R. Q., Lim, C. S., & Ong, H. S. (2021). Suicide risk assessment in elderly individuals. *Singapore Med J, 62*(5), 244-247. https://doi.org/10.11622/smedj.2021065

Troya, M. I., Babatunde, O., Polidano, K., Bartlam, B., McCloskey, E., Dikomitis, L., & Chew-Graham, C. A. (2019). Self-harm in older adults: systematic review. *The British Journal of Psychiatry, 214*(4), 186-200. https://doi.org/10.1192/bjp.2019.11

Zenebe, Y., Akele, B., & Necho, M. (2021). Prevalence and determinants of depression among old age: A systematic review and meta-analysis. *Annals of General Psychiatry, 20*(1), 1-19. https://doi.org/10.1186/s12991-021-00375-x

Avaliação de aspectos psicológicos da sexualidade em pessoas idosas

Deusivania Vieira da Silva Falcão
Heloísa Gonçalves Ferreira
Ludgleydson Fernandes de Araújo

Destaques

1) A sexualidade é um construto multidimensional e excede o ato sexual. Associa-se a diversos desfechos da saúde física e mental.

2) Desconstruir crenças sexistas e idadistas é essencial para uma boa avaliação da sexualidade em pessoas idosas.

3) Para investigar a sexualidade de maneira compreensiva, é importante avaliar efeitos de coorte, papéis de gênero e orientação sexual da pessoa idosa.

4) A velhice LGBTQ ainda é invisibilizada e traz prejuízos para uma boa avaliação da sexualidade em pessoas idosas.

5) A sexualidade de pessoas idosas pode ser avaliada por meio de observações, diários, abordagens biográficas, entrevistas, questionários e testes psicométricos.

6) Ainda existe pouca disponibilidade de testes psicológicos validados e disponibilizados para avaliar a sexualidade de pessoas idosas brasileiras.

Contextualização temática

A sexualidade é uma necessidade humana básica e um construto multidimensional que abrange sexo, identidades e papéis de gênero, orientação sexual, erotismo, prazer, intimidade e função reprodutora. É vivenciada e expressa através de pensamentos, fantasias, desejos, crenças, atitudes, valores, comportamentos, afeto, papéis e relacionamentos. Embora a sexualidade possa incluir todas essas dimensões, nem todas são sempre vivenciadas ou expressas. Portanto, excede o ato sexual em si mesmo e é influenciada por fatores, tais como, biológicos, psicossociais, legais, culturais, religiosos, espirituais, históricos, econômicos, familiares e educacionais (Organização Mundial da Saúde, 2006).

A expressão da sexualidade ocorre ao longo da vida, sendo a saúde sexual fundamental para a saúde geral, qualidade de vida e bem-estar de indivíduos, casais e famílias. Pesquisas indicaram que uma vida sexual ativa tem sido associada à diminuição da sensibilidade à dor, melhor saúde cardiovascular, aumento do relaxamento, diminuição dos níveis de ansiedade, depressão, aumento do bem-estar e aumento da intimidade/proximidade (Erens et al., 2019; Fischer et al., 2021; Kolodziejczak et al., 2019).

As crenças sobre a sexualidade na velhice vêm se modificando através dos tempos. Os modelos biomédicos destacaram os aspectos disfuncionais e patológicos da sexualidade nessa faixa etária. Durante muitos anos foi difundida a ideia da pessoa idosa como sendo incapaz, assexuada, improdutiva e que o comportamento sexual nessa faixa etária seria vergonhoso (Falcão, 2016). Pesquisas sugeriram que uma parte considerável das pessoas idosas tem vida sexual ativa, malgrado, em alguns casos, possam enfrentar dificuldades físicas, sociais e psicológicas (Sinković & Towler, 2019). Além disso, o bem-estar é maior entre as pessoas idosas sexualmente ativas (Smith et al., 2019).

A avaliação de aspectos psicológicos da sexualidade de pessoas idosas pode ser influenciada por uma variedade de fatores contextuais, tanto em termos de características da pessoa quanto de seu estilo de vida e ambiente. Nessa direção, este capítulo introduz e articula conhecimentos científicos sobre a sexualidade na velhice, levando em consideração algumas dessas variáveis. Outrossim, destaca aspectos da competência profissional e a importância da formação na área da psicogerontologia para a avaliação adequada de aspectos psicológicos da sexualidade nessa faixa etária.

Avaliação de aspectos psicológicos da sexualidade em pessoas idosas: a influência do idadismo, gênero, coorte, características pessoais e condições físicas

Com o envelhecimento, o indivíduo pode diminuir as suas atividades sexuais, mas isso não impede uma vida sexual gratificante, com um bom nível de satisfação consigo mesmo e com o(a) parceiro(a). A importância e o interesse pelo sexo na velhice é um reflexo de toda uma vida. Algumas pessoas idosas podem nunca ter se interessado muito por sexo, nem mesmo quando jovens. Outras podem ter vivido relacionamentos difíceis, conflitos e violência. Para uma parte delas, interromper a atividade sexual sob a alegação socialmente aceita de ter entrado numa idade assexuada pode ser fonte de alívio. Por outro lado, há quem goste de praticar a atividade sexual, busque a realização de desejos, fantasias e utilize estímulos sexuais visando o aumento do prazer, satisfação e bem-estar. Em qualquer dos casos, as pessoas idosas estão exercendo a liberdade de escolha, num processo complexo de decisão em que estão implicadas suas crenças, sentimentos, valores, atitudes e comportamentos (Falcão, 2016).

Ainda de acordo com Falcão (2016), o envelhecimento normal pode acarretar declínio na intensidade, na frequência e na qualidade da resposta sexual, mas uma boa comunicação e um relacionamento satisfatório com o(a) parceiro(a) podem servir para definir o significado do sexo com reflexos positivos na satisfação com o relacionamento. Na velhice, elementos que contribuem para a diminuição do interesse e da frequência de atividade sexual são: (a) a falta de um/a parceiro/a; (b) idadismo (estereótipos, preconceitos e discriminação relacionados à idade); (c) crenças sobre a impotência em homens idosos e falta de atratividade sexual nas mulheres idosas; (d) problemas de saúde; (e) monotonia na rotina sexual; (f) efeitos colaterais de remédios e de doenças crônicas; (g) falta de desejo entre as mulheres e disfunção sexual nos homens e; (h) demora para buscar ajuda profissional.

Conforme a teoria da incorporação (ou assimilação) dos estereótipos (Levy, 2009), os estereótipos sobre o envelhecimento e a velhice são internalizados e ativados ao longo dos anos, iniciando-se na infância até a idade adulta. O idadismo funciona, assim, como uma profecia autocumprida, resultando em idadismo autodirigido. Os estereótipos idadistas negativos têm um impacto maior em pessoas idosas e influenciam a saúde por vias psicológicas, fisiológicas e comportamentais.

O idadismo está relacionado à piora dos sintomas depressivos e de ansiedade em pessoas idosas, afetando também a expressão da sua sexualidade (Kim et al., 2019). Ao longo da vida, atitudes, estereótipos e preconceitos relacionados à sexualidade na velhice são internalizados. Heywood et al. (2019) investigaram a associação entre idadismo e atividade/interesse sexual, detectando que aquelas pessoas que tinham vivido maior número de experiências idadistas, diminuíram o interesse sexual e as atividades sexuais após completarem 60 anos, bem como, não tinham esperanças/planos de fazer sexo no futuro.

A prática sexual parece estar associada, também, a indicadores de bem-estar conjugal. Na pesquisa realizada por Galinsky e Waite (2014), com uma amostra de 732 casais idosos participantes da segunda onda (2010-2011) do *National Social Life Health and Aging Project*, foi detectado que as díades (avaliadas por meio de questionário) que não eram sexualmente ativas apresentavam níveis mais baixos de felicidade conjugal, níveis mais altos de insatisfação conjugal e de interações negativas do que casais que mantiveram seu envolvimento sexual, na medida em que envelheciam.

É preciso refletir ainda que, ao longo da vida, homens e mulheres são expostos a diferentes contextos, desafios, oportunidades e eventos de vida estressantes, de forma que os ciclos de vida e trajetórias de envelhecimento são moldados por diversas questões relacionadas ao sexo e ao gênero. As mulheres, por exemplo, por apresentarem expectativa de vida superior aos homens (Instituto Brasileiro de Geografia e Estatística [IBGE], 2020), vivem mais tempo e, por isso, estão mais propensas a lidar com a viuvez, viver sozinhas e a cuidar por mais tempo das próprias doenças crônicas e limitações físicas, além de também terem mais chances de assumir o papel de cuidadoras de familiares (Falcão et al., 2018).

Comumente, as mulheres mais velhas internalizam as normas sociais de beleza e crenças idadistas, passando a se ver como pouco atraentes e percebendo seus corpos de maneira negativa. Na tentativa de combater o envelhecimento, muitas se submetem a diversos tratamentos de beleza e antienvelhecimento. Enquanto os homens idosos tendem a se preocupar com a função erétil e consumir produtos destinados a melhorar o desempenho sexual, as mulheres idosas tendem a se envolver sexualmente com seus companheiros como uma obrigação de satisfazê-los sexualmente (Gewirtz-Meydan et al., 2018).

As mulheres idosas são mais afetadas por tabus e proibições quanto à realização de desejos sexuais e expressam sentimentos de vergonha associados ao sexo (Santos, 2022). Logo, os papéis de gênero estão intimamente ligados à expressão da sexualidade na idade madura, embora ainda sejam pouco considerados em contextos de avaliação psicológica para avaliar aspectos da sexualidade dessa população.

Além de diferenças de gênero, outro aspecto muito importante a ser levado em conta para compreender e avaliar a sexualidade em pessoas idosas são os efeitos de coorte, ou seja, as características e valores da geração do indivíduo. Quando e onde a pessoa nasceu, cresceu, morou, trabalhou, em que família foi criada e que tipo de família criou (ou mesmo se optou por não constituir família), são questões que afetam profundamente a vivência da sexualidade (Languirand, 2016).

Comumente, as pessoas internalizam crenças e valores das épocas e dos contextos em que viveram, de forma consciente ou não, o que por sua vez molda suas experiências de vida e a forma como elas próprias compreendem e enxergam a si mesmas. Nas gerações passadas, temáticas relacionadas ao sexo e à sexualidade eram tratadas como um tabu e pouco discutidas devido a uma grande repressão religiosa e familiar, bem como havia poucas ações educativas de sensibilização a esses temas (Silva et al., 2021). No século passado, mulheres foram educadas em um momento em que os padrões de gênero eram mais rígidos, ditando o que seria próprio ou impróprio para cada um dos sexos. As condutas em relação à sexualidade estavam impregnadas de normas e moralismos, sendo mais comum a submissão e a subordinação ao marido (E.L. Oliveira et al., 2018).

Evidências recentes sugerem que as coortes de nascimentos posteriores têm pontuações mais altas nos testes cognitivos e taxas mais lentas de declínio cognitivo (Grasshoff et al., 2021; Vonk et al., 2019), o que pode ser parcialmente atribuível às diferenças de educação das coortes (Leggett et al., 2019). Diferenças de coorte também foram observadas em medidas de sofrimento psicológico (Keyes et al., 2014) e bem-estar psicológico (Hülür et al., 2015).

No que se refere às características pessoais, uma série de fatores pode afetar o engajamento no processo de avaliação psicológica e influenciar o desempenho nos testes. Algumas condições médicas (ex.: dor crônica) e o uso de substâncias podem interferir no desempenho ideal nos testes e impactar o desempenho da avaliação. Os mais velhos experimentam declínios na velocidade de processamento, e o ritmo dos testes e avaliações pode precisar ser ajustado. Alterações relacionadas à audição, visão e velocidade de processamento podem exigir algum ajuste das abordagens de avaliação e até mesmo adaptação na aplicação de testes psicométricos (Lim & Loo, 2018).

Os contextos e locais (ex.: ambulatórios de saúde mental, consultórios clínicos, unidades básicas de saúde, hospitais etc.) em que ocorrem a avaliação, também, influenciam o processo de avaliação psicológica e os resultados. Além disso, algumas configurações têm maior potencial de distração (por exemplo, ruído, iluminação) e podem impactar negativamente o desempenho dos avaliandos.

A compreensão acerca da sexualidade das pessoas idosas exige reflexões sobre a qualidade de vida sexual, diversidade, liberdade, bem como riscos de exploração sexual e violência que podem atingir, especialmente aquelas com capacidades de tomada de decisão reduzidas (Fredriksen-Goldsen, 2022), tais como, pessoas idosas que sofrem de algum transtorno neurocognitivo. A avaliação de aspectos psicológicos da sexualidade desse grupo específico requer uma série de considerações que serão elencadas a seguir.

Sexualidade de pessoas idosas com demência

A demência é uma condição neurodegenerativa causada por várias doenças, sendo a mais comum delas a doença de Alzheimer. A expressão sexual é considerada uma experiência saudável e pode ser estimulada se esse for o desejo da pessoa. Entrementes, estudos (Garcia et al., 2019; Rector et al., 2020) constataram que a expressão sexual e a atividade sexual entre os cônjuges que convivem com essa experiência se tornam mais difíceis à medida que a doença avança, com muitos casais relatando mudanças na atividade e satisfação sexual, e que viver com demência impacta negativamente nas expressões de intimidade.

Cada etapa da vida conjugal e cada fase da demência desafia os casais de maneira diferenciada. Há uma diversidade de experiências, com diferenças entre os casais mais velhos e os mais novos. Na pesquisa de Sandberg (2020), os casais mais velhos vivenciaram mudanças mais em função do envelhecimento corporal, e a sexualidade e a intimidade foram vivenciadas como fontes de prazer, conforto e reconhecimento. Os mais jovens tenderam a compreender as mudanças na rotina sexual como causadas pela doença de Alzheimer e experimentaram uma maior perda de intimidade e desejo.

O desejo da pessoa com demência e/ou do(a) parceiro(a) de continuar sexualmente ativo(a) pode resultar em dilemas e conflitos com profissionais de saúde e familiares que querem proteger a pessoa com demência de se tornar perpetradora e/ou vítima de atos "prejudiciais", "impróprios", "inapropriados" e/ou "sexualmente ambíguos". Para evitar abusos, respeitar a autonomia e garantir segurança na prática da sexualidade, é preciso avaliar o grau de consentimento dos envolvidos, as capacidades cognitivas, emocionais, traços de personalidade e o relacionamento conjugal (Frauke & Enzlin, 2022). Esse processo requer tempo, esforço e apoio de profissionais especializados na área.

Experiências de intimidade e sexualidade de casais em que um dos cônjuges tem demência são moldadas pela qualidade do relacionamento no passado e no presente. O nível de satisfação sexual antes do diagnóstico da demência é um dos preditores para a vivência da sexualidade após o diagnóstico. Com o passar do tempo, as relações sexuais com penetração podem ser substituídas por práticas sexuais não genitais e de intimidade, tais como, beijar, abraçar, entre outros (Garcia et al., 2019).

Há casos em que ocorre a perda do interesse pela atividade sexual ou ainda a exibição de comportamentos sexuais inadequados, caracterizados como inseguros, perturbadores e que prejudicam o cuidado, tais como, expressões verbais sexualmente explícitas e atos libidinosos (ex.: expor os genitais, masturbar-se em público etc.). A avaliação de indivíduos com demência e comportamentos sexuais inadequados dever ser iniciada com um histórico completo obtido através do indivíduo, seus cuidadores e equipe multiprofissional. Exames físicos, laboratoriais, neuropsicológicos e revisão de medicamentos são úteis para identificar fatores que podem causar ou piorar a situação (Srinivasan et al., 2019).

Nesse contexto, é importante, também, a participação dos cônjuges cuidadores no processo de avaliação psicológica. A mudança de papéis nas relações dos casais representa um desafio para a manutenção da atividade e satisfação sexuais para casais em que um dos cônjuges está com demência. Com a progressão da doença, é comum que vivenciem sentimentos ambivalentes; constrangimentos; perda da reciprocidade na relação; repressão das próprias necessidades sexuais; declínio na intimidade e nas atividades sexuais; baixos níveis de satisfação conjugal; ônus financeiro; restrições sociais; falta de apoio familiar e dos serviços de saúde e, por vezes, se sintam sozinhos e isolados, apresentando riscos de sobrecarga, ansiedade e depressão (Garcia et al., 2019).

Como consequência da evolução da demência, há uma série de perdas vivenciadas pelos cônjuges cuidadores e/ou familiares, favorecendo a vivência de um luto antecipatório. Muitos passam a ver o cônjuge como um estranho, e, por vezes, se sentem "viúvo(a)s de esposas/maridos vivo(a)s". Ocorre que, progressivamente, a pessoa com demência assume um outro modo de ser, embora os traços físicos permaneçam. Boss (1998) nomeou essa situação de "perda ambígua", ou seja, em que o membro da família está fisicamente presente e psicologicamente ausente. Diante das mudanças comportamentais e de papéis da pessoa com demência, os cônjuges e familiares vivenciam comumente uma situação conflituosa, resultando em estresse para todos os membros. É preciso ainda levar em consideração o nível de estresse dos cônjuges cuidadores e dos familiares; a qualidade do relacionamento com a pessoa receptora de cuidados antes da doença e; a influência dessas variáveis nas respostas durante o processo de avaliação.

Grupos sexuais minoritários (por exemplo, casais homossexuais) em que um dos cônjuges apresenta demência, podem experienciar um "duplo estigma" relacionado à demência e à orientação sexual, enfrentando desafios adicionais (por exemplo, discriminação; McParland & Camic, 2018). Também há evidências de que os profissionais carecem de informações científicas relacionadas à diversidade cultural, sexual e de gênero e que podem ter percepções mais negativas sobre as expressões sexuais de pessoas LGBTQ (Lésbicas, Gays, Bissexuais e Transgêneros) que vivem com demência (Caceres et al., 2020).

Sexualidade e velhice LGBT: uma abordagem psicossocial

A orientação sexual é um aspecto que merece atenção num contexto de avaliação psicológica da sexualidade. A comunidade idosa LGBT ainda é pouco visível entre os profissionais, apesar do reconhecimento legal e judicial de direitos aos indivíduos de diferentes orientações sexuais no Brasil. Muitos tendem a assumir uma postura heteronormativa em suas práticas, principalmente no trabalho com as pessoas mais velhas, levando a um despreparo para conduzir uma boa avaliação.

A velhice LGBT ainda está relacionada a estereótipos, crenças e atitudes negativas frente à pessoa idosa, tais como, homofobia internalizada e invisibilidade dessa população, o que se faz necessário que o conhecimento científico e as políticas públicas abordem esta temática fora de um modelo que apenas o da heteronormatividade. Nesse sentido, é importante levar em consideração, também, a heterogeneidade da velhice e do envelhecimento de pessoas LGBT (Araújo, 2022), de modo que ao pensar no emprego da avaliação psicológica deste grupo é crucial observar as especificidades que estão presentes no curso de vida dessas pessoas, e como os testes devem ser elaborados e construídos tendo por base as vivências psicossociais dessas pessoas.

A velhice LGBT tem sido investigada de forma recente no âmbito da psicogerontologia (Fernández-Rouco et al., 2020), sendo que competências para a realização de avaliações psicológicas e neuropsicológicas constam como necessárias para desenvolver uma adequada assistência à população mais velha (Knight et al., 2009). A área da avaliação psicológica precisa contemplar as diversas formas de manifestações comportamentais, afetivas e emocionais que fazem parte da trajetória de vida de pessoas idosas LGBT, no que tange à elaboração, construção, validação de testes e o desenvolvimento de processos de avaliação psicológica.

Avaliação de aspectos psicológicos da sexualidade em pessoas idosas: competências profissionais

As diretrizes para a atuação prática de psicólogos com pessoas idosas foram publicadas pela *American Psychological Association* (APA, 2004) e revisadas em 2014 (APA, 2014). É crucial que o profissional tenha competências para: identificar os objetivos da avaliação a ser conduzida e os motivos que levaram a pessoa a realizar esse processo; escolher os instrumentos e aplicar técnicas apropriadas a cada caso; além de elaborar os documentos relativos ao processo de avaliação. Além dos cuidados éticos é fundamental ter conhecimentos teóricos acerca dos construtos a serem mensurados e o raciocínio clínico adequado para cada caso em particular.

A avaliação psicológica de pessoas idosas requer a utilização de testes apropriados para essa faixa etária. Historicamente, a maioria dos testes psicológicos, independentemente do construto que avaliava (por exemplo, cognição, personalidade e emoção), não foi criada ou normatizada em amostras de adultos mais velhos, levando a conclusões inadequadas e equivocadas por parte dos profissionais. Essa situação melhorou nas últimas duas décadas, com o desenvolvimento de normas específicas para adultos mais velhos para diversos testes cognitivos e, também, para alguns testes que avaliam personalidade e aspectos emocionais (Mast et al., 2022).

Todavia, a questão dos dados normativos se estende para além da idade e inclui a influência da linguagem, cultura, raça, gênero, etnia, *status* socioeconômico e nível de escolaridade, que podem influenciar no desempenho do teste. Muitos profissionais não são treinados adequadamente para realizar uma avaliação psicológica levando em consideração esses aspectos. A maioria das medidas psicológicas – incluindo testes cognitivos – foi projetada e normatizada através da perspectiva de pessoas da cor branca, excluindo assim o conteúdo necessário para avaliar adequadamente indivíduos racial e etnicamente diversos (Byrd et al., 2021). O risco de viés aumenta quando a identidade do avaliador é diferente da identidade da/o paciente, especialmente quando o avaliador detém privilégios e a/o paciente não (Dixon et al., 2022).

Malgrado os princípios gerais de avaliação psicológica possam ser aplicados a essa população, é crucial que o profissional domine conhecimentos da psicogerontologia, além de conhecimentos sobre psicopatologias e, também, tenha familiaridade com instrumentos de avaliação validados para uso nessa população. Conduzir inadequadamente uma avaliação psicológica reflete uma má conduta profissional e pode causar danos ao avaliando. A avaliação psicológica de pessoas idosas é um grande desafio para os psicólogos brasileiros, especialmente porque a maioria dos cursos de graduação e pós-graduação não possui disciplinas sobre envelhecimento e velhice, favorecendo o idadismo e o despreparo para atuar na área.

Na área da Psicologia já existem muitos psicólogos que prestam serviços profissionais voltados para as pessoas idosas, mas a maioria tem pouca ou nenhuma formação acadêmica ou experiência formal supervisionada em psicogerontologia. Essa situação repercute na atuação desses profissionais. Compreender, por exemplo, a distinção entre envelhecimento normal e patológico é uma questão fundamental na avaliação psicológica com pessoas idosas. Refletir sobre o desenvolvimento ao longo da vida, o que é normativo ou não do processo de envelhecer, são competências importantes para prevenir posturas idadistas por parte da/o psicóloga/o, tais como tratar a pessoa idosa de forma infantilizada e supor que perda de memória, depressão e solidão são fenômenos naturais dessa faixa etária.

No caso da avaliação da sexualidade da pessoa idosa, não é incomum que o avaliador assuma uma atitude idadista diante desta temática. Numa situação de avaliação, se a sexualidade não for apresentada de forma explícita como algo que esteja dificultando a vida da/o paciente, essa área pode muito bem ser ignorada e receber pouca atenção por parte dos profissionais.

Embora algumas funções cognitivas diminuam como parte do processo normal de envelhecimento, a extensão e o padrão do declínio variam de acordo com o indivíduo e o tipo de função que está sendo examinada. A/o psicóloga/o que trabalha com pessoas idosas deve estar familiarizada/o com os critérios diagnósticos clínicos para vários tipos de demência e como as mudanças na cognição afetam a vida e o funcionamento da pessoa idosa. Além disso, deve ser capaz de realizar o rastreio cognitivo e estar ciente dos pontos fortes e das limitações dos testes de triagem cognitiva.

Além disso, as lacunas científicas sobre sexualidade na velhice dificultam a atuação dos profissionais, especialmente, durante processos de avaliação psicológica, que exigem da/o psicóloga/o conhecimentos teóricos, práticos e preparo técnico, que vão além dos conteúdos apresentados nos manuais dos testes psicológicos.

Processo de avaliação de aspectos psicológicos da sexualidade de pessoas idosas

O processo de avaliação psicológica é caracterizado pelas seguintes etapas: 1) entrevista de anamnese; 2) escolha do protocolo; 3) aplicação e correção dos instrumentos; 4) análise dos dados coletados; 5) conclusão; 6) encaminhamento e; 7) devolução dos resultados à pessoa avaliada e/ou a quem efetuou a solicitação da avaliação (ex.: profissionais e familiares) (Argimon et al., 2019). Nesse processo, podem ser utilizados, por exemplo:

a) Observações diretas em ambientes naturais e/ou tarefas estruturadas

A observação da/o paciente é um método que supõe um comportamento deliberado do observador, cujo objetivo é coletar dados para poder formular ou verificar hipóteses. A observação pode ser livre ou estruturada – pode ocorrer como parte de uma entrevista, em um cenário natural ou em situações de *role-playing*. Essas observações podem ser filmadas ou gravadas em áudio e transcritas com autorização da/o paciente. Tarefas estruturadas podem incluir, por exemplo, a solicitação de uma interação com o par romântico abordando-se aspectos referentes à sexualidade.

b) Diários (autorregistros)

Os diários são relevantes na recuperação de informação sobre sentimentos, pensamentos e comportamentos relacionados à sexualidade e às vivências da/o paciente, podendo ser utilizados com linhas de base, apesar de serem questionados sobre as qualidades psicométricas. Ao se propor o uso de diários e autorregistros como estratégia de coleta de informações, é importante garantir que eles sejam fáceis de usar, breves e não intrusivos. Além disso, a/o paciente deve ser treinada/o em seu uso, para que possa completar a tarefa corretamente, e que se sinta capaz e disposta/o a realizá-la.

c) Abordagens biográficas (biografia, autobiografia, história oral e história de vida)

A biografia exige a utilização de diversas fontes com a finalidade de compreender a história e o percurso de vida da pessoa. Objetivando captar a profundidade da história de vida são avaliados fotos, filmagens, documentos pessoais, cartas, depoimentos, entre outros recursos. Já a autobiografia exige da pessoa o uso da descrição para revelar os momentos de sua história, a rememoração das experiências pessoais e sua articulação num contexto histórico mais amplo destacando a sequência temporal. A história de vida pode ser aproveitada como documento ou como técnica de captação de dados. Por sua vez, a história oral tem como finalidade entender e aprofundar conhecimentos sobre determinada realidade (ex.: um dado momento histórico) através de conversas com pessoas e relatos orais (Silva et al., 2007).

Conforme Languirand (2016), a reconstrução da história de vida da pessoa é uma técnica que auxilia no processo de investigar as questões de sexualidade, buscando entender como essa pessoa viveu ao longo da vida e como seus padrões de crenças e comportamentos foram estabelecidos em relação a esse aspecto. A revisão de vida apresenta-se como uma ferramenta para acessar papéis de gênero e questões relacionadas aos efeitos de coorte num contexto de avaliação psicológica com enfoque na sexualidade. Trata-se de uma técnica útil para acessar atitudes e padrões de comportamentos sexuais atuais e passados, contextualizados pela história de relacionamentos amorosos e da qualidade dessas relações. Além da reconstrução da história de vida da pessoa para acessar papéis de gênero, valores e atitudes geracionais, é preciso avaliar a rotina, hábitos, comportamentos, motivações, preocupações, estilo de vida, bem como identificar recursos, forças e virtudes da/o paciente e do ambiente em que está inserida/o.

d) Entrevistas e/ou questionários

No que se refere ao tipo e à estrutura do processo de entrevista (ex.: com roteiro estruturado, semiestruturado, não estruturado) é preciso levar em consideração a preferência, o treinamento pessoal da/o psicóloga/o, bem como, das restrições de configuração e tempo. É preciso levar em consideração realizar a entrevista com a/o paciente e diferentes informantes (ex.: parceiros, familiares, cuidadores, acompanhantes etc.) para obter e complementar dados sobre sua história pessoal e de seus relacionamentos sociais e familiares; além das características do contexto em que vive (p. ex., nível educacional, sistema familiar, rede de apoio social, aspectos culturais, econômicos ou religiosos que possam interferir na sexualidade da pessoa).

Faz-se mister destacar que o desenvolvimento de questionários e instrumentos psicométricos exige uma série de conhecimentos especializados e competências metodológicas de pesquisa. Desse modo, o profissional que decide elaborar um questionário deve estar apto para essa tarefa ou solicitar assessoria de especialistas.

e) Instrumentos psicométricos

Malgrado a sexualidade na velhice ainda ser um construto pouco explorado e considerado no Brasil, tanto em pesquisas quanto nos contextos de avaliação e intervenções em saúde (Souza-Júnior, 2022d), já existem alguns instrumentos disponíveis para uso no Brasil que visam avaliar aspectos da sexualidade nessa população. Destaca-se que o uso de instrumentos padronizados se revela como importante ferramenta, por permitir acessar de forma objetiva o construto investigado, além de possibilitar comparações e diferenciações entre grupos e indivíduos. Alguns instrumentos disponíveis para uso no Brasil que visam avaliar aspectos da sexualidade na população idosa são os seguintes:

ASKAS – *Aging Sexual Knowledge and Attitudes Scale,* escala de origem americana adaptada e validada para o contexto brasileiro por Viana (2008). A escala foi desenvolvida originalmente por White (1982) para avaliar intervenções de educação sexual para pessoas idosas e pode ser respondida tanto pelas pessoas idosas quanto por outras pessoas de seu convívio (ex.: familiares, cuidadores, profissionais de saúde etc.). A escala mede o conhecimento do respondente sobre a sexualidade, além de atitudes relativas à sexualidade das pessoas idosas. A ASKAS passou por um processo de tradução, retrotradução e análise por um comitê de especialistas e pela população-alvo, que atestaram validade de conteúdo.

Posteriormente, o instrumento foi submetido a uma análise fatorial confirmatória evidenciando uma estrutura fatorial composta por duas dimensões: (1) conhecimento sobre a sexualidade da pessoa idosa, composta por 20 itens que descrevem informações sobre aspectos sexuais na maturidade, avaliados por meio de uma escala de 3 pontos em que o respondente deve classificar a informação como verdadeira, falsa ou não sabe e; (2) atitudes em relação à sexualidade da pessoa idosa, em que são descritos oito itens que descrevem situações sobre a manifestação da sexualidade na maturidade, em que o respondente tem que reportar se concorda ou discorda da afirmação, a partir de uma escala *likert* de 5 pontos. Essa versão apresentou evidências de validade interna e foi nomeada como Escala de atitudes e conhecimento sobre sexualidade no envelhecimento – ASKAS (Viana, 2008).

A versão brasileira da ASKAS já foi utilizada em outros contextos de pesquisa para investigar conhecimento e atitudes sobre sexualidade de grupos específicos, tais como mulheres idosas fisicamente ativas (D.V. Oliveira et al., 2018) e homens e mulheres mais velhos portadores de HIV/AIDS (Okuno et al., 2012). Nesse sentido, a escala apresentou grande utilidade para acessar e descrever conhecimentos e percepções sobre a sexualidade do ponto de vista de pessoas idosas e das pessoas de seu convívio, além de identificar relações entre variáveis sociodemográficas e de saúde com as manifestações da sexualidade na terceira idade.

Além da ASKAS, há outro instrumento para avaliar a sexualidade de pessoas idosas no contexto brasileiro, nomeadamente, a Escala de Vivências Afetivas e Sexuais do Idoso – EVASI. Diferentemente da ASKAS, que é uma escala adaptada de um instrumento americano, a EVASI foi construída e validada no Brasil por Vieira (2012). Os itens da EVASI foram elaborados a partir de análises das representações sociais acerca da vivência da sexualidade de idosos do Estado da Paraíba. Posteriormente, a escala foi submetida a análises fatoriais, derivando três dimensões:

(1) ato sexual, que inclui itens que descrevem atitudes e crenças relacionadas à prática de relações sexuais na velhice;

(2) relações afetivas, que engloba itens que descrevem crenças e atitudes sobre companheirismo, afeto e prazer vivenciados na relação a dois e;

(3) adversidades físicas e sociais, compostas por itens que relatam barreiras e desafios às vivências da sexualidade, tais como idadismo e problemas de saúde.

As dimensões apresentaram bons índices de consistência interna e itens com cargas fatoriais superiores a 0.4. Além disso, a EVASI apresentou relações significativas e positivas com qualidade de vida, avaliada pela WHOQOL-OLD, demonstrando que se trata de um instrumento que apresenta evidências de validade externa e interna.

A versão final da EVASI conta com 38 itens que são respondidos a partir de uma escala *likert* de 5 pontos, que mensura a frequência (nunca, raramente, às vezes, frequentemente e sempre) com que as situações descritas nos itens ocorrem com a pessoa. A escala compreende a sexualidade de pessoas idosas como um construto multifacetado e tem a vantagem de ter sido elaborada a partir das vivências de pessoas idosas brasileiras, embora ainda não conte com estudos para derivar amostra normativa e pontos de corte. No entanto, é possível localizar diversos estudos que posteriormente utilizaram a EVASI para investigar aspectos da sexualidade dessas pessoas.

Por exemplo, Silva et al. (2021) investigaram as relações entre as vivências afetivas e sexuais (avaliadas pela EVASI) e aspectos psicológicos de pessoas idosas alocadas em um ambulatório de geriatria e constataram que, quanto maior os sentimentos de tristeza e ansiedade experimentados por elas, menores são suas vivências sexuais e afetivas. Similarmente, Souza Júnior et al. (2022c), em outro estudo utilizando a EVASI, identificaram que, das três dimensões da escala, as relações afetivas e um melhor enfrentamento das adversidades físicas e sociais exerceram efeitos na redução de sintomas de ansiedade e no aumento da qualidade de vida em pessoas dessa faixa etária.

Souza Júnior et al. (2022b) também investigaram as relações entre diversas variáveis sociodemográficas com as vivências sexuais em amostra de 3.740 idosos brasileiros com acesso à internet. Os autores constataram que a maioria dos respondentes era do sexo masculino (62,6%) e que nunca receberam orientações sobre sexualidade em serviços de saúde (77,6%). O estudo também constatou que as melhores vivências sexuais foram atribuídas às pessoas do sexo masculino com idade entre 60 e 74 anos, que se autodeclararam pardas, com religião de influências africanas, que possuíam parceria fixa e que estavam casadas há cinco anos ou menos, sem filhos e que eram homossexuais. Os resultados da pesquisa corroboraram que as vivências sexuais são afetadas por efeitos de coorte, papéis de gênero e orientação sexual.

Outro estudo investigou os efeitos da sexualidade na funcionalidade familiar e na qualidade de vida de pessoas idosas brasileiras por meio da EVASI (Souza Júnior et al., 2022d). De forma geral, verificou-se que as vivências da sexualidade exerceram efeitos positivos na funcionalidade familiar e na qualidade de vida das pessoas idosas. Em outro estudo usando a mesma escala para avaliar sexualidade, Souza Júnior et al. (2022a) constataram relações negativas entre vivências da sexualidade e medidas de fragilidade (velocidade da caminhada, nível de força e de atividade física), indicando que, quanto melhor as vivências de sexualidade, menores os níveis de fragilidade da amostra investigada.

Considerações finais

Embora a vida sexual das pessoas idosas esteja recebendo maior atenção por pesquisadores, essa população ainda permanece pouco representada na literatura científica quando comparada com populações mais jovens. A escassez de instrumentos de avaliação apropriados para os mais velhos é, muitas vezes, um impedimento para uma avaliação abrangente. Tanto a ASKAS quanto a EVASI parecem ser boas opções de instrumentos para a avaliação da sexualidade de pessoas idosas no Brasil, por apresentarem boas propriedades psicométricas e haver a possibilidade de aplicação dessas escalas em contextos de pesquisa e de avaliação de intervenções. No entanto, não foram localizados estudos relatando o uso desses instrumentos em outros contextos, tais como, o contexto clínico. Além disso, ao realizar consulta ao sistema SATEPSI, não é possível localizar nenhuma escala que avalie sexualidade de pessoas idosas, de forma específica.

É importante ser destacada a atitude do próprio profissional ao avaliar uma pessoa idosa. Não é incomum que pessoas que trabalham com essa população apresentem crenças idadistas que influenciam negativamente a avaliação. Por exemplo, se a/o psicóloga/o acredita que pessoas mais velhas são assexuadas e desprovidas de desejo e libido, nunca vai considerar a importância de investigar essa temática num contexto de avaliação. Muitas vezes, relutam em abordar a questão da sexualidade ao lidar com casais idosos e casais vivendo com demência, e os casais raramente levantam questões relacionadas a problemas sexuais, principalmente por desconforto ou constrangimento. Destarte, recomenda-se que o profissional que atende pessoas idosas ou deseja trabalhar com essa população busque uma formação qualificada na área da psicogerontologia.

Concluindo, a vivência da sexualidade durante a velhice é um construto relevante para ser avaliado, especialmente, por estar associado a diversos desfechos na saúde física e mental. É importante identificar e desconstruir crenças que sejam sexistas e preconceituosas no geral, pois favorecem a emissão de comportamentos que podem contaminar o processo de avaliação. O profissional precisa estar atento para considerar a diversidade e fluidez da expressão da sexualidade nas diversas etapas da vida, incluindo a velhice, bem como as potencialidades das pessoas idosas, efeitos de coorte, valores geracionais e papéis de gênero assumidos na trajetória de quem está sendo avaliado/a.

Malgrado haja algumas opções de instrumentos para avaliar a sexualidade no Brasil, identificados na literatura especializada, ainda há lacunas a serem preenchidas com relação à maior disponibilidade de instrumentos no sistema SATEPSI, à formação do profissional para avaliar sexualidade em pessoas idosas e os contextos possíveis de avaliação.

Perguntas e respostas

1. Como as crenças idadistas acerca da sexualidade na velhice influenciam o comportamento sexual de pessoas idosas?

Resposta: As crenças sobre a sexualidade na velhice vêm se modificando através dos tempos. Os modelos biomédicos destacaram os aspectos disfuncionais e patológicos da sexualidade nessa faixa etária. Durante muitos anos foi difundida a ideia da pessoa idosa como sendo incapaz, assexuada, improdutiva e que o comportamento sexual nessa faixa etária seria vergonhoso. Ao longo da vida, atitudes, estereótipos e preconceitos relacionados à sexualidade na velhice são internalizados. Pesquisadores (e.: Heywood et al., 2019) investigaram a associação entre idadismo e atividade/interesse sexual, detectando que aquelas pessoas que tinham vivido maior número de experiências idadistas, após completarem 60 anos, diminuíram o interesse sexual e as atividades sexuais, bem como não tinham esperanças/planos de fazer sexo no futuro.

2. Quais os principais fatores que contribuem para a diminuição do interesse e da frequência de atividade sexual na velhice?

Resposta: Conforme Falcão (2016), os principais fatores são: (a) a falta de um/a parceiro/a; (b) idadismo (estereótipos, preconceitos e discriminação relacionados à idade); (c) crenças sobre a impotência em homens idosos e falta de atratividade sexual nas mulheres idosas; (d) problemas de saúde; (e) monotonia na rotina sexual; (f) efeitos colaterais de remédios e de doenças crônicas; (g) falta de desejo entre as mulheres e disfunção sexual nos homens e; (h) demora para buscar ajuda profissional.

3. Quais as etapas do processo de avaliação de aspectos psicológicos da sexualidade em pessoas idosas?

Resposta: O processo de avaliação psicológica é caracterizado pelas seguintes etapas: 1) entrevista de anamnese; 2) escolha do protocolo; 3) aplicação e correção dos instrumentos; 4) análise dos dados coletados; 5) conclusão; 6) encaminhamento e; 7) devolução dos resultados à pessoa avaliada e/ou a quem efetuou a solicitação da avaliação (ex.: profissionais e familiares) (Argimon et al., 2019). Nesse processo, podem ser utilizados, por exemplo, entrevistas, questionários, abordagens biográficas, diários de observação, testes psicométricos etc.

4. Por que é importante que o/a psicólogo/a busque formação na área da psicogerontologia para realizar a avaliação psicológica de pessoas idosas?

Resposta: Embora os princípios gerais de avaliação psicológica possam ser aplicados à população idosa, é fundamental que o profissional domine conhecimentos da psicogerontologia, além de conhecimentos sobre psicopatologias, e, também, tenha familiaridade com instrumentos de avaliação validados para uso nessa população. Conduzir inadequadamente uma avaliação psicológica reflete uma má conduta profissional e pode causar danos ao avaliando. Devido à falta dessa formação na maioria dos cursos de graduação e pós-graduação no Brasil, há ainda muitos profissionais com crenças idadistas (estereótipos, preconceitos e discriminação relacionados à idade), tratando pessoas idosas de forma infantilizada e despreparados para atuar na área.

5. Por que é importante incluir os cônjuges cuidadores de pessoas idosas casadas com demência no processo de avaliação psicológica?

Resposta: É importante porque o cônjuge apresentará informações sobre a história amorosa do casal, bem como a mudança de papéis na relação em decorrência da demência. Com a progressão da doença, é comum que vivenciem sentimentos ambivalentes; constrangimentos; perda da reciprocidade na relação; repressão das próprias necessidades sexuais; declínio na intimidade e nas atividades sexuais; baixos níveis de satisfação conjugal; ônus financeiro; restrições sociais; falta de apoio familiar e dos serviços de saúde e, por vezes, se sintam sozinhos e isolados, apresentando riscos de sobrecarga, ansiedade e depressão (Garcia et al., 2019). Muitos passam a ver o cônjuge como um estranho, vivenciam um luto antecipatório e, por vezes, se sentem "viúvo(a)s de esposas/maridos vivo(a)s". É preciso ainda levar em consideração o nível de estresse dos cônjuges cuidadores, a qualidade do relacionamento com a pessoa receptora de cuidados antes da doença e a influência dessas variáveis nas respostas durante o processo de avaliação.

Referências

American Psychological Association (2004). Guidelines for psychological practice with older adults. *The American psychologist*, 59(4), 236-260.

American Psychological Association (2014). Guidelines for psychological practice with older adults. *The American Psychologist*, 69(1), 34-65. https://doi.org/10.1037/a0035063

Araújo, L. F. (2022). Desafios da Gerontologia frente à velhice LGBT: aspectos psicossociais. In E. V. Freitas, & L. Py (orgs.). *Tratado de Geriatria e Gerontologia* (v. 1, p. 1.331-1.335). 5. ed. Guanabara Koogan.

Argimon, I. I. L., Gonzati, V., Moraes, A. A., Irigaray, T. Q. (2019). Avaliação psicológica e de seguimento em clínicas geriátricas e asilos. In C. S. Hutz, D. R. Bandeira, C. M. Trentini, & E. Remor (orgs.). *Avaliação psicológica nos contextos de saúde e hospitalar*, (pp. 139-145). Artmed.

Boss, P. (1998). A perda ambígua. In F. Walsh & M. McGoldrick (orgs.) *Morte na família: sobrevivendo às perdas* (p.187-198). Porto Alegre: Artes Médicas.

Byrd, D. A., Rivera Mindt, M. M., Clark, U. S., Clarke, Y., Thames, A. D., Gammada, E. Z., & Manly, J. J. (2021). Creating an antiracist psychology by addressing professional complicity in psychological assessment. *Psychological Assessment*, 33(3), 279-285. https://doi.org/10.1037/pas0000993

Caceres, B. A., Travers, J., Primiano, J. E., Luscombe, R. E., & Dorsen, C. (2020). Provider and LGBT individuals' perspectives on LGBT issues in long-term care: A systematic review. *The Gerontologist*, 60(3), e169-e183. https://doi.org/10.1093/geront/gnz012

Dixon, J. S., Mather, M. A., Ready, R. E., & Madore, M. R. (2022). Culturally responsive psychological assessment with racially and ethnically diverse older adults. *Psychological Assessment*. Online first publication, http://dx.doi.org/10.1037/pas0001189

Erens, B., Mitchell, K. R., Gibson, L., Datta, J., Lewis, R., Field, N., & Wellings, K. (2019). Health status, sexual activity and satisfaction among older people in Britain: A mixed methods study. *Plos one*, 14(3), e0213835. https://doi.org/10.1371/journal.pone.0213835

Falcão, D. V. S., Braz, M. C., Garcia, C. R, Santos, G. D., Yassuda, M. S., Cachioni, M., Nunes, P. V., & Forlenza, V. O. (2018). Psychogerontology attention for caregivers of seniors relatives with Alzheimer's disease. *Psicologia, saúde & doenças*, 19, 377-389. http://dx.doi.org/10.15309/18psd190217

Falcão, D.V.S. (2016). Amor romântico, conjugalidade e sexualidade na velhice. In E. V. Freitas, L. Py. *Tratado de Geriatria e Gerontologia* (p. 1.498-1.506). 4ª ed. Guanabara Koogan.

Fernández-Rouco, N., Fernández-Fuentes, A. & Araújo, L. F (2020). Sexualidades, géneros e interseccionalidad en las personas mayores: claves para la intervención e investigación In L. F. Araújo & H. S. Silva (org.). *Envelhecimento e velhice LGBT: Práticas e perspectivas biopsicossociais* (p. 199-210). Alínea.

Fischer, N., Træen, B., & Hald, G. M. (2021). Predicting partnered sexual activity among older adults in four European countries: the role of attitudes, health, and relationship factors. *Sexual and Relationship Therapy*, 36(1), 3-21. https://doi.org/10.1080/14681994.2018.1468560

Frauke, C., & Enzlin, P. (2022). Dementia and sexuality: a story of continued renegotiation. *The Gerontologist*, gnac127. https://doi.org/10.1093/geront/gnac127

Fredriksen-Goldsen, K. (2022). Blueprint for future research advancing the study of sexuality, gender, and equity in later life: lessons learned from aging with pride, The National Health, Aging, and Sexuality/Gender Study (NHAS), *The Gerontologist*, gnac146. https://doi.org/10.1093/geront/gnac146

Galinsky, A. M. & Waite, L. J. (2014). Sexual activity and psychological health as mediators of the relationship between physical health and marital quality. *Journals of gerontology, series B: psychological sciences and social sciences*, 69(3), 482-492.

Garcia, C. R., Falcão, D. V. S., & Pimentel, L. (2019). Casamento e cuidados com o cônjuge com demência: Um estudo transcultural Brasil-Portugal. *Psicologia em Estudo*, 24, e41482. https://doi.org/10.4025/psicolestud.v24i0.41482

Gewirtz-Meydan, A., Hafford-Letchfield, T., Benyamini, Y., Phelan, A., Jackson, J., & Ayalon, L. (2018). Ageism and sexuality. In L. Ayalon & C. Tesch-Römer (eds.). *Contemporary perspectives on ageism* (pp. 149-162). Springer, Cham.

Grasshoff, J., Beller, J., Kuhlmann, B. G., & Geyer, S. (2021). Increasingly capable at the ripe old age? Cognitive abilities from 2004 to 2013 in Germany, Spain, and Sweden. *Plos one*, 16(7), e0254038. https://doi.org/10.1371/journal.pone.0254038

Heywood, W., Minichiello, V., Lyons, A., Fileborn, B., Hussain, R., Hinchliff, Malta, S., Barret, C. & Dow, B. (2019). The impact of experiences of ageism on sexual activity and interest in later life. *Ageing & Society*, 39(4), 795-814. https://doi.org/10.1017/S0144686X17001222

Hülür, G., Ram, N., & Gerstorf, D. (2015). Historical improvements in well-being do not hold in late life: Birth- and death-year cohorts in the United States and Germany. *Developmental Psychology*, 51(7), 998–1012. https://doi.org/10.1037/a0039349

Instituto Brasileiro de Geografia e Estatística (2020). *Em 2019, expectativa de vida era de 76,6 anos*. https://agenciadenoticias.ibge.gov.br/agencia-sala-de-imprensa/2013-agencia-de-noticias/releases/29502-em-2019-expectativa-de-vida-era-de-76-6-anos

Keyes, K. M., Nicholson, R., Kinley, J., Raposo, S., Stein, M. B., Goldner, E. M., & Sareen, J. (2014). Age, period, and cohort effects in psychological distress in the United States and Canada. *American Journal of Epidemiology*, 179(10), 1.216-1.227. https://doi.org/10.1093/aje/kwu029

Kim, H., Thyer, B. A., & Munn, J. C. (2019). The relationship between perceived ageism and depressive symptoms in later life: Understanding the mediating effects of self-perception of aging and purpose in life, using structural equation modeling. *Educational Gerontology*, 45(2), 105-119. https://doi.org/10.1080/03601277.2019.1583403

Knight, B. G., Karel, M. J., Hinrichsen, G. A., Qualls, S. H., & Duffy, M. (2009). Pikes Peak Model for Training in Professional Geropsychology. *American Psychologist*, 64(3), 205-214. https://doi.org/10.1037/a0015059

Kolodziejczak, K., Rosada, A., Drewelies, J., Düzel, S., Eibich, P., Tegeler, C., Wagner, G.G., Beier, K.M., Ram, N. Demuth, I., Steinhagen-Thiessen, E. & Gerstorf, D. (2019). Sexual activity, sexual thoughts, and intimacy among older adults: Links with physical health and psychosocial resources for successful aging. *Psychology and aging*, 34(3), 389. https://doi.org/10.1037/pag0000347

Languirand, M. (2016). Who I was, who I am: Gender and generativitiy in the assessment of older adults. In V. M. Brabender & J. L. Mihura (eds.), *Handbook of gender and sexuality in psychological assessment* (pp. 578-602). Routledge.

Levy, B. (2009). Stereotype Embodiment. In *Current Directions in Psychological Science*, 18, 6, 332-336. https://doi.org/10.1111/j.1467-8721.2009.01662

Leggett, A., Clarke, P., Zivin, K., McCammon, R. J., Elliott, M. R., & Langa, K. M. (2019). Recent improvements in cognitive functioning among older US adults: How much does increasing educational attainment explain?. *The Journals of Gerontology: Series B*, 74(3), 536-545. https://doi.org/10.1093/geronb/gbw210

Lim, M. Y., & Loo, J. H. (2018) Screening an elderly hearing impaired population for mild cognitive impairment using Mini-Mental State Examination (MMSE) and Montreal Cognitive Assessment (MoCA). International *Journal of Geriatric Psychiatry*, 33, 972-979. https://doi.org/10.1002/gps.4880

Mast, B. T., Fiske, A., & Lichtenberg, P. A. (2022). Assessment: A foundational geropsychology knowledge competency. *Clinical Psychology: Science and Practice*, 29(1), 43. https://doi.org/10.1037/cps0000055

McParland, J., & Camic, P. M. (2018). How do lesbian and gay people experience dementia?. *Dementia*, 17(4), 452-477. https://doi.org/10.1177/1471301216648471

Oliveira, D. V., Marques, T. G., Pivetta, N. R. S., Paulo, D. L. V., & do Nascimento Júnior, J. R. A. (2018). Conhecimento sobre sexualidade em idosas fisicamente ativas. *Revista Ártemis*, 26(1), 271-282. https://doi.org/10.22478/ufpb.1807-8214.2018v26n1.37534

Oliveira, E. L., Neves, A. L. M. & Silva, I. R. (2018). Sentidos de sexualidade entre mulheres idosas: relações de gênero, ideologias, mecanicistas e subversão. *Psicologia & Sociedade*, 30, e166019. https://doi.org/10.1590/1807-0310/2018v30166019

Okuno, M. F. P., Fram, D. S., Batista, R. E. A., Barbosa, D. A., & Belasco, A. G. S. (2012). Conhecimento e atitudes sobre sexualidade em idosos portadores de HIV/AIDS. *Acta Paulista de Enfermagem*, 25, 115-121. https://doi.org/10.1590/1413-81232020256.18432018

Organização Mundial da Saúde (2022). Sexual and reproductive health and research (acesso em 06/12/2022). Disponível em: https://www.who.int/teams/sexual-and-reproductive-health-and-research/key-areas-of-work/sexual-health/defining-sexual-health

Rector, S., Stiritz, S., & Morley, J. E. (2020). Sexuality, aging, and dementia. *The journal of nutrition, health & aging*, 24(4), 366-370. https://doi.org/10.1007/s12603-020-1345-0

Sandberg, L. J. (2020). Too late for love? Sexuality and intimacy in heterosexual couples living with an Alzheimer's disease diagnosis. *Sexual and Relationship Therapy*, 1-22. https://doi.org/10.1080/14681994.2020.1750587

Santos, I. D. F. (2022). Atitudes e Conhecimentos de idosos sobre Intercurso Sexual no Envelhecimento. *Psicologia: Ciência e Profissão*, 42, e235106. https://doi.org/10.1590/1982-3703003235106

Silva, A. P., Barros, C. R., Nogueira, M. L. M., & Barros, V. A. (2007). "Conte-me sua história": reflexões sobre o método de História de Vida. *Mosaico: estudos em psicologia*, 1(1), 25-35.

Silva, N. C. M. D., Storti, L. B., Lima, G. S., Reis, R. K., Araújo, T. F. D., & Kusumota, L. (2021). Sexualidade e avaliação de sintomas físicos e psicológicos de idosos em assistência ambulatorial. *Revista Brasileira de Enfermagem*, 74(2), e20200998. https://doi.org/10.1590/0034-7167-2020-0998

Sinković, M., & Towler, L. (2019). Sexual aging: A systematic review of qualitative research on the sexuality and sexual health of older adults. *Qualitative Health Research*, 29(9), 1.239-1.254. https://doi.org/10.1177/1049732318819

Smith, L., Yang, L., Veronese, N., Soysal, P., Stubbs, B., & Jackson, S. E. (2019). Sexual activity is associated with greater enjoyment of life in older adults. *Sexual medicine*, 7(1), 11-18. https://doi.org/10.1016/j.esxm.2018.11.001

Souza Júnior, E. V. D., Santos, G. D. S., Brito, S. D. A., Therrier, S., Siqueira, L. R., & Sawada, N. O. (2022a). Assessment of sexuality and frailty in older adults living in northeast Brazil. *Aquichan*, 22(1), e2218. https://doi.org/10.5294/aqui.2022.22.1.8

Souza Júnior, E. V. D., Rosa, R. S., Brito, S. D. A., Cruz, D. P., Silva Filho, B. F. D., Silva, C. D. S., & Sawada, N. O. (2022b). Associação entre as vivências em sexualidade e características biosociodemográficas de pessoas idosas. *Escola Anna Nery*, 26, e20210342. https://doi.org/10.1590/2177-9465-EAN-2021-0342

Souza Júnior, E. V. D., Siqueira, L. R., Silva Filho, B. F. D., Chaves, Â. B., Santos, J. S. D., Guedes, C.

A., & Sawada, N. O. (2022c). Efeitos das vivências em sexualidade na ansiedade e na qualidade de vida de pessoas idosas. *Escola Anna Nery*, 26, e20210371. https://doi.org/10.1590/2177-9465-EAN-2021-0371

Souza Júnior, E. V., da Silva Filho, B. F., Cruz, D. P., Rosa, R. S., Cairo, G. M., dos Santos Silva, C., Siqueira, L.R. & Sawada, N. O. (2022d). Efeitos da sexualidade na funcionalidade familiar e na qualidade de vida de pessoas idosas: estudo transversal. *Revista Cuidarte*, 13(1), e2296. http://dx.doi.org/10.15649/cuidarte.2296

Srinivasan, S., Glover, J., Tampi, R. R., Tampi, D. J., & Sewell, D. D. (2019). Sexuality and the older adult. *Current psychiatry reports*, 21(10), 1-9.

Viana, H. B. (2008). *Adaptação e validação da escala ASKAS – Aging Sexual Knowledge and Attitudes Scale em idosos brasileiros* [Tese de Doutorado]. Universidade Estadual de Campinas. https://doi.org/10.47749/T/UNICAMP.2008.426302

Vieira, K. F. L. (2012). *Sexualidade e qualidade de vida do idoso: desafios contemporâneos e repercussões psicossociais* [Tese de Doutorado]. Universidade Federal da Paraíba. https://repositorio.ufpb.br/jspui/handle/tede/6908

Vonk, J. M., Rentería, M. A., Avila, J. F., Schupf, N., Noble, J. M., Mayeux, R., Brickman, A.M. & Manly, J. J. (2019). Secular trends in cognitive trajectories of diverse older adults. *Alzheimer's & Dementia*, 15(12), 1.576-1.587. https://doi.org/10.1016/j.jalz.2019.06.4944

White, C. B. (1982). A scale for the assessment of attitudes and knowledge regarding sexuality in the aged. *Archives of sexual Behavior*, 11(6), 491-502. https://doi.org/10.1007/BF01542474

Avaliação sobre luto e percepção da finitude em pessoas idosas

Maycoln Leôni Martins Teodoro
Patrícia de Cássia Carvalho-Campos

Destaques

1) É preciso compreender como morte e velhice se entrelaçam e quais possibilidades se apresentam diante deste contexto.
2) Há um hiato entre saber sobre a finitude da espécie humana e experimentar a própria finitude.
3) É possível se preparar para o envelhecimento e, também, para a nossa finitude.
4) Para vivenciar o luto e a finitude, deve-se aceitar as dores e angústias das perdas vivenciadas.
5) A avaliação/intervenção deve considerar a realidade do idoso, a finalidade da atividade, e a base teórica do profissional.

Quando as pernas deixarem de andar
e os olhos deixarem de ver
e os ouvidos deixarem de ouvir,
caminharemos pelas memórias e estas serão nítidas
e vozes esquecidas contarão tudo de novo
(Marques, 2012).

Contextualização temática

Pela lógica biológica, todo ser vivo nasce, cresce, torna-se adulto, reproduz-se, envelhece e morre. A partir da naturalização desta regra, a velhice torna a morte um evento concreto e imanente, de modo que esta etapa do desenvolvimento se caracteriza não pelos anos que separam a pessoa idosa do seu nascimento, mas sim pelo quanto ela se aproxima da morte (Py et al., 2013). Assim, é como se velhice e morte se tornassem sinônimos, afinal, somente envelhece aquele que não morre.

Atualmente, esta regra está socialmente estabelecida. Por isso, faz-se necessária uma leitura crítica desses fenômenos, com o intuito de romper com mitos, tabus e estigmas relacionados tanto à velhice quanto à morte e o morrer. Nesse sentido, primeiramente, é importante refletir sobre a dicotomia imposta entre vida e morte. De um lado, está a vida representada por imagens relacionadas ao progresso, força e sucesso, estando associada à felicidade, alegria e juventude. De outro, está a morte representada por figuras mórbidas, nebulosas, sombrias, estando associada ao medo do sofrimento, da degeneração, da solidão, do abandono, da velhice (Araújo & Vieira, 2004). Nota-se que o imaginário social representa a morte e a vida como se ambas não coexistissem. Como se a partir do momento em que se nasce, a morte não se fizesse presente. Como se não fôssemos seres finitos.

Este tipo de representação dificulta que os indivíduos, especialmente as pessoas idosas, elaborem estratégias para o enfrentamento das perdas inevitáveis da vida. Isto porque, embora a velhice esteja associada à morte, acredita-se que falar e se preparar para o fim pode provocar sofrimento e, principalmente, constrangimento àquele que vivencia esse processo (Kovács, 2005). Desse modo, é necessário ampliar a discussão sobre a temática, com o intuito de melhor compreender como morte e velhice se entrelaçam e quais possibilidades se apresentam diante deste contexto. Diferenciar morte de morrer pode ser um começo. Apesar de parecerem sinônimos, são termos semanticamente distintos.

Morte significa: "ato de morrer; fim da vida; cessação definitiva da vida para o ser humano; falecimento, passamento, trespasse; efeito de matar" (Michaellis, 2022). Ao passo que morrer significa "cessar de viver; deixar de ser visto; desaparecer; perder a vida sob certa circunstância; cair no esquecimento; chegar ao fim após um determinado tempo; ter experiência da perda de algo que se acreditava ter para sempre; chegar ao fim em algum lugar após um determinado trajeto; experimentar um sentimento com grande intensidade; não chegar a ser concluído; cessar o movimento; demonstrar intenso sentimento; ficar inacabado, interrompido ou suspenso; deixar de existir ou de ter algum significado" (Michaellis, 2022).

Sendo assim, a morte pode ser compreendida como um fenômeno individual e único, que finda a vida biológica, e contra o qual não há nada que se possa fazer. Já o morrer é processo, que envolve perdas ao longo da vida. Por isso, morre-se muitas vezes. Morre-se ao final de um ciclo, ao término de um relacionamento, quando ocorre o desligamento de um trabalho, quando se perde um ente querido, ou quando se perde um papel social.

Também é necessário distinguir os termos envelhecimento, velhice e pessoa idosa, pois, embora estejam intimamente relacionados, possuem significados diferentes. O envelhecimento se constitui enquanto processo, que se inicia na concepção e termina na morte do indivíduo. É o *continuum* da vida, de modo que viver é envelhecer. Nesse processo, dinâmico e progressivo, há modificações morfológicas, funcionais, bioquímicas e psicológicas, que levam à perda da capacidade de adaptação do indivíduo ao meio, ocasionando maior vulnerabilidade e maior incidência de processos patológicos que levam à morte (Papalleo Netto, 2016).

A velhice consiste na última fase do ciclo da vida. De modo geral, esta etapa do desenvolvimento humano se caracteriza pela redução da capacidade funcional, de trabalho e da resistência; e pelas perdas psicológicas, motoras, afetivas e de papéis sociais. Já a pessoa idosa é aquela que chega à última etapa do ciclo de vida e vivencia o processo de mudanças e perdas acentuadas nesse período, ou seja, ela é o resultado entre a velhice e o envelhecimento (Papalleo Netto, 2016).

Embora a legislação brasileira regulamente que pessoa idosa são indivíduos com idade igual ou superior a 60 (sessenta) anos, é preciso esclarecer que não há marcadores ou características específicas que determinem o início subjetivo da velhice. Cada caso deve ser cuidadosamente observado, considerando as características físicas, psicológicas, sociais, culturais e espirituais. Assim, alguns podem parecer idosos aos 45 anos de idade e outros jovens aos 70 (Brasil, 2022; Papalleo Netto, 2016).

Quando observados os conceitos de morte, morrer, envelhecimento, velhice e pessoa idosa, nota-se que a perda e a finitude constituem os pontos de intersecção entre esses termos. Por isso, talvez, a origem da associação entre eles. No entanto, perdas e a proximidade do fim da existência não podem tornar o indivíduo passivo frente a estas circunstâncias. Pelo contrário, o indivíduo deve adotar uma postura ativa para se refazer, se reposicionar e, muitas das vezes, torna-se alguém diferente de quem já se foi um dia.

Assim, a velhice pode ser um tempo de balanço, de significação e ressignificação da vida e, também, um tempo para que a pessoa idosa se prepare para seu fim e para a sua morte (Kovács, 2005). Neste processo, cabe ao profissional de saúde, em especial da Psicologia, desenvolver metodologias de intervenção que contribuam para o bem-estar da pessoa idosa, para sua qualidade de morte e para o manejo das dores que as perdas e a percepção da finitude podem ocasionar.

Velhice e finitude

A espécie humana é a única forma de vida que possui consciência sobre a própria morte. Por este motivo, o humano se caracteriza como um ser mortal, que constrói individual e coletivamente representações e significados sobre a morte e o morrer (Oliveira & Araújo, 2012). Essa busca por explicações e sentidos mobilizou a humanidade, ao longo da história, a refletir sobre a temporalidade da vida tanto no campo filosófico quanto no espiritual, produzindo conhecimento teórico, discursos e narrativas sobre a temática (Salmazo-Silva et al., 2012).

No entanto, há um hiato entre saber sobre a finitude da espécie humana e experimentar a própria finitude. São processos diferentes entre si, mas que igualmente podem causar angústias para aqueles que vivenciam essas descobertas.

Isso porque a morte é um processo inevitável que nos lembra sobre nossa impotência e falta de controle diante da vida; que evoca medo e emoções negativas diante de um caminho desconhecido; que nos impõem dúvidas existenciais; e, que desfaz a nossa crença de imortalidade (Salmazo-Silva et al., 2012).

Especialmente, para os indivíduos que ultrapassam os 60 anos de idade, a morte assume uma dimensão diferente dos demais ciclos de vida. Para a pessoa idosa, a morte está marcada no corpo, no rosto, nas limitações físicas mais evidentes, nas idas frequentes aos médicos, na aposentadoria. É um conjunto de perdas que se associam aos estigmas e à marginalização de pessoas que se tornam improdutivas numa sociedade que mensura seus indivíduos pela sua capacidade de produção (Oliveira & Araújo, 2012).

Desse modo, a pessoa idosa irá construir representações e significados, bem como experienciar sentimentos atribuídos à morte e ao morrer de acordo com suas características individuais. Mas, também, conforme o conjunto de valores e regras que compõem seu grupo social (Oliveira & Araújo, 2012).

Nesse sentido, destaca-se que os processos de resiliência psicológica estão associados aos bons desfechos clínicos em saúde física e mental. Assim, quanto maior o nível de resiliência psicológica maior proteção do organismo em relação aos efeitos deletérios das ameaças à adaptação; maior recuperação do organismo dos efeitos deletérios das adversidades e dos riscos sobre seu bem-estar psicológico e sobre sua funcionalidade física, cognitiva e social; e maior desenvolvimento em domínios selecionados, compensando perdas acumulativas e inevitáveis associadas ao envelhecimento (Neri & Fontes, 2019).

Assim, cabe ao profissional da saúde avaliar a adaptação positiva (resiliência psicológica) e promover intervenções para o bem-estar, mesmo na presença de doenças, do declínio e das perdas e dos riscos associados ao processo de envelhecer e da aproximação da finitude. Ou seja, analisar e fomentar a boa capacidade de adaptação com os recursos psicológicos e sociais que cada idoso dispõe (Neri & Fontes, 2019). Isto posto, é preciso e é possível se preparar para o envelhecimento e, também, para a nossa finitude.

Velhice, perdas e luto

Embora o envelhecimento humano seja um tempo de aprendizagem, desenvolvimento e amadurecimento, a sociedade ocidental não garante às pessoas idosas um lugar de destaque. Desse modo, elas acabam não vivenciando a plenitude do processo e, muitas das vezes, precisam enfrentar mais as perdas do que os ganhos da maturidade. Além disso, no contexto atual, as pessoas idosas vão percebendo que, apesar de todos os avanços tecnológicos da medicina e áreas afins, algumas perdas são irreversíveis (Kreuz & Franco, 2017).

Nesse sentido, o corpo físico, as funções cognitivas e os aspectos psicológicos vão perdendo a plasticidade. Como também ocorre uma série de perdas sociais. Citam-se como exemplo, a saída dos filhos de casa; a aposentadoria compulsória; a morte dos pares; o enfrentamento da viuvez e da solidão; a ausência de papéis sociais valorizados; o aparecimento de doenças ou comorbidades; o declínio da beleza nos padrões sociais vigentes e do vigor físico; a perda do exercício pleno da sexualidade; e, a perda da perspectiva de futuro. Nota-se que algumas perdas são reais e outras simbólicas, mas todas estão relacionadas às histórias de vida dos indivíduos, seus desejos, suas expectativas, suas ansiedades e motivações (Herédia, 2010; Kreuz & Franco, 2017).

Estas sucessivas perdas, inevitavelmente, levam a uma variedade de processos psicológicos de ressignificação denominado luto (Salmazo-Silva et al., 2012). Sendo assim, o desafio imposto à pessoa idosa consiste em realizar mudanças no estilo de vida e fazer uso efetivo de seus recursos emocionais, de modo a atuar sobre a realidade de perdas concretas e simbólicas, criando sentidos e novos significados para o seu envelhecimento e sua própria finitude (Kreuz & Franco, 2017).

Destaca-se que o processo de morrer e a experiência do luto são experiências idiossincráticas. Desse modo, não há um padrão esperado ou uma sequência de comportamentos que devem ser seguidos para a ressignificação das perdas (Salmazo-Silva et al., 2012). Na realidade, é necessário um tempo para que o indivíduo possa vivenciar o luto, de modo a aceitar as dores e angústias das perdas vivenciadas. Somente assim será possível reconstruir novos sentidos para estas perdas, sejam elas reais ou simbólicas, como também novos laços e novas relações, seja com objetos, pessoas e até consigo mesmo.

No entanto, de acordo com o Manual Diagnóstico e Estatístico de Transtornos Mentais (DSM-5), caso o tempo para esse processo de adaptação ultrapasse o período de doze meses ou mais em adultos (ou seis meses em casos de crianças), a pessoa enlutada passa a ser diagnosticada com o Transtorno do Luto Complexo Persistente – também denominado luto patológico. Desse modo, os sintomas relacionados ao luto tornam-se disfuncionais e comprometem o funcionamento e organização dos indivíduos (American Psychiatric Association [APA], 2014).

Embora o luto possa levar a um grande sofrimento, normalmente, ele não se caracteriza como causa de transtorno depressivo maior. Todavia, as duas situações podem ocorrer concomitantemente, de modo que os sintomas depressivos aumentam o prejuízo funcional e piora o prognóstico destes casos (APA, 2014).

De acordo com o DSM-5, o profissional deve atentar se ao processo de luto está associado a um episódio de Transtorno Depressivo Maior, observando se cinco (ou mais) dos seguintes sintomas estiveram presentes no período de duas semanas e causaram sofrimento ou prejuízo à pessoa idosa:

1. Humor deprimido na maior parte do dia, quase todos os dias, conforme indicado por relato subjetivo (p. ex.: sente-se triste, vazio, sem esperança) ou por observação feita por outras pessoas (p. ex.: parece choroso).

2. Acentuada diminuição do interesse ou prazer em todas ou quase todas as atividades na maior parte do dia, quase todos os dias (indicada por relato subjetivo ou observação feita por outras pessoas).

3. Perda ou ganho significativo de peso sem estar fazendo dieta (p. ex.: uma alteração de mais de 5% do peso corporal em um mês), ou redução ou aumento do apetite quase todos os dias.

4. Insônia ou hipersonia quase todos os dias.

5. Agitação ou retardo psicomotor quase todos os dias (observáveis por outras pessoas, não meramente sensações subjetivas de inquietação ou de estar mais lento).

6. Fadiga ou perda de energia quase todos os dias.

7. Sentimentos de inutilidade ou culpa excessiva ou inapropriada (que podem ser delirantes) quase todos os dias (não meramente autorrecriminação ou culpa por estar doente).

8. Capacidade diminuída para pensar ou se concentrar, ou indecisão, quase todos os dias (por relato subjetivo ou observação feita por outras pessoas).

9. Pensamentos recorrentes de morte (não somente medo de morrer), ideação suicida recorrente sem um plano específico, uma tentativa de suicídio ou plano específico para cometer suicídio.

Destaca-se que a depressão associada ao luto tende a ocorrer em pessoas com outras vulnerabilidades a transtornos depressivos, e a recuperação pode ser facilitada pelo tratamento com antidepressivos e psicoterapia. Por isso, é importante que o profissional realize a diferenciação entre tristeza e luto normal; entre luto normal e luto patológico e verifique, nestes casos, se há a presença de um episódio depressivo maior (APA, 2014).

Avaliação terapêutica como perspectiva de atuação em situações de luto e percepção de finitude em idosos

A avaliação terapêutica é uma metodologia que não está associada a uma abordagem teórica ou técnica específica. Caracteriza-se como um método semiestruturado de avaliação colaborativa, que está organizado em etapas e faz uso do teste psicológico não apenas para avaliação, mas também para uma intervenção terapêutica limitada no tempo (Villemor-Amaral & Resende, 2018).

Desse modo, por meio de um trabalho cooperativo, avaliador e avaliado produzem a compreensão de determinada situação, considerando três aspectos: os valores do avaliado; as teorias leigas do avaliado e as teorias profissionais do avaliador. O principal objetivo é que o cliente, a partir da avaliação, possa revisitar as suas crenças/histórias/narrativas sobre si, o outro e o mundo e, construir novos significados e sentidos para sua vida (Villemor-Amaral & Resende, 2018).

A avaliação terapêutica pode ser descrita em cinco passos: entrevista inicial e formulação de perguntas a serem respondidas; aplicação de técnicas de avaliação; sessão de intervenção; sessão para sumarização e discussão de resultados; e, *follow up* ou acompanhamento (Villemor-Amaral & Resende, 2018).

Durante a entrevista inicial, que também pode ser realizada com familiares e cuidadores principais, deve-se realizar a escuta e o acolhimento da demanda apresentada pela pessoa idosa, de maneira empática e validativa. Após esta escuta atenta, busca-se caracterizar a queixa e construir perguntas que irão orientar a avaliação e as respostas a serem apresentadas ao final do processo (Villemor-Amaral & Resende, 2018). Nesta etapa, o profissional deve construir questões reflexivas com todos os envolvidos, familiares, cuidadores e pessoa idosa, de modo que seja realizado um trabalho colaborativo entre os membros.

Para a avaliação, o psicólogo deve selecionar as técnicas de acordo com as perguntas formuladas na etapa anterior. Feito isso, a sessão de avaliação é iniciada retomando a demanda que será analisada e explicando, à pessoa idosa, o processo de avaliação em si com o objetivo de que os passos seguintes sejam esclarecidos.

O primeiro instrumento a ser utilizado deve ser o Miniexame do Estado Mental (MEEM), já que é um teste de rastreio cognitivo e poderá garantir a qualidade e fidedignidade da resposta dos demais instrumentos, que geralmente consistem em medidas de autorrelato. Posteriormente, devem ser aplicados os testes relacionados à tristeza, luto, bem-estar subjetivo e sintomas depressivos para que seja avaliada a percepção de luto e finitude no idoso e o impacto dessas interpretações para a visão de si, do outro e do mundo.

A próxima etapa é a sessão de intervenção, na qual a escuta da queixa principal deve ser aprofundada, buscando a obtenção de soluções adaptativas e de comportamentos diferentes para a resolução do conflito (Villemor-Amaral & Resende, 2018). Para tanto, o psicólogo pode utilizar as técnicas da Terapia Cognitivo-Comportamental que compõem os protocolos para luto, tais como questionamento socrático, reestruturação cognitiva, psicoeducação, dentre outras.

A quarta etapa, sumarização e discussão dos resultados, é realizada através de linguagem clara, simples e sem uso de termos técnicos (Villemor-Amaral & Resende, 2018). Desse modo, num primeiro momento são resgatados os objetivos da avaliação, para que, posteriormente, sejam compartilhadas as compreensões gerais e os aspectos específicos da avaliação. Neste momento, a pessoa idosa deve ser estimulada a participar ativamente expressando suas percepções sobre o processo de avaliação, como também novos sentidos construídos ao longo do processo.

A sessão de *follow-up* (acompanhamento), consiste no último passo da avaliação, e deve ser realizada entre dois a quatro meses após a sessão de discussão dos resultados. Nesta etapa, o psicólogo avalia, colaborativamente, as mudanças que ocorreram desde a primeira sessão de avaliação até o presente retorno. Deve também retomar questões que não foram esclarecidas ou construir possíveis novas questões. Feito isso, são realizadas orientações que se fizerem necessárias e o processo de avaliação terapêutica é formalmente encerrado (Villemor-Amaral & Resende, 2018).

Nota-se, portanto, que a avaliação terapêutica se diferencia da avaliação tradicional, pois neste processo são realizados questionamentos norteadores, sessão de intervenção e sessão de *feedback*. Sendo assim, além do conhecimento sobre a aplicação dos testes, o psicólogo deve apresentar habilidades interventivas semelhantes à da prática clínica para a condução do processo de avaliação terapêutica.

Instrumentos padronizados para avaliação sobre luto e percepção da finitude em idosos

Na literatura nacional existem diversos instrumentos com propriedades psicométricas adequadas que podem ser utilizados para avaliação da percepção do luto e da finitude em pessoas idosas. A seguir, são apresentadas sugestões de técnicas de avaliação.

Miniexame do Estado Mental (MEEM)

O MEEM consiste num instrumento de aplicação simples e rápida, que se relaciona principalmente com o nível de escolaridade. Elaborado por Folstein (1975), e validado para o Brasil por Bertolucci et al. (1994), o MEEM está estruturado em 30 itens que avaliam tanto o funcionamento cognitivo global quanto funções cognitivas específicas. No entanto, não se observa nas pesquisas um consenso para o agrupamento dessas funções, podendo os subdomínios variar entre 5 (Bertolucci et al., 1994) a 11 funções cognitivas (Brucki et al., 2003; Moraes & Lanna, 2008). Para a correção do teste, o escore total é de 30 pontos e as notas de corte são (Brucki et al., 2003): 17 pontos para os analfabetos; 22 para idosos com escolaridade entre um e quatro anos; 24 para os com escolaridade entre cinco e oito anos e 26 pontos para os que tinham nove anos ou mais de escolaridade, sendo que maiores valores sinalizaram melhor desempenho. São classificados "sem déficit cognitivo" idosos que pontuam acima da nota de corte no MEEM e "com déficit cognitivo" aqueles que pontuam abaixo.

Escala de Ansiedade Perante a Morte

Desenvolvida por Templer (1970) e adaptada para a realidade brasileira por Donovan (1993), esta escala é composta de 15 itens relacionados à ansiedade diante da finitude da vida. As questões são dispostas em escala tipo *likert* em variação de intensidade das respostas (1 = Discordo Completamente, 2 = Neutro, 3 = Discordo Totalmente e 4 = Indeciso).

Escala de Motivos para Viver (EMVIVER)

Com base teórica na Psicologia Positiva, é composta de 29 itens, no formato *likert* de três pontos, e pontuação mínima de zero e máxima de 87 pontos (Gomes et al., 2020). As questões são agrupadas nas seguintes categorias: relacionamentos significativos; atração pela vida; planos para o futuro; aspectos relacionados ao eu e virtudes.

Escala de Qualidade de Vida de Idosos de Vitor (EQVI VITOR)

Escala específica para mensurar a qualidade de vida da pessoa idosa elaborada e validada por Silva e Baptista (2016). Este instrumento é constituído por 48 itens e seis domínios que são: 1) Autonomia e Dimensão Psicológica; 2) Meio Ambiente; 3) Independência Física; 4) Família (7 itens); 5) Saúde e 6) Dimensão Social. A escala é organizada com as seguintes opções de respostas: "muito insatisfeito" (um ponto); "insatisfeito" (dois pontos); "nem satisfeito nem insatisfeito" (três pontos); "satisfeito" (quatro pontos) e "muito satisfeito" (cinco pontos). A pontuação mínima é de 48 pontos e a máxima de 240 pontos. Quanto mais próximo ao limite superior, melhor é a qualidade de vida da pessoa idosa. Destaca-se que este instrumento não é de uso exclusivo do psicólogo e que possui parecer favorável no Sistema de Avaliação de Testes Psicológicos (SATEPSI).

Escala de Satisfação com a Vida

O instrumento é composto por um item escalar com três pontos para a satisfação global com a vida hoje; um item escalar com três pontos para a satisfação global hoje em comparação com outros da mesma idade; e por seis itens escalares com três pontos para satisfação referenciada aos domínios memória, solução de problemas, amizades e relações familiares, ambiente construído, acesso a serviços de saúde e transporte (Neri et al., 2013).

Escala de Depressão Geriátrica-GDS-15 (Geriatric Depression Scale)

Construído especificamente para idosos, pois não inclui itens que dificultam sua aplicação dentre idosos hospitalizados ou institucionalizados, o instrumento foi desenvolvido por Yesavage et al. (1983) e validado para o Brasil por Almeida e Almeida (1999). Consiste num questionário com 15 itens, referentes a mudanças no humor e a sentimentos específicos como: desamparo, inutilidade, desinteresse, aborrecimento e felicidade. Ao ser indagado sobre cada questão, o idoso deve responder sim ou não, indicando presença ou ausência de sintomas. O escore para rastreio de sintomatologia depressiva é de maior ou igual a seis pontos.

Escala Baptista de Depressão (Versão Idosos)

Instrumento de rastreio, composto por 20 itens com respostas dicotômicas (sim ou não), que visa avaliar a frequência e duração da sintomatologia depressiva na pessoa idosa. O teste não procura estabelecer diretamente um diagnóstico, mas subsidiar um processo de avaliação psicológica (Baptista, 2019). Destaca-se que este é um instrumento de uso exclusivo do psicólogo e que possui parecer favorável no SATEPSI.

Considerações finais

Avaliação sobre luto e percepção da finitude em pessoas idosas traz desafios para a atuação do psicólogo, tais como a escuta e a compreensão da queixa e a habilidade de análise e integração das informações com vistas a uma proposta de intervenção. Outro desafio consiste em compreender e atender demandas tão específicas do envelhecimento populacional e ainda pouco exploradas. Desse modo, é essencial que o profissional se mantenha constantemente atualizado em relação ao conhecimento produzido pela ciência psicológica, mas também ao conhecimento gerontológico.

Especialmente, sobre o campo da avaliação psicológica, a avaliação terapêutica se apresenta como uma alternativa, para avaliação de aspectos cognitivos e psicológicos. E, sobretudo, para a construção de um vínculo entre avaliador e avaliando que possibilite a elaboração de questionamento e de estratégias de enfrentamento para as perdas impostas pelo processo de envelhecimento.

Por fim, destaca-se que existem diversas técnicas, instrumentos e protocolos que podem ser utilizados na avaliação sobre luto e percepção da finitude em pessoas idosas. Desse modo, recomenda-se que o psicólogo selecione o material a ser utilizado a partir de um olhar crítico que considere a realidade da pessoa idosa, a finalidade da avaliação/intervenção, e a base teórica que sustenta sua prática. Esta tríade, certamente, irá auxiliar o profissional na escolha da melhor evidência científica para sua avaliação.

Perguntas e respostas

1. Por que se faz necessária uma leitura crítica sobre a morte e a velhice na atualidade?

Resposta: Este olhar crítico é necessário para romper com mitos, tabus e estigmas relacionados tanto à velhice quanto à morte e o morrer. E contribuir para que as pessoas idosas elaborem estratégias para o enfrentamento das perdas inevitáveis da vida.

2. Qual o papel da resiliência psicológica para a vivência do luto e da finitude durante a velhice?

Resposta: Os processos de resiliência psicológica estão associados aos bons desfechos clínicos em saúde física e mental. Assim, quanto maior o nível de resiliência psicológica maior proteção do organismo em relação aos efeitos deletérios das ameaças à adaptação; maior recuperação do organismo dos efeitos deletérios das adversidades e dos riscos sobre seu bem-estar psicológico e sobre sua funcionalidade física, cognitiva e social; e maior desenvolvimento em domínios selecionados, compensando perdas acumulativas e inevitáveis associadas ao envelhecimento. Desse modo, a resiliência psicológica contribui para que a pessoa idosa ressignifique e construa novos sentidos ao longo do processo de envelhecimento.

3. Pessoas enlutadas irão desenvolver transtorno depressivo maior?

Resposta: Embora o luto possa levar a um grande sofrimento, normalmente, ele não se caracteriza como causa de transtorno depressivo maior. Todavia, as duas situações podem ocorrer concomitantemente, de modo que os sintomas depressivos aumentam o prejuízo funcional e piora o prognóstico destes casos.

4. Por que a avaliação terapêutica se diferencia da avaliação tradicional?

Resposta: Na avaliação terapêutica são realizados questionamentos norteadores, sessão de intervenção e sessão de *feedback*. Sendo assim, além do conhecimento sobre a aplicação dos testes, o psicólogo deve apresentar habilidades interventivas semelhantes à da prática clínica para a condução do processo de avaliação terapêutica.

5. Existem diversas técnicas, instrumentos e protocolos que podem ser utilizados na avalia-

ção sobre luto e percepção da finitude em pessoas idosas. Como o psicólogo deve selecionar o material a ser utilizado?

Resposta: Recomenda-se que o psicólogo selecione o material a ser utilizado a partir de um olhar crítico que considere a realidade da pessoa idosa, a finalidade da avaliação/intervenção, e a base teórica que sustenta sua prática. Esta tríade, certamente, irá auxiliar o profissional na escolha da melhor evidência científica para sua avaliação.

Referências

Almeida, O. P., & Almeida, S. A. (1999). Short versions of the geriatric depression scale: a study of their validity for the diagnosis of major depressive episode according to ICD-10 and DSM-IV. *International Journal of Geriatric Psychiatry, 14*(10) 858-865. https://doi.org/10.1002/(sici)1099-1166(199910)14:10<858::aid-gps35>3.0.co;2-8

American Psychiatric Association (2014). *Manual diagnóstico e estatístico de transtornos mentais*: DSM-5 (5. ed.). Artmed.

Araújo, P. V. R. de, & Vieira, M. J. (2004). A questão da morte e do morrer. *Revista Brasileira de Enfermagem, 57*(3) 361-363. https://doi.org/10.1590/S0034-71672004000300022

Baptista, M. (2019). *Coleção ebadep – ID – escala baptista de depressão* (versão idosos). Vetor.

Bertolucci, P. H. F., Brucki, S. M. D., Campacci, S., & Juliano, Y. (1994). O Mini-Exame do Estado Mental em uma população geral. Impacto da escolaridade. *Arquivos de Neuropsiquiatria, 52*(1),1-7.

Brasil (2022). *Estatuto da pessoa idosa*. Lei federal n. 10.741, de 1º de outubro de 2003. Casa Civil, Subchefia para Assuntos Jurídicos.

Brucki, S. M., Nitrini, R., Caramelli, P., Bertolucci, P. H., Ivan, H., & Okamoto, I. H. (2003). Sugestões para o uso do mini-exame do estado mental no Brasil. *Arquivos de Neuropsiquiatria, 61*(3-B), 777-781. https://doi.org/10.1590/S0004-282X2003000500014

Donovan J. M. (1993) Validation of a portuguese form of templer's death anxiety scale. *Psychological reports, 73*(1), 195-200. https://doi.org/10.2466/pr0.1993.73.1.195

Folstein, K. C., Folstein, S. E., & McHugh, P. R. (1975). A practical method for grading the cognitive state of the patients for the clinician. *Journal of Psychiatric Research, 12*(3), 189-198. https://doi.org/10.1016/0022-3956(75)90026-6

Fontes, A. P., & Neri, A. L. (2019). Estratégias de enfrentamento como indicadores de resiliência em idosos: um estudo metodológico. *Ciência & Saúde Coletiva, 24*(4), 1265-1276. https://doi.org/10.1590/1413-81232018244.05502017

Gomes, M. A., Dellazzana-Zanon, L. L., Baptista, M. N., & Pallini, A. C. (2020). Escala de motivos para viver (EMVIVER): processo de construção dos itens. *Psicologia para América Latina, 34*, 207-220.

Herédia, V. (2010). O sentimento de perdas no envelhecimento e a condição de finitude. Memorialidades. *Revista do Núcleo de Estudos do Envelhecimento da Universidade Estadual de Santa Cruz, 13*, 9-20.

Kovács, M. J. (2005). Educação para a morte. *Psicologia Ciência e Profissão*, Brasília, 25(3), 484-497. https://doi.org/10.1590/S1414-98932005000300012

Kreuz, G., & Franco, M. H. P. (2017). O luto do idoso diante das perdas da doença e do envelhecimento. Revisão sistemática de literatura. *Arquivos Brasileiros de Psicologia, 69*(2), 168-186.

Moraes, E. N., & Lanna, F. G. J. S. (2008). Avaliação da cognição e do humor. In E. N. Moraes (org.). *Princípios Básicos de Geriatria e Gerontologia* (pp. 443-458). Coopmed.

Morrer. (2022). In *Dicionário Michaellis*, Dicionário Online de Português. Melhoramentos. https://michaelis.uol.com.br

Morte. (2002). In *Dicionário Michaellis*. Dicionário Online de Português. Melhoramentos. https://michaelis.uol.com.br.

Neri, A. L., Eulálio, M. do C., & Cabral, B. E. (2013). Bem-estar indicado por satisfação, afetos positivos e negativos. In A. L. Neri (org.). *Fragilidade e qualidade de vida na velhice* (pp. 321-339). Alínea.

Oliveira, S. C. F. de, & Araújo, L. F. de (2012). A finitude na perspectiva do homem idoso: um estudo das representações sociais. *Revista Temática Kairós Gerontologia*, *15*(4), 66-83. https://doi.org/10.23925/2176-901X.2012v15iEspecial12p66-83

Papallo-Netto, M. (2016). Estudo da velhice: histórico, definição do campo e termos básicos. In E.V. Freitas & L. Py. *Tratado de geriatria e gerontologia*. 4. ed. Guanabara Koogan.

Py, L., Trein, F., Oliveira, J. F. P., & Azevedo, D. L. (2013). O tempo e a morte na velhice. In E.V. Freitas & L. Py. *Tratado de geriatria e gerontologia*. 4. ed. Guanabara Koogan.

Salmazo-Silva, H., Zemuner, M. N., Rodrigues, P. H. da S., Andrade, T. B. de, Martiniano, V. & Falcão, D. V. da S. (2012). As representações da morte e do luto no ciclo de vida. *Revista Temática Kairós Gerontologia*, *15*(4), 185-206.

Silva, J. V., & Baptista, M. N. (2016). Vitor quality of life scale for the elderly: evidence of validity and reliability. *Springer Plus*, *1450*(5), 2-13. https://doi.org/10.1186/s40064-016-3130-4

Templer, D. I. (1970). The construction and validation of a Death Anxiety Scale. *Journal of General Psychology*, *82*, 165-177. https://doi.org/10.1080/00221309.1970.9920634

Villemor-Amaral, A. E., & Resende, A. C. (2018). Novo modelo de avaliação psicológica no Brasil. *Psicologia: Ciência e Profissão*, *38*, 122-132. https://doi.org/10.1590/1982-3703000208680

Yesavage, J. A., Brink, T. L., Rose, T. L., Lum, O., Huang, V., Adey, M., & Leirer, V. O. (1983). Development and validation of a Geriatric Depression Screening Scale: A preliminary report. *Journal of Psychiatric Research*, *17*(1), 37-49. https://doi.org/10.1016/0022-3956(82)90033-4

As contribuições da psicologia positiva para avaliação psicológica de idosos

Caroline Tozzi Reppold
Ana Paula Porto Noronha
Sabrina Braga dos Santos
Leila Maria Ferreira Couto

Destaques

1) A avaliação psicológica consiste em um amplo processo estruturado de investigação psicológica, com vistas a compreender diferentes fenômenos psicológicos.

2) Existe uma corrente que visa a investigar o envelhecimento positivo, cujo pressuposto é acessar potencialidades psicológicas e promover flexibilidade cognitiva e esperança.

3) Compreender os construtos que se mostram mais associados às medidas de bem-estar em idosos pode auxiliar no desenvolvimento de intervenções.

4) A Psicologia Positiva é uma oportunidade de redução de percepção do impacto dos fatores estressantes no envelhecimento típico do indivíduo idoso.

5) A espiritualidade foi apresentada como um atenuante do sofrimento psíquico de idosos depressivos.

A Avalição Psicológica (AP) brasileira integra atualmente a relação das 13 especialidades do Conselho Federal de Psicologia, ao lado de Psicologia Escolar/Educacional, Psicologia Organizacional e do Trabalho, Psicologia de Trânsito, Psicologia Jurídica, Psicologia do Esporte, Psicologia Clínica, Psicologia Hospitalar, Psicopedagogia, Psicomotricidade, Psicologia Social, Neuropsicologia e Psicologia em Saúde. Como observa-se, algumas delas são contextos de atuação e outras, como é o caso da AP, faz interface com todas as possibilidades de inserção profissional do psicólogo. O reconhecimento da AP como especialidade se deu em um caminho marcado pela persistência, em que protagonistas diferentes avançaram na tentativa de aprovação, pelo Conselho Federal de Psicologia (CFP), da concessão do título de especialista em AP, o que se deu somente em 2018, durante a Assembleia das Políticas, da Administração e das Finanças (APAF), e se efetivou por meio da Resolução CFP n. 18/2019 (CFP, 2019).

Este foi um marco importante para área, especialmente por três razões: a) por reconhecer que a AP é uma área com saberes e procedimentos próprios, b) por incentivar a formação continuada por parte dos profissionais psicólogos, e c) por determinar o escopo de conhecimentos e fazeres do psicólogo, característicos da área. O corpo do texto da Resolução n. 18/2019 (CFP, 2019, p. 4) determina que:

> A(O) especialista em Avaliação Psicológica compreende estudos aprofundados sobre fundamentos, métodos e técnicas de obtenção e análise integrativa de informações para avaliação de fenômenos, processos e

construtos psicológicos, visando a orientar práticas profissionais nos principais campos de atuação da(o) psicóloga(o). Mais especificamente, compreende estudos a respeito de técnicas e procedimentos de Avaliação Psicológica, teoria da medida e psicometria, análise integrativa de planejamento, realização e redação de documentos resultantes da Avaliação Psicológica em diferentes contextos. Deve compreender a totalidade do processo avaliativo, independente do contexto no qual for realizado, como resultado integrado de informações resultantes da realidade sócio-histórica-cultural de indivíduos, grupos, instituições. Da(o) profissional requerente dessa especialidade, espera-se formação que contemple competências capazes de fundamentar as práticas profissionais envolvendo processos de Avaliação Psicológica. Especialmente, espera-se que esse especialista seja capaz de identificar, definir e formular questões relevantes ao processo de Avaliação Psicológica, vinculando-as às solicitações apresentadas e demandas identificadas; realizar o processo de Avaliação Psicológica fundamentando-se em modelos que definem os fenômenos e os construtos da ciência Psicológica; escolher e usar métodos, técnicas e instrumentos de Avaliação Psicológica considerando sua pertinência frente a solicitações e demandas, adequando-as a requisitos técnicos; realizar processos de Avaliação Psicológica de ordem cognitiva, comportamental, social e afetiva em indivíduos, grupos, instituições, em diferentes contextos, com o uso de métodos, técnicas e instrumentos [...].

Ao ressaltar a importância de o avaliador identificar as questões relevantes à investigação psicológica e relacioná-las ao contexto histórico-social do indivíduo e a suas características pessoais, o texto chama atenção para que os psicólogos compreendam a necessidade de conhecer teorias do desenvolvimento humano e tenham em mente os processos cognitivos, emocionais e sociais que caracterizam cada etapa do ciclo vital. Isto será essencial na hora de elaborar um plano de avaliação diagnóstica e escolher os melhores recursos avaliativos a serem utilizados em cada caso. Desta feita, destaca-se que a realização de avaliação psicológica em idosos, tema do presente capítulo, envolve, para além de competências e habilidades técnicas, conhecimento sobre o panorama em que os idosos brasileiros atualmente se encontram.

No Brasil, o maior crescimento populacional é observado entre os idosos, em razão do envelhecimento populacional. O Instituto Brasileiro de Geografia e Estatística (IBGE), que define como idosos aqueles com 60 anos de idade ou mais, prognostica que a população idosa chegará a 41,5 milhões em 2030 e, já em 2025, o país vai ocupar o sexto lugar em número de idosos no mundo. Em 2001, os idosos representavam apenas 9% do total de brasileiros. Entre 2012 e 2021, a parcela de pessoas com 60 anos ou mais passou de 11,3% para 14,7% da população. Em números absolutos, esse grupo etário saltou de 22,3 milhões para 31,2 milhões de habitantes, crescendo 39,8% no período. Em contrapartida, o número de pessoas abaixo de 30 anos de idade no Brasil caiu 5,4% (IBGE, 2022).

Estes dados sobre o aumento da população longeva são corroborados pela Organização das Nações Unidas (ONU), a qual estipula que, em 2050, 30% da população no Brasil e em outros 64 países terão mais de 60 anos de idade. Em 1950, a expectativa de vida não chegava a 50 anos de idade em países desenvolvidos, onde hoje é superior a 80 anos de idade. Segundo o Centro Internacional de Longevidade Brasil (CILB), em 2050, o planeta deve ter 2 bilhões de idosos. Em 1950, eles eram cerca de 200 milhões (CILB, 2015).

Como se observa, o crescimento populacional de idosos é uma realidade mundial, que se explica, sobretudo, pela queda dos índices de fecundidade e de mortalidade e do aumento da expectativa de vida, e leva-nos a pensar sobre a necessidade de redefinir políticas públicas voltadas à previdência social, ao acesso à saúde, à qualidade de vida e ao bem-estar dos idosos, direitos defendidos pelo Estatuto do Idoso no Brasil (CILB, 2015). Assim sendo, é essencial que os profissionais da área da saúde, inclusive psicólogos, estejam preparados para o atendimento desta população, desenvolvendo competências e habilidades que permitam compreender o fenômeno do envelhecimento, levantar demandas que sejam coerentes com a realidade sócio-histórica-cultural desta população. É essencial também que os psicólogos, por meio da formação continuada, estejam atentos à diversidade de métodos e instrumentos disponíveis para uso na população idosa, bem como estejam capacitados para uso destas técnicas em prol de bem avaliar construtos emocionais e cognitivos, de acordo com as características desta faixa etária, valorizando atributos pessoais e sociais que possam promover um envelhecimento ativo e saudável. Cite-se que o envelhecimento é um processo complexo e multidimensional.

O foco deste capítulo é a avaliação em Psicologia Positiva (PP), movimento científico que investiga as características positivas dos indivíduos. De acordo com Freitas e Barbosa (2022), no campo da PP, existe uma corrente que visa a investigar o envelhecimento positivo, cujo pressuposto é a permanência da segurança e do otimismo, ainda que, por vezes, esteja em condições de declínio físico e cognitivo, dor e tristeza. Para os autores, o aumento da expectativa de vida dos idosos impõe a necessidade de que lide de modo suficiente com os desafios dessa etapa de vida. O envelhecimento positivo possui quatro características que o definem, a saber, a) capacidade de acessar as potencialidades psicológicas, b) flexibilidade de pensamentos, c) tomada de decisão proativa em direção ao bem-estar, e d) exercitar o otimismo. Pretende-se, neste capítulo, versar sobre a PP e a AP de idosos.

A avaliação psicológica de idosos

A AP brasileira tem uma história de sucesso. Com uma história que acompanhou o estabelecimento da Psicologia científica no país, a área é tão antiga quanto a Psicologia, e, após uma série de percalços, pode-se afirmar que seus desafios foram suficientemente superados. A AP consiste em um amplo processo estruturado de investigação psicológica, com vistas a compreender diferentes fenômenos, e seus determinantes sociais, históricos, culturais e políticos. Existe um arcabouço de métodos, técnicas e instrumentos que são utilizados pelos profissionais nos processos avaliativos, para abastecer o psicólogo de informações importantes para apoiar suas decisões.

Como afirmado, nem sempre a AP foi aceita e reconhecida. Em determinado momento da história recebeu fortes críticas, que puseram à prova sua manutenção como uma das áreas de atuações do psicólogo. Esforços conjuntos de pesquisadores, professores de avaliação psicológica, associações científicas e o conselho de classe impediram a extinção da AP e a colocaram em uma área de grande reconhecimento. Reppold e Noronha (2018) revisitaram a história da AP e destacaram os impactos mais relevantes do Sistema de Avaliação de Testes

Psicológicos (SATEPSI) do Conselho Federal de Psicologia na área. As autoras afirmam que a construção do SATEPSI, ao lado de outras ações, foi o grande responsável pelo aprimoramento dos instrumentos psicológicos, o que recaiu também sobre a formação dos psicólogos.

A história da AP foi organizada em quatro grupos geracionais. O primeiro foi composto pelos primeiros autores de testes e livros. Eles produziram material, ou prioritariamente, importaram de países com maior desenvolvimento da área e, em razão disso, são considerados os precursores, pois inauguraram a produção nacional e formaram a geração seguinte. Um segundo grupo de protagonistas responsabilizou-se pela expansão da área e pelo avanço ao proposto pelos que os antecederam. Foram responsáveis pela criação de laboratórios de pesquisa, pela abertura das Associações Científicas, construção de testes e pela continuidade da formação de mais profissionais. Foi na terceira geração que se observou a grande expansão da AP brasileira e a preocupação dos pesquisadores em adaptar os instrumentos a populações específicas, como a idosa. Jovens doutores, recém-formados pelos pesquisadores do grupo dois, intensificaram a pesquisa com instrumentos psicológicos e aprimoraram o ensino, por meio de atualizações nas ementas de disciplinas e de revisão dos conteúdos, considerando a integração entre os preceitos da avaliação psicológica aos conteúdos de disciplinas como psicopatologia e desenvolvimento humano. Foi nessa época em que o SATEPSI surgiu e que se chamou atenção para a necessidade de adaptar os instrumentos às especificidades de cada etapa desenvolvimental e criar normas de interpretação dos instrumentos adequados à população idosa. Por fim, a última geração é composta por doutores, cuja formação data dos últimos 10 anos, os quais, além de dar continuidade às pesquisas, orientações e publicações, estes têm uma capacidade de formação diferenciada do que a dos primeiros professores, pois a área é muito mais acessível e valorizada nos tempos atuais (Noronha, 2022).

Os esforços destas duas últimas gerações de pesquisadores sobre a qualificação dos instrumentos psicológicos e dos processos avaliativos podem ser observados pelo crescente número de pesquisas sobre o tema e pela oferta de instrumentos que incluem idosos em suas amostras de busca de evidências de validade/estabelecimento de normas. No entanto, o estado da arte mostra que ainda há muito a ser feito. A revisão sistemática da literatura sobre avaliação psicológica aplicada à população idosa brasileira (Chnaider & Nakano, 2021) demonstra que as pesquisas sobre o tema ainda são poucas e voltadas, sobretudo, a idosos que se encontram em instituições de saúde. Os artigos investigados tratavam de 21 diferentes construtos, sendo a maioria deles voltada à avaliação de depressão, qualidade de vida ou aspectos cognitivos. A ênfase da maior parte das publicações estava em ilustrar déficits e prejuízos associados ao envelhecimento, de modo que poucos artigos eram centrados em avaliar atributos positivos e saudáveis do envelhecimento, o que demonstra um descompasso das pesquisas com a proposta de promoção do envelhecimento ativo e bem-sucedido promovida pela ONU (CILB, 2015).

O foco na investigação da detecção e do monitoramento do déficit cognitivo em idosos pode ser observado também em revisão integrativa, publicada por Martins et al. (2019). Nesse estudo, os autores analisaram a produção científica sobre uso de instrumentos de avaliação cognitiva em idosos brasileiros por meio de artigos publicados entre 2012 e 2016. Nos 100 artigos retidos na busca, um total de 61 instrumentos de avaliação cognitiva foi identificado, com destaque para a frequência do uso do Miniexame do Estado Mental – MEEM (versão de Brucki et al., 2003), do Teste de Fluência Verbal (categoria animais) e do Teste Span de dígitos (ordem direta e inversa).

No caso dos instrumentos psicológicos avaliados pelo SATEPSI e considerados de uso favorável por profissionais psicólogos, Reppold et al. (2017) demonstram que esta oferta é mais reduzida. Por meio de uma análise dos testes de avaliação cognitiva voltados para adultos e idosos aprovados pelo SATEPSI, as autoras apresentam dados sobre os construtos cobertos pelos instrumentos, as propriedades psicométricas dos testes e a qualidade das informações contidas em seu manual. De um total de 57 instrumentos incluídos no estudo, cerca de um terço contam com participantes acima de 60 anos, além dos adultos, nos estudos realizados para busca de evidências de validade e/ou estabelecimento de normas. Alguns exemplos a serem citados são a Bateria Psicológica de Avaliação da Atenção (BPA), a Escala de Atenção Seletiva Visual (EASV), o Teste de Atenção Dividida e Sustentada (TEADI e TEALT), o Teste de Trilhas Coloridas (TCC), o Teste Não Verbal de Inteligência Geral (BETA III), o Teste de Inteligência Geral Não Verbal (TIG-NV), o Teste de Inteligência Não Verbal-R1, o Teste de Inteligência (TI), a Escala de Inteligência Wecshler para Adultos (WAIS-III) e a Escala Wecshler de Inteligência Abreviada (WASI), as Figuras Complexas de Rey, o Teste de Raciocínio Inferencial, o Teste de Memória Visual de Rostos (MVR), o Teste de Memória Visual de Trânsito (MVT), o Teste Pictórico de Memória Visual (TEPIC-M), o Instrumento de Avaliação Neuropsicológico Breve (NEUPSILIN), o Teste dos Cinco Dígitos e o Teste de Retenção Visual de Benton (TRVB). O único teste de avaliação cognitiva nominalmente indicado para população idosa era o WISCONSIN: versão para idosos. Desse modo, observa-se que poucos são os instrumentos que consideram, já na elaboração de seus itens, especificidades do desenvolvimento humano na faixa acima de 60 anos de idade. No momento, esta lista foi atualizada de modo que alguns destes instrumentos foram revisados. É o caso, por exemplo, do Teste D2 Revisado (D2-R), da Bateria Psicológica de Avaliação da Atenção 2 (BPA-2), do Teste de Memória de Reconhecimento 2 e do Teste de Atenção Dividida e Sustentada 2 (TEADI-2 e TEALT-2).

Reppold et al. (2018) realizaram também uma análise dos manuais de testes psicológicos considerados favoráveis pelo SATEPSI para avaliação de personalidade, atributos emocionais/sociais ou aspectos profissionais/laborais. Os dados desta pesquisa realizada em 2018 indicaram que alguns dos instrumentos, os quais incluíam pessoas acima de 60 anos de idade nos estudos, eram a Bateria Fatorial de Personalidade (BFP), o Inventário de Personalidade NEO Revisado (NEO PI-R), o Inventário de Cinco Fatores NEO Revisado (NEO FFI-R), o Inventário Fatorial de Personalidade – IFP-II e o SOSIE 2ª Geração. Dentre os testes projetivos, cite-se o Teste de Pirâmides Coloridas de Pfister, o Psicodiagnóstico Miocinético (PMK), o R-PAS: Sistema de Avaliação por Performance no Rorschach, o Teste de Zulliger no Sistema Compreensivo (ZSC – forma individual) e a Técnica de Apercepção Temática para Idosos (SAT), único instrumento projetivo indicado exclusivamente para população acima de 60 anos de idade. Esta lista foi acrescida mais tarde pelo Inventário Dimensional Clínico da Personalidade 2 e Inventário Dimensional Clínico da Personalidade versão triagem (IDCP-2). Quanto aos testes para avaliar atributos emocionais/sociais, cite-se, entre outros, a Escala Baptista de Depressão Versão Adulto (EBADEP-A) e o Inventário de Depressão de Beck (BDI-II). No momento atual, constam também nesta lista o Inventário de Sintomas de Stress para Adultos de Lipp – Revisado (ISSL-R), a Escala de Ansiedade Beck (BAI), a Escala de Desesperança Beck (BHS), a Escala de Ideação Suicida Beck (BSI), o Inventário de Expressão de Raiva Traço e Estado (STAXI-2) e Escala Baptista de Depressão Versão Idosos (EBADEP-ID), entre outros testes.

Conforme observa-se nos dados de Reppold et al. (2017, 2018) destacados neste texto, a maioria dos instrumentos psicológicos disponíveis para uso profissional em idosos aborda o funcionamento cognitivo, traços disposicionais ou indicadores de psicopatologia. Isto demonstra a demanda da área na elaboração de instrumentos voltados para avaliação de atributos relacionados ao desenvolvimento positivo ou ao envelhecimento ativo e bem-sucedido.

Morais et al. (2021) enfatizam o envelhecimento populacional brasileiro e a previsão de que até 2050 haja mais idosos que crianças, reafirmando a importância de se discutir a AP de idosos, sobretudo no que diz respeito às mudanças no perfil epidemiológico da população em termos físicos e mentais. Como resultado da revisão sistemática realizada pelos autores, eles encontraram alta prevalência de transtornos depressivos entre os idosos, muitas vezes impactados pelas perdas das funções físicas e mentais que o avançar da idade implica ou por perdas associadas à aposentadoria. Nestes casos, o diagnóstico precoce é importante para evitar outras consequências que as alterações de humor implicam. Além disso, a revisão reforça que uma eventual diminuição das capacidades de autonomia e de independência influencia a saúde física e mental dos idosos e deve ser considerada em um processo avaliativo, inclusive em termos de encaminhamentos a serem propostos. Neste sentido observa-se que intervenções baseadas em preceitos da Psicologia Positiva, como a identificação/promoção de forças de caráter, podem ter benefícios nesta população, como será discutido ao longo deste capítulo.

A AP que se defende presentemente é aquela baseada na PP, a qual se destina a valorizar potencialidades e forças dos indivíduos. Para tanto, é importante que a literatura disponha de estudos realizados com público idoso, de modo que se possa conhecer como construtos positivos se expressam nesta população. Complementando, quais variáveis determinam o processo de envelhecimento positivo e quais diminuem os riscos de declínios e transtornos. Na atualidade, um dos estudos nacionais disponíveis nesse sentido é o artigo elaborado por Freitas e Barbosa (2022), que analisa forças de caráter em idosos, associando-as com sintomas depressivos e bem-estar psicológico (BEP). Dentre os resultados, destaca-se que as forças esperança, perdão, vitalidade, curiosidade e amor que se correlacionaram mais com níveis elevados de BEP e menos com sintomatologia depressiva, embora os coeficientes tenham sido baixos.

A Psicologia Positiva na avaliação do idoso

A PP é uma ciência emergente que visa a romper com o viés "negativo" e reducionista que era tradicionalmente adotado para o estudo de indivíduos, grupos ou comunidades até os anos 2000. A PP busca investigar potencialidades e qualidades humanas e exige tanto esforço, reflexão e seriedade conceitual, teórica e metodológica, quanto o estudo dos transtornos mentais (Seligman, 2019). PP vem a ser um termo amplo, que abraça estudos científicos dos temas relacionados com um viver com mais qualidade e sentido (Reppold & Almeida, 2019). Essa perspectiva surgiu com o objetivo de enfocar a interação nas características benéficas e construtivas que as pessoas desenvolvem, valorizando o positivo e superando uma visão patológica ou maniqueísta do sofrimento inerente à vida. Por meio de construtos positivos, aborda qualidades humanas que moderam o desenvolvimento saudável, a adaptação e o enfrentamento de situações adversas, envolvendo a investigação de estados (como resiliência e bem-estar subjetivo) e traços positivos como coragem, perseverança, otimismo, ética, entre outros (Reppold et al., 2019; Seligman, 2019).

As evidências disponíveis sugerem que a PP possa ser vista como uma oportunidade de redução de percepção do impacto dos fatores estressantes presentes no processo de envelhecimento típico do indivíduo idoso (Machado et al., 2017), evitando as reações em cadeia negativas deste por meio do desenvolvimento de tarefas bem-sucedidas e ações, pensamentos, sentimentos e comportamentos diários positivos. A PP se propõe a reduzir as diferenças entre os problemas do dia a dia e a habilidade de enfrentamento destes, trabalhando ao lado do indivíduo na equação para desenvolver um potencial positivo, que influencie as interações interpessoais de sucesso no contexto vivenciado (Peters et al., 2017). Nessa perspectiva, atributos positivos como autoestima, esperança, espiritualidade ou forças pessoais são exemplos de fatores de proteção a serem considerados em uma avaliação psicológica que considera as perspectivas da PP, ou seja, que leve em conta o quanto uma pessoa demonstra características positivas a serem potencializadas (Reppold & Almeida, 2019).

É notável o crescimento da área nas últimas duas décadas, especialmente em relação aos estudos envolvendo promoção de saúde e bem-estar. Avaliações realizadas sob esta ótica, junto a pacientes em acompanhamento clínico, pessoas idosas e seus familiares, potencialmente contribuem para um melhor conhecimento das dificuldades e enfrentamentos destes indivíduos. Além disso, estas dificuldades podem ser consideradas ao se planejar intervenções que tenham como propósito a melhoria da qualidade de vida dos indivíduos em declínio cognitivo e/ou pacientes acometidos por problemas crônicos de saúde (Schiavon et al., 2017).

No caso de idosos, algumas evidências indicam que, no curso do envelhecimento, a saúde mental pode ser afetada negativamente e implicar diminuição do bem-estar e da qualidade de vida (Khondoker et al., 2017; Morais et al., 2021), como já afirmado anteriormente. No entanto, atributos positivos podem moderar esses processos de declínio que a idade acarreta. Um exemplo disso é o que se observa no estudo longitudinal de Gawronski et al. (2016), realizado com 4.624 participantes idosos, num período de quatro anos e que, no início do estudo, estes não apresentavam comprometimento cognitivo. O objetivo dos pesquisadores foi verificar o efeito do otimismo disposicional no comprometimento cognitivo gradual em idosos e os dados apontaram que maior otimismo foi associado à diminuição do risco de comprometimento cognitivo incidente, ou seja, as chances de um idoso aumentar sua perda cognitiva em virtude do aumento da idade eram diminuídas quando estes apresentavam níveis elevados de otimismo. Essas associações permaneceram após o ajuste para comportamentos de saúde, fatores biológicos e covariáveis psicológicas que poderiam confundir a associação de interesse. Assim sendo, compreender os construtos que se mostram mais associados às medidas de bem-estar em idosos, que segundo Freitas e Barbosa (2022) são preditores do envelhecimento positivo, podem auxiliar no desenvolvimento de intervenções mais efetivas.

A revisão de Machado et al. (2017) destaca que algumas das intervenções voltadas à reabilitação que têm se mostrado efetivas entre idosos em prol da saúde física e mental são aquelas centradas nos construtos espiritualidade e esperança, dois construtos típicos de interesse da PP. Outros construtos que têm sido estudados nessa perspectiva são apoio social, autoestima, bem-estar subjetivo e otimismo. Um estudo que ilustra este interesse é o artigo publicado por Santos et al. (2018), que comparou os escores de autoestima, satisfação com a vida, afeto, espiritualidade, esperança, otimismo e rede de apoio percebida entre idosos com comprometimento cognitivo leve (CCL), demência leve, demência moderada e grupo-controle. Participaram deste estudo 66 controles saudáveis, 15 idosos com CCL, 25 com demência leve e 22 com demência moderada, pareados por idade, sexo e escolaridade. Os resultados indicaram que os idosos com CCL e demência leve apresentaram menores escores de esperança, otimismo, bem-estar espiritual, suporte social, autoestima, satisfação com a vida, afeto positivo e escores de afeto negativo mais altos em comparação com o grupo-controle. A partir do exposto, na sequência apresentam-se as pesquisas em PP dos construtos mais relacionados aos idosos como a espiritualidade, o apoio social, a autoestima, o bem-estar subjetivo (BES) e a esperança.

Estudos em Psicologia Positiva envolvendo idosos

Espiritualidade

Dentre os construtos da PP que são mencionados em literatura com idosos, a espiritualidade é de grande relevância. Ela pode ser compreendida como algo que dá sentido à vida e que é capaz de estimular sentimentos positivos relacionados à busca pelo sentido do viver, não estando necessariamente vinculada a um ser superior ou a práticas religiosas. A importância da espiritualidade se justifica por meio dos achados de vários estudos, como é o exemplo da revisão sistemática de Agli et al. (2015), na qual, o escopo de 11 estudos que avaliaram idosos em declínio cognitivo, permitiu aos autores concluir que a espiritualidade parece retardar e ajudar o idoso a usar estratégias de enfrentamento para lidar com a doença, impactando, inclusive, a qualidade de vida.

A espiritualidade foi apresentada como um atenuante do sofrimento psíquico de idosos depressivos no estudo transversal de Abu-Raya et al. (2016), que incluiu 2.140 participantes em sua amostra, o que possibilitou identificar que aqueles com maior endosso da espiritualidade apresentaram menores escores de depressão. Além da depressão, a espiritualidade é um construto relacionado a maiores índices de bem-estar geral em idosos, conforme relatado no estudo de Chen et al. (2017), que acessaram uma amostra de 377 idosos institucionalizados. Os autores realizaram o estudo de modo transversal e verificaram que maiores níveis de espiritualidade eram evidentes em idosos com menores índices de depressão, bem como entre aqueles com maior percepção de apoio social percebido.

Apoio social

O apoio social é outro construto reiteradamente relacionado na literatura ao bem-estar do idoso. As redes de apoio podem ser definidas como um conjunto de sistemas e pessoas que compõem os relacionamentos existentes e percebidos pelo indivíduo, disponibilizando apoio social e/ou afetivo, emocional ou financeiro ao indivíduo (Snyder & Lopez, 2002). O apoio social e as relações favoráveis podem desempenhar um papel importante na manutenção da saúde e na prevenção da demência, conforme destaca o estudo de Khondoker et al. (2017), que acompanhou 10.055 idosos ao longo de 10 anos. Os resultados indicaram que o apoio social foi associado a menores níveis de ocorrência de demência durante o período da pesquisa. Apesar de o estudo indicar a necessidade de melhor compreensão deste mecanismo, o apoio social foi destacado pelos autores como um fator de proteção ao idoso. Esse dado vem ao encontro de outra investigação que trata o apoio social como um construto capaz de reduzir a sensação de solidão (Lima et al., 2020). A pesquisa realizou análise de caminhos (*Path Analysis Model*) com dados de 604 idosos, considerando que a presença de uma doença crônica, idade e funcionalidade tem efeito direto na qualidade de vida física e que a espiritualidade teve efeito direto na qualidade de vida mental. O apoio social mediava a relação entre funcionalidade e qualidade de vida mental e, por sua vez, a funcionalidade mediava a relação entre idade e qualidade de vida física. Os resultados reforçaram o efeito da idade e da doença crônica (variáveis não modificáveis), bem como da funcionalidade, espiritualidade e satisfação com o apoio social (variáveis modificáveis) na qualidade de vida dos idosos.

Autoestima

Outro fator que pode estar associado ao bem-estar é a autoestima. A autoestima pode ser definida como um conjunto de sentimentos e pensamentos do indivíduo sobre seu próprio valor, competência e adequação, que se reflete em uma atitude positiva (autoaprovação) ou negativa (depreciação) em relação a si mesmo, influenciando na forma como o indivíduo elege suas metas, aceita a si mesmo, valoriza e projeta as suas expectativas para o futuro. A autoestima elevada potencializa a autoconfiança para agir de forma autônoma, iniciar e manter relações interpessoais e para enfrentar situações adversas.

O estudo de Szcześniak et al. (2020) demonstra que a autoestima tem um papel importante no desenvolvimento social de idosos. Os dados apresentados pelos autores mostram que nesta investigação, realizada com 179 participantes, a autoestima foi associada positivamente com a satisfação com a vida, ao passo que a solidão se correlacionou negativamente com a autoestima e com satisfação com a vida. A autoestima atuou como variável moderadora entre a solidão e a satisfação com a vida. Desta forma, embora os sentimentos de solidão e isolamento social possam ter uma associação negativa na satisfação com a vida dos idosos, essa relação pode ser alterada pelo fortalecimento da autoestima dos idosos. Este é um resultado particularmente útil para a população idosa que se encontra em situação de déficit funcional. Investigação recente, realizada com 300 indivíduos por Ryszewska-Łab'edzka et al. (2022), revelou que limitações funcionais, como baixa visão, audição e comunicação, explicam baixa autoestima. Os autores concluem que a autoestima pode ser incrementada por meio do desenvolvimento de conexões sociais, ou seja, mantendo-os mais próximos de familiares e amigos. Ademais, o idoso precisa ser mais ouvido e considerado nas decisões que impactam sua vida e novos desafios devem ser oferecidos a ele.

Bem-estar subjetivo: Satisfação com a vida e afetos

O bem-estar subjetivo é um dos construtos mais estudados na PP. Ele é composto por uma estrutura tripartite, sendo a satisfação com a vida, os afetos positivos e os afetos negativos. As dimensões são consideradas variáveis protetivas em estudos com pacientes com demência. A satisfação com a vida (SV) é definida como o nível de contentamento que alguém percebe quando pensa na sua vida de modo geral. Trata-se de um construto muito explorado entre os idosos, pois expressa de modo sucinto como o indivíduo relaciona-se com a experiência de vida e quanto às diversas condições de sua existência, sendo um fenômeno complexo e subjetivo, muitas vezes difícil de analisar (Snyder & Lopez, 2002). Tem uma função relevante em áreas, como resolução de problemas, relacionamento social significativo, pró-sociabilidade, resistência ao estresse e prevenção da saúde física e mental.

A SV é, ainda, o componente cognitivo do BES, e está relacionada a menores índices de demência, como evidenciou o estudo de Peitsch et al. (2016). Neste, 1.751 idosos foram acompanhados em um período de cinco anos e os dados coletados foram analisados por um modelo de regressão logística ajustado por idade, gênero, educação e comorbidades. A incidência de demência foi prevista pela satisfação de vida, ou seja, idosos que tinham menores índices de SV estavam mais propensos a desenvolver demência nos cinco anos do estudo. Além disso, a pesquisa de Peitsch et al. (2016) demonstrou que a satisfação com a vida foi um preditor forte para o risco de morte em idosos, evidenciando a importância da SV como um elemento protetivo à saúde desta população.

Os afetos, componente emocional do bem-estar subjetivo, também estão relacionados ao risco de demência e declínio cognitivo, conforme relata o estudo de Korthauer et al. (2018), no qual foram avaliadas 2.137 mulheres idosas sem sintomas depressivos quanto aos seus afetos, acompanhadas por 11 anos. Como conclusão, os afetos negativos estiveram associados ao maior declínio cognitivo, mesmo quando ajustadas covariáveis de idade, educação, estilo de vida, fatores sociodemográficos, cognição global, risco cardiovascular e terapia hormonal. Afetos positivos não foram relacionados a nenhum dos desfechos investigados. Os autores concluem, assim, que escore elevado de afetos negativos pode ser um fator de risco importante e potencialmente modificável para o declínio cognitivo relacionado à idade.

Esperança

A esperança pode ser definida como o pensamento direcionado a objetivos, sendo um construto disposicional no qual a pessoa usa o pensamento baseado na sua capacidade percebida de encontrar rotas que levam aos objetivos desejados ou em motivações necessárias para usar estas rotas (Snyder & Lopez, 2002). A falta de esperança é tida como um preditor de declínio cognitivo no idoso, conforme resultados da investigação de Hakanson et al. (2015). No mesmo, a esperança foi associada de modo negativo e significativo à cognição por meio da avaliação de 2.000 idosos em um intervalo de 21 anos. Neste período, ficou evidente que a desesperança acarretou implicações a longo prazo no prejuízo cognitivo. Este quadro é agravado quando associado à depressão. Neste sentido, observa-se que a falta de esperança é incluída como critério diagnóstico de depressão na última versão do *Diagnostic and Statistical Manual of Mental Disorders* (5th ed.; *DSM-5*; American Psychiatric Association, 2013), impactando na vida e saúde das pessoas.

Assim, pode-se dizer que promover a esperança entre idosos é um importante recurso em prol da saúde física e mental, do funcionamento ativo e do bem-estar. Nesta direção, destaca-se a revisão sistemática realizada por Hernandez e Overholser (2021) com o propósito de investigar a eficácia de intervenções sobre esperança em populações idosas. Os resultados por eles analisados indicam que a esperança é um importante fator de risco modificável entre idosos. As intervenções que se mostraram mais efetivas para tratamento de idosos deprimidos foram aquelas baseadas em Terapia Cognitivo-Comportamental isoladamente ou combinadas com antidepressivos. Intervenções psicológicas baseadas na revisão de vida melhoraram efetivamente a esperança/desesperança em diversas amostras, incluindo idosos deprimidos, enlutados ou clinicamente doentes.

Considerações finais

O presente capítulo versou sobre temática presente na prática profissional do psicólogo, a Avaliação Psicológica. Concebida como uma área de conhecimento, a AP consiste em amplo processo de investigação de características psicológicas dos indivíduos, levando em consideração os condicionantes sociais, políticos, culturais, entre outros. Dentre o amplo espectro da AP, o foco deste texto foi na avaliação psicológica de idosos, e mais especialmente, a avaliação positiva.

Frente ao conjunto de evidências que relacionam atributos positivos a indicadores de saúde entre idosos, observa-se que a Psicologia Positiva pode, de fato, contribuir para a compreensão dos fatores que influenciam a saúde física e emocional de idosos. Contudo, possibilitar que intervenções em PP possam auxiliar os indivíduos idosos no enfrentamento das diferentes situações geriátricas é algo que ainda depende de mais estudos acerca das percepções destes sobre os aspectos positivos presentes em suas vidas (Santos et al., 2018). Para tanto, é importante que os psicólogos se apropriem cada vez mais dos estudos sobre os ciclos do desenvolvimento humano e conheçam as especificidades de cada etapa, de modo a fazer avaliações que levem em conta potencialidades e desafios, os quais caracterizam cada etapa do desenvolvimento típico. Além disso, é importante que os psicólogos estejam atentos aos determinantes históricos, contextuais, culturais e biológicos de cada história de vida, de modo a integrar informações em uma avaliação de modo coerente à realidade social e subjetiva de cada pessoa avaliada. Nesta perspectiva, é crucial que os profissionais avaliadores conheçam os modelos teóricos que fundamentam a avaliação de processos psicológicos básicos, bem como os atributos positivos que podem mediar um envelhecimento saudável, ativo e bem-sucedido, além dos recursos avaliativos disponíveis para este fim. Visto que a população idosa tem crescimento expressivo no Brasil e no mundo, os psicólogos que investirem neste campo de atuação terão potencialmente muito trabalho pelos anos que estão por vir.

Perguntas e respostas

1. Em que consiste o envelhecimento positivo?

Resposta: O envelhecimento positivo possui quatro características que o definem, a saber: I) capacidade de acessar as potencialidades psicológicas; II) flexibilidade de pensamentos; III) tomada de decisão proativa em direção ao bem-estar e IV) exercitar o otimismo.

2. Por que a Psicologia Positiva pode ser útil na avaliação psicológica do idoso?

Resposta: As evidências disponíveis sugerem que a Psicologia Positiva pode ser vista como uma oportunidade de redução de percepção do impacto dos fatores estressantes presentes no processo de envelhecimento típico do indivíduo idoso. Ao valorizar potencialidades, a PP busca evitar as reações em cadeia negativas relacionadas à percepção de eventuais declínios, de modo a considerar também o desenvolvimento de tarefas bem-sucedidas, bem como a ocorrência de pensamentos, sentimentos e comportamentos positivos.

3. O que é espiritualidade e como ela vem sendo entendida no processo de envelhecimento?

Resposta: Ela pode ser compreendida como algo que dá sentido à vida e que é capaz de estimular sentimentos positivos relacionados à busca pelo sentido do viver; não necessariamente está vinculada a um ser superior ou a práticas religiosas. A importância da espiritualidade se justifica por meio dos achados de vários estudos, como é o exemplo da revisão sistemática de Agli et al. (2015). Neste estudo, que analisou 11 estudos com avaliação de idosos em declínio cognitivo, os autores concluíram que a espiritualidade parece retardar e ajudar o idoso a usar estratégias de enfrentamento para lidar com o adoecimento, impactando, inclusive, a qualidade de vida.

4. Qual a relação entre esperança e depressão?

Resposta: A (des)esperança é tida como um preditor de declínio cognitivo no idoso. Ela tem sido associada de modo negativo e significativo à cognição, de modo que é possível concluir que a desesperança acarretou implicações a longo prazo no prejuízo cognitivo. Este quadro é agravado quando associado à depressão.

5. Quais os impactos do envelhecimento e como a avaliação psicológica pode prevenir eventuais danos?

Resposta: O envelhecimento acarreta uma eventual diminuição das capacidades de autonomia e de independência, influenciando a saúde física e mental dos idosos e deve ser considerada em um processo avaliativo, inclusive em termos de encaminhamentos a serem propostos. Neste sentido, observa-se que intervenções baseadas em preceitos da Psicologia Positiva, como a identificação/promoção de forças de caráter, podem ter benefícios nesta população.

Referências

Abu-Raiya, H., Pargament, K. I., & Krause, N. (2016). Religion as problem, religion as solution: Religious buffers of the links between religious/spiritual struggles and well-being/mental health. *Quality of life research: An international journal of quality-of-life aspects of treatment, care and rehabilitation, 25*(5), 1.265-1.274. https://doi.org/10.1007/s11136-015-1163-8

Agli, O., Bailly, N., & Ferrand, C. (2015). Spirituality and religion in older adults with dementia: A systematic review. *International Psychogeriatrics, 27*(5), 715-725. https://doi.org/10.1017/S1041610214001665

American Psychiatric Association (2013). *Diagnostic and statistical manual of mental disorders* (5. ed.). American Psychiatric Association.

Brucki, S., Nitrini, R., Caramelli, P., Bertolucci, P. H., & Okamoto, I. H. (2003). Sugestões para o uso do mini-exame do estado mental no Brasil. *Arquivos de Neuro-psiquiatria, 61*, 777-781. https://doi.org/10.1590/S0004-282X2003000500014

Centro Internacional de Longevidade Brasil (2015). *Envelhecimento ativo: Um marco político em resposta à revolução da longevidade.* Rio de Janeiro/RJ. http://ilcbrazil.org/portugues/wp-content/uploads/sites/4/2015/12/Envelhecimento-Ativo-Um-Marco-Pol%C3%ADtico-ILC-Brasil_web.pdf

Conselho Federal de Psicologia (2019). *Resolução n. 018, de 5 de setembro de 2019.* Reconhece a Avaliação Psicológica como especialidade da Psicologia e altera a Resolução CFP n. 13, de 14 de setembro de 2007, que institui a Consolidação das Resoluções relativas ao Título Profissional de Especialista em Psicologia. Brasília, DF: Conselho Federal de Psicologia. https://atosoficiais.com.br/cfp/resolucao-do-exercicio-profissional-n-18-2019-reconhece-a-avaliacao-psicologica-como-especialidade-da-psicologia-e-altera-a-resolucao-cfp-n-13-de-14-de-setembro-de-2007-que-institui-a-consolidacao-das-resolucoes-relativas-ao-titulo-profissional-de-especialista-em-psicologia

Chen, Y. H., Lin, L. C., Chuang, L. L., & Chen, M. L. (2017). The relationship of physiopsychosocial factors and spiritual well-being in elderly residents: Implications for evidence-based practice. *Worldviews on Evidence-based Nursing, 14*(6), 484-491. https://doi.org/10.1111/wvn.12243

Chnaider, J., & Nakano, T. (2021). Avaliação psicológica e envelhecimento humano: Revisão de pesquisas. *Interação em Psicologia, 25*(3). http://dx.doi.org/10.5380/riep.v25i3.72089

Freitas, E. R., & Barbosa, A. J. G. (2022). Bem-estar psicológico, sintomas de depressão e forças do caráter em idosos da comunidade. *Psico, 53*(1), 1-15. http://dx.doi.org/10.15448/1980-8623.2022.1.36703

Gawronski, K. A., Kim, E. S., Langa, K. M., & Kubzansky, L. D. (2016). Dispositional optimism and incidence of cognitive impairment in older adults. *Psychosomatic Medicine, 78*(7), 819-828. https://doi.org/10.1097/PSY.0000000000000345

Hakanson, K., Soininen, H., Winblad, B., & Kivipelto, M. (2015). Feelings of hopelessness in midlife and cognitive health in later life: a prospective population-based cohort study. *PLoS One, 10*(10), e0140261. https://doi.org/10.1371/journal.pone.0140261

Hernandez, S. C., & Overholser, J. C. (2021). A systematic review of interventions for hope/hopelessness in older adults. *Clinical Gerontologist, 44*(2), 97-111. https://doi.org/10.1080/07317115.2019.1711281

Khondoker, M., Rafnsson, S. B., Morris, S., Orrell, M., & Steptoe, A. (2017). Positive and negative experiences of social support and risk of dementia in later life: An investigation using the english longitudinal study of ageing. *Journal of Alzheimer's Disease, 58*(1), 99-108. https://doi.org/10.3233/JAD-161160

Korthauer, L. E., Goveas, J., Espeland, M. A., Shumaker, S. A., Garcia, K. R., Tindle, H., Salmoirago-Blotcher, E., Sink, K. M., Vaughan, L., Rapp, S. R., Resnick, S. M., & Driscoll, I. (2018). Negative affect is associated with higher risk of incident cognitive impairment in nondepressed postmenopausal women. *The Journals of Gerontology, 73*(4), 506-512. https://doi.org/10.1093/gerona/glx175

Lima, S., Teixeira, L., Esteves, R., Ribeiro, F., Pereira, F., Teixeira, A., & Magalhães, C. (2020). Spirituality and quality of life in older adults: a path analysis model. *BMC Geriatrics*, *20*(1), 259. https://doi.org/10.1186/s12877-020-01646-0

Machado, F. A. Gurgel, L., & Reppold, C. T. (2017). Intervenções em Psicologia Positiva na reabilitação de adultos e idosos: Revisão da literatura. *Estudos de Psicologia (Campinas)*, *34*(1), 119-130. https://dx.doi.org/10.1590/1982-02752017000100012

Martins, N. I. M., Caldas, P., Cabral, E., Lins, C., & Coriolano, M. (2019). Instrumentos de avaliação cognitiva utilizados nos últimos cinco anos em idosos brasileiros. *Ciência & Saúde Coletiva*, *24*(7), 2.513-2.530. https://doi.org/10.1590/1413-81232018247.20862017

Morais, C. M. S., Santos, D. A., Almeida, E. B., & Lima da Silva, T. B. (2021). Aspectos nutricionais e psicológicos de idosos em situação de vulnerabilidade: Um estudo de revisão sistemática. *Revista Kairós-Gerontologia*, *24*(Especial29), 157-176. http://dx.doi.org/10.23925/2176-901X.2021v24iEspecial29p157-176

Noronha, A. P. P. (2022). O que temos a dizer sobre a Avaliação Psicológica brasileira? In J. C. Borsa, M. R. C. Lins, & H. L. R. S. Rosa (orgs.), *Dicionário de Avaliação Psicológica* (pp. 1-15). Vetor.

Peitsch, L., Tyas, S., Menec, V., & St. John, P. (2016). General life satisfaction predicts dementia in community living older adults: A prospective cohort study. *International Psychogeriatrics*, *28*(7), 1.101-1.109. https://doi.org/10.1017/S1041610215002422

Pesquisa Nacional por Amostra de Domicílios (Pnad Contínua) (2022). Instituto Brasileiro de Geografia e Estatística (IBGE). Rio de Janeiro. https://agenciadenoticias.ibge.gov.br/agencia-noticias/2012-agencia-de-noticias/noticias/34438-populacao-cresce-mas-numero-de-pessoas-com-menos-de-30-anos-cai-5-4-de-2012-a-2021

Peters, M. L., Smeets, E., Feijge, M., van Breukelen, G., Andersson, G., Buhrman, M., & Linton, S. J. (2017). Happy despite pain: A randomized controlled trial of an 8-week internet-delivered positive psychology intervention for enhancing well-being in patients with chronic pain. *The Clinical Journal of Pain*, *33*(11), 962-975. https://doi.org/10.1097/AJP.0000000000000494

Reppold, C. T., & Almeida, L. (2019). *Psicologia Positiva: Educação, saúde e trabalho*. CERPSI.

Reppold, C. T., & Noronha, A. P. P. (2018). Impacto dos 15 Anos do Satepsi na Avaliação Psicológica Brasileira. *Psicologia Ciência e Profissão*, *38*(spe), 6-15. https://doi.org/10.1590/1982-3703000208638

Reppold, C. T., Serafini, A. J., Gurgel, L. G., & Kaiser, V. (2017). Avaliação de aspectos cognitivos em adultos: análise de manuais de instrumentos aprovados. *Avaliação Psicológica*, *16*(2), 137-144. https://dx.doi.org/10.15689/AP.2017.1602.03

Ryszewska-Łab'edzka, D., Tobis, S., Kropi'nska, S., Wieczorowska-Tobis, K., & Talarska, D. (2022). The association of self-esteem with the level of independent functioning and the primary demographic factors in persons over 60 years of age. *International Journal of Environ. Research Public Health*, *19*. https://doi.org/10.3390/ijerph19041996

Santos, S. B., Rocha, G. P., Fernandez, L. L., de Padua, A. C. & Reppold, C. T. (2018) Association of lower spiritual well-being, social support, self-esteem, subjective well-being, optimism and hope scores with mild cognitive impairment and mild dementia. *Frontiers in Psychology*, *9*, 371. https://doi.org/10.3389/fpsyg.2018.00371

Schiavon, C. C., Marchetti, E., Gurgel, L. G., Busnello, F. M., & Reppold, C. T. (2017). Optimism and hope in chronic disease: A systematic review. *Frontiers in Psychology*, *7*, 1-10. https://doi.org/10.3389/fpsyg.2016.02022

Snyder, C. R. & Lopez, S. J. (2002). *Handbook of Positive Psychology*. Oxford.

Seligman, M. E. P. (2019). Positive Psychology: A personal history. *Annual Review of Clinical Psychology*, *15*, 1-23. https://doi.org/10.1146/annurev-clinpsy-050718-095653

Szcześniak, M., Bielecka, G., Madej, D., Pieńkowska, E., & Rodzeń, W. (2020). The role of self-esteem in the relationship between loneliness and life satisfaction in late adulthood: Evidence from Poland. *Psychology Research and Behavior Management*, *13*, 1.201-1.212. https://doi.org/10.2147/PRBM.S275902

Seção 2
Avaliação de idosos em diferentes contextos

Avaliação psicológica do idoso na clínica particular e em instituições de longa permanência

Tatiana Quarti Irigaray
Daiana Meregalli Schütz
Tainá Rossi
Valéria Gonzatti

Destaques

1) Durante o processo de avaliação psicológica se deve investigar as questões-problema com o objetivo de responder à demanda solicitada.

2) Características do idoso, como escolaridade, nível de inteligência, dificuldades visuais e auditivas são variáveis determinantes para a escolha dos instrumentos.

3) No processo de avaliação psicológica de idosos, pode-se ou não fazer uso de testes psicológicos, sendo uma decisão do psicólogo.

4) O psicólogo irá planejar sua bateria de avaliação de acordo com a demanda, hipóteses diagnósticas e estado mental do idoso.

5) A avaliação psicológica deve ser planejada com rigor e cuidado, evitando minimizar os riscos e beneficiar sempre o indivíduo.

6) Para avaliação de idosos, o psicólogo deve ter conhecimentos sólidos sobre envelhecimento, psicopatologia e avaliação psicológica.

7) A avaliação psicológica demanda um raciocínio clínico fundamentado do psicólogo para embasar e integrar de forma consistente os dados coletados.

Contextualização temática

O número de idosos vem crescendo no mundo inteiro (World Health Organization [WHO], 2021), e a população brasileira segue essa tendência. Conforme dados do Instituto Brasileiro de Geografia e Estatística (IBGE, 2018), o Brasil possui cerca de 30,2 milhões de idosos, ou seja, pessoas com 60 anos ou mais. No Brasil, os idosos têm uma expectativa de vida de 21,9 anos, ou seja, podem atingir a idade de 81,9 anos. No entanto, a expectativa de vida saudável é menor, sendo estimada em 16,4 anos, ou seja, em 76,4 anos (WHO, 2021). Dessa forma, se torna cada vez mais comum receber idosos em busca de avaliações psicológicas seja no contexto da clínica particular quanto de Instituições de Longa Permanência (ILPs).

O processo de envelhecimento está associado a mudanças nas condições biológicas, psicológicas e sociais do indivíduo, que podem levar a um declínio na saúde física e mental (WHO, 2021), bem como a diminuição de suas funções cognitivas. Não necessariamente os idosos irão desenvolver demência, mas há alterações no desempenho cognitivo, como no funcionamento da memória episódica verbal e lentificação na velocidade de processamento da informação

(Farina et al., 2020). Assim, alterações cognitivas são esperadas em idosos, mesmo na ausência de doenças, isso porque o envelhecimento por si só pode influenciar nas funções cerebrais, que refletem em mudanças nas funções cognitivas. Contudo, essas perdas próprias do processo de envelhecimento típico não chegam a acarretar prejuízos nas atividades de vida diária do idoso (Argimon et al., 2016). As alterações cognitivas passam a ser consideradas um problema quando refletem em perda na funcionalidade, ou seja, o idoso passa a apresentar dificuldades na realização de atividades de vida diária (básicas e/ou instrumentais) em função dos prejuízos cognitivos.

A demanda por avaliação psicológica de idosos é recorrente na atualidade. No entanto, não é uma tarefa fácil, pois diferenciar quadros neurológicos e psiquiátricos de alterações típicas do processo de envelhecimento típico é complexo. Os idosos, na maioria das vezes, apresentam uma variedade de doenças relacionadas ao envelhecimento, limitações sensoriais (visuais, auditivas e motoras) e fazem uso de várias medicações, o que pode complicar o diagnóstico. Por isso, para realizar uma avaliação psicológica adequada de idosos, o psicólogo deve ter conhecimentos teóricos sólidos sobre a fase da velhice e psicopatologia, diferenciando o que são alterações esperadas nessa fase do ciclo vital de aspectos que possam ser patológicos. Deve usar procedimentos diferentes aos usados em outras faixas etárias, priorizando técnicas e testes específicos como normas para idosos. Além disso, o contato com informantes, familiares e/ou cuidadores, que realmente convivam e conheçam o idoso, é uma fonte primordial de informação.

O objetivo deste capítulo é apresentar as principais características do processo de avaliação psicológica de idosos na clínica particular e em ILPs através da experiência clínica das autoras. O capítulo foi organizado em subseções que apresentam os seguintes aspectos: caracterização da avaliação psicológica de idosos, os principais quadros de alteração clínica em idosos, a operacionalização da avaliação psicológica com idosos, considerações finais e cinco perguntas com suas respectivas respostas sobre a temática abordada no presente capítulo.

Avaliação psicológica de idosos

A avaliação psicológica clássica se trata de um método estruturado, em que se aplica uma bateria de testes, instrumentos e técnicas, que têm como objetivo investigar sintomas e diagnóstico para a tomada de decisão quanto ao tratamento. Pode ser realizada de forma individual ou em grupo, a depender das queixas, finalidade da avaliação e condições específicas (Conselho Federal de Psicologia, [CFP], 2018).

Tanto idosos da comunidade quanto institucionalizados podem se beneficiar da avaliação psicológica, no entanto, alguns cuidados são fundamentais para condução do processo de forma ética, eficiente e adequada. O contato com a fonte que encaminhou para a avaliação é de extrema importância no processo de planejamento da avaliação, visto que o público idoso, muitas vezes, não sabe informar o real motivo da solicitação por avaliação psicológica (como um diagnóstico diferencial para demências, por exemplo). Diferente de outras faixas etárias, além da entrevista inicial com o paciente, a coleta de informações com informantes, familiares e/ou cuidadores é fundamental para se obter informações a respeito do quadro apresentado e verificar se há mudanças na funcionalidade em tarefas do dia a dia do idoso.

De acordo com a experiência das autoras, as avaliações psicológicas de idosos em clínica particular são solicitadas pelos seguintes motivos: a) por intermédio de seus familiares e/ou cuidadores, que percebem alguma alteração cognitiva, como esquecimentos e/ou dificuldades para resolução de problemas no dia a dia, mudanças de comportamento ou alterações no humor do idoso, como agressividade, tristeza, apatia, desânimo e falta de interação social; b) por indicação de um profissional da área da saúde (muitas vezes, geriatras, psiquiatras ou neurologistas), que solicitam a avaliação para fins de diagnóstico diferencial entre alterações típicas do envelhecimento e transtornos neurocognitivos ou transtorno depressivo maior e transtornos neurocognitivos; 3) por exigência de advogados ou tabeliães (para possível processo de interdição ou necessidade de declaração do estado mental do idoso para processos de doação, procurações, testamentos, entre outros) e; 4) por vontade própria do idoso, que deseja verificar se seu funcionamento cognitivo está dentro dos padrões esperados para sua faixa etária, casos mais raros na prática clínica e, quando ocorre, o idoso tem alto nível de escolaridade e, geralmente, encontra-se com o funcionamento cognitivo preservado.

No contexto das ILPIs, geralmente, a avaliação psicológica de idosos é solicitada pelos profissionais de saúde que atendem os idosos, com o objetivo de: a) levantamento de hipóteses de prognóstico; b) avaliação para fins de confirmação de quadro psicopatológico, quando se tem um diagnóstico prévio; c) avaliação de possíveis limitações cognitivas, perdas funcionais e/ou mapeamento de habilidades preservadas. Além disso, o psicólogo pode realizar a avaliação psicológica como estratégia terapêutica, visando identificar aspectos saudáveis do idoso institucionalizado, que podem ser foco de estimulação cognitiva e reabilitação neuropsicológica.

Vale ressaltar que, o psicólogo, tanto no contexto da clínica particular quanto institucional, durante o processo de avaliação psicológica, deve investigar as questões-problema, com o objetivo de responder a demanda de avaliação, ou situação específica. Além disso, características individuais do idoso, como anos de escolaridade, nível de inteligência, deficiências visuais, auditivas e motoras devem ser observadas, pois são variáveis determinantes para o planejamento da bateria de avaliação. Mesmo tomando os devidos cuidados, podem surgir falhas no processo de avaliação psicológica, devido ao contexto ambiental e social do idoso, por isso, o psicólogo deve ser capacitado, e manter-se atualizado quanto à técnica, para que possa oferecer um serviço ético e de qualidade (Malloy-Diniz et al., 2018).

No processo de avaliação psicológica de idosos pode-se ou não fazer uso de testes psicológicos. Isso é uma decisão do psicólogo, que irá planejar o que é mais adequado a ser usado de acordo com a demanda, hipóteses diagnósticas e estado mental atual do idoso. Há situações em que o uso de testes pode não ser o mais adequado, por exemplo, em situações em que o idoso tem sintomas cognitivos de um quadro demencial em um estágio avançado, não conseguindo informar dados relevantes de sua história (como idade, data de nascimento, nome dos filhos, trabalho exercido, dentre outros). Assim, cabe ao psicólogo conduzir o processo de avaliação com o uso de outras técnicas psicológicas, como entrevistas e observações realizadas com o idoso e os informantes, familiares e/ou cuidadores. O uso de questionários e escalas para preenchimento dos informantes, familiares e/ou cuidadores auxilia na condução desse processo. Vídeos com falas espontâneas e comportamentos diários do idoso também podem ser utilizados. A avaliação psicológica é um processo que pode gerar equívocos de diagnóstico, e, consequentemente, danos prejudiciais ao indivíduo. Por isso, o processo de avaliação psicológica deve ser planejado com rigor e cuidado, evitando minimizar os riscos e beneficiar sempre o indivíduo que está sendo avaliado.

Principais quadros de alterações clínicas em idosos

Dentre as alterações cognitivas mais comuns em idosos, destacam-se os Transtornos Neurocognitivos (TNCs), antes chamados de demências, que abrangem um grupo de transtornos em que o déficit clínico primário está na função cognitiva, sendo que a cognição prejudicada não estava presente no nascimento ou no início da vida, representando um declínio a partir de um nível de funcionamento alcançado anteriormente. Apesar de os déficits cognitivos estarem presentes em muitos transtornos mentais, apenas aqueles transtornos cujas características centrais são cognitivas é que fazem parte dessa categoria (American Psychiatric Association [APA], 2014).

O Transtorno Neurocognitivo Maior (TNCM) possui evidências de declínio cognitivo importante a partir de nível anterior de desempenho em um ou mais domínios cognitivos (atenção complexa, funções executivas, aprendizagem e memória, linguagem, perceptomotor ou cognição social), com base: a) na preocupação do indivíduo, de um informante com conhecimento ou do clínico de que há declínio significativo na função cognitiva; e b) prejuízo substancial no desempenho cognitivo, de preferência documentado por teste neuropsicológico padronizado ou, em sua falta, por outra investigação clínica quantificada. Tais déficits cognitivos interferem na independência do indivíduo em atividades da vida diária (APA, 2014), como cozinhar, lavar louça, lavar roupa, arrumar a cama, varrer a casa, usar o telefone, escrever, transferir-se de um lugar ao outro, dentre outras.

O Transtorno Neurocognitivo Leve (TNCL) caracteriza-se pela presença de um declínio cognitivo pequeno a partir de nível anterior de desempenho em um ou mais domínios cognitivos (atenção complexa, funções executivas, aprendizagem e memória, linguagem, perceptomotor ou cognição social), com base na: a) preocupação do indivíduo, de um informante com conhecimento ou do clínico de que ocorreu declínio na função cognitiva; e b) prejuízo pequeno no desempenho cognitivo, de preferência documentado por teste neuropsicológico padronizado ou, em sua falta, outra avaliação quantificada. Importante salientar que aqui os déficits cognitivos não interferem na capacidade de ser independente nas atividades de vida diária, ainda que possa haver necessidade de maior esforço, estratégias compensatórias ou acomodação por parte do indivíduo (APA, 2014).

Os TNCs (maiores ou leves) devem ser especificados quanto ao subtipo: Doença de Alzheimer, Degeneração lobar frontotemporal, Doença com corpos de Lewy, Doença vascular, Lesão cerebral traumática, Uso de substância/medicamento, Infecção por HIV, Doença do príon, Doença de Parkinson, Doença de Huntington, outra condição médica, Múltiplas etiologias e Não especificado. Esses subtipos são especificados de acordo com o curso temporal, domínios afetados e sintomas associados. Em alguns subtipos, o diagnóstico depende da presença de uma entidade causadora, como a doença de Parkinson ou de Huntington, ou uma lesão cerebral traumática ou um acidente vascular cerebral no período apropriado. Para outros subtipos (em geral, as doenças degenerativas, como a de Alzheimer, a degeneração lobar frontotemporal e a com corpos de Lewy), o diagnóstico baseia-se principalmente nos sintomas cognitivos, comportamentais e funcionais (APA, 2014).

A crescente prevalência de TNCs em idosos é um grande desafio social, levando a uma crescente demanda por avaliação psicológica do idoso. Um foco do diagnóstico importante é a distinção entre dificuldades de memória decorrentes do processo de envelhecimento normal e queixas cognitivas que podem evoluir para TNCs (Moret-Tatay et al., 2021). Atualmente, a recomendação para detectar e diagnosticar TNCs envolve a aplicação de testes que avaliem as funções cognitivas dos idosos.

Os transtornos depressivos, particularmente o transtorno depressivo maior é frequentemente encontrado em idosos. Esse quadro caracteriza-se por sintomas de humor deprimido e perda do interesse ou prazer, durante todo o período do dia e na maioria dos dias. Também pode-se observar perda ou ganho de peso (sem dieta), insônia ou hipersonia, retardo psicomotor, fadiga ou perda de energia, sentimento de culpa e de inutilidade, dificuldades de concentração e pensamentos recorrentes de morte (APA 2014).

Geralmente, encontram-se associados aos transtornos depressivos em idosos os transtornos ansiosos. O transtorno de ansiedade generalizada é frequente em idosos, sendo caracterizado pela presença de ansiedade, preocupações exageradas, medos sociais e, claramente, depressão. De acordo com nossa prática clínica, as limitações físicas impostas pelo processo de envelhecimento que acarretam menor independência e autonomia (por exemplo, dificuldades visuais, que impedem o idoso de dirigir), questões relacionadas ao medo de doenças futuras (por exemplo, medo de ter Doença de Alzheimer e ficar dependente), bem como preocupações relacionadas aos familiares (por exemplo, preocupação excessiva com o futuro financeiro dos filhos) têm sido relatados como fonte de ansiedade.

Em idosos, muitas vezes, não estão presentes todos os sintomas para fechar critérios diagnósticos de um Transtorno Depressivo ou de Ansiedade, mas sim verifica-se a presença de sintomas depressivos e/ou de ansiedade. Esses sintomas têm sido associados a uma menor reserva cognitiva e pior funcionamento cognitivo em idosos (Farina et al., 2020), sendo considerados um fator de risco para desenvolvimento de TNCs.

Operacionalização da avaliação psicológica de idosos

O psicólogo que realiza avaliação de idosos deve dispor de diversos testes, instrumentos e técnicas que possam auxiliar neste processo. Esses instrumentos vão desde a entrevista inicial até escalas, questionários, observações e testes. O profissional deve ter conhecimento e habilidade na aplicação e correção dos instrumentos. Ainda, deve ter conhecimentos sólidos sobre os aspectos característicos da velhice, psicopatologia, avaliação psicológica e psicometria, além de raciocínio clínico fundamentado para embasar e integrar de forma consistente os dados coletados.

O psicólogo deverá escolher a forma como irá realizar e planejar o processo de avaliação, conforme a demanda, hipóteses levantadas e os aspectos particulares do indivíduo, pois não há um modelo próprio de avaliação psicológica de pessoas idosas. Busca-se proporcionar a melhor compreensão do idoso e o quadro por ele apresentado. Além disso, a avaliação psicológica de idosos deve analisar as possíveis patologias, o funcionamento emocional e intelectual, a autonomia e a capacidade funcional dos idosos no dia a dia. Dessa forma, recomenda-se o uso combinado de testes/instrumentos e/ou tarefas para avaliação: a) das funções cognitivas; b) de sintomas de depressão e ansiedade; c) da funcionalidade em atividade de vida diária; e d) da presença ou não de declínio cognitivo segundo o informante.

De acordo com a experiência clínica das autoras, o processo de avaliação psicológica de idosos deve ser composto pelas seguintes etapas: Entrevistas de anamnese; b) Entrevistas individuais com o idoso; c) Análise e integração dos dados coletados; e d) Conclusão, encaminhamentos e devolução.

a) Entrevistas de anamnese: devem ser investigados aspectos relacionados ao funcionamento pregresso e atual do idoso, tais como: doenças; uso de medicamentos; atividades laborais exercidas anteriormente (empregos formais ou informais); trabalho voluntário; espiritualidade; escolaridade; déficits sensoriais; hábitos de leitura e atividade física; atividades de lazer; nível de independência; uso de substâncias psicoativas; problemas com o sono; transtornos mentais atuais ou anteriores; situação de moradia; e condição socioeconômica. Além disso, deve ser investigado se o idoso teve ou não COVID-19. Caso positivo, investigar a gravidade do quadro, por exemplo, se ocorreram alterações cognitivas, se foi hospitalizado, dentre outros.

Nas entrevistas de anamnese é fundamental o contato com familiares/amigos ou cuidadores que realmente convivam com o idoso. Esse informante deve acompanhar a rotina do idoso para que possa ter elementos concretos sobre suas habilidades e dificuldades diárias. Ademais, o informante fará uma comparação do idoso há anos ou meses atrás e a forma com que se encontra no momento da avaliação, além de trazer dados sobre sua história pregressa.

Também deve ser investigado se o idoso tem ciência ou não dos déficits que foram relatados. Muitas vezes, o idoso pode não ter consciência de suas dificuldades, por ter-se acostumado com o déficit, ou em casos mais graves pelo próprio sintoma de perda cognitiva. A ausência da consciência dos déficits (anosognosia), geralmente, está relacionada com alguma alteração cognitiva do idoso.

O objetivo das entrevistas de anamnese é conhecer a história do idoso e verificar quando foram observados os primeiros sintomas de alterações cognitivas, como esquecimentos, alterações de comportamento e/ou de humor. Neste momento, o psicólogo irá entender qual é a demanda por busca por avaliação psicológica e fazer a formulação das hipóteses, que serão investigadas, confirmadas ou refutadas, ao longo do processo de avaliação psicológica. As hipóteses diagnósticas não são imutáveis e podem ser reformuladas ao longo do processo. Além disso, o psicólogo deve informar ao idoso qual o objetivo e como o processo de avaliação psicológica será conduzido (possível número de sessões, consentimento para contatar informantes e formas de pagamento).

A observação da apresentação do paciente (aparência, vestimenta e higiene), suas atitudes, comportamentos e expressões emocionais são fundamentais e auxiliam na elaboração da hipótese diagnóstica. Dessa forma, o psicólogo deve observar de forma atenta as expressões comportamentais e afetivas do idoso desde o primeiro contato, seja por ligação telefônica, mensagens de textos ou presenciais. A observação é uma importante ferramenta de trabalho do psicólogo, pois permite analisar se há relação entre a demanda, queixas apresentadas e hipóteses diagnósticas. Portanto, entrevista e observação clínica são necessárias na avaliação psicológica do idoso, utilizando testes e instrumentos com fim de apoio ao diagnóstico (Malloy-Diniz et al., 2018).

b) Entrevistas individuais com o idoso: após as entrevistas de anamnese com os idosos e seus familiares/amigos ou cuidadores, são conduzidas sessões individuais com o idoso. Neste momento, são aplicados os instrumentos/testes e/ou tarefas que buscam responder as hipóteses iniciais levantadas nas entrevistas de anamnese. Sugere-se que o psicólogo inicie com testes e/ou tarefas que façam um rastreio cognitivo e avalie atividades de vida diária, a fim de revelar o perfil cognitivo inicial do idoso. Após, devem ser selecionados instrumentos e/ou tarefas de acordo com a idade e escolaridade do idoso, observando se apresenta alguma limitação motora ou prejuízo visual e/ou auditivo. Caso o idoso tenha alguma dificuldade visual, devem ser priorizados instrumentos e/ou tarefas verbais e com letras e/ou imagens em tamanho aumentado. Por outro lado, se o idoso tiver prejuízos auditivos devem ser utilizados instrumentos e/ou tarefas visuais. Caso tenha dificuldades motoras nas mãos, tarefas escritas devem ser substituídas por tarefas verbais. Além disso, deve-se levar em consideração também se o idoso se encontra acamado (no leito), institucionalizado ou em convívio na comunidade, buscando a adaptação da aplicação dos instrumentos para esses contextos.

A escolha dos instrumentos e/ou tarefas de avaliação deve ser feita de acordo com os objetivos/demanda e hipóteses de avaliação psicológica. Tarefas ecológicas que visam verificar a habilidade de realização de atividades de vida diária básicas, como arrumar a mesa para uma refeição, escovar os dentes, preparar uma refeição, fazer uma ligação, podem ser utilizadas. Deve-se levar em conta o tempo disponível para investigação (números de sessões) e a capacidade intelectual e emocional do paciente para responder a determinadas tarefas. Caso o idoso esteja institucionalizado, deve-se verificar se há um ambiente adequado para aplicação dos instrumentos, que preserve a sua privacidade, assegurando que não haja interferência durante a avaliação. Caso esteja no leito, a aplicação deve ser adaptada para essa realidade com o uso de pranchetas e mesas auxiliares.

A aplicação dos instrumentos deve seguir rigorosamente as normas de validação para a população avaliada. O psicólogo deve ter cuidado quanto a ordem de aplicação dos instrumentos, buscando evitar que um não interfira na aplicação do outro. Deve-se iniciar com a aplicação de instrumentos menos ansiogênicos, como os de rastreio, de forma a minimizar possíveis desconfortos que o idoso possa apresentar. Os instrumentos que mobilizam conteúdo emocional, com avaliação de sintomas depressivos, devem ser aplicados por último, pois podem interferir no desempenho cognitivo se forem aplicados no início ou meio da sessão.

Recomenda-se para o rastreio do funcionamento cognitivo de idosos o Miniexame do Estado Mental (MEEM) (Chaves & Izquierdo, 1992; Kochhann et al., 2010); a Montreal Cognitive Assessment (MOCA) (Sarmento, 2009), a Bateria CERAD (Bertolucci et al., 1998) e o Teste do Desenho do Relógio (Silva & Lourenço, 2008). A avaliação das funções cognitivas específicas pode ser realizada através de testes psicológicos e/ou tarefas que apresentam dados normativos para a população idosa.

Para a memória, sugere-se o Teste Pictórico de Memória (TEPIC) (Rueda & Sisto, 2007), o Teste de Aprendizagem Auditiva Verbal de Rey (RAVLT) (Paula & Malloy-Diniz, 2018), o Teste de Memória Lógica I e II (Oliveira et al., 2017), o Teste Memória Visual de Rostos (MVR) (Leme et al., 2011) e o Teste das Figuras Complexas de Rey (adaptado por Oliveira, & Rigoni, 2010), que além de avaliar a percepção visual, avalia a memória visual de curto prazo.

Para avaliação da atenção, recomenda-se o Teste dos Cinco Dígitos (FDT) (Paula & Malloy-Diniz, 2015), que além da atenção, avalia as funções executivas e a velocidade de processamento. O Teste d2-R (Malloy-Diniz et al., 2019) e o AC (Cambraia, 2003), que podem ser utilizados para avaliar o nível de atenção concentrada dos idosos.

A avaliação das funções executivas, pode ser feita com o Trail Making Test (Reitan, 1955), o Teste Wisconsin de Classificação de Cartas para Idosos (Trentini et al., 2010) e o subteste Semelhanças da Escala Wechsler Abreviada de Inteligência (WASI) (Trentini et al., 2014). Para avaliação de disfunções executivas pode ser usada a Escala de Barkley (BDEFS) (Godoy & Malloy-Diniz, 2018).

A avaliação da linguagem (nomeação) pode ser feita com o subesteste de nomeação do *Boston Naming Test* (Miotto et al., 2010). A avaliação da fluência verbal pode ser realizada com o Teste de Fluência Verbal (categoria animais ou FAS) (Strauss et al., 2006).

Para avaliação geral de inteligência pode ser aplicada a Escala de Inteligência para adultos (WAIS-III) (Nascimento, 2004) e a WASI (Trentini et al., 2014).

A funcionalidade do idoso pode ser avaliada a partir da Escala de Pfeffer (Pfeffer et al., 1982), *Informant Questionnaire on Cognitive Decline in the Elderly* (IQCODE) (Sanchez & Lourenço, 2009) e as Escalas de Katz (Katz et al., 1963). Esses instrumentos mensuram a funcionalidade do idoso para administrar sua própria vida, como administração de seu dinheiro, realizar compras, preparar refeições, lembrar-se de compromissos, realização de trabalhos domésticos, administração de medicação, dentre outras funções. O familiar/cuidador responde essas escalas avaliando a funcionalidade do idoso.

A avaliação de sintomas depressivos pode ser feita pela Escala de Depressão Geriátrica (15 itens) (Paradela et al., 2005) e o Inventário Beck de Depressão, segunda edição – BDI-II (adaptado por Gorenstein et al., 2011). Esses instrumentos medem a intensidade de sintomas depressivos. O Inventário de Ansiedade Geriátrica (Martiny et al., 2011) pode ser utilizado para mensurar a intensidade de sintomas de ansiedade.

c) Análise e integração dos dados coletados: Nesta etapa é feito o levantamento dos resultados dos instrumentos e técnicas utilizados. Esses resultados são integrados com dados coletados nas entrevistas de anamnese, observação de comportamentos e raciocínio clínico do avaliador. Em seguida, o avaliador chega a uma conclusão, respondendo a demanda inicial e hipóteses diagnósticas que deram origem a avaliação. Com o uso do Manual de Diagnóstico e Estatístico de Transtornos Mentais (DSM-5) (APA, 2014), verifica-se se o idoso preenche ou não critérios diagnósticos para determinado transtorno.

d) Conclusão, encaminhamentos e devolução: A partir da conclusão, indica-se possibilidades de tratamento e, quando adequado, recomenda-se a reabilitação dos possíveis déficits encontrados. Também podem ser sugeridas atividades que são consideradas como fatores protetores da cognição no processo de envelhecimento (itens da reserva cognitiva), como hábitos de leitura e de escrita (diários) de conteúdos diferentes do habitual, aprendizagem de uma nova língua, caça-palavras, palavras-cruzadas, dentre outros. A prática regular de atividade física e a interação social devem ser estimuladas, pois são fatores protetores da cognição em idosos.

Quando pertinente, devem ser solicitadas avaliações de outros profissionais, como fonoaudiólogo, neurologista ou psiquiatra. Além de indicações para a realização de atividades físicas ou terapia ocupacional. Na etapa de devolução de resultados, é fundamental que o psicólogo oriente os familiares, amigos e/ou cuidadores sobre a conclusão do processo de avaliação psicológica e o que deve ser feito a partir disso. Tanto o idoso quanto o profissional que solicitou a avaliação devem receber a devolutiva dos resultados. O psicólogo deve usar uma linguagem adequada ao nível de entendimento do paciente. Além disso, deve entrar em contato com o profissional solicitante para a devolução dos resultados e combinações sobre possibilidades de tratamento e novas avaliações.

Em casos de diagnóstico diferencial entre TNCL e transtorno depressivo maior em idosos, sugere-se o uso de avaliações longitudinais. Quando o idoso preencheu critérios diagnósticos para transtorno depressivo maior e está com prejuízos cognitivos, a avaliação psicológica repetida ao longo do tempo é necessária para que seja feito um diagnóstico mais efetivo. As alterações cognitivas podem estar mascarando o início de um quadro demencial, mas também podem ser apenas alterações cognitivas decorrentes do quadro depressivo. Assim, recomenda-se que o idoso trate o quadro depressivo e faça uma nova avaliação no período de seis meses a um ano. Essa nova avaliação irá comparar o desempenho do idoso com dados normativos e com o seu próprio desempenho, avaliado anteriormente. Em casos de TNCL também são recomendadas avaliações longitudinais anuais a fim de verificar a manutenção ou evolução para TNCM.

Considerações finais

Atualmente, é cada vez mais comum que idosos cheguem para avaliação psicológica, seja de forma autônoma para verificar como está seu desempenho cognitivo, ou encaminhados para busca de mapeamento do seu desempenho cognitivo, buscando diagnóstico diferencial entre alterações normativas do envelhecimento e TNCs. A avaliação é sugerida por profissionais ou familiares quando o idoso apresenta sintomas importantes de depressão e/ou ansiedade ou por questões jurídicas para realização de testamentos ou processos de interdição.

A avaliação psicológica de idosos inicia-se com as entrevistas de anamnese com o idoso e familiares, amigos e/ou cuidadores, na qual o psicólogo busca identificar a demanda e faz a construção de hipóteses diagnósticas, que serão confirmadas ou refutadas ao longo do processo. A seguir, escolhe os instrumentos e/ou tarefas de avaliação de acordo com a demanda e hipóteses diagnósticas. Ressalta-se que cabe ao psicólogo a escolha das técnicas que irá utilizar, não necessariamente é obrigatório o uso de testes psicológicos, isso depende da demanda, hipóteses diagnósticas e estado mental do avaliando. Após, o psicólogo faz a correção e interpretação dos resultados, integrando com dados da história de vida do paciente, suas queixas, sinais e sintomas e informações coletadas com os cuidadores/familiares. Tudo isso é interpretado com base no raciocínio clínico do psicólogo e seus conhecimentos sobre o processo de envelhecimento e psicopatologia. Esse raciocínio busca uma compreensão dinâmica do funcionamento do idoso, mapeando tanto suas potencialidades quanto suas dificuldades. E, por fim, é feito a devolução dos resultados ao paciente, familiares/cuidadores e profissional solicitante da avaliação. Esse momento é uma etapa fundamental do processo de avaliação, que visa orientar o paciente, seus familiares e outros profissionais em relação ao que é mais indicado para cada paciente para fins de diagnóstico e tratamento.

Para conduzir de maneira adequada o processo de avaliação psicológica de idosos, o psicólogo precisa ser apto, ou seja, deve ter conhecimentos sólidos e profundos na área do envelhecimento, psicopatologia, avaliação psicológica e psicometria. Além disso, deve dominar os instrumentos de avaliação psicológica, estando apto a selecionar e usar os instrumentos adequados para pessoas com 60 anos ou mais. Deve saber diferenciar o que são alterações típicas do envelhecimento normal de um processo já patológico.

A avaliação psicológica pode ser realizada em diversos ambientes como em consultório, domicílio, leito hospitalar, e instituições de longa permanência, desde que sejam garantidas as condições para essa avaliação. Essas condições englobam, ambiente seguro e de sigilo, silêncio e uma mesa ou apoio para a exposição dos testes a serem realizados. No contexto de instituições de longa permanência, os idosos podem apresentar maiores dificuldades, tanto cognitivas como físicas, e necessitar de maiores adaptações no processo de avaliação psicológica feitas pelo psicólogo.

Perguntas e respostas

1. Quais as diferenças entre a avaliação do idoso em clínica particular e no contexto da institucionalização?

Resposta: As principais diferenças estão no ambiente em que o processo de avaliação será conduzido e o estado físico e emocional em que o idoso se encontra. Em ILPIs, geralmente, o idoso encontra-se mais fragilizado física ou mentalmente e a avaliação tende a acontecer no leito. Enquanto em clínica particular, o idoso vai até o consultório para a realização da avaliação e, raramente o psicólogo, necessita se deslocar até a casa do paciente para realizar a avaliação psicológica.

O fato de o paciente se deslocar até o consultório, por si só, já sinaliza que ele está em melhores condições do que o idoso que está em uma ILPI. Ainda, idosos na clínica particular costumam ter os familiares e cuidadores como as pessoas que mais têm informações sobre o seu quadro. Enquanto na ILPI, geralmente as pessoas que mais detêm informações sobre o idoso é a equipe que atende e presta os mais diferentes serviços, pois são os que mais convivem com o idoso.

2. Que testes psicológicos posso usar para avaliação em clínica particular e com idosos institucionalizados?

Resposta: Os testes são os mesmos tanto para clínica particular quanto para ILPs. O que determinará a escolha dos instrumentos e técnicas de avaliação será a demanda, hipóteses diagnósticas, idade, escolaridade e condição cognitiva e física do paciente. O ideal é que o profissional seja o técnico habilitado para escolher quais instrumentos serão administrados (se testes psicológicos, se fontes complementares de informação com uso de tarefas auxiliares). A partir das hipóteses levantadas irá definir os construtos que precisa avaliar, e a partir disso escolherá o que fará parte do processo de avaliação (métodos e técnicas).

Importante que, ao avaliar um idoso mais fragilizado, o psicólogo use uma bateria rápida, que não sobrecarregue o indivíduo na hora da aplicação. Também pode optar por instrumentos e testes no formato reduzido, para que não exponha os idosos a horas de avaliação que podem não ser necessárias, pois a identificação clínica do quadro pela observação e entrevistas pode já ser suficiente para o diagnóstico.

Podem ser utilizados fontes complementares de informação, como vídeos que mostrem a funcionalidade do idoso em tarefas de vida diária. Especialmente, no contexto de idosos institucionalizados.

3. Quais os encaminhamentos feitos para o paciente diagnosticado com TNCL ou TNCM?

Resposta: O acompanhamento com outros profissionais deve ser indicado para auxiliar o paciente e sua família em relação a como lidar com as alterações comportamentais e cognitivas que acompanham esses quadros. Os profissionais deverão orientar os familiares e cuidadores quanto as adaptações necessárias no ambiente e rotina do idosos, buscando a manutenção da funcionalidade em atividades de vida diária pelo maior tempo possível. A equipe pode ser composta por diferentes profissionais que sejam especialistas na área do envelhecimento, como nutricionista, fonoaudiólogo, terapeuta ocupacional, fisioterapeuta, educador físico, psicólogo, psiquiatra, neurologista, entre outros. Cabe ao psicólogo indicar o profissional mais adequado de acordo com as conclusões de sua avaliação e as condições sociais e financeiras do idoso.

4. Quais as habilidades necessárias para o psicólogo conduzir de forma adequada o processo de avaliação psicológica de idosos?

Resposta:

a) Domínio das normas técnicas vigentes do CFP, CRP e do Código de Ética Profissional do Psicólogo;

b) Domínio das psicopatologias, para, então, conseguir identificar problemas de saúde mental e fazer diagnósticos, com ênfase nos tópicos para pessoas com 60 anos ou mais;

c) Conhecimento sólido dos fundamentos psicológicos em diferentes perspectivas teóricas;

d) Compreensão de psicometria;

e) Domínio sobre os procedimentos da avaliação psicológica (testes e técnicas) com o propósito de ser capaz de planejar e executar a avaliação de acordo com o objetivo e demanda;

f) Competência para integrar as informações coletadas;

g) Capacidade de síntese, organização, clareza, concisão, coerência e domínio das regras gramaticais e amplo vocabulário para a elaboração do laudo; e

h) Capacidade de comunicar os resultados de forma segura, efetiva, objetiva e afetiva por meio de uma entrevista devolutiva.

5. A avaliação psicológica de idosos pode ser conduzida da mesma forma como a avaliação de adultos com menos de 60 anos?

Resposta: Não, pois são fases do ciclo vital diferentes e exigem habilidades e conhecimentos específicos por parte do psicólogo. Assim, há a necessidade de formação e atualização continuada sobre fundamentos teóricos e técnicos, normas e procedimentos da avaliação psicológica, bem como conhecimentos específicos sobre envelhecimento e principais transtornos psicopatológicos em idosos. Caso o psicólogo não se sinta seguro em conduzir o processo de avaliação psicológica de um idoso deve encaminhar o caso ou buscar supervisão.

Referências

American Psychological Association (APA) (2014). *Manual de Diagnóstico e Estatístico de Transtornos Mentais DSM-5*. Artmed.

Argimon, I. I. L., Gonzatti, V., Tatay, C. M., & Irigaray, T. Q. (2016). Personalidade e longevidade: pessoas abertas para novas experiências e extrovertidas vivem mais? In E. M. Berlezi, L. S. Filho, & S. B. B. Garces (eds.). *Envelhecimento Humano – Compromisso das Universidades Gaúchas* (p. 137). Unijuí.

Bertolucci, P. H. F., Okamoto, I. H., Toniolo Neto, J., Ramos, L. R., & Brucki, S. M. D. (1998). Desempenho da população brasileira na bateria neuropsicológica do Consortium to Establish a Registry for Alzheimer's Disease (CERAD). *Revista de Psiquiatria Clínica, 25*, 80-83.

Cambraia, S. V. (2003). *O Teste de Atenção Concentrada AC*. Manual. Vetor.

Chaves, M. L., & Izquierdo, I. (1992). Differential diagnosis between dementia and depression: A study of efficiency increment. *Acta Neurologica Scandinavica, 85*(6), 378-382. https://dx.doi.org/10.1111/j.1600-0404.1992.tb06032.x

Conselho Federal de Psicologia (CFP) (2018). *Resolução n. 9, de 25 de abril de 2018*. Brasília, DF: o autor.

de Oliveira, C. R., de Lima, M. M. B. M. P., Esteves, C. S., Gonzatti, V., Viana, S. A. R., Irigaray, T. Q., & Argimon, I. I. de L. (2017). Normative data of the Brazilian elderly in Logical Memory subtest of WMS-R. *Avaliação Psicológica, 16*(1), 11-18. https://dx.doi.org/10.15689/ap.2017.1601.02

Farina, M., Costa, D. B., de Oliveira, J. A. W., Lima, M. P., Machado, W. D. L., Moret-Tatay, C., Lopes, R. M. L., Argimon, I. I. L., & Irigaray, T. Q. (2020). Cognitive function of Brazilian elderly persons: longitudinal study with non-clinical community sample. *Aging & Mental Health, 24*(11), 1.807-1.814.

Godoy, V. P., &, Mattos, P., Malloy-Diniz, L. F. (2018). *Escala de avaliação de disfunções executivas de Barkley* (BDEFS). São Paulo: Hogrefe.

Gorenstein, C., Pang, W. Y., Argimon, I. I. L., & Werlang, B. S. G. (2011). *Inventário de Depressão de Beck, segunda edição*. Casa do Psicólogo.

Instituto Brasileiro de Geografia e Estatística (IBGE). (2018). *Número de idosos cresce 18% em 5 anos e ultrapassa 30 milhões em 2017*. https://agenciadenoticias.ibge.gov.br

Katz, S., Ford, A., Moskowitz, R. W., Jackson, B. A., & Jaffe, M. W. (1963). Studies of illness in the aged. The index of ADL: A standardized measure of biological and psychosocial function. *JAMA, 12*, 914-919.

Kochhann, R., Varela, J. S., Lisboa, C. S. D. M., & Chaves, M. L. F. (2010). The Mini Mental State Examination: Review of cutoff points adjusted for schooling in a large Southern Brazilian sample. *Dementia & Neuropsychologia, 4*, 35-41.

Leme, I. F. A. S., Rossetti, M. O., Pacanaro, S. V., & Rabelo, I. S. (2011). *Teste de Memória Visual de Rostos–MVR*. Casa do Psicólogo.

Malloy-Diniz, L. F. F., Schlottfeldt, C. G. F. M., & Serpa, A. L. O. (2019). *Teste d2-R*. Hogrefe.

Malloy-Diniz, L. F., Fuentes, D., Mattos, P., & Abreu, N. (2018). *Avaliação neuropsicológica*. 2. ed. Artmed.

Martiny, C., Silva, A. C. D. O., Nardi, A. E., & Pachana, N. A. (2011). Tradução e adaptação transcultural da versão brasileira do Inventário de Ansiedade Geriátrica (GAI). *Archives of Clinical Psychiatry, 38*, 08-12.

Miotto, E. C., Sato, J., Lucia, M. C., Camargo, C. H., & Scaff, M. (2010). Development of an adapted version of the Boston Naming Test for Portuguese speakers. *Revista Brasileira de Psiquiatria, 32*(3), 279-282.

Moret-Tatay, C., Iborra-Marmolejo, I., Jorques-Infante, M. J., Esteve-Rodrigo, J. V., Schwanke, C. H. A., & Irigaray, T. Q. (2021). Can virtual assistants perform cognitive assessment in older adults? A review. *Medicina, 57*, 1310.

Nascimento, E. (2004). *WAIS-III: Escala de Inteligência Wechsler para Adultos*. 3. ed. Casa do Psicólogo.

Oliveira, M. D. S., & Rigoni, M. D. S. (2010). *Figuras Complexas de Rey: teste de cópia e de reprodução de memória de figuras geométricas complexas*. Casa do Psicólogo.

Oliveira, C. R. de, Lima, M. M. B. M. P. de, Esteves, C. S., Gonzatti, V., Viana, S. A. R., Irigaray, T. Q., & Argimon, I. I. L. (2017). Normative data of the Brazilian elderly in Logical Memory subtest of WMS-R. *Avaliação Psicológica, 16*(1), 11-18. https://dx.doi.org/10.15689/ap.2017.1601.02

Paradela, E. M. P., Lourenço, R. A., & Veras, R. P. (2005). Validação da escala de depressão geriátrica em um ambulatório geral. *Revista de saúde pública, 39*, 918-923.

Paula, J. J., & Malloy-Diniz, L. F. (2015). *Five Digit Test – Teste dos Cinco Dígitos*. Hogrefe.

Paula, J. J., & Malloy-Diniz, L.F. (2018). *Teste de Aprendizagem Auditivo-Verbal de Rey*. Vetor.

Pfeffer, R. I., Kurosaki, T. T., & Harrah, C. H. L. (1982). Measurement of functional activities in older adults in the community. *Journal of Gerontology, 37*(3), 323-329.

Reitan, R. M. (1955). The relation of the Trail Making Test to organic brain demage. *Journal of Consulting Psychology, 19*(5), 393-394. https://dx.doi.org/10.1037/h0044509

Rueda, F. J. M., & Sisto, F. F. (2007). *Teste Pictórico de Memória – (TEPIC-M): Manual*. Vetor.

Sanchez, M. A. D. S., & Lourenço, R. A. (2009). Informant Questionnaire on Cognitive Decline in the Elderly (IQCODE): Adaptação transcultural para uso no Brasil. *Cadernos de saude publica, 25*, 1.455-1.465.

Sarmento, A. L. R. (2009). *Apresentação e aplicabilidade da versão brasileira da MoCA (Montreal Cognitive Assessment) para rastreio de Comprometimento Cognitivo Leve* [Dissertação de Mestrado]. Escola Paulista de Medicina, Universidade Federal de São Paulo (UNIFESP), São Paulo, Brasil.

Silva, K. C. A., & Lourenço, R. A. (2008). Tradução, adaptação e validação de construto do Teste do Relógio aplicado entre idosos no Brasil. *Revista de saúde pública, 42*(5), 930-937.

Strauss, E., Sherman, E. M. S., & Spreen, O. (2006). *A compendium of neuropsychological tests*. Oxford University Press.

Trentini, C. M., Argimon, I. I. L., Oliveira, M. S., & Werlang, B. S. G. (2010). *Teste Wisconsin de Classificação de Cartas: versão para idosos/adaptação e padronização brasileira*. Casa do psicólogo.

Trentini, C. M., Yates, D. B., & Heck, V. S. (2014). *Escala de inteligência Wechsler abreviada (WASI): manual profissional*. Casa do Psicólogo.

World Health Organization (WHO). (2021). *Ageing and health*. https://www.who.int/news-room/fact-sheets/detail/ageing-and-health

Avaliação psicológica do idoso no contexto jurídico

Regina Maria Fernandes Lopes
Marianne Farina
Fabiane Konowaluk Santos Machado

Destaques

1) A perícia psicológica forense pode ser definida como um instrumento de orientação para o judiciário, aprofundada com objetivos específicos em área igualmente específica.

2) Comtempla a realização da entrevista específica de avaliação pericial com idosos.

3) É apresentado o passo a passo de uma avaliação psicológica pericial com idosos, com fluxograma para melhor compreensão do psicólogo perito.

4) Mostra a sugestão de instrumentos que podem ser utilizados na avaliação de raciocínio lógico, atenção, memória, funções executivas, personalidade e funcionalidade.

5) E, por fim, um resumo de um laudo pericial, em tópicos de acordo com a resolução do CFP.

Contextualização temática

O envelhecimento da população pode ser considerado uma realidade, sendo um produto da mudança dados demográficos e epidemiológicos. Do mesmo modo, os dados mostram a diminuição da mortalidade, a diminuição da taxa de natalidade e consequentemente o aumento da expectativa de vida. Nesse contexto, o aumento da população de idosos demonstra ser muito elevada, visto que a proporção da população mundial igual ou mais de 60 anos no período 2000-2050 dobrará, e de 11% passará para 22%. Logo, acredita-se que o número de adultos nessa faixa etária aumenta de 900 milhões para 1.400 no período entre 2015 e 2030. Conforme a Organização Mundial da Saúde (OMS), estes números continuarão a crescer (Fernández-Daza & Martin Carbonell, 2019). Diante deste aumento da população de idosos os casos de avaliação psicológica na área jurídica igualmente poderão crescer, já que são muitos casos de comprometimento cognitivo, emocional, além de ocorrências de maus-tratos familiares, entre outros.

A avaliação psicológica no contexto jurídico em idosos

A perícia psicológica forense pode ser definida como um instrumento de orientação para o judiciário, através de um documento escrito baseado numa avaliação psicológica aprofundada com objetivos específicos em área igualmente específica (Pekmezian & Armada, 2018). Apesar de ser importante ressaltar que este documento, ou seja, um laudo pericial, não esteja vinculado ao advogado, ele pode tornar-se um meio importante de alta relevância para a decisão do juiz (Tejero, 2016).

Quadro1: Avaliação forense/jurídica e avaliação clínica: diferenças

Características	Avaliação forense/jurídica	Avaliação clínica
Objetivo	Auxilia na tomada de decisões judiciais	Formula diagnóstico e tratamento
Relação avaliador-avaliado	Cético, no entanto, com o estabelecimento de um relacionamento adequado	Auxilia no contexto de um relacionamento empático
Sigilo profissional	Não	Sim
Destino da avaliação	Existem variáveis: para o juiz, para os advogados, para os intervenientes, para procuradores, para seguros, entre outros. Sempre enviada para fins judiciais	O próprio paciente e sua família
Normas e exigências	Psicolegais	Médico-psicológicos
Fontes de informação	Entrevistas; Observação; Testes psicológicos; Documentos e laudos médicos e psicológicos; Familiares; Registros judiciais	Entrevistas; Observação; Testes psicológicos; Documentos e laudos médicos e psicológicos; familiares
Atitude da pessoa em relação à avaliação	Risco de simulação ou dissimulação ou logro	Geralmente apresenta sinceridade
Âmbito da avaliação	Estado mental em relação ao objeto pericial	Global
Tipo de documentos psicológicos	Bem-documentado, tecnicamente fundamentado e com conclusões que respondem à demanda judicial	Breve e com conclusões. Trata-se de um documento clínico
Intervenção na justiça	Esperado. Como perito judicial ou assistente técnico	Não esperado. Como testemunha

Fonte: Adaptado de Ostrowski (2022)

Avaliação psicológica em idosos

A avaliação psicológica, principalmente para o contexto judicial, é necessária quando um idoso experimenta perdas associadas ao envelhecimento. Em relação às perdas, podem ser consideradas cognitivas, como a velocidade de processamento, memória, atenção e funcionamento executivo (Farina et al., 2019). Como em qualquer avaliação pericial, é importante que a/o perito tenha acesso ao maior número de informações sobre o caso a ser examinado, sejam os dados informados no processo, sejam exames e relatórios médicos e/ou de saúde física e mental que possua, informações de familiares e pessoas de convivência próximas do examinando, entre outras fontes de informações que se façam necessárias ao exame psicológico a ser executado.

Ao profissional avaliador, é importante considerar as facilidades e dificuldades do periciado, bem como o prognóstico da condição clínica que o idoso pode estar apresentando. A análise dos dados é feita após a entrevista com o paciente, com cuidadores, respostas aos testes utilizados, sua funcionalidade e uma detalhada avaliação clínica (Oliveira et al., 2020).

O capítulo do livro de Schutz et al. (2020) apresenta diretrizes para operacionalização de perícia psicológica, que é considerada semelhante às etapas da avaliação psicológica em âmbito clínico, no entanto também é deliberada pelo sistema judicial, em virtude de ter um objetivo específico. Nesse contexto, o psicólogo é visto como vinculado ao contexto judiciário, ou não, quando for contratado como assistente técnico de uma parte.

Situações e passos para o processo de avaliação psicológica pericial

- Em situações em que o idoso já não se encontra mais em condições físicas/psicológicas para praticar atos da vida civil, a possibilidade de realizar a interdição da pessoa idosa é considerada (Medeiros, 2021).

- Determinar prejuízos psicológicos ou outra alteração atual, que o perito possa apresentar em relação aos fatos investigados, conforme demanda judicial, por meio de diagnóstico psicológico, ou não, realizar a conclusão psicológica forense.

- Estabelecer através de uma análise, se a demanda for de violência, definindo se foi um evento único, conflito se pode ser considerado uma dinâmica de violência frequente.

- Determinar o tipo e/ou traços de personalidade do idoso, apontar suas características comportamentais, se o caso for de violência. Analisar de forma singular como o avaliado processa o evento violento. Caso não seja de violência, verificar as características de personalidade.

- Identificar a existência de condições de vulnerabilidade no idoso, possíveis fatores de risco que possam amplificar e perpetuar as condições atuais em seu estado mental.

A seguir, apresenta-se o fluxograma de avaliação psicológica pericial.

Figura 1: Fluxograma de uma avaliação psicológica pericial

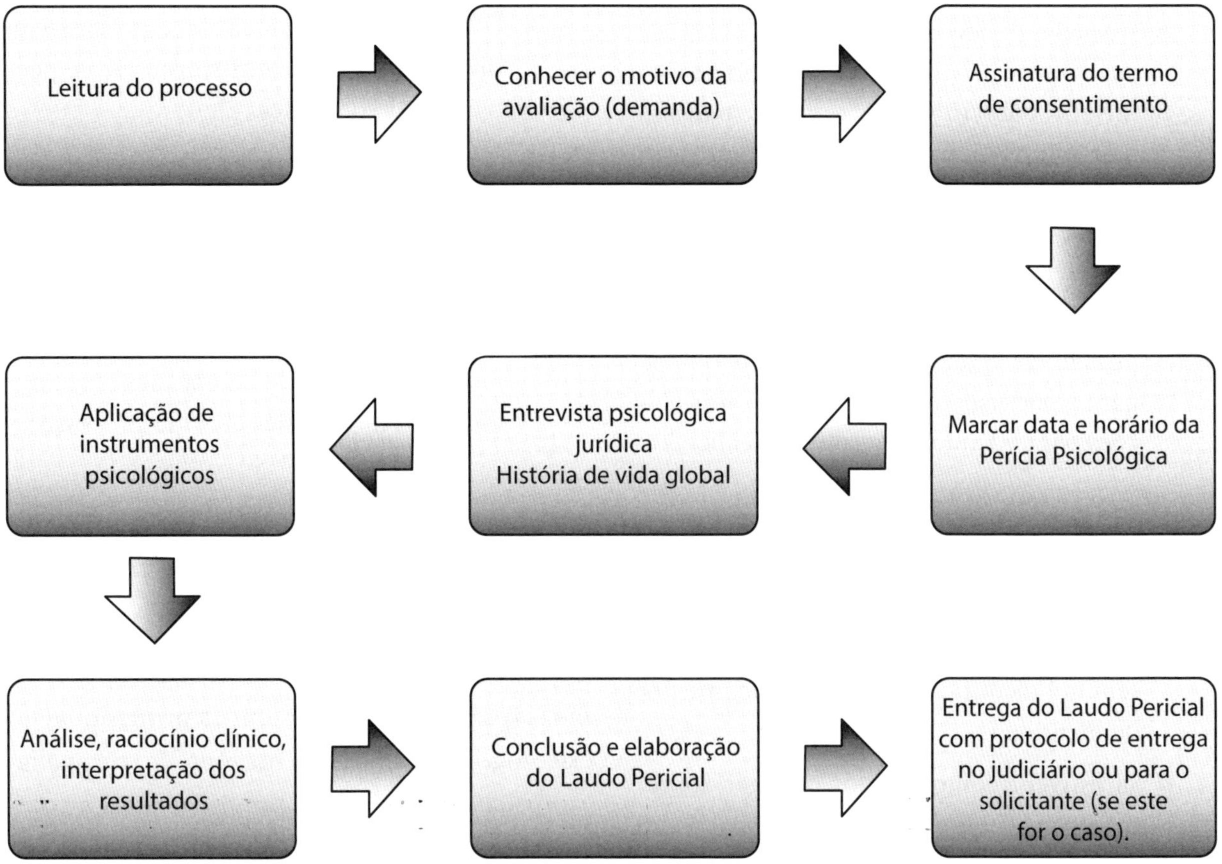

```
[Leitura do processo] ⇒ [Conhecer o motivo da avaliação (demanda)] ⇒ [Assinatura do termo de consentimento]
                                                                              ⇓
[Aplicação de instrumentos psicológicos] ⇐ [Entrevista psicológica jurídica / História de vida global] ⇐ [Marcar data e horário da Perícia Psicológica]
    ⇓
[Análise, raciocínio clínico, interpretação dos resultados] ⇒ [Conclusão e elaboração do Laudo Pericial] ⇒ [Entrega do Laudo Pericial com protocolo de entrega no judiciário ou para o solicitante (se este for o caso).]
```

Fonte: Adaptado de Echeburúa et al. (2011)

A entrevista com o idoso periciado

Os aspectos fundamentais da atuação do psicólogo em perícias têm como base a neutralidade, demonstrada diante do entrevistado durante a entrevista. Nesse sentido, algumas regras são indicadas para que uma entrevista seja bem elaborada:

- O psicólogo deve demonstrar tranquilidade, se expressar com calma, devagar e com clareza. Não fazer indicações ou conselhos e/ou declarações. Deve ficar atento, porque o entrevistado está observando todos os comportamentos e expressões do avaliador como o tom de voz, expressões, interrupções, gestos, distrações entre outros comportamentos não verbais e verbais.

- A postura do psicólogo deve mostrar que o periciado compreenda que estamos ativamente interessados em ouvir e comprometidos com a perícia e a qualidade do trabalho.

- O psicólogo deve manter uma escuta ativa para poder proporcionar o tempo necessário, o contato visual, respeitar pausas, não interromper silêncios. Demonstrar receptividade, não invadir o espaço do outro, com neutralidade, mas sem muita distância afetiva.

- Mostrar empatia sem se identificar ou se posicionar, o que não seria benéfico nem para o periciado nem à coleta de informações para o laudo pericial a ser realizado.

Orientações sobre o início da entrevista com o periciado

- Receber o idoso, cumprimentá-lo, se apresentar e identificá-lo com seu documento de identidade.

- Se estiver acompanhado, orientar sobre o tempo que irá ocorrer a consulta de perícia e esperar na sala de espera, assim como confirmar e/ou obter os dados pessoais e demográficos básicos.

- Explicar o processo a ser seguido na entrevista, o tempo disponível para realizar a perícia. Igualmente sobre a confidencialidade e seus limites, que na perícia isso ocorre parcialmente.

- Justificar as anotações que fará durante a entrevista e solicitar ao idoso para explicar em detalhes o que está acontecendo com ele. Também justificar ao idoso a necessidade de obter informações mais detalhadas, para responder à demanda da justiça.

- Solicitar ao idoso para ordenar os diferentes problemas de acordo com as dificuldades que ocasionaram o processo judicial. Se houver outros problemas, peça para falar sobre eles.

- Orientar que o periciado pode fazer perguntas e que responderá de acordo com suas possibilidades.

- De acordo com as respostas obtidas seguir aprofundando os conteúdos, para obter respostas para a demanda jurídica (anotar todos os detalhes de todo processo).

A seleção de instrumentos de avaliação psicológica do idoso para o contexto judicial

Novas ferramentas estão sendo disponibilizadas frequentemente na prática profissional do psicólogo para trabalhar no contexto de avaliação psicológica pericial, sempre aliadas à competência profissional, com a finalidade de auxiliar nas respostas que precisa. Dessa forma, é necessário, realizar o raciocínio clínico do caso, para responder à demanda da avaliação pericial. Existem vários instrumentos que podem ser administrados neste contexto, especificados de acordo com as funções a serem avaliadas.

Importante salientar, que para escolher os instrumentos que serão utilizados é necessário já ter se apropriado da demanda do caso, ou seja, exemplos: o tempo que terá para realizar todo o processo de avaliação, a idade do idoso, o motivo da avaliação entre outros aspectos. Na Avaliação Psicológica Jurídica, geralmente são estes os constructos a serem elencados:

Figura 2: Sistematização da avaliação

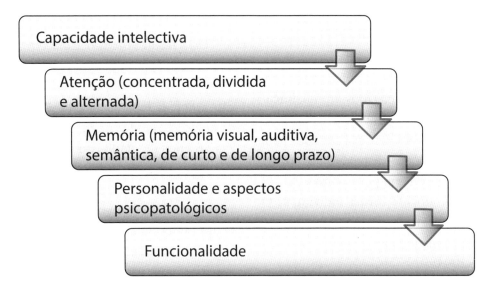

Fonte: Elaboração própria

Triagem cognitiva

Miniexame do estado mental segunda edição – MMSE-2 (Folstein et al., 2018): considerado o instrumento mais utilizado como rastreio no mundo para avaliar o funcionamento cognitivo geral. Pode ser utilizado como instrumento de triagem e acompanhamento de diferentes tipos de situações, porque apresenta facilidade de aplicação e rápida correção, em aproximadamente 5 minutos. Demonstra relevância clínica e o tempo de aplicação é de 5 a 20 minutos e a faixa etária é dos 18 aos 100 anos. Na área de avaliação psicológica pericial, pode ser utilizado como o primeiro instrumento após a pesquisa, porque vai sinalizar quais áreas mostram dificuldades e assim auxiliar na escolha mais específica da área que precisa maior atenção.

Capacidade intelectiva

Escala Wechsler Abreviada de Inteligência (WASI) (Trentini et al., 2014): tem como propósito avaliar a inteligência na forma breve, apresenta escores de Quociente Intelectual (QI) Verbal, QI de Execução e QI Total. O instrumento tem quatro subtestes, denominados: Vocabulário, Cubos, Semelhanças e Raciocínio Matricial. À população com idades de 6 a 89 anos de idade, aplicação de forma individual, com tempo total de aproximadamente 30 minutos para todos os subtestes. Existe tabela com a Escala Total com escores dos quatro subtestes, e, na forma reduzida (se for o caso da aplicação), com tabelas dos escores de dois subtestes (Vocabulário e Raciocínio Matricial). A correção pode ser realizada manualmente ou informatizada. Este instrumento pode ser utilizado como instrumento de triagem de avaliação cognitiva e/ou intelectiva em casos de avalições psicológicas periciais.

*Escala Wechsler de Inteligência para Adultos-WAIS-III (*Wechsler, 2004): considerado um dos instrumentos mais conhecidos mundialmente para avaliação cognitiva e da capacidade intelectiva. As pontuações são transformadas para escores ponderados através de tabelas por idade. Trata-se de uma bateria completa composta por 14 subtestes, aplicados de forma individual. O tempo aproximado é de duas sessões. A correção pode ser realizada manualmente ou informatizada (Wechsler, 2004).

Teste de Inteligência Geral Não Verbal (TIG-NV): visa avaliar desempenhos característicos dos testes de inteligências não verbais, assim como realizar uma análise neuropsicológica, o que possibilita identificar os tipos de raciocínios errados e os processamentos envolvidos na sua execução e as classificações habituais do potencial intelectual. Os exercícios são classificados em quatro grupos: relações básicas, relações específicas, relações gestálticas e relações complexas, que avaliam atenção, concentração, aprendizagem, conhecimento formal, orientação espacial, comportamento visomotor, memória de reconhecimento, memória operacional, percepção e flexibilidade cognitiva. Pode ser utilizado para idades entre 10 e 79 anos de idade com escolaridade: Ensino Fundamental, Médio e Superior. A aplicação pode ser de forma individual ou coletiva, sem limite de tempo, demora em média de 30 a 40 minutos. A interpretação apresenta tabela normativa de escolaridade, sendo Ensino Fundamental, Ensino Médio e Ensino Superior. A correção pode ser manual ou informatizada.

Atenção (concentrada, dividida e alternada) e funções executivas

Teste d2-R: Atenção Concentrada – Revisado: tem como propósito avaliar a capacidade de atenção concentrada, desempenho da concentração, velocidade na execução do teste, qualidade da atenção, rapidez na tarefa. A faixa etária é de 7 a 76 anos de idade com nível de escolaridade a partir do Ensino Fundamental até nível Superior. O tempo de aplicação é de 4 minutos e 40 segundos. Para correção e interpretação, o teste apresenta tabelas normativas destinadas para o Ensino Fundamental, Ensino Médio e Ensino Superior e por idade (Brickenkamp et al., 2018). O teste apresenta correção informatizada e pode ser aplicado na forma informatizada. Para avaliação pericial em idosos este é um instrumento adequado para verificar déficits atencionais.

Bateria Rotas de Atenção: é composta por três testes – Teste de Atenção Concentrada (ROTA C), Teste de Atenção Dividida (ROTA D) e Teste de Atenção Alternada (ROTA A): propõe avaliar a capacidade atencional do sujeito para realizar uma determinada tarefa por um período específico. Para tanto, são utilizados estímulos visuais pictóricos, seguindo um caminho desenhado em material gráfico, denominado de "rota" e trilhado em zigue-zague. Podem ser utilizados individualmente. Para realizar uma Medida Geral de Atenção (MGA), ela só é obtida quando aplicados os três testes. Pode ser aplicada em indivíduos com idades entre 18 e 65 anos, de ambos os sexos e escolaridade variando entre o Ensino Fundamental e o Ensino Superior. Existem tabelas normativas específicas para interpretação. O tempo-limite para a resolução de cada teste é de 2 minutos. Permite interpretar o nível de desempenho do respondente em tarefas relacionadas à atenção, em cada um dos testes que compõem a bateria. Pode ser corrigido manualmente ou pela plataforma de correção informatizada (www.nilapress.com.br) (Rabelo et al., 2020a).

Os testes que compõem a bateria: 1) *Teste de Atenção Concentrada (Rota C)*: para avaliar a atenção concentrada realizada durante um período determinado, selecionando uma fonte de informação diante de diversos estímulos distratores. O avaliado deverá assinalar todos os objetos idênticos ao desenho de um estímulo inicial (alvo). Pode ser aplicado individual ou coletivamente e o tempo-limite para a sua execução é de 2 minutos. 2) *Teste de Atenção Dividida (Rota D)*: trata-se de uma medida da capacidade do indivíduo de dividir a atenção sob controle de diferentes estímulos, de executar mais de uma ação de marcação de estímulos diferentes, simultaneamente. Neste caminho trilhado em zigue-zague (rota), devem ser assinalados os dois estímulos-chave até o final da rota ou término do tempo, de forma que o respondente tenha que dividir sua atenção para selecionar adequadamente cada um dos dois estímulos-alvo em meio a outros distintos símbolos distratores. O tempo-limite para a execução da tarefa é de 2 minutos. Este instrumento de atenção dividida pode ser utilizado de forma individual ou coletiva. 3) Teste de Atenção Alternada (Rota A): objetiva avaliar a capacidade do sujeito de focar a atenção ora em um estímulo, ora em outro, ou seja, de alternar sua atenção ao procurar os estímulos-alvo e desconsiderar os estímulos distratores. O avaliado deverá assinalar todos os símbolos idênticos ao estímulo-alvo até que este seja modificado, passando então a assinalar os símbolos correspondentes ao novo alvo. O teste pode ser aplicado individual ou coletivamente e seu tempo de execução é de 2 minutos.

Escala de Avaliação de Disfunções Executivas de Barkley (BDEFS): objetiva mensurar déficits das Funções Executivas (FE) nas atividades do dia a dia em adultos. As funções executivas podem ser denominadas como capacidades que permitem que a pessoa se envolva positivamente em um comportamento independente, propositalmente e auto-orientado. As funções estão associadas ao planejamento, solução de problemas, automonitoramento, controle de interferência, automotivação e memória de trabalho. É destinada para pessoas entre 18 e 70 anos de idade e aplicada de forma individual ou coletiva. O tempo de aplicação é de 15 a 20 minutos na versão longa e de 5 minutos na versão curta, não havendo tempo-limite para cada. A versão longa do teste é composta por 89 itens divididos em cinco fatores: Gerenciamento de Tempo, Organização/Resolução de Problemas, Autocontrole, Motivação e Regulação Emocional. Na versão curta, apresenta-se uma tabela de acordo com a idade, dividida em escore total e sintomas. Já a versão curta é composta por 20 itens, sendo quatro itens para cada fator. As tabelas normativas para versão longa são de acordo com a tabela de idade, tabela de escolaridade e idade para obter os escores de cada fator separadamente e escore total (Godoy, 2018).

Teste dos Cinco Dígitos (FDT): objetiva mensurar a velocidade de processamento, as funções executivas e atenção, permitindo avaliar a capacidade do indivíduo em focar e reorientar sua atenção e a capacidade de lidar com interferências. Pode ser aplicado nas idades entre 6 a 92 anos de idade, de aplicação de forma individual, com duração entre 5 e 10 minutos. O resultado do teste é obtido através do tempo realizado, e a quantidade de erros do sujeito através das tabelas de faixas etárias que abrangem o público-alvo do teste (Sedó, 2015).

Memória (memória visual, auditiva, semântica, de curto e de longo prazo

Teste de Memória de Reconhecimento (Memore): objetiva avaliar a memória visual de reconhecimento de curto prazo, através da capacidade de identificar um estímulo, informação ou objeto como algo anteriormente já visto, retido por tempo curto. O instrumento consiste em memorizar círculos coloridos por 1 minuto e reconhecê-los após uma atividade distratora padronizada. Pode ser aplicado em pessoas de ambos os sexos, na faixa etária de 14 a 61 anos, com escolaridade entre Ensino Fundamental até o nível superior. A ficha de memorização dos estímulos já está contida no próprio caderno de aplicação. A aplicação pode ser coletiva ou individual. Estima-se o tempo em aproximadamente 10 minutos para aplicação total, incluindo as instruções e exercício de exemplo. A correção pode ser manual ou pela plataforma de correção informatizada. (Há tabelas de normas brasileiras adaptadas a diferentes contextos). Pode ser utilizado em situações nas quais há necessidade de avaliação da memória de reconhecimento visual de curto prazo, tanto para rastreio (*screening*) inicial quanto para outras finalidades (Rabelo et al., 2020b).

Teste Memória Visual de Rostos (MVR) (Leme et al., 2011): mensura a capacidade de recordar rostos associados a detalhes de representação pictórica em um tempo predeterminado. O teste é composto por duas partes, na primeira parte é solicitado que seja identificado, numa sequência de rostos, quais foram apresentados anteriormente na ficha de memorização. Já na parte dois, as questões são relacionadas às informações contidas em cada item (nome, profissão, entre outros). O teste MVR pode ser aplicado em pessoas com idade entre 18 e 80 anos, de forma coletiva ou individual. Com nível de escolaridade do Ensino Fundamental até Pós-graduação. Como todos os instrumentos, sempre devem ser observadas as tabelas normativas para interpretação. O instrumento tem correção informatizada.

Personalidade e aspectos psicopatológicos

Inventário de Depressão de Beck (BDI-II): propõe investigar a intensidade da depressão. Pode ser utilizado a partir dos 13 anos de idade, podendo ser aplicado de forma individual ou coletiva. A média de preenchimento é de 5 a 10 minutos, mas o tempo é livre. O instrumento é composto por 21 itens, onde cada um deles apresenta sintomas e atitudes depressivas, descritos como: tristeza, pessimismo, sentimento de fracasso, insatisfação, culpa, punição, auto-aversão, autoacusações, ideias suicidas, choro, irritabilidade entre outras. A interpretação dos resultados é realizada conforme a soma das respostas que a pessoa assinalou. As tabelas normativas são por gênero e grupo, sendo divididos em: pré-adolescentes, adolescentes, universitários, adultos e idosos, pacientes psiquiátricos, clínicos e não clínicos. As tabelas de acordo com a idade e escolaridade: analfabeto, alfabetizado, Ensino Fundamental, Ensino Médio, Ensino Superior incompleto e completo (Gorenstein et al., 2014). É importante lembrar que se trata de um instrumento de autoavaliação, e o avaliado poderá responder de acordo com sua demanda.

Bateria Fatorial de Personalidade (BFP): está englobada na teoria dos Cinco Grandes Fatores de Personalidade – *Big Five*. Considera a personalidade a partir de cinco fatores: Extroversão, Socialização, Realização, Neuroticismo e Abertura a experiências. É uma escala de autorrelato composta por 126 itens. A pontuação está em uma escala *likert* de 1 a 7, sendo que o número 1 descreve que a frase apresentada não tem nada a ver com a pessoa; e o número 7 destaca que a frase descreve a pessoa completamente. O instrumento pode ser aplicado de forma individual ou coletiva, sem tempo-limite para a aplicação, mas a média é de 40 minutos. A correção pode ser informatizada, possuindo tabelas de normatização para amostra geral em cada dimensão e tabelas para sexo em cada dimensão (Nunes et al., 2010). É um questionário extensamente utilizado no Brasil, principalmente para avaliar a personalidade em idosos (Chariglione & De Sousa, 2021; Farina et al., 2016).

Inventário Fatorial de Personalidade (IFP-II): avalia a personalidade em 13 fatores: Assistência (necessidade de ser útil aos outros), Intracepção (tendência a deixar-se conduzir por sentimentos, fantasia e imaginação), Afago (necessidade de buscar e receber apoio), Autonomia (necessidade de ser livre de responsabilidades e obrigações), Deferência (expressar desejo de admirar e dar suporte a um superior), Afiliação (necessidade de formar amizades fortes, dar e receber afeto), Dominância (tendência a expressar sentimentos de autoconfiança e desejo de controle sobre os outros), Desempenho (desejo de realizar algo difícil, realizar coisas de forma independente e rápida), Exibição (necessidade de ser o centro das atenções em um grupo), Agressão (tendência a expressar o desejo de superar com vigor e violência a oposição), Ordem (necessidade de planejar bem e ser organizado), Persistência (tendência de levar até o final qualquer trabalho iniciado) e Mudança (necessidade de buscar novas experiências e evitar rotina). A idade de utilização é de 14 e 86 anos de idade e escolaridade a partir do Ensino Fundamental até Ensino Superior completo. Sem limite de tempo para aplicação, a média é de 20 minutos, pode ser aplicado de forma individual ou coletiva. É composto por 100 frases e uma escala de intensidade. A correção pode ser manual ou pelo sistema de correção informatizada (Leme et al., 2013).

Pirâmides Coloridas de Pfister: mensura aspectos da personalidade, destaca a dinâmica afetiva e indicadores relativos a habilidades cognitivas do indivíduo. O instrumento contém três cartelas com o esquema de uma pirâmide e quadrículos coloridos em 24 tonalidades de 10 cores, onde o sujeito deve construir essas três pirâmides com as cores dos quadrículos. Não é estabelecido tempo-limite, deve ser aplicado individualmente na faixa etária de 18 a 66 anos de idade. Na interpretação avalia-se o processo de execução, modo de colocação e o aspecto formal de cada pirâmide. Também o aspecto formal no conjunto das três pirâmides e a análise das cores que foram utilizadas, sendo estas que constituem a base da capacidade de contato afetivo e de aproximação afetiva com o ambiente. O teste tem correção informatizada (Villemor-Amaral, 2015).

Z-Teste Coletivo e Individual – Técnica de Zulliger: visa mensurar os construtos psicológicos básicos: capacidade de desempenho, objetividade, ansiedade, depressão, controle geral e emocional, funcionamento do pensamento lógico, integração humana e demais aspectos da personalidade. Destina-se para escolaridade a partir do Ensino Médio, pode ser aplicado individualmente ou de forma coletiva. O tempo de realização do teste é livre. O instrumento é composto por três imagens, que são manchas de tintas não estruturadas, projetadas para obter associações e a percepção do indivíduo, espelhando situações internas do mesmo, no seu modo de tomar decisões, tendência a determinadas atitudes, maneira de pensar e sentir as relações interpessoais. Para correção é interpretado através da classificação de categorias, localizações, determinantes, conteúdos e fenômenos especiais. (Vaz & Alchieri, 2016). O teste tem correção informatizada.

Sistema de Avaliação por Performance no Rorschach (R-PAS): visa analisar o desempenho comportamental na solução de problemas visuais, cognitivos e perceptivos exigentes (personalidade) dos avaliados. De forma padronizada a aplicação pode demorar em torno de 90 minutos. A aplicação é de forma individual. O formato do instrumento é de uma série de dez estímulos com manchas de tinta onde a pessoa responde o que poderia ser o que ela está vendo. Orienta-se que a correção seja realizada informatizada através de um programa de codificação para interpretação dos códigos (Meyer et al., 2017).

É importante salientar que os instrumentos aqui expostos são exemplos, o psicólogo pode ter mais familiaridade com outros e usar tranquilamente. Não esquecendo de sempre verificar se está favorável para uso, assim como analisar se está de acordo com a demanda.

Funcionalidade

Um aspecto fundamental nas avaliações psicológicas judiciais de idosos é buscar informações sobre a funcionalidade do idoso. Investigar a funcionalidade permite definir o nível de dependência nas atividades da vida diária, ou seja, como o idoso está conseguindo realizar suas atividades básicas do dia a dia de forma adequada. Esta capacidade de funcionar pode ser vista como uma forma de medida, que resume os efeitos gerais de suas condições de saúde de apoio social (Segovia Díaz de León & Torres Hernández, 2011). Para avaliar a funcionalidade do idoso, algumas perguntas podem ser incluídas no processo de avaliação, que podem ser realizadas tanto com o idoso quanto com o familiar, para poder confrontar os dados:

Figura 3: Fluxograma da avaliação da funcionalidade
- O idoso faz suas próprias refeições?
- Administra adequadamente suas finanças?
- Se tem contas em bancos, consegue administrar também?
- Faz seus exames médicos de forma independente?

Fonte: Adaptado de Segovia Díaz de León e Torres Hernández (2011)

A elaboração do Laudo Psicológico Pericial

O Laudo Psicológico Pericial deve seguir, obrigatoriamente, as orientações e formato da Resolução 06/2019 do Conselho Federal de Psicologia, que trata da Elaboração de documentos escritos produzidos pela(o) psicóloga(o) no exercício profissional (CFP, 2019). Conforme o artigo 753 do Código de Processo Civil (CPC) "[...] determinará a produção de prova pericial para avaliação de capacidade do interditando para praticar atos da vida civil [...]." (Brasil, 2015). Ainda, o mesmo artigo determina o que o juiz espera do Laudo Pericial:

> §1° – A perícia pode ser realizada por equipe composta por expertos com formação multidisciplinar;
>
> §2° – O Laudo pericial indicará, especificamente, se for o caso, os atos para os quais haverá necessidade de curatela.

Cabe compreender que a perícia que objetiva a interdição legal de uma pessoa tem consequência direta na vida do examinando e, portanto, deve ser feita com tempo suficiente para garantir uma boa avaliação global do caso. A interdição poderá ser temporária ou permanente e isso deve ser indicado no laudo, dependendo dos prejuízos encontrados durante a avaliação. O tempo nestes casos específicos de interdições deve prever o estudo aprofundado por parte da/o perita/o para execução dos procedimentos da avaliação a ser realizada e do estudo dos demais documentos auxiliares, constantes no processo e oriundo das entrevistas. O cuidado na integração destas informações e na análise a ser descrita pela/o perita/o deve integrar a articulação entre as informações com resultados do exame psicológico e elaborar um laudo capaz de sintetizar e transmitir ao juiz as melhores conclusões que puder chegar com segurança ética e técnica dos procedimentos utilizados durante a avaliação psicológica.

Considerações finais

Este capítulo teve como objetivo discorrer sobre a avaliação psicológica pericial do idoso. Este estudo buscou fornecer reflexões acerca desta temática, no intuito de levantar reflexões relacionadas sobre os processos de avaliação, bem como orientar na escolha dos instrumentos psicológicos e elaboração do laudo pericial. Este assunto foi de suma importância, visto que existem muitas dúvidas na execução deste tipo de trabalho por parte do psicólogo e da população em geral. Sabe-se que materiais mais práticos nesta área são restritos e os psicólogos ficam sem ter acesso a este tipo de informação. O psicólogo que atua na área jurídica pode auxiliar a justiça como perito, assistente técnico entre outros, mas precisa estar capacitado para a realização deste tipo de trabalho. À limitação do capítulo pode-se citar a escassez de artigos na área da psicologia jurídica relacionada a idosos, escritos de forma prática, para que o psicólogo possa direcionar seu trabalho. Diante do exposto, sugere-se que mais literaturas contemporâneas e práticas sejam escritas, sobre avaliação pericial de idosos, incluindo os documentos periciais. Já que as maiores denúncias éticas estão na formulação de documentos periciais de forma inadequada.

Quadro 2: Laudo Psicológico – Perícia Psicológica (Resumo – Fragmento da estrutura): esqueleto da estrutura de um laudo pericial

Nome completo do Psicólogo
Psicóloga CRPRS 07/xxxxx

LAUDO PSICOLÓGICO- PERÍCIA PSICOLÓGICA

Processo número:

1. IDENTIFICAÇÃO

Comarca:
Processo Número:
Reclamante- reclamada:

Nome do avaliado: CACTUS
Data de nascimento: 22/08/1950
Idade: 72 anos
Escolaridade: Ensino Médio
Estado Civil: Viúvo
Solicitante: Dr. João da Silva, através do processo de número: 00000000000000000
Finalidade: Avaliação Psicológica para fins judiciais
Autor: XXXXXXXXXXXXXXXX *- Psicóloga – CRP: 07/ xxxxx

2. DESCRIÇÃO DA DEMANDA

Cactus foi encaminhado para Avaliação Psicológica – Perícia Psicológica, por encaminhamento do Dr. João da Silva, através do processo número: 000000000000 com a finalidade de verificar condições cognitivas globais para gerir a própria vida.

3. PROCEDIMENTO

Número de encontros e duração: Foram realizadas 8 consultas de 45 minutos cada, nos dias 2, 8, de janeiro de 2022.
Entrevista individual e questionário de dados da história de vida pessoal e profissional.
Descrever o nome do teste, sua referência, o que avalia.

4. ANÁLISE

4.1 Análise da história de vida:
Cactus refere residir sozinho, (relatar a história do avaliado).

4.2 Análise da capacidade intelectiva:
No que se refere a atenção foram utilizados os seguintes instrumentos.

4.3 Análise da personalidade/aspectos emocionais/comportamentais:
No que se refere aos aspectos de personalidade Cactus demonstra xxxx (colocar aqui a análise qualitativa e quantitativos (observação e análise dos resultados).

Continua

5. CONCLUSÃO

De acordo com o processo de avaliação psicológica-perícia psicológica, neste momento, Cactus demonstra xxxxxxxxxxxxxxxo que indica capacidade intelectiva abaixo do esperado, o que pode explicar suas dificuldades na execução de tarefas mais complexas. Os resultados na atenção concentrada e funções executivas, também apresenta dificuldades.

(A Conclusão do laudo precisa responder à demanda)

De acordo com a análise quantitativa e qualitativa do processo de avaliação psicológica, Cactus demonstra preencher os critérios diagnósticos, conforme DSM-5 para XXXXXXXX, em grau leve.

Validade: A validade é de **doze meses** considerando a normatização vigente, bem como a natureza dinâmica do trabalho (Resolução CPF 06/2019). (pode mudar para seis meses).

OBS: De **acordo com a Resolução 06/2019**: Este documento não poderá ser utilizado para fins diferentes do apontado no item de identificação, que possui caráter sigiloso e que se trata de documento extrajudicial.

Data: _____

_____
XXXXXXXXXXXXXXXXXXXX
Psicóloga – CRPRS: 07/ xxxxx

* XXXXXXXXXXXXXXXXXXXX: Psicóloga (PUCRS/RS), Especialização em Neuropsicologia- Avaliação e Reabilitação (Faculdade XXXX Especialização Avaliação Psicológica (Faculdade XXXXX). Experiência em Avaliação psicológica para diferentes contextos.

6. REFERÊNCIAS

Conselho Federal de Psicologia. Resolução CFP N. 010/2005. Código de Ética Profissional.

Conselho Federal de Psicologia (CFP). (2018). Resolução 09/2018. Estabelece diretrizes para a realização de Avaliação Psicológica no exercício profissional da psicóloga e do psicólogo, regulamenta o Sistema de Avaliação de Testes Psicológicos – SATEPSI

Conselho Federal de Psicologia. Resolução CFP N. 06/2019. Elaboração de documentos escritos produzidos pela(o) psicóloga(o) no exercício profissional.

(todas as referências utilizadas no laudo, incluindo os testes e livros).

Colocar aqui todas referências utilizadas no laudo

_____
Endereço do profissional
Email: mmmmmmmmmmmmm Telefone: +55 (XX) 00000-0000

Perguntas e respostas

1. Quais os primeiros passos para iniciar/aceitar fazer uma perícia com idosos?

Resposta: O psicólogo deve se sentir com capacidade técnica para aceitar o caso. Ler todo processo, aceitar fazer a avaliação pericial e selecionar as técnicas que serão utilizadas (Verificar no site SATEPSI se estão favoráveis) e marcar a data, hora e local para realização da perícia.

2. Em decorrência das especificidades dos temas compreendidos nas perícias judiciais de idosos, os documentos elaborados por psicólogos, que atuam com a justiça não precisam verificar as exigências de rigor técnico determinadas pelo Conselho Federal de Psicologia (CFP).

a) Certo

b) Errado

Resposta: As exigências de rigor técnico e éticos sempre devem ser observadas pelas(os) psicólogas(os) quando de seu exercício profissional. Acompanhar a atualização e/ou novas resoluções emitidas pelo sistema conselhos de psicologia e os preceitos éticos do Código de Ética Profissional (CFP, 2005) é dever de todo e qualquer profissional no país em qualquer tipo de intervenção profissional.

3. Qual o especto central a ser avaliado em casos de interdição de idosos?

Resposta: O aspecto central que temos de avaliar nestes casos é a capacidade de discernir por parte do examinando. Isso implica poder ser verificado durante a avaliação as condições que o examinando tem em compreender, julgar, discriminar, analisar e considerar elementos da realidade objetiva, sua capacidade de medir consequências atuais e futuras de seus atos e decisões, avaliando objetivamente o que pode ser conveniente para si e para terceiros, para seus negócios e/ou suas relações pessoais. É importante avaliar se estas questões encontradas durante a avaliação são permanentes ou transitórias.

4. É necessário avaliar as funções do ego e funções executivas?

Resposta: O exame das funções do ego para estes casos é uma avaliação minuciosa que deve buscar, através de uma entrevista, a capacidade de integridade ou prejuízo que o examinando demonstrar durante o exame. Esta investigação é importante para determinar em seu conjunto, o que pode já estar degradado ou iniciando sintomas de perdas significativas destas funções que podem estar já causando algum tipo de prejuízo ou dano na capacidade cognitiva e percepção da realidade demonstrada pelo examinando.

5. É possível avaliar no exame psicológico prejuízos relacionados com a capacidade de gerenciar o patrimônio do examinando?

Resposta: É possível perceber durante a avaliação psicológica as questões referentes ao manejo financeiro e patrimonial do examinando. Durante a entrevista podem ser alocadas perguntas que façam referência a este tema, que em conjunto com os testes utilizados possam complementar e validar as perdas ou capacidades preservadas ou não de lidar com estes assuntos. Também podem ser inseridas perguntas sobre sua saúde em geral, informações sobre exames clínicos e histórico de saúde anterior. As questões sobre a qualidade das relações familiares também devem constar no momento da entrevista, assim como valores éticos, morais e sociais que o examinando possa ter em relação às suas relações e a si próprio.

Referências

Brasil (2015). *Lei N. 13.105, de 16 de Março de 2015*. Código de Processo Civil.

Brickenkamp, R., Schimidt-Atzert, Liepmann, D. (2018). *Teste d2-R: Atenção concentrada*. Hogrefe.

Chariglione, I. P. F. S., & De Sousa, C. D. S. (2021). Personalidade e cognição: um estudo em idosas brasileiras. *PSI UNISC, 5*(1), 82-95.

Conselho Federal de Psicologia (CFP) (2018). Resolução 09/2018. Estabelece diretrizes para a realização de Avaliação Psicológica no exercício profissional da psicóloga e do psicólogo, regulamenta o Sistema de Avaliação de Testes Psicológicos – SATEPSI. https://satepsi.cfp.org.br/

Conselho Federal de Psicologia. Resolução CFP N. 010/2005. Código de Ética Profissional. https://site.cfp.org.br/wp-content/uploads/2012/07/codigo-de-etica-psicologia.pdf

Conselho Federal de Psicologia. Resolução CFP N. 06/2019. Elaboração de documentos escritos produzidos pela(o) psicóloga(o) no exercício profissional. https://site.cfp.org.br/wp-content/uploads/2019/09/Resolu%C3%A7%C3%A3o-CFP-n-06-2019-comentada.pdf

Echeburúa, E., Muñoz, J. M., & Loinaz, I. (2011). La evaluación psicológica forense frente a la evaluación clínica: propuestas y retos de futuro. *International journal of clinical and health psychology, 11*(1), 141-159.

Farina, M., Breno Costa, D., Webber de Oliveira, J. A., Polidoro Lima, M., Machado, W. D. L., Moret-Tatay, C., Lopes, R. M. F., Argimon. I. I. L., & Irigaray, T. Q. (2019). Cognitive function of Brazilian elderly persons: longitudinal study with non-clinical community sample. *Aging & Mental health, 24*, 1-8. https://doi.org/10.1080/13607863.2019.1636203

Farina, M., Irigaray, T. Q., & de Lima Argimon, I. I. (2016). Personalidade e funcionamento adaptativo e psicopatológico em idosos. *Perspectivas en Psicología, 13*(2), 10-20. http://perspectivas.mdp.edu.ar/revista/index.php/pep/article/view/2

Fernández-Daza, M., & Martin Carbonell, M. P. (2019). *Manual básico para la evaluación psicológica de adultos mayores institucionalizados y sus familias. (Generación de contenidos impresos N. 06)*. Ediciones Universidad Cooperativa de Colombia. https://doi.org/10.16925/gcgp.15.\

Folstein, M. F. et al. (2018). MMSE-2: miniexame do estado mental. Adaptação brasileira CarinaTellaroli Spedo et. Al. 2. ed. Hohrefe.

Godoy, V. P., Mattos, P. & Malloy-Diniz, L. F. (2018) *Escala de Avaliação de Disfunções Executivas de Barkley*. Hogrefe.

Gorenstein, C., Argimon, I. I. de L., Wang, Y.-P., & Werlang, B. S. G. (2014). *BDI-II: Inventário de Depressão de Beck II*. Casa do Psicólogo.

Leme, I. F. A. S., Rossetti, M. O., Pacanaro, S. V., & Rabelo, I. S. (2011). Teste Memória Visual de Rostos (MVR), Casa do Psicólogo.

Leme, de Sá, I. F. A; Rabelo, I. S.; Alves, G. A. S. (2013). *IFP-II – Inventário Fatorial de Personalidade*. São Paulo: Casa do Psicólogo.

Medeiros, M. S. D. (2021). Interdição da pessoa idosa [Trabalho de Conclusão de Curso]. Universidade de Santa Cruz do Sul.

Meyer, G. J., Viglione, D. J., Mihura, J. L., Erard, R. E., & Erdberg, P. (2017). *Rorschach Sistema de avaliação por desempenho – Manual de aplicação, codificação e interpretação e manual técnico*. Hogrefe.

Nunes, C. H. S. da S., Hutz, C. S., & Nunes, M. F. O. (2013). *Bateria Fatorial de Personalidade (BFP) – Manual técnico*. São Paulo, SP: Casa do Psicólogo.

Oliveira, D. S., Jeckel-Rolim, E. M., Ferreira, P. D. O., Gonzatti, V., & Irigaray, T. Q. (2020). Avaliação neuropsicológica nos transtornos neurocognitivos. In T. Q., Irigaray, D. M., Schütz, M., Farina, M. B., Yates, M. P., Lima, & V. Gonzatti, *Avaliação psicológica no contexto contemporâneo*. (pp. 227-244). EDIPUCRS.

Ostrowski, A. E. B. (2022). *Assessor técnico em perícias*. https://dspace.uniceplac.edu.br/bitstream/123456789/1370/1/Assessor%20t%C3%A9cnico%20em%20per%C3%ADcias.pdf

Pekmezian, B. L., & Armada, B. N. (2018). Evaluación psicológica en el ámbito forense: la libertad anticipada en el contexto uruguayo. *Ciencias Psicológicas*, *12*(2), 285-292. https://revistas.ucu.edu.uy/index.php/cienciaspsicologicas/article/view/1692

Rabelo, I. S., Cruz, R. M., & Castro, N. R. (2020a). *Bateria Rotas de Atenção (Rotas): Manual*. Nila Press.

Rabelo, I. S., Cruz, R. M., & Castro, N. R. (2020b). *Teste de Memória de Reconhecimento (MEMORE): Manual*. São Paulo, SP: Nila Press.

Schutz, D. M., Paulachi, R. A., & Irigaray, T. Q. (2020). Perícia psicológica: avaliação forense em vara de família. In T. Q., Irigaray, D. M., Schütz, M., Farina, M. B., Yates, M. P., Lima, & V. Gonzatti, *Avaliação psicológica no contexto contemporâneo*. (pp. 263-278). EDIPUCRS.

Sedó, M. (2007). *Five Digist Test Teste dos cinco digítos*. Versão brasileira: Paula, J.J, Diniz L.F.M. Hogrefe,

Segovia Díaz de León, M. G., & Torres Hernández, E. A. (2011). Funcionalidade do adulto mayor y el cuidado enfermero. *Gerokomos*, *22*(4), 162-166. https://dx.doi.org/10.4321/S1134-928X2011000400003

Tejero, R. (2016). Ejercicio profesional del psicólogo forense y pautas para el orientador. TSOP: *Psicología forense y justicia social: estrategias de intervención*. X, 10-24. https://ebookcentral.proquest.com/lib/ucusp/reader.action?docID=4823934

Trentini, C. M., Yates, D. B., & Heck, V. S. (2014). Escala Wechsler abreviada de inteligência-WASI: manual. *Casa do Psicólogo*.

Wechsler, D. (2004). *Escala de Inteligência Wechsler para Adultos (WAIS-III)*. Casa do Psicólogo.

Atitudes, planejamento, decisão e bem-estar na aposentadoria: pesquisas, medidas e intervenções

Lucia Helena de Freitas Pinho França
Silvia Miranda Amorim

Destaques

1) A aposentadoria deve ser reconhecida enquanto um grande momento da vida adulta que gera diversos desafios pessoais, sociais e institucionais.

2) A aposentadoria representa um distanciamento comportamental e psicológico do indivíduo em relação ao trabalho.

3) É necessário desenvolver com os trabalhadores mais velhos a consciência dos recursos que dispõem para a tomada de decisão frente à continuidade no trabalho ou à aposentadoria.

4) Preparar para aposentadoria significa realizar a educação para o uso do tempo livre, possibilitando a redefinição do sentido da vida.

5) Os trabalhadores mais velhos devem se manter saudáveis, ativos e tecnologicamente atualizados, enfatizando o equilíbrio do tempo entre a vida e o trabalho.

6) O planejamento é algo que precisa ser fortalecido nas organizações, universidades e centros sociais e comunitários do país.

7) Existe uma correlação positiva entre a satisfação com o trabalho na aposentadoria e a satisfação com a vida.

8) O desafio será oferecer um PPA para todos os trabalhadores, organizados em parceria universidade-empresas-governo, visando o bem-estar na aposentadoria.

9) Lutar contra o ageísmo poderá manter os trabalhadores mais velhos desenvolvidos e contribuindo junto com os mais jovens para a sociedade.

Contextualização temática

O convite da produção deste capítulo foi para apresentar medidas que facilitassem o trabalho de pesquisadores e quem trabalha diretamente com a transição da aposentadoria e a continuidade no trabalho mesmo após ter direito à aposentadoria. Assim, foi inevitável priorizar a produção consolidada da primeira autora junto a seus alunos de mestrado, doutorado e colaboradores, ao longo de mais de 15 anos coordenando o Laboratório sobre Envelhecimento no Contexto Organizacional e Social (LECOS), no Programa de Pós-graduação em Psicologia na Universidade Salgado de Oliveira. Apesar disso, foram destacadas as pesquisas e práticas adotadas por outros autores brasileiros e internacionais com os trabalhadores mais velhos frente ao envelhecimento e aposentadoria nas organizações.

Para que este conteúdo fosse apresentado, o capítulo está dividido em sete seções: a primeira irá abordar a aposentadoria como transição multideterminada e dinâmica; a segunda tratará da influência das atitudes e preditores individuais, organizacionais e sociofamiliares na decisão da aposentadoria; a terceira trata do planejamento para a aposentadoria e os programas de preparação para a aposentadoria; a quarta aborda a tomada de decisão na aposentadoria e as opções a serem consideradas diante da continuidade ou do afastamento do mundo do trabalho; a quinta discute as variáveis que predizem a decisão da aposentadoria; a sexta apresenta a adaptação e o ajuste à aposentadoria enquanto busca da satisfação e bem-estar. Finalmente, a sétima seção aborda as considerações finais deste trabalho: De onde viemos e para onde vamos?

Aposentadoria: transição multideterminada e dinâmica

O tema da aposentadoria tem sido cada vez mais discutido no Brasil, principalmente por conta da reforma da previdência aprovada em 2019 e suas consequentes discussões e reflexões. Esse debate fortalece o reconhecimento dessa fase enquanto um grande momento da vida adulta, que já possui espaço no âmbito internacional por conta do crescimento contínuo da longevidade, reflexo do aumento do tempo de vida na aposentadoria que, por sua vez, gera diversos desafios sociais (Amorim, 2022).

Este capítulo tem como objetivo discorrer sobre a aposentadoria enquanto um processo dinâmico e multifacetado, apresentando os principais instrumentos de medida para cada uma das etapas do processo. Busca, ainda, destacar as principais variáveis relacionadas a esse processo e os fatores organizacionais que podem facilitar ou dificultar essa vivência. Para tanto, serão abordados cinco tópicos: i) preditores e fatores de risco; ii) planejamento; iii) tomada de decisão; iv) adaptação e ajuste; v) ações e desafios organizacionais.

Dentre as muitas possibilidades de conceituação da aposentadoria, a principal se refere ao distanciamento comportamental e psicológico do indivíduo em relação ao trabalho (Shultz & Wang, 2011). O modelo proposto pelos autores apresenta o processo enquanto multinível e causal, sendo a decisão para se aposentar voluntária ou involuntária, envolvendo diversas fases, até o alcance da adaptação e do ajuste à aposentadoria definitiva (Jex & Grosch, 2012). Cabe ressaltar a necessidade de análise do momento em que cada indivíduo está inserido para a realização de tais medidas (Amorim et al., 2021).

Considerando este modelo, nos tópicos a seguir abordaremos as diversas variáveis que envolvem a aposentadoria, bem como algumas possibilidades de medida.

Influência das atitudes e preditores individuais, organizacionais e sociofamiliares na decisão da aposentadoria

A aposentadoria tem sido conhecida como um processo multifatorial, ou seja, marcado por muitas variáveis (Amorim & França, 2019a). Por esse motivo, contemplar todos os preditores e fatores de risco envolvidos torna-se um grande desafio. Apesar disso, alguns aspectos têm sido tradicionalmente abordados pela literatura, reafirmando sua importância.

Alguns atributos individuais encontram-se entre esses fatores. Estudos demonstram, por

Tabela 1: Aposentadoria enquanto processo multinível e causal

Preditores e fatores de risco	Atributos individuais	– Características demográficas – Valores – Personalidade – Atitudes frente à aposentadoria – Saúde e finanças
	Fatores organizacionais e do trabalho	– Características do trabalho – Atitudes em relação ao trabalho – Flexibilidade no trabalho – Incentivos financeiros – Estereótipos de idade
	Fatores familiares	– Suporte familiar – Necessidade de cuidados familiares – Qualidade das relações – Aposentadoria do parceiro
	Fatores socioeconômicos	– Normas sociais sobre aposentadoria – Condições econômicas – Tendências econômicas – Sistema de segurança social – Políticas governamentais
Processo da aposentadoria	Planejamento	– Planejamento formal e informal – Planejamento financeiro – Metas para a aposentadoria
	Decisão	– Aposentadoria antecipada – *Bridge employment* – Aposentadoria definitiva – Trabalho voluntário – Aposentadoria voluntária ou involuntária – Intenção de aposentadoria
	Transição e ajuste	– Atividades de lazer – Satisfação na aposentadoria – Satisfação com a vida – Saúde física e mental – Trajetórias pós-aposentadoria

Fonte: Autoras

Nota: Adaptado de Shultz & Wang (2011)

exemplo, a influência de questões de gênero, de idade, raça, escolaridade, *status* conjugal, entre outras variáveis, demonstrando que podem existir diferenças na vivência da aposentadoria, a depender desses fatores (Burr et al., 2009; Dingemans & Henkens, 2015). De maneira semelhante, alguns fatores de personalidade podem representar uma influência, entre os quais se destacam a abertura a mudanças e a conservação de valores (Burr et al., 2009).

Ainda relacionado aos valores pessoais, as atitudes individuais frente à aposentadoria precisam ser compreendidas. Segundo França (2004), o estado do indivíduo em relação ao processo pode ser positivo, sendo observados ganhos como liberdade e tempo para outras atividades ou negativo, sendo observadas perdas financeiras, sociais e emocionais relacionadas ao trabalho.

As escalas *Executives' Perception of Gains in Retirement* (EPGR) e *Executives' Perception of Losses in Retirement* (EPLR) foram construídas por França (2004) com o objetivo de medir as atitudes positivas (ganhos percebidos) e as atitudes negativas (perdas percebidas) frente à aposentadoria. Os instrumentos foram desenvolvidos em uma escala tipo *likert* de quatro pontos, em grau de importância (sendo um igual a muito importante e quatro igual a nada importante), sendo a EPGR composta por 19 itens e 5 fatores (a liberdade do trabalho; os relacionamentos; novo começo; atividades culturais e de lazer; e investimentos) e a EPLR composta por 19 itens e 4 fatores (perdas de aspectos emocionais; perda de aspectos tangíveis; relacionamentos da empresa; e compensação e/ou benefícios). Ainda no nível individual, os fatores mais citados pela literatura são aqueles relacionados à situação de saúde e financeira. A saúde engloba a importância de promover o bem-estar para evitar doenças crônicas e qualidade de vida (alimentação saudável, vacinas, exames periódicos, atividade física). Além disso, as pessoas terão que aprender a economizar para o seu futuro, fazer a sua própria previdência e dar importância às políticas de educação financeira.

Os resultados destas duas escalas em validação transcultural com executivos brasileiros e neozelandes foram publicados no Brasil (França & Vaughan, 2008). Estas escalas foram utilizadas também por Pissinati et al. (2016) com 164 pré-aposentados de uma universidade pública do Paraná. Esses autores testaram variáveis sociodemográficas e ocupacionais como preditores para perdas e ganhos esperadas na aposentadoria e, tal qual França (2004), observaram que os participantes atribuíram maior importância aos ganhos do que às perdas da aposentadoria. Pissinati et al. (2016) relataram ainda que o aumento da idade associou-se à menor valorização dos ganhos totais e do tempo para relacionamentos, e o maior tempo de atuação contribuiu para a valorização das perdas totais e dos aspectos tangíveis do trabalho.

E o que influencia as pessoas a juntar dinheiro? Hershey e Mowen (2000) buscaram identificar a relação entre os fatores psicossociais, o conhecimento e o planejamento financeiros para a aposentadoria. Os autores apontaram a existência de uma relação direta e indireta entre as variáveis: planejamento financeiro, conhecimento financeiro, relevância da aposentadoria, perspectiva de tempo futuro, nível de consciência do indivíduo, estabilidade emocional e afeto. A partir do estudo de Hershey e Mowen (2000), outras pesquisas foram realizadas em diversos países para aprimorar o modelo psicomotivacional e explicar o planejamento financeiro para a aposentadoria, inclusive no Brasil (França & Hershey, 2018; Sxhuabb et al., 2020).

França e Hershey (2018) testaram os determinantes psicológicos que influenciam o planejamento financeiro de brasileiros na aposentadoria. Foram avaliadas as variáveis citadas no modelo psicomotivacional e os resultados apontaram que a perspectiva de tempo futuro e a clareza de metas para a aposentadoria foram os principais preditores da percepção da adequação da poupança no futuro. O planejamento financeiro dos brasileiros era preponderantemente influenciado pela família e pelos amigos, comparados com o planejamento dos americanos e holandeses. Replicando este estudo com profissionais da saúde de uma instituição privada no Rio de Janeiro, Schuabb et al. (2019) confirmaram a complexidade do modelo psicomotivacional, destacando a influência parental, que se inicia na infância e impacta na clareza de metas para a aposentadoria. Este estudo destacou ainda a importância da responsabilidade individual dos brasileiros no planejamento financeiro, que apesar de se iniciar na família, depende do estabelecimento de um plano de etapas e atividades que deve ser desenvolvido na escola e nas organizações.

Apesar de ser uma necessidade premente, a educação financeira ainda não é uma realidade em todas as escolas brasileiras. O Ministério da Educação e Cultura (MEC) propôs um projeto-piloto entre 2008 e 2010, levando a educação financeira à rede pública de Ensino Médio dos estados do Ceará, Minas Gerais, Rio de Janeiro, São Paulo, Tocantins e do Distrito Federal. Esta experiência produziu mudanças significativas na vida dos jovens estudantes e de suas famílias, e foi registrada no relatório produzido pelo Banco Mundial: *The impact of high school financial education – experimental evidence from Brasil* (Bruhn et al., 2013). A partir de então, a meta do MEC é disseminar os resultados e estimular a adoção da educação financeira para alunos do Ensino Fundamental e Médio, por meio de aulas, jogos e cursos on-line. Entretanto, a educação financeira não será introduzida como uma disciplina, mas será integrada a um conjunto de conteúdos curriculares.

A revisão de literatura de Schuabb e França (2020) alerta para a importância de estudos quantitativos que avaliem, sob o viés da psicologia, os aspectos que influenciaram o planejamento financeiro para a aposentadoria nos brasileiros. Alerta, ainda, para a criação de um instrumento específico para avaliar o planejamento financeiro e a realização de intervenções para melhorar ou reverter hábitos financeiros não saudáveis. Tais investigações sobre os preditores da poupança para a aposentadoria devem estar articulados às hipóteses e à evolução de estudos longitudinais aplicados em diversos contextos, seja nas instituições educacionais, sociais, de saúde ou nas organizações de trabalho. O desenvolvimento de pesquisas e intervenções sobre o planejamento financeiro poderão estimular a mudança de atitudes/comportamentos de poupança para o futuro.

Tanto os aspectos financeiros quanto as condições de saúde são considerados como fatores de risco e se enquadram em um conjunto de elementos conhecidos teoricamente como recursos. Ancorados na Teoria da Conservação dos Recursos, eles tratam de características ou condições que são valorizadas pelos indivíduos e facilitam o alcance dos objetivos dos indivíduos (Hobfoll, 1989; Holmgrenn et al., 2017). A análise da aposentadoria com base na teoria de recursos reforça enquanto um processo longitudinal, e coloca o bem-estar enquanto o principal resultado a ser alcançado, evidenciando seis grupos de recursos individuais centrais (Wang & Shultz, 2010):

i) recursos físicos: saúde física e mental ou presença de doenças;

ii) financeiros: economias, investimentos e fundos;

iii) sociais: interações com amigos, familiares e sociedade;

iv) emocionais: vivência de emoções positivas e habilidades emocionais;

v) cognitivos: resolução de problemas e tomadas de decisão;

vi) motivacionais: objetivos de vida e alcance de metas.

Leung e Earl (2012) desenvolveram o instrumento *Retirement Resources Inventory* (RRI), que explora empiricamente os recursos na aposentadoria. O RRI é formado por 35 itens e 6 domínios, sendo, em sua criação, aplicado em 267 aposentados australianos acima de 50 anos, resultando em uma estrutura de três fatores que integravam os 6 fatores predefinidos. No Brasil, a estrutura encontrada por Amorim e França (2019b) para esse instrumento foi composta por 29 itens e 5 fatores (recursos físicos, recursos financeiros, recursos sociais, recursos emocionais e recursos cognitivos e motivacionais) com evidências de validade para uma amostra de 1.002 aposentados brasileiros.

Outro recurso notadamente reconhecido é o suporte social, que pode ser definido como a percepção de que existem pessoas que proporcionam aos indivíduos diversos benefícios, sejam eles afetivos, operacionais ou mesmo financeiros (Gabardo-Martins et al., 2017). Na aposentadoria, ele se apresenta como um importante fator que facilita a vivência da transição, oferecendo a sensação de pertencimento e de facilitação da vivência do cotidiano (França, 2004).

Para além do RRI, existem diversos instrumentos de medida para o suporte social. Dentre eles, destacamos a Escala Multidimensional de Apoio Social Percebido, validada para o Brasil por Gabardo-Martins et al. (2017). Na ocasião da validação, realizada com 831 trabalhadores brasileiros, as análises demonstraram a manutenção dos fatores do instrumento original (família, amigos e outros significantes), sendo invariante entre os grupos divididos quanto ao gênero e a categoria ocupacional.

Ainda com relação aos fatores socioeconômicos, é importante ressaltar a influência do momento brasileiro nas percepções e vivências da aposentadoria. Recentemente, o país passou por uma reforma da previdência que, entre outras mudanças, alterou a idade da aposentadoria para 65 no caso dos homens e 62 anos no caso das mulheres, sendo o tempo mínimo de contribuição alterado de 15 para 25 anos. Apesar dessas mudanças, poucas são as garantias de que a reforma será benéfica no âmbito financeiro dos aposentados. Além do que, são inexistentes as propostas relacionadas à saúde, educação, qualidade do ambiente, entre outras. Assim, a vivência atual da aposentadoria por parte dos brasileiros é repleta de sentimentos de insegurança e incerteza, uma vez que muitas pessoas precisarão continuar trabalhando mesmo adquirindo o direito ao benefício (Silva et al., 2019).

O planejamento para a aposentadoria e os Programas de Preparação para a Aposentadoria

Ancorado na ideia da aposentadoria enquanto um processo e o planejamento que deve ocorrer antes da decisão para a nova fase, torna-se fundamental considerar as variáveis individuais, atividades sociofamiliares e as atividades diversificadas que propiciam o bem-estar na aposentadoria. Assim, o planejamento é algo que precisa ser fortalecido não apenas nas organizações por meio de suas políticas e práticas, mas nas universidades e centros sociais e comunitários do país.

Preparar para a aposentadoria significa realizar a educação para o uso do tempo livre, possibilitando a redefinição do sentido da vida. A descoberta de outros valores além do trabalho, tais como valores do lazer, da produção cultural, do engajamento político, da participação comunitária e do trabalho voluntário pode levar a elaboração de novos projetos de vida e assim conferir significado e dignidade ao tempo livre conquistado pela aposentadoria, permitindo também à sociedade como um todo o aproveitamento da experiência única e insubstituível destes seus membros. Preparar para a aposentadoria torna-se, então, uma nova tarefa que se impõe ao governo, às instituições comunitárias e às empresas, como responsabilidade de todos aqueles que são capazes de garantir uma qualidade de vida cada vez melhor ao homem, da infância à velhice.

O planejamento antecipado para a aposentadoria é comprovadamente um preditor de bem-estar, para os indivíduos, as famílias e a comunidade de um modo geral. Apesar disso, esta é uma prática pouco frequente em nossa população, sendo que a falta de preparo para este momento indica a necessidade do alastramento dessas práticas tanto no setor público quanto privado para todos os funcionários, jovens ou idosos (Amorim & França, 2019b).

Os Programas de Preparação para a Aposentadoria (PPA) são previstos na Política Nacional do Idoso, ao postular que "são competências dos órgãos e entidades públicas, na área de trabalho e previdência social, criar e estimular a manutenção de programas de preparação para aposentadoria nos setores público e privado com antecedência mínima de dois anos antes do afastamento" (Brasil, 1994, art. 10). Estes programas foram reforçados pelo Estatuto do Idoso (Brasil, 2003) e, desde o final do século passado, têm sido desenvolvidos em organizações públicas e privadas, embora o setor público tenha notadamente considerado mais esta prática com seus trabalhadores mais velhos. Assim, o PPA tem sido oferecido pelas organizações, mais notadamente pelas públicas (França et al., 2019), de modo que o pré-aposentado possa se planejar e decidir sobre a melhor opção quando adquirir o direito à aposentadoria.

Assim, os PPAs se consolidaram enquanto um momento de tomada de consciência e de reflexão sobre os conflitos, desafios e oportunidades da aposentadoria, além do incentivo a novas áreas de interesses e projetos que estavam congelados (Zanelli et al., 2010). Para contemplar todas as questões relacionadas ao momento, é importante que o PPA compreenda o planejamento de maneira ampla, abordando domínios como o planejamento financeiro, o planejamento da saúde, o planejamento social, e o planejamento psicológico, relacionado a questões como a identidade, a adaptação a mudanças e o significado do trabalho (Yeung & Zhou, 2017).

Com relação aos instrumentos de medida para avaliar os PPA e o planejamento como um todo, diversos instrumentos podem ser utilizados, a depender da fase do processo em que o indivíduo se encontra e dos temas abordados em seu planejamento. A título de exemplo, foi criada a Escala de Fatores-chave para o Planejamento para a Aposentadoria (*KFRP – Key Factors on Retirement Planning*), desenvolvida com o objetivo de avaliar os principais fatores de risco e atividades associadas ao planejamento na aposentadoria com executivos brasileiros e neozelandeses (França, 2004). A escala de 15 itens apresentou índice de consistência interna satisfatória com a estrutura de quatro dimensões, sendo elas: bem-estar pessoal e social; fatores de risco ou de sobrevivência; começo de uma nova carreira; e relacionamentos familiares.

Alguns anos depois, a escala KFRP, em português traduzida para Fatores-chave para o Planejamento para a Aposentadoria, foi testada e validada em 121 trabalhadores com 45 anos ou mais em cargos não gerenciais de grandes organizações no munícipio de Resende – Rio de Janeiro (França & Carneiro, 2009). A KFRP para este grupo de trabalhadores fluminenses não gerenciais indicou boa adequação dos dados à análise fatorial (KMO= 0,77). O teste de esfericidade de Bartlett foi significativo ao nível de 0,001 ($x^2 = 610,6$; df = 105), demonstrando que houve correlações suficientes entre as variáveis para o emprego da análise fatorial. Assim, o modelo de 15 itens foi distribuído em quatro dimensões, apresentando variância explicada superior (62,1%) e índice de consistência interna satisfatório ($\alpha = 0,84$). A análise fatorial extraiu quatro dimensões denominadas bem-estar pessoal e social ($\alpha = 0,76$); fatores de risco ou de sobrevivência ($\alpha = 0,73$); começo de uma nova carreira ($\alpha = 0,73$) e relacionamentos familiares ($\alpha = 0,72$). Interessante observar o interesse destes trabalhadores em continuar em atividade (92%) após a aposentadoria.

Nesta mesma direção, vale destacar um instrumento similar ao KFRP, que utilizou o método transteórico nas diferentes fases do planejamento. Trata-se da Escala de Mudança de Comportamento de Planejamento da Aposentadoria (EMCPA) desenvolvida por Leandro-França et al. (2014) com o objetivo de identificar áreas de maior investimento, estabelecer metas e refletir sobre a mudança no planejamento da aposentadoria. O estudo com uma amostra de 189 servidores públicos revelou evidências de validade da estrutura bifatorial (Investimento Ocupacional-social e Investimento em Autonomia e Bem-estar) para os 15 itens da escala.

Alguns estudos têm avaliado a eficácia dos PPAs por meio de instrumentos ancorados na Psicologia Positiva. Ao apresentar o PPA desenvolvido em uma instituição pública de ensino, Oliveira et al. (2021) citaram a capacidade das intervenções de potencializarem aspectos positivos e o sentido da vida. Os resultados encontrados se assemelham aos de outros PPAs, como os do projeto "Viva Mais!" (Murta et al., 2014), em que foram observados resultados satisfatórios no que diz respeito aos afetos negativos e positivos, e que corroboram com a expectativa de que os PPAs gerem reflexões e a quebra de ideias negativas em relação à aposentadoria.

Tomada de decisão na aposentadoria: Opções a serem consideradas diante da continuidade ou do afastamento do mundo do trabalho

A decisão da aposentadoria tem sido estudada enquanto uma fase em que algumas possibilidades se delineiam. Três principais opções da decisão para a aposentadoria têm sido destacadas (Beehr & Bennett, 2015; Menezes & França, 2012). Uma das opções que o trabalhador mais velho pode adotar após alcançar os critérios legais para aposentar-se é o adiamento da aposentadoria (*late retirement*). O trabalhador neste caso deseja permanecer no mesmo emprego, sob as mesmas condições de carga horária e jornada de trabalho. Algumas organizações têm oferecido a possibilidade de mudança de cargo ou setor, com o objetivo de respeitar as mudanças físicas e cognitivas desse trabalhador, bem como sua motivação intrínseca de aprender e desenvolver atividades em outra área. Outra opção é o trabalhador buscar o emprego ou trabalho de ponte (*bridge employment*), que considera se despedir da carreira principal e dedicar-se a outro emprego ou trabalho, na mesma área de atuação ou não, com a mesma carga de trabalho anterior ou não. Regra geral, essas pessoas optam por trabalhos mais flexíveis, ou seja, querem atuar como empreendedores, autônomos ou prestadores de serviço, com carga horária reduzida e flexível. Por fim, a opção pela aposentadoria definitiva, considerada a saída do mercado de trabalho. Onde o aposentado deverá usufruir de seus proventos financeiros advindos de pensões e/ou de fontes secundárias de renda (investimentos, heranças, aluguéis de imóveis).

A fim de contemplar todos os instrumentos relativos ao processo da aposentadoria, foi realizada uma revisão integrativa da literatura, destacando medidas relativas às intenções, interesses, atitudes e decisões na aposentadoria, bem como aos preditores dessa decisão (Amorim et al., 2021). A partir dessa revisão, foi possível sugerir um instrumento que contemplasse a decisão de maneira ainda mais ampla, por meio das dimensões: i) intenção de se aposentar antes da idade legal – aposentadoria antecipada – *early retirement*; ii) Intenção de se aposentar definitivamente – aposentadoria legal, iii) Intenção de realizar um trabalho de ponte ou um trabalho diferente – *bridge employment*; e iv) Intenção de continuar trabalhando ou retornar ao trabalho após a aposentadoria. Nota-se que a ordem de aparição das opções de escolha de decisão considera o desejo de afastamento para o maior envolvimento com o trabalho, que se inicia antes da aposentadoria (aposentadoria antecipada ou *early retirement*) para a continuidade ou permanência no trabalho (postergação da aposentadoria – *late retirement)*. O instrumento recém-construído EDA – Escala de Decisão da Aposentadoria (França et al., em desenvolvimento) está sendo testado no Brasil, dentro de um projeto transcultural (2022-2025) sobre os preditores da decisão da aposentadoria, com a extensão para Portugal, Espanha e Colômbia.

E quais variáveis predizem a decisão da aposentadoria?

A decisão da aposentadoria pode ser estudada por meio das abordagens macro, meso e micro (Henkens et al., 2018). Na abordagem macro é relevante a cultura, os valores sociais e um sistema previdenciário que garanta a sobrevivência mínima dos aposentados, estimulando a poupança, apoiando aqueles que irão se aposentar e oferecendo um ambiente de inclusão e estímulo para quem deseja continuar trabalhando. A abordagem meso se manifesta por meio das políticas e normas organizacionais relacionadas aos benefícios e idade de aposentadoria. Na abordagem micro destacam-se os preditores e recursos individuais para a manutenção do trabalhador ou a saída da organização (Henkens, 2022).

Henkens et al. (2018) argumentam que não basta tratar a reforma da previdência sem abordar os aspectos psicossociológicos que a impactam e, que, normalmente, são considerados secundários pelos governos. Assim, na transição trabalho-aposentadoria é necessário desenvolver com os trabalhadores mais velhos a consciência dos recursos que eles dispõem para a tomada de decisão (França et al., 2013). Dentre os grupos de preditores estão: i) variáveis independentes individuais, incluindo os aspectos sociodemográficos; ii) variáveis organizacionais e do trabalho; e iii) variáveis sociofamiliares (relacionamentos e apoios ou suportes).

No que diz respeito às variáveis individuais, devem ser analisados: a) Idade – quantos anos você tem? A idade subjetiva, ou quão velho ou jovem um indivíduo se sente, é também um importante marcador de envelhecimento bem-sucedido/bem-estar, saúde e longevidade; b) situação econômica – a renda familiar adquirida pelos ganhos de salário mensal, pensão, bens imóveis, investimentos e os dependentes financeiros desses trabalhadores; c) saúde percebida; d) versão reduzida da escala de volição no trabalho – se refere à possibilidade que o indivíduo teve para escolher seu trabalho (Pires & Andrade, 2022).

Quanto às variáveis organizacionais e do trabalho destacam-se: a) flexibilidade de horário; b) controle do trabalho; c) satisfação com o trabalho d) Escala de Motivos para Continuar Trabalhando na Aposentadoria-Versão reduzida – EMCTr (França et al., 2021), composta por21 itens, dispostos em sete dimensões i) situação financeira, ii) condições físicas, iii) condições de trabalho, iv) importância do trabalho, v) relacionamento no trabalho, vi) relacionamento com organização e vii) desenvolvimento intelectual.

No que diz respeito às variáveis sociofamiliares devem ser considerados: a) Relacionamento afetivo, familiar e social; b) suporte social percebido e oferecido. O suporte social percebido está relacionado à percepção do indivíduo sobre a qualidade, frequência e adequação das ajudas que lhes são oferecidas.

Adaptação e ajuste à aposentadoria: A busca da satisfação e bem-estar

Como última etapa do processo da aposentadoria, cabe ressaltar as variáveis relacionadas à adaptação e ajuste. Entre as principais variáveis destaca-se o bem-estar, que tem sido relacionado à vivência em condições adequadas diante da cultura, valores e expectativas individuais, com a Psicologia Positiva sendo seu principal aporte teórico (Silva & Boehs, 2017), sendo ainda discreta sua inclusão nos estudos sobre aposentadoria (Amorim & França, 2019c).

A satisfação na aposentadoria tem sido conceituada como um senso subjetivo de bem-estar, indicando como o indivíduo percebe sua qualidade de vida nesse momento. Sendo assim, o conceito de satisfação na aposentadoria considera mais as experiências de vida e a qualidade da aposentadoria do que as condições de vida do aposentado (Dorfman, 1995; Quick & Moen, 1998). Ao contrário do ajuste ou adaptação à aposentadoria, a satisfação na aposentadoria não representa um processo, mas um indicador de bem-estar e contentamento com a vida do aposentado (Price & Joo, 2005). Van Solinge e Henkens (2008) diferenciam os construtos alegando que seria possível, por exemplo, ajustar-se à situação de aposentado sem estar satisfeito ou aproveitá-la.

Zanelli (2012) aponta diversas características psicossociais que podem contribuir para a redução dos estressores na transição para a aposentadoria, entre os quais o engajamento a novos grupos de referência e o convívio familiar e social. No processo de ajuste ou bem-estar na aposentadoria, Zanelli ressalta que finalizada a transição, normalmente se estabelece um período propício ao autoconhecimento e de aprendizagem sobre o mundo impulsionado pela aquisição e utilização de novas habilidades.

No contexto da satisfação com a aposentadoria, é inegável o papel do trabalho enquanto atividade laborativa, uma vez que outros estudos apontam entre aqueles que trabalham na aposentadoria a correlação existente entre a satisfação com o trabalho e a satisfação com a vida (Guerson et al., 2019). Nalin e França (2015) identificaram em aposentados o efeito da resiliência e da satisfação com a condição econômica como principais preditores no bem-estar da aposentadoria.

Em se tratando do bem-estar de aposentados mais velhos e de possíveis perdas cognitivas, Neri (2021) destacou a importância da resiliência psicológica, para superar as perdas da memória operacional e episódica, atenção, orientação espacial e temporal e compreensão de linguagem, que dependem mais da estrutura cerebral. Para a autora, estas perdas podem ser compensadas por ganhos em funções cognitivas que dependem da educação, dos talentos e especialidades e da experiência cultural, tais como memória semântica e fluência verbal. Contudo, Neri (2021) adverte que esta competência não surge como um passe de mágica na velhice, ou um prêmio pela vida virtuosa que alguns tiveram. Os idosos, como qualquer cidadão, devem ser estimulados a desenvolver resiliência psicológica ao longo da vida, mas igualmente devem ser protegidos pelo Estado, por meio das políticas e práticas públicas que garantam o mínimo para a qualidade de vida de sua população (saúde física e mental, integridade, liberdade, segurança, educação, igualdade, cidadania e outras).

Quanto à avaliação da adaptação à aposentadoria, há, ainda, uma carência de instrumentos de medida desta fase. Assim, Amorim e França (2019c) adaptaram e verificaram as evidências de validade do Inventário de Satisfação na Aposentadoria (RSI) para os brasileiros, além de investigarem se as razões para se aposentar influenciam a satisfação na aposentadoria. Os instrumentos apresentaram uma estrutura diferente da encontrada em outros países, porém demonstraram aplicabilidade no contexto brasileiro, sendo que o tempo para os relacionamentos, a redução do estresse e o tempo para outras atividades foram os principais motivos para os participantes se aposentarem.

Considerações finais – De onde viemos e para onde vamos?

Desde o início deste século o mundo se vê diante de uma nova era em que a aposentadoria está sendo adotada por aqueles que, além de terem alcançado a idade do benefício, querem ou precisam parar de trabalhar. Ao mesmo tempo, identificamos que uma boa parte daqueles que se aproximam da concessão da aposentadoria ainda desejam continuar trabalhando. Diversos fatores devem ser considerados diante deste processo, quer sob o ponto de vista das organizações, por meio dos Recursos Humanos, e pelo próprio trabalhador, que se vê diante de um dilema: a aposentadoria.

É certo que profissionais que atuam com a temática da aposentadoria têm a dupla responsabilidade de apoiar as pessoas que se encontram na transição trabalho-aposentadoria no processo de planejamento do trabalhador mais velho para ele fazer a melhor escolha, ao mesmo tempo aconselhar possibilidades da continuidade no trabalho, caso seja desejável. Nem sempre a decisão vem acompanhada por um planejamento prévio, sendo ainda importante lembrar que o trabalhador pode continuar trabalhando mesmo tendo direito a se aposentar. Ou se aposentar e retornar ao trabalho, vivenciando a transição mais de uma vez, seguindo um círculo de trabalho-aposentadoria-educação-trabalho. Para aqueles que desejam continuar trabalhando, conforme assinalado por França (2008), será preciso estimulá-los no desenvolvimento e na atualização profissional permanente, para que continuem competitivos no mercado, ainda que atuando, preferencialmente, em horários reduzidos, em locais não necessariamente tradicionais, em *home-office*, contratos de meio período (*part-time*) ou temporários.

Neste sentido, é evidente a necessidade de manter os trabalhadores mais velhos saudáveis, ativos e tecnologicamente atualizados, enfatizando o permanente equilíbrio do tempo entre a vida privada e o trabalho (França, 2008). Associado a isso, vivemos um momento que ainda é preciso relembrar a existência de uma Constituição Federal de 1988, onde são assegurados os direitos a todos os cidadãos, independente de sexo, cor, raça, idade e grupo econômico ou deficiência. Assim, é que devemos nos antecipar ao ageísmo ou etarismo, erguendo a bandeira da inclusão, do respeito e do acolhimento dos trabalhadores mais velhos, e a importância de criar um ambiente organizacional acolhedor (*age-friendly*).

Lutar contra o ageísmo ou etarismo é necessário para que os trabalhadores mais velhos possam se desenvolver e contribuir produtiva e socialmente com os trabalhadores mais jovens. Vivemos em uma era que é totalmente contraproducente dispensarmos os recursos humanos, tanto dos mais jovens que trazem a atualização tecnológica e os métodos modernos recém-aprendidos quanto da riqueza da sabedoria dos mais velhos. Sem dúvida, ainda há muito trabalho para ser desenvolvido, quer sobre o envelhecimento nas organizações, ou especificamente quanto à transição da aposentadoria.

No campo acadêmico, reforçamos a necessidade de pesquisas quantitativas e qualitativas de coorte longitudinais e intervenções junto aos trabalhadores mais velhos, onde estes possam identificar o que não gostam, resgatar seus velhos interesses e novas descobertas que possam trazer motivação e recursos necessários para o alcance dos seus propósitos. A pesquisa deve ser estendida aos empregadores, representados por profissionais de Recursos Humanos, incentivando-os a se colocarem no lugar do trabalhador que envelhece e o que a organização pode fazer pela melhor adaptação deste. Oferecer oportunidades de grupos focais para que possam buscar estratégias para articular a experiência do mais velho com o conhecimento recém-adquirido dos mais jovens.

Neste capítulo apresentamos pesquisas, medidas e intervenções que têm sido conduzidas com os trabalhadores, quer identificando suas atitudes, o planejamento, a decisão e o bem-estar na aposentadoria. Esperamos ter contribuído para o aperfeiçoamento das medidas existentes e a criação de novos métodos e medidas que possam aprimorar o processo de avaliação para o alvo que é o bem-estar daquele que deseja ou precisa continuar trabalhando além da idade regulamentar, ou daquele que deseja usufruir do tempo livre que é merecido na aposentadoria.

Perguntas e respostas

1. Quais são os principais desafios para o planejamento da aposentadoria no Brasil?

Resposta: O principal desafio será oferecer para todos os trabalhadores tanto do setor governamental privado como para profissionais liberais e empreendedores programas, em conjunto com as universidades e instituições da comunidade, que sejam implantados e tenham sistematização e avaliações constantes. Que tais programas prevejam uma metodologia que privilegie um amplo espaço de reflexão e construção de um planejamento que ofereça um apoio ao trabalhador quando da decisão da aposentadoria. Dentre os principais conteúdos que precisam ser abordados, o PPA deve conter aspectos de risco como a promoção da saúde física e mental e a poupança para o futuro, que precisam ser colocados em pauta, da mesma forma que as atividades diversificadas incluam o lazer, as atividades culturais, a educação e até mesmo formas alternativas de complementação de renda. Os relacionamentos sociais e familiares precisam ser estreitados nesta fase e merecem um lugar de destaque no planejamento para a aposentadoria. Por fim, o projeto de vida é esperado, bem como a revisão deste projeto durante a transição até a saída do mercado de trabalho. A adaptação da aposentadoria está em consonância com o bem-estar das pessoas.

2. Qual a importância da aposentadoria enquanto um processo?

Resposta: Compreender a aposentadoria enquanto um processo multifacetado, e não um evento único, é importante para facilitar a compreensão das vivências individuais e coletivas, além de possibilitar um maior planejamento e facilitar o bem-estar nessa fase da vida. Essa visão facilita a antecipação das vivências, ao compreender a aposentadoria como um ciclo que vivenciamos a partir da entrada no mercado de trabalho. Assim, identificando e conhecendo as etapas de planejamento, decisão e transição e ajuste, é possível realizar intervenções mais embasadas para cada um desses momentos, de maneira a atender às necessidades e desenvolver os recursos necessários e possíveis em cada momento.

3. Como preparar os trabalhadores para a transição para a aposentadoria?

Resposta: Ler e discutir com a família e amigos sobre o tema. Participar de reuniões e palestras relativas ao assunto, rever o planejamento econômico para o futuro, cuidar mais da saúde e da qualidade de vida, descobrindo seus interesses e atividades que gostaria de desenvolver na vida fora do trabalho, e o resgate e busca de novos relacionamentos e espaços de construção cultural, social e comunitária.

4. O que é necessário para manter os trabalhadores mais velhos em suas organizações após o período legal de aposentadoria?

Resposta: Os órgãos de Recursos Humanos devem propor atividades intergeracionais com trabalhadores mais jovens e mais velhos visando a resolução de alguns problemas-chave para as organizações. Através destas atividades será possível reconhecer entre as faixas etárias o que é relevante para a solução de problemas independentemente da idade que se tem. Todos podem contribuir, sejam os mais velhos com sua experiência ou os mais jovens com o seu conhecimento de novas tecnologias ou métodos de trabalho. Estas atividades são uma boa oportunidade de conhecimento de ambos os grupos e o estreitamento do relacionamento que pode gerar a quebra de preconceitos e estereótipos. A organização pode reduzir o ageísmo oferecendo aos trabalhadores mais velhos oportunidades de atualização de conhecimento e de tecnologia digital. Uma outra questão a ser observada é a adaptação do ambiente para atender as dificuldades de mobilidade, visual e de audição de alguns trabalhadores. Mobiliário, iluminação e pavimentação do ambiente deve ser prioridade para acomodar pessoas de todas as idades, especialmente aquelas com dificuldades motoras e sensoriais.

5. Como os psicólogos podem atuar na área de aposentadoria?

Resposta: Os psicólogos podem atuar nessa área enquanto psicólogos organizacionais, que tem como objetivo desenvolver estratégias de bem-estar no ambiente de trabalho ao longo da carreira dos funcionários. Podem ainda oferecer programas de preparação para a aposentadoria em instituições da comunidade que atendam os trabalhadores que desejam se preparar para a aposentadoria por conta própria, sem a tutela da organização. Isto poderá ser viabilizado por clubes, associações, universidades e outros. Além disso, ele pode ser consultor, ajudando diversas empresas a encontrar estratégias para preparar seus funcionários para a aposentadoria, combater o ageísmo, aumentar a diversidade etária, e outros. Cabe ressaltar que em contextos clínicos o psicólogo também pode se deparar com a necessidade de compreender os fenômenos relacionados ao trabalho e à aposentadoria, sendo essencial o conhecimento básico sobre o assunto.

Referências

Amorim, S. M. (2022). Aposentadoria e Programas de Preparação para a Aposentadoria: Conceituações, histórico e desenvolvimento. In T. M. Garcia, C. C. C. A. Pepe (org.). *Programa de Preparação para Aposentadoria Fiocruz: Uma Experiência Inovadora em Saúde do Trabalhador*. Atena.

Amorim, S. M., & França, L. H. F. (2019a). Retirement Well-Being: A Systematic Review of the Literature. *Temas em Psicologia, 27*(1). https://doi.org/10.1017/sjp.2019.23

Amorim, S. M., & França, L. H. F. (2019b). Validity Evidence of the Retirement Resources Inventory. *The Spanish Journal of Psychology, 22*(e23). https://doi.org/ 10.1017/sjp.2019.23

Amorim, S. M., & França, L. H. (2019c) Reasons for Retirement and Retirement Satisfaction. *Psicologia: Teoria e Pesquisa, 35*, e3558. https://doi.org/10.1590/0102.3772e3558

Amorim, S. M.; Seidl, J., & França, L. H. F. (2021). Measurement Scales About Retirement Decision-Making. In M. O. Macambira, H. Mendonça, & M. G. T. Paz (org.). *Assessing Organizational Behaviors* (pp.87-105). Springer.

Beehr, T. A., & Bennett, M. M. (2015). Working after retirement: Features of bridge employment and research directions. *Work, Aging and Retirement, 1*(1), 112-128. https://doi.org/10.1093/workar/wau007

Brasil (1994). *Lei no 8.842, de 4 de janeiro de 1994*. Política Nacional do Idoso, cria o Conselho Nacional do Idoso e dá outras providências. *Diário Oficial da União*, Brasília, 5 jan.

Brasil (2003). *Lei n. 10.741, de 1º/10/2003*. Estatuto do Idoso.

Bruhn, M., de Souza Leao, L., Legovini, A., Marchetti, R., & Zia, B. (2013). The Impact of High School Financial Education: Experimental Evidence from Brazil. *Policy Research Working Paper*, 6723. World Bank. https://openknowledge.worldbank.org/handle/10986/16940.

Burr, A., Santo, J. B., & Pushkar, D. (2009). Affective well-being in retirement: The influence of values, money, and health across three years. *Journal of Happi-*

ness Studies, 12(1), 17-40. https://doi.org/10.1007/s10902-009-9173-2

Dingemans, E., & Henkens, K. (2015). How do retirement dynamics influence mental wellbeing in later life? A 10-year panel study. *Scandinavian Journal of Work, Environment & Health, 41*(1), 16-23. https://doi.org/10.5271/sjweh.3464

Dorfman, L. T. (1995). Health conditions and perceived quality of life in retirement. *Health & Social Work, 20*(3), 192-199. https://doi.org/10.1093/hsw/20.3.192

França, L. H. (2004) *Attitudes towards retirement: a cross-cultural study between New Zealand and Brazilian executives.* [Tese de Doutorado]. The University of Auckland. https://doi.org/10.13140/RG.2.1.1302.6401

França, L. H. F. (2008). *O Desafio da Aposentadoria: O exemplo dos executivos do Brasil e da Nova Zelândia.* Rocco.

França, L. H. F. P., & Carneiro, V. L. (2009). Programas de preparação para a aposentadoria: um estudo com trabalhadores mais velhos em Resende (RJ). *Revista Brasileira de Geriatria e Gerontologia, 12*(3), 429-447. https://doi.org/10.1590/1809-9823.2009.00010

França, L. H. F. & Vaughan, G. (2008). Ganhos e perdas: atitudes dos executivos brasileiros e neozelandeses frente à aposentadoria. *Psicologia em Estudo, 13*(2), 207-216. https://doi.org/10.1590/S1413-73722008000200002

França, L. H. F., & Hershey, D. A. (2018). Financial preparation for retirement in Brazil: A cross-cultural test of the interdisciplinary financial planning model. *Journal of Cross-Cultural Gerontology, 33*(1), 43-64. https://doi.org/10.1007/s10823-018-9343-y

França, L. H. de F. P., Leite, S. V., Simões, F. P., Garcia, T., & Ataliba, P. (2019). Análise dos Programas de Preparação para Aposentadoria (PPA) desenvolvidos por instituições públicas brasileiras. *Revista Kairós- Gerontologia, 22*(1), 59-80. https://doi.org/10.23925/2176-901X.2019v22i1p59-80

Gabardo-Martins, L. M. D., Ferreira, M. C., & Valentini, F. (2017). Propriedades Psicométricas da Escala Multidimensional de Suporte Social Percebido. *Trends in Psychology, 25*(4),1873-1883. https://doi.org/10.9788/TP2017.4-18Pt

Guerson, L. R.; França, L. H. F.& Amorim, S. M. (2018). Satisfação com a Vida em Aposentados que Continuam Trabalhando. *Paideia, 28*, e281 https://doi.org/10.1590/1982-4327e2812

Henkens, K. (2022). Forge healthy pathways to retirement with employer practices: A multilevel perspective. *Work, Aging and Retirement, 8*(1), 1-6. https://doi.org/10.1093/workar/waab016

Henkens, K., Van Dalen, H. P., Ekerdt, D. J., Hershey, D. A., Hyde, M., Radl, J., van Solinge, H., Wang, M., & Zacher, H. (2018). What we need to know about retirement: Pressing issues for the coming decade. *The Gerontologist, 58*(5), 805–812. https://doi.org/10.1093/geront/gnx095

Hershey, D. A., & Mowen, J. C. (2000). Psychological determinants of *financial* preparedness for *retirement*. *The Gerontologist, 40*(6), 687-697. https://doi.org/10.1093/geront/40.6.687

Hobfoll, S. E. (1989). Conservation of resources: A new attempt at conceptualizing stress. *American Psychologist, 44*, 513-524. https://doi.org/10.1037/0003-066X.44.3.513

Holmgrenn, L., Tirone, V., Gerhart, J., & Hobfoll, S. E. (2017). Conservation of resources theory: Resource caravans and passageways in health contexts. In C. L. Cooper, & J. C. Quick (eds.). *The Handbook of Stress and Health: A Guide to Research and Practice* (pp. 443-457). Wiley Blackwell.

Jex, S. M., & Grosch, J. (2012). Retirement decision making. In M. Wang (ed.). *The Oxford Handbook of Retirement* (pp. 267-279). Oxford University Press.

Leandro-França, C., Murta, S. G., & Iglesias, F. (2014). Planejamento da aposentadoria: uma escala de mudança de comportamento. *Revista Brasileira de Orientação Profissional, 15*(1), 75-84. http://pepsic.bvsalud.org/scielo.php?script=sci_arttext&pid=S1679-33902014000100009&lng=pt&tlng=pt

Leung, C. S. Y., & Earl, J. K. (2012). Retirement Resources Inventory: Construction, factor structure and psychometric properties. *Journal of Vocational Behavior, 81*, 171-182. https://doi.org/10.1016/j.jvb.2012.06.005

Menezes, G. S., & França, L. H. F. (2012). Preditores da decisão da aposentadoria em servidores públicos federais. *Revista Psicologia: Organizações e Trabalho, 12*(3), 315-328.

Murta, S. G., Abreu, S., Leandro-França, C., Pedralho, M., Seidl, J., Lira, N. P. M., Carvalhedo, R. K. M., Conceição, A. C., & Gunther, I. A. (2014). Preparação para a aposentadoria: implantação e avaliação do programa viva mais! *Psicologia: Reflexão e Crítica, 27*(1), 01-09. https://doi.org/10.1590/S0102-79722014000100001

Nalin, C. P., & França, L. H. F. P. (2015). A importância da resiliência para o bem-estar na aposentadoria. *Paideia, 25*(61), 191-199. https://doi:10.1590/1982-43272561201507

Neri, A. L. (2021). Resiliência psicológica na velhice em tempos adversos. Mais 60 Estudos sobre o Envelhecimento, *SESC, 79*(31), 8-30.

Oliveira, U. F. F.; Amorim, S. M., & Herdy, J. S. (2021). Modelo de um Programa de Preparação para a Aposentadoria e sua Influência no bem-estar subjetivo. In M. H. Antunes, S. T. M. Boehs, & A. B. Costa (orgs.). *Trabalho, Maturidade e Aposentadoria: Estudos e Intervenções* (pp. 251-265). Vetor.

Pires, F., & Andrade, A. (2022). Career choices: Adaptation and initial evidence of the work volition scale in Brazil. *Brazilian Business Review, 19*(2). https://doi.org/10.15728/bbr.2021.19.2.3a

Pissinati, P. S. C., Haddad, M. C. F. L., Dalmas, J. C., & Birolim, M. M. (2016). Fatores sociodemográficos e ocupacionais associados aos ganhos e perdas percebidos por trabalhadores de uma universidade pública frente à proximidade da aposentadoria. *Cadernos de Saúde Pública, 32*(9) e00141415. https://doi.org/10.1590/0102-311X00141415

Price, C. A., & Joo, E. (2005). Exploring the relationship between marital status and women's retirement satisfaction. *The International Journal of Aging and Human Development, 61*(1), 37-55. https://doi.org/10.2190/TXVY-HAEB-X0PW-00QF

Quick, H. E., & Moen, P. (1998). Gender, employment, and retirement quality: A life course approach to the differential experiences of men and women. *Journal of Occupational Health Psychology, 3*(1), 44-64. https://doi.org/10.1037/1076-8998.3.1.44

Schuabb, T. C., & França, L. H. F. P (2020). Planejamento Financeiro para a Aposentadoria. Uma Revisão Sistemática de Literatura sob o viés da Psicologia. *Estudos e Pesquisas em Psicologia, 20*(1) 73-98, https://doi:10.12957/epp.2020.50791

Schuabb, T. C., França, L. H. D. F. P., & Amorim, S. M. (2019). Retirement savings model tested with brazilian private health care workers. *Frontiers in psychology, 10,* 1701. doi:10.3389/fpsyg.2019.01701

Shultz, K. S., & Wang, M. (2011). Psychological perspectives on the changing nature of retirement. *American Psychological Association, 66*(3), 170-179. https://doi.org/10.1037/a0022411

Silva, N., & Boehs, S. T. M. (2017). Psicologia positiva: Historicidade, episteme, ontologia, natureza humana e método [Positive psychology: Historicity, episteme, ontology human nature and method]. In S. T. M. Boehs & N. Silva (orgs.). *Psicologia positiva nas organizações e trabalho: Conceitos fundamentais e sentidos aplicados* [Positive psychology in organizations and work: Basic concepts and applications] (pp. 22-41). Vetor.

Silva, P. H. S., Correia, J. J. A., & Monteiro, I. S. C. (2019). Análise atuarial da idade ótima de aposentadoria frente à proposta do governo Temer de reforma de previdência: Uma revisão de literatura. *Revista Multidisciplinar de Psicologia, 13*(44), 404-422. https://idonline.emnuvens.com.br/id/article/view/1628/2427

Van Solinge, H., & Henkens, K. (2008). Adjustment to and satisfaction with retirement: Two of a kind? *Psychology and Aging, 23*(2), 422-434. https://doi.org/10.1037/0882-7974.23.2.422

Yeung, D. Y., & Zhou, X. (2017). Planning for retirement: Longitudinal effect on retirement resources and post retirement well-being. *Frontiers in Psychology, 8*, 1-14. https://doi.org/10.3389/fpsyg.2017.01300

Wang, M., & Shultz, K. S. (2010). Employee retirement: A review and recommendations for future investigation. *Journal of Management, 36*, 172-206. https://doi.org/10.1177/0149206309347957

Zanelli, J. C., Silva, N., & Soares, D. H. P. (2010). *Orientação para aposentadoria nas organizações de trabalho: construção de projetos para o pós-carreira*. Artmed

Zanelli, J. C. (2012). Processos Psicossociais, bem-estar e estresse na aposentadoria. *Revista Psicologia Organizações e Trabalho, 12*(3), 329-340.

O cuidar na perspectiva dos cuidados paliativos para idosos

Claudiane Aparecida Guimarães
Matheus Fernando Felix Ribeiro
Raphaela Campos de Sousa

Destaques

1) Durante o envelhecimento, alguns mecanismos moleculares que sustentam a saúde tendem a declinar. As modificações epigenéticas são afetadas a nível celular durante o envelhecimento, diminuindo a capacidade para a resistência com eventos estressantes, por exemplo.

2) Os estudos demográficos já mostraram que a expectativa de vida da população idosa aumentou e este fato tem relação direta com a melhora na qualidade da alimentação, acesso a saneamento básico, acesso à saúde, medicamentos e a informação.

3) Diante da visão da multidimensionalidade do viver humano, o cuidado oferecido ao idoso deve ser pautado na compreensão do processo do envelhecer e do significado da vida, sendo um dever individual e coletivo de cada membro da sociedade.

4) De acordo com o IBGE, de 3 a cada 4 idosos possuem algum tipo de doença crônica, tais como Mal de Alzheimer, hipertensão, diabetes mellitus, Parkinson, dentre outras, que podem afetar diretamente a qualidade e expectativa de vida da pessoa acometida por essas doenças.

5) Cuidados em saúde e consequentemente em Cuidados Paliativos remontam à origem da humanidade e à ligação entre saúde e religião. O sofrimento e as doenças fazem parte da história do homem e as primeiras tentativas de aliviar o sofrimento, físico ou espiritual, fazem parte desde as civilizações antigas.

6) A necessidade de Cuidados Paliativos está presente em todos os níveis de atendimento, primário, secundário e serviços especializados. Podem ser prestados como abordagem, por todos os profissionais de saúde que sejam educados e capacitados por meio de treinamento apropriado.

7) A evolução para a morte para o paciente idoso investido de uma doença progressiva e irreversível se dá em um cenário em que o indivíduo se encontra num estado de vulnerabilidade, consequentemente com um declínio das funções orgânicas, mas que não impede de intervir nos sintomas angustiantes, desconfortáveis ou dolorosos, viabilizando sensação de alívio, qualidade de vida do paciente até sua morte e auxiliando a elaboração do luto dos familiares.

"Conheça todas as teorias, domine todas as temáticas, mas ao tocar uma alma humana, seja apenas outra alma humana". (Carl Jung)

"Comprimidos aliviam a dor, mas só o amor alivia o sofrimento" (Patch Adams – O amor é contagiante)

"Meu desejo hoje é abraçar o mundo e retribuir tudo isso que tenho recebido. Quando a vida se torna frágil, sabemos o real valor que ela possui". (Ana Michele Soares)

"A vida tem que ser algo que quando termine mereça comemoração". (Herbert Daniel)

"A vida inteira nada mais é do que a consequência de cada escolha que vocês fazem todos os dias". (Elisabeth Kubler-Ross)

"As pessoas morrem como viveram. Se nunca viveram com sentido, dificilmente terão a chance de viver a morte com sentido". (Ana Cláudia Quintana Arantes)

> "Não haverá borboletas se a vida não passar por longas e silenciosas metamorfoses".
> (Rubem Alves)

Contextualização temática

Em 2015, durante a Assembleia Geral das Nações Unidas, o departamento de Assuntos Econômicos e Sociais propôs uma resolução que ficou conhecida como "Transformando nosso mundo: a Agenda 2030 para o desenvolvimento sustentável" (tradução livre). Essa agenda propositiva em escala global trata de um desenvolvimento de uma série de ações coordenadas entre agentes públicos, entidades civis e iniciativa privada. Algumas áreas de ações foram elencadas como prioritárias para atingir os objetivos de transformação mundial, quais sejam: a erradicação da pobreza, o cuidado com o planeta, a prosperidade econômica, a paz e o companheirismo global.

Na esteira da Agenda 2030, no ano de 2020, a Assembleia Geral das Nações Unidas também adicionou em sua agenda um plano sobre o desenvolvimento humano. Durante a década de 2020 até 2030 foi declarada a Década do Envelhecimento Saudável (Organização Pan-Americana da Saúde, 2020). Trata-se de uma colaboração a nível internacional de diversos atores sociais, tais como a iniciativa privada, a mídia, a sociedade civil, acadêmicos, profissionais especializados e governos que visam a promoção da melhora da qualidade de vida para pessoas idosas, suas famílias e comunidades.

A proposição da Década do Envelhecimento Saudável veio como uma resposta coletiva na esteira de uma série de verificações demográficas sobre o envelhecimento populacional (Sousa et al., 2020). Em um interessante estudo que investigou mais de 2 mil esqueletos do antigo Império Romano, uma equipe de acadêmicos italianos descobriu que a idade média de morte era de 30 anos entre a classe trabalhadora (Piccioli et al., 2015). É evidente que os traumas físicos relacionados à intensa carga de trabalho facilitam tanto esse dado sobre a morte precoce quanto ao desenvolvimento de doenças que deterioram a qualidade de vida, como artrite, conforme verificaram os próprios autores.

Em um contexto mais atual e local, um estudo demográfico conduzido no Estado de São Paulo revelou que a idade média da população aumentou em 12 anos, subindo de 25 para 37 anos nos últimos cem anos, a população idosa quadruplicou, passando de 4% para 16% e que a expectativa de vida atual é de cerca de 70 anos de idade (Fundação SEADE, 2021). Analisados de maneira conjunta, os dados nacionais e internacionais demonstram que a idade média da população, a expectativa de vida, tanto a nível nacional quanto a nível internacional, está aumentando.

Se há mais de dois milênios a idade média da população orbitava ao redor dos 30 anos, esse quadro foi substancialmente transformado no último século. Nas últimas décadas, o número de indivíduos acima dos 60 anos de idade tem crescido vertiginosamente em países desenvolvidos e, de maneira ainda mais intensa em países em desenvolvimento, com projeções de crescimento ainda mais substanciais (Sousa et al., 2020). Em nosso país, dados sociodemográficos revelam que em 2010 existiam 39 idosos para cada grupo de 100 jovens e, em 2040, estima-se 153 idosos para cada 100 jovens (Miranda et al., 2016).

A partir de constatações demográficas como essas, faz-se mister refletir sobre se a nossa sociedade está preparada para o inexorável envelhecimento populacional em termos de geração de renda, cuidados de saúde, capacitação profissional e compreensão dos processos sociais, biológicos e psicológicos dos idosos, por exemplo. Nesse sentido, refletir sobre o cuidado com essa população dada suas especificidades se traduz como uma necessidade propositiva para o desenvolvimento de políticas públicas voltadas para a manutenção da qualidade de vida.

O cuidar é algo característico, tipicamente humano. Sobrevivemos por sermos cuidados, e no ciclo da vida esse papel se altera reiteradas vezes. Ora cuidamos, ora somos cuidados, embora esse ciclo possa ser rompido em situações como a negligência ou a violência. A cada momento destas fases aprendemos constantemente que esta ação envolve conhecimento humano e técnico, praticidade e afetos, costumes e adaptações, tradição e inovação, isso demonstra que como seres sociais devemos nos atentar para o indivíduo em sua complexidade, no ser biopsicossocial e espiritual (Organización Mundial de la Salud, 2016), independente de que fase do desenvolvimento humano ele se encontra. Reconhece-se que doenças crônicas e degenerativas são os cenários predominantes na área da saúde, e é fundamental oferecer cuidado a pessoas com perda de vitalidade, restrição à movimentação, dor, fadiga, depressão e outros sinais e sintomas presentes nestes quadros.

Diversos fatores foram propostos para tentar compreender os motivos pelos quais a média de idade está maior. Entre eles, citam-se a melhora do saneamento básico, diminuição da desnutrição, queda na mortalidade, melhora nos instrumentos tecno-científicos (Diamond, 2001). As ciências químico-farmacológica, biológica, genética, tecnologia de elevado grau de sofisticação propiciou um avanço da medicina curativa no século XX, possibilitando a realização de procedimentos e intervenções de resgate da vida, a prolongando e minimizando o sofrimento, lutando contra a morte sem saber o que é a morte. De acordo com Caponero (2006), a busca pelo conhecimento, nem sempre humanitária, e as perspectivas oriundas da tecnologia, permitiram ao homem mudar seu ambiente e mudar sua própria natureza e constituição. Conforme apresentado por Santos (2011), as pessoas à medida que envelhecem apresentam maior risco de piora da saúde e geralmente se manifestam problemas crônicos de saúde. Frente a isso o envelhecimento tem como consequência mais pessoas morrendo em razão de doenças crônicas, e comumente, depois de enfrentar diversos complexos sintomatológicos.

Caponero (2006) compreende o hospitalocentrismo quando as questões referentes à saúde passam a girar em torno das excelências tecnológicas ou de outras não tão bem-equipadas, mas que tem como papel social de isolar pessoas em situações que incomodam o convívio social. Dessa forma, ao levar as pessoas com doenças graves para os hospitais, retira-se a morte do convívio social e familiar e alivia-se a angústia existencial da finitude da vida. Cuidados Paliativos preza pela qualidade de vida, o valor da vida e o significado da vida. A medicina paliativa não dispensa nem despreza a tecnologia, mas a emprega em prol do ser humano que há em cada paciente.

A partir do que foi exposto até então, considera-se relevante apontar algumas idiossincrasias dessa fase do desenvolvimento em termos do neurodesenvolvimento, de maneira a aclarar as relações possíveis entre tal fase e objetivo do presente capítulo, que trata dos Cuidados Paliativos em um contexto de avaliação psicológica de idosos.

Especificidades neurodesenvolvimentais dos idosos

Em termos de compreensão sobre as especificidades neurodesenvolvimentais da população idosa, alguns autores recomendam que os estudos de caráter longitudinal devem ser preferidos sobre estudos transversais. Isso porque possibilitam compreender melhor em função do acompanhamento a longo prazo a maneira pela qual diversas habilidades cognitivas e características fisiológicas se desenvolvem ao longo do tempo (Nyberg et al., 2012).

Uma dessas habilidades é a memória, que foi estudada pelo mesmo conjunto de autores (Nyberg et al., 2012). Foi constatado que tanto a memória episódica quanto a de trabalho tendem a decrescer com a idade. A memória episódica é um subtipo da memória declarativa que se refere a episódios ou eventos importantes que se passaram. Por sua vez, a memória de trabalho é aquela memória que retém uma quantidade de informações temporariamente enquanto executamos determinada tarefa. Apesar dessa tendência da piora desses tipos de memória na população idosa, alguns indivíduos ainda assim não apresentam prejuízos significativos.

De acordo com Nyberg et al. (2012), a relativa ausência de patologias cerebrais seria justificada a partir de vários fatores, de ordem genética e de fatores de vida. Nesse sentido, os autores apontam que ambos os fatores estão diretamente relacionados com os desfechos em termos dos dois tipos de memória citados. Caso haja implicações genéticas importantes, pobreza de estímulos ambientais ou privações nutricionais, por exemplo, existem maiores probabilidades de um desfecho negativo no que se refere ao prejuízo da memória. A partir de dados como os ora citados, que servem como parâmetros balizadores das ações de cuidado e do desenvolvimento de políticas de saúde, é que a Agenda 2030 foi proposta.

No que se refere aos sentidos, estes também apresentam especificidades relacionadas à idade. Por exemplo, a habilidade para detectar pressão decresce com a idade, em especial a partir dos 60 anos em função da perda de receptores periféricos, tais como as células de Merkell (Jones & Lederman, 2006). A sensibilidade vibrotátil também declina a partir dessa idade (Jones & Lederman, 2006). A acuidade tátil espacial humana é muito grande por causa da alta inervação na mão.

Outra característica típica dessa população é a perda de audição. Esta é considerada um problema de saúde pública, pois afeta 3,2% da população brasileira. No país, há a institucionalização do Dia Nacional de Prevenção e Combate à Surdez na data de 10/11, que visa promover a consciência sobre as questões relacionadas com a surdez. Como doença progressiva, aumenta com a idade, chegando a 70% das pessoas acima dos 70 anos. No entanto, a perda de audição é uma questão clinicamente subtratada, uma vez que apenas 15% das pessoas procuram algum tipo de intervenção. As justificativas comuns são ausência de conhecimento sobre quais as possibilidades de tratamento, o alto custo do mesmo e possíveis valores pessoais, tais como a vergonha (Medeiros Portella et al., 2021). A perda de audição relacionada à idade, também chamada de presbiacusia, tendem a levar a dificuldades na comunicação, isolamento e declínio cognitivo (de Andrade, 2020). No que se refere às habilidades linguísticas, a incidência do fenômeno conhecido como "ponta da língua" (*Tip of the Tongue*) aparece como um dos maiores prejuízos linguísticos em idosos (Gerstenberg & Lindholm, 2019).

Durante o envelhecimento, alguns mecanismos moleculares que sustentam a saúde tendem a declinar (Booth & Brunet, 2016). As modificações epigenéticas, ou seja, as ativações ou silenciamento dos genes específicos em função do estilo de vida do organismo, sem a alteração da sequência do DNA, são afetadas a nível celular durante o envelhecimento, diminuindo a capacidade para a resistência com eventos estressantes, por exemplo. Segundo os autores, a compreensão desses mecanismos moleculares pode levar ao entendimento mais profundo de como ocorre o envelhecimento e, destarte, novas propostas terapêuticas ou intervenções baseadas a nível celular podem ser propostas.

A teoria bioecológica desenvolvimental de Bronfenbrenner

Tais aspectos neurodesenvolvimentais podem ser mais bem compreendidos a lume de uma perspectiva que enfatiza multidimensionalidade. Nesse sentido, uma teoria de destaque na Psicologia do Desenvolvimento é a Teoria Bioecológica de Bronfenbrenner (Bronfenbrenner, 1986). Essa teoria surge quando o autor, descontente com a típica fragmentação no estudo do desenvolvimento humano, quando os acadêmicos ora estudam as bases biológicas, ora as interações sociais, ora os valores, ora o desenvolvimento do raciocínio, decidiu propor uma teoria de certa medida unificadora desses processos. Para Bronfenbrenner (1986), o desenvolvimento seria um processo que envolveria certas estabilidades, mas também mudanças nas ordens biopsicossociais tanto ao nível individual quanto ao nível geracional. Compreender quais são essas mudanças deveria ser o papel do psicólogo do desenvolvimento, argumenta o mesmo. Nesse sentido, ele propõe quatro dimensões que interagem entre si e que configurariam um amplo entendimento sobre as condições do desenvolvimento, quais sejam, o Processo, Pessoa, o Contexto e o Tempo.

Na teoria de Bronfenbrenner, o Processo tem a ver com as interações que ocorrem ao longo do desenvolvimento em nível proximal e que promovem o sentido no mundo, fazendo com que os indivíduos desenvolvam suas habilidades, transformando-se ao mesmo tempo que transformam o mundo ao seu redor (Hertler et al., 2018). A dimensão Pessoa, por sua vez, engloba tanto os fatores genéticos e neurodesenvolvimentais como as características pessoais que são relativas às interações sociais, desde a cor da pele, a aparência física e a idade, até diferenças na personalidade relativas à motivação e características psicológicas gerais (Bronfenbrenner, 1986).

Por sua vez, o Contexto talvez seja a mais famosa dimensão da teoria bioecológica de Bronfenbrenner. Nessa, o autor sugere que o desenvolvimento humano é influenciado por quatro diferentes níveis contextuais, chamados de subsistemas, os quais são socialmente organizados, que nos prestam auxílio em nosso desenvolvimento social. O primeiro deles é chamado microssistema, o segundo mesossistema, o seguinte exossistema e o mais externo, macrossistema. A organização desses níveis seria a partir de uma lógica proximal/distal, ou seja, a influência sob o desenvolvimento seria em função desses níveis entre quão mais próximo, mais influente (Bronfenbrenner, 1986). Como microssistema, é possível exemplificar a família, no nível seguinte a escola, no outro o ambiente laboral e no seguinte, o país.

Outro aspecto relevante na teoria de Bronfenbrenner é sobre a relevância da dimensão Temporal na compreensão do desenvolvimento humano. Essa dimensão adiciona a compreensão de tempo às estruturas antecedentes, permitindo com que o indivíduo internalize ou não a estabilidade ao longo do tempo (Bronfenbrenner, 1986). A teoria de Bronfenbrenner, quando aplicada sobre o envelhecimento, pode ser de grande valor, pois permite compreender, para além dos processos neurodesenvolvimentais típicos da terceira idade, algumas relações sociais em termos de saúde dessa população.

O modelo bioecológico de Bronfenbrenner e especificidades da saúde da população idosa

O modelo bioecológico de Bronfenbrenner se propõe uma teoria multidimensional do desenvolvimento. Conforme descrito anteriormente, são diversas dimensões consideradas de maneira indissociável. Nesse sentido, quando se trata de condições específicas que acometem uma fase da vida, como o envelhecimento, esta não deve ser vista apenas por um prisma, senão analisada por um conjunto de dimensões, conforme propõe Bronfenbrenner (1986). É nesse sentido que, para compreender questões sobre a saúde, deve-se lançar mão de uma análise multidimensional.

A partir dessa compreensão se argumenta que a dimensão Contextual é composta por níveis e, entre estes, o macrossistema é um subcomponente definido como sendo composto por padrões culturais, crenças, valores e costumes, convenções, ideologias econômicas, políticas e sociais que são típicos em determinado período histórico; vê-se aí uma possibilidade de agir em termos de criação de estratégias específicas que podem ser sugeridas. Nesse sentido, a Década do Envelhecimento Saudável, descrita no começo do capítulo, é uma das alternativas em que múltiplos autores são convocados para lidar com essa questão em nível de mudança cultural.

Em conformidade com essa lógica, alguns economistas propõem uma economia da longevidade como uma estratégia em termos de políticas dos múltiplos atores sociais (Felix, 2009). Destarte, o cuidado da terceira idade seria uma responsabilidade individual, do Estado e da iniciativa privada. Nesse ponto, a convocação feita pela Organização das Nações Unidas (ONU), de que os próprios idosos devem ser escutados em suas demandas específicas, faz com que estes atuem de maneira ativa na construção das políticas destinadas aos mesmos. Esse giro sobre a coparticipação desses atores transforma a maneira como os idosos são inseridos no sistema de produção de suas próprias questões, possibilitando maior representatividade e poder. Assim, a proposição das políticas públicas de saúde e de mudança cultural seriam embasadas em uma escuta fidedigna daquela população a quem ela de fato se destina.

O modelo de desenvolvimento de Bronfenbrenner também permite realizar uma análise em um nível mais proximal, no caso, é possível compreender o papel da família no âmbito do microssistema. Uma das maiores questões em termos de saúde de pessoas idosas é o abandono afetivo, um precursor importante para o desenvolvimento de transtornos afetivos como a Depressão Maior. Em nossa legislação, a família tem a obrigação, do ponto de vista legal, de proteger e ter cuidados físicos e afetivos para com os idosos, e na ausência desses pode ser configurado o abandono afetivo (Ziemniczak & Fante, 2021).

Na esteira da compreensão de que saúde não se traduz apenas na ausência da doença, as atividades de lazer podem ser compreendidas como atividades para a melhoria da qualidade de vida (Didoni et al., 2021). Assim, conforme pontuam os autores, se essas atividades forem realizadas em grupo, o isolamento social tende a diminuir, há maior participação dos idosos nas comunidades, podendo diminuir a discriminação etária e possibilitando um aumento na qualidade dessa população.

Adoecimento na população idosa

Os estudos demográficos já mostraram que a expectativa de vida da população idosa aumentou, e este fato tem relação direta com a melhora na qualidade da alimentação, acesso a saneamento básico, acesso à saúde, medicamentos e à informação. Além disso, é importante citar que as políticas de prevenção de doenças, tais como hipertensão, diabetes, aids, também têm um impacto direto no aumento da expectativa de vida dos idosos (Miranda et al., 2016).

Portella e Bettinelli (2004), ao discutirem a humanização da velhice, destacam alguns fatores como a não aceitação do envelhecimento, a exclusão social, a discriminação, o descaso para com eles, que fazem dos idosos um reflexo do sofrimento e do abandono. Neste contexto os profissionais da saúde se veem frente a um grande desafio na prestação de um cuidado humano, ético e solidário. Além dos aspectos técnicos do cuidado, faz-se necessário recursos humanos com habilidades técnicas e humanas qualificados para conciliar tecnologia e humanização nas suas práxis. Diante da visão da multidimensionalidade do viver humano, o cuidado oferecido ao idoso deve ser pautado na compreensão do processo do envelhecer e do significado da vida, sendo um dever individual e coletivo de cada membro da sociedade.

Entretanto, apesar da clara melhora das condições de vida e acesso à saúde, é necessário falar que a população idosa, ainda assim, é acometida por diversas doenças que podem evoluir levando o paciente a óbito. O processo de envelhecimento acarreta mudanças nos padrões de morbidade e mortalidade devido ao aumento das doenças crônicas, geralmente acentuadas pela pobreza, solidão e falta de suporte familiar (Portella & Bettinelli, 2004). De acordo com o Instituto Brasileiro de Geografia e Estatística (IBGE), de 3 a cada 4 idosos possuem algum tipo de doença crônica, tais como Mal de Alzheimer, hipertensão, diabetes mellitus, Parkinson, dentre outras, que podem afetar diretamente a qualidade e expectativa de vida da pessoa acometida por essas doenças (IBGE, 2010).

Assim, se faz extremamente necessário compreender o curso de cada doença, bem como quais são as melhores opções de tratamento. Entretanto, muitas vezes, mesmo diante de tratamentos curativos, a evolução da doença pode acontecer de forma ascendente, ou seja, com a piora do quadro do paciente. Infelizmente, em muitos casos, o paciente pode chegar a um ponto de os tratamentos não surtirem mais efeito curativo e sua evolução é, certamente, o óbito. Assim, diante dessas situações é extremamente necessário compreender os Cuidados Paliativos em saúde.

Cuidados Paliativos

Cuidados em saúde e consequentemente em Cuidados Paliativos remontam à origem da humanidade e à ligação entre saúde e religião. O sofrimento e as doenças fazem parte da história do homem, e as primeiras tentativas de aliviar o sofrimento, físico ou espiritual, fazem parte desde as civilizações antigas.

A palavra *hospice* provém do latim *hospes* que significa estranho ou estrangeiro, posteriormente o termo toma outra conotação, *hospitalis*, que representa uma atitude de boas-vindas ao estranho, *hospicium* expressa hospitalidade, alojamento (Santos, 2011). As origens dos *hospices* remontam a Fabíola (matrona romana) que no século IV da era cristã abre sua casa aos necessitados, praticando as "obras de misericórdia" cristã. Instituições administradas pela Igreja vão até 1842, quando surge um *hospice* em Lyon, depois o St. Joseph Hospice, em 1905, na Grã-Bretanha, até o mais famoso St. Christopher Hospice, de Cicely Saunders, na Inglaterra, em 1967, e as muitas instituições espalhadas pelo mundo na atualidade (Caponero, 2006).

A filosofia dos Cuidados Paliativos é representada pelo movimento *hospice*, que vai além de um lugar, que difunde o conceito de cuidar e não o de curar, focando nas necessidades do binômio paciente-família. Para atingir as metas desses cuidados, é fundamental o trabalho multiprofissional qualificado, com atendimento em clínicas, ambulatórios, domicílios, unidades de interação hospitalar, serviços de consultoria e suporte para o luto (Instituto Nacional do Câncer [INCA], 2022). A humanização dos cuidados tem como pressuposto subjacente propiciar ao indivíduo vulnerabilizado o enfrentamento positivo dos desafios. Para isso o cuidado envolve a compreensão do significado da vida, a capacidade de perceber e compreender a si mesmo e o outro, situado no mundo e sujeito biográfico (Pessini Bertachini, 2004).

A palavra palitativo deriva do latim *pallium* ou *pallia* e significa proteger, amparar, cobrir, abrigar (INCA, 2022). No português a palavra paliativo ganhou um significado de menor importância, que demonstra uma solução temporária e sem consistência, no sentido amplo do termo como remendar e não resolver (Santos, 2011). O que gerou receio e preconceito, ainda presente, dos Cuidados Paliativos, devido à falta de conhecimento da proposta da abordagem.

A filosofia do cuidar está amparada em dois elementos fundamentais, o controle da dor e o cuidado com as dimensões psicológicas, sociais e espirituais de pacientes e suas famílias. Dessa forma se destaca o conceito de cuidar e não somente curar, mantendo o foco nas necessidades do paciente, até o fim de sua vida, o que demanda o entendimento de crenças, valores, práticas culturais e religiosas praticadas pelo indivíduo (INCA, 2022). D'Alessandro et al. (2020) destacam que as doenças ameaçadoras da vida (agudas ou crônicas), com ou sem possibilidade de reversão ou tratamentos curativos, acarretam a necessidade de um olhar para o cuidado amplo e complexo para todas as dimensões da vida do sujeito considerando e respeitando o seu sofrimento e de seus familiares.

A Organização Mundial da Saúde, define Cuidados Paliativos (publicado em 1990 e revisado em 2002 e 2017) como uma "abordagem que melhora a qualidade de vida de pacientes (adultos e crianças) e suas famílias, que enfrentam problemas associados a doenças que ameaçam a vida. Previne e alivia o sofrimento, através da identificação precoce, avaliação correta e tratamento da dor e de outros problemas físicos, psicossociais ou espirituais" (World Health Organization, 2020).

É uma abordagem que tem como filosofia a afirmação da vida e enfrenta a morte como um processo normal (ortotanásia); não adia nem prolonga a morte; integra os cuidados fornecendo alívio da dor e outros sintomas; promove suporte para que o indivíduo possa viver o mais ativamente possível; deve ser iniciado o mais precocemente possível, simultaneamente a outras medidas de prolongamento da vida (quimioterapia, radioterapia), e abordagem multiprofissional para focar as necessidades dos pacientes e seus familiares, incluindo acompanhamento no processo de luto. Tem como princípios básicos: escuta empática; realiza um diagnóstico antes do tratamento, dessa forma seleciona as drogas capazes de aliviar a dor; propõe tratamentos mais simples possíveis; identifica e reconhece pequenas realizações e desfruta delas; admite que sempre há algo que pode ser feito (INCA, 2022). Assim, Cuidados Paliativos promove a qualidade de vida dos pacientes, levando em consideração seus valores e sua biografia, oportunizando um atendimento individualizado e atitudes de acordo com a proporcionalidade terapêutica e a exigência do paciente e sua família.

Cuidados Paliativos têm como referenciais éticos: a veracidade – que é critério da confiança nas relações interpessoais; a proporcionalidade terapêutica que tem como princípio moral de praticar medidas terapêuticas proporcionais entre os meios empregados e o resultado previsível; o referencial do duplo efeito – que assinala as condições em que um ato pode ter dois efeitos (alívio dos sintomas e possíveis efeitos colaterais), tal situação deve ser compartilhada com o paciente e seu representante legal; o referencial da prevenção – que é avaliar as possíveis complicações e desta forma implementar medidas necessárias para tais condições; o referencial de não abandonar – mesmo quando há recusa de alguma terapêutica específica por parte do paciente, deve ser ofertado conforto necessário, lembrando que mesmo quando não se pode curar, sempre é possível acompanhar e ser solidário (Pessini, 2006).

Deve-se, ainda, ter em conta as questões éticas que devem ser encabeçadas pelos princípios da bioética: a) autonomia – para garantir o direito do paciente de participar ativamente das decisões que dizem respeito ao seu planejamento de cuidados; b) beneficência – potencializar o bem que se pode realizar ao paciente; c) não maleficência – não acarretar danos, não fazer o mal; e d) justiça – usar os recursos disponíveis de forma equitativa tratando o paciente de forma justa. Isso considerado propicia tomadas de decisões mais congruentes frente a diagnósticos, prognóstico, diretivas antecipadas de vontade, plano de tratamento, conflitos de valor, sedação paliativa (D'Alessandro et al., 2020).

Frente a isso reconhece-se que Cuidados Paliativos requerem conhecimento técnico, competência humana para o reconhecimento do indivíduo como agente de sua história de vida e determinante do seu próprio curso de adoecer e morrer, daí a valorização da história natural da doença, da história pessoal de vida e das reações fisiológicas, emocionais e culturais perante a doença. Consequentemente, a avaliação do paciente deve constar de componentes essenciais que possibilite a compreensão da biografia deste indivíduo, a cronologia da doença e tratamentos realizados, a avaliação funcional, avaliação de sintomas, exame físico, exames complementares e avaliações de especialistas para tomada de decisões terapêuticas (Maciel, 2012).

Os Cuidados Paliativos podem ser realizados em vários lugares, o mais indicado é onde estiver o paciente que necessita desse tipo de cuidado, o que pode acontecer, no domicílio, na unidade hospitalar, no ambulatório, na instituição de longa permanência ou no *hospice* (INCA, 2022). As modalidades de atuação e modelos de assistências em Cuidados Paliativos vão desde o cuidado de Nível 1, exercido por equipes de Saúde da Família para necessidades mais básicas, até os de Nível 3, com equipes capacitadas para resolução de problemas complexos. Em hospitais podem ser realizados de três maneiras: Unidades de Cuidados Paliativos (requer um conjunto de leitos em uma área específica do hospital, onde se trabalha dentro da filosofia dos Cuidados Paliativos); Equipe Consultora ou Volante (não existem leitos específicos para os Cuidados Paliativos, mas exige uma equipe interdisciplinar mínima que é ativada a partir da percepção do médico assistente, esta equipe não assume a coordenação dos cuidados, apenas orienta condutas); e a Equipe Itinerante (também não há leitos específicos, é acionada de acordo com a percepção do médico, que nesse caso assume os cuidados e tem como vantagem continuar acompanhando o caso em conjunto ou não) (Rodrigues, 2012).

Outro modelo de assistência é o domiciliar, quando a equipe consegue conduzir seu trabalho de maneira adequada, abordando de forma franca, honesta e verdadeira as questões referentes ao diagnóstico, prognóstico e planejamento de cuidados. Reconhece-se que, quando o paciente solicita os cuidados desta forma, isso propicia mais conforto e serenidade, além de possibilitar autonomia, mas que se deve avaliar de forma crítica e observar os prós e contras do Cuidado Domiciliar. Outro modelo é o ambulatório. Reconhece-se que uma única consulta pode não ser suficiente para abordar todos os aspectos envolvidos no planejamento dos cuidados, por isso a importância de uma programação de consultas que permita atender as dimensões psíquicas, emocionais, sociais e espirituais (Rodrigues, 2012).

São muitos os benefícios e a possibilidade de aplicabilidade dos Cuidados Paliativos. D'Alessandro et al. (2020) apontam alguns: como planejamento prévio de cuidados, melhoria da qualidade de vida do paciente e seus familiares, redução de sintomas complicados, maior satisfação das unidades de cuidados (paciente, família e cuidadores), a possibilidade de elaboração do luto junto aos familiares, além de uma menor utilização do sistema de saúde, otimizando os recursos e a oferta de uma assistência alinhada com as necessidades específicas de cuidados. Cuidados Paliativos podem ser realizados em vários locais, o mais indicado é onde o paciente que necessita estiver, que pode ser no domicílio, no hospital, no ambulatório, na instituição de longa permanência ou *hospice*. Os mesmos autores destacam que estes cuidados não há tempo ou limite prognóstico para serem prestados, eles devem ser ofertados na necessidade, pois todo e qualquer indivíduo e seus familiares merecem serem vistos com qualidade, amparados e tratados em seu sofrimento.

Cuidados Paliativos para a população idosa

Gamondi et al., citados por D'Alessandro et al., (2020), apontam que os Cuidados Paliativos podem favorecer qualquer paciente que possui doença crônica e/ou ameaçadora da vida, seja ele criança, adulto ou idoso. A necessidade de Cuidados Paliativos está presente em todos os níveis de atendimento, primário, secundário e serviços especializados. Podem ser prestados como abordagem, por todos os profissionais de saúde que sejam educados e capacitados por meio de treinamento apropriado; como Cuidados Paliativos gerais, fornecido por profissionais de atenção primária e por profissionais habilitados que tratam doenças potencialmente fatais com conhecimento básico de Cuidados Paliativos; ou ainda como Cuidados Paliativos especializados, prestados por equipes especializadas.

Discutir sobre Cuidados Paliativos na população idosa exige reconhecer suas peculiaridades. Santos (2011) aponta que a complexidade etiológica da fragilidade, somada a fatores médicos, sociais e psicológicos, reverte em desafio considerável na oferta dos Cuidados Paliativos para essa população. Para um cuidado planejado e compreensivo ao idoso fragilizado é essencial que o profissional da área da saúde tenha um entendimento das definições envolvendo fragilidade e suas bases biológicas; entender como doenças coexistentes e a dor podem maximizar a fragilidade.

A evolução para a morte de um paciente idoso investido de uma doença progressiva e irreversível se dá em um cenário em que ele se encontra num estado de vulnerabilidade, consequentemente com um declínio das funções orgânicas, mas que não impede de intervir nos sintomas angustiantes, desconfortáveis ou dolorosos, viabilizando sensação de alívio, qualidade de vida do paciente até sua morte e auxiliando a elaboração do luto dos familiares. Ressalta-se que o corolário da medicina paliativa quando a doença é irreversível, é o cuidado sem limites, com o propósito na qualidade de vida de todos os envolvidos (Burlá & Py, 2004).

As autoras citadas anteriormente apontam que os sintomas existentes no percurso da terminalidade do idoso com doenças crônicas apresenta também aspectos subjetivos que correspondem ao modo peculiar de cada indivíduo sentir as manifestações que acompanham o processo do adoecer. O medo da morte é identificado em todas as unidades de cuidados (paciente, familiar e equipe da saúde), e é neste contexto que se faz presente a dor, o sofrimento, a ameaça e a impotência diante da morte.

A avaliação psicológica do idoso em contexto de Cuidados Paliativos

O papel do profissional da psicologia, a partir dos recursos de sua especialidade, tem como objetivo auxiliar o paciente e seus familiares a criar condições de enfrentar as mudanças e as limitações frente à doença, sem possibilidade de cura terapêutica a partir da construção de estratégias de enfrentamento, daí a importância de uma avaliação cuidadosa para o estabelecimento de um plano terapêutico personalizado, que leve em conta as particularidades do paciente e familiares, como também o contexto sócio-histórico dos envolvidos neste processo. Tanto a avaliação, o acompanhamento e a orientação se dão baseados na dimensão da problemática psicológica de todos os envolvidos, ressaltando que a função crucial é o Cuidar (INCA, 2022).

Em se tratando da avaliação do idoso, podemos recorrer a artigos científicos e manuais especializados para ajudar a melhor compreender como nossos pares abordam a questão. O livro organizado pelos professores Gorenstein et al. (2016) versa sobre instrumentos de avaliação em saúde mental. É composto por doze capítulos em que são abordados diversos temas, tais como Instrumentos de Avaliação de Infância e Adolescentes, de Impulsividade, de Comportamento Alimentar, Álcool e Drogas, Ansiedade, Depressão, Sintomas Psicóticos, entre outros. Em cada um desses capítulos, são apresentados diferentes instrumentos, com um bom detalhamento de seu uso, suas propriedades de medida e seu contexto de aplicação.

Merece especial destaque o capítulo relacionado aos idosos. Neste são apresentadas escalas de Avaliação de Demência, de Declínio Cognitivo e de Alzheimer, tanto mesurando qualidade de vida quanto avaliando cognição, o Miniexame do Estado Mental e Depressão. É interessante notar que as temáticas abordadas nesse relevante livro sobre avalião em saúde mental não seja mencionada explicitamente a questão dos cuidados paliativos (Gorenstein et al., 2016).

Sobre avaliação do idoso em Cuidados Paliativos, a Academia Nacional de Cuidados Paliativos lançou algumas diretrizes orientativas que servem como base para elaboração do plano de cuidados em casa, sobre como realizar a comunicação, quais são as modalidades de atuação e sobre as práticas de avaliação do paciente em Cuidados Paliativos (Carvalho & Parsons, 2013). Maciel (2012) afirma que a prática de avaliação nos Cuidados Paliativos se trata de uma atividade altamente individualizada, não sendo baseada unicamente em protocolos, mas sim regida por princípios, com especial destaque os da bioética. Nesse sentido, a autora destaca que a ferramenta para a paliação dos sintomas seria a avaliação do próprio paciente. Assim, ela recomenda alguns princípios fundamentais para que se conheça a pessoa em Cuidados Paliativos, quais sejam: (a) coleta de dados biográficos; (b) identificação das preferências e dificuldades; (c) cronologia da evolução da doença; (d) tratamentos já realizados; (e) sintomas; (f) exame físico); (g) prognóstico; (h) necessidades atuais; (i) expectativas com relação ao tratamento proposto; (j) avaliação funcional.

A partir desse referencial, pode-se ver que os Cuidados Paliativos demandam um atendimento multidisciplinar, com uma capacitação específica da equipe técnica para que o plano de tratamento seja confeccionado a muitas mãos, mas para o mesmo paciente. No material produzido pelo INCA (2022) existem diversos capítulos que procuram elucidar qual o papel de cada profissional de saúde dentro do contexto de Cuidado Paliativo, bem como a atuação em equipe.

Uma recente revisão integrativa identificou 15 instrumentos disponíveis para avaliação em Cuidados Paliativos tanto na literatura nacional quanto internacional (Marques & Cordeiro, 2021). Nessa revisão, os autores não estabeleceram uma delimitação temporal como critério de inclusão dos artigos, de maneira a obter o maior número possível de estudos. Após a aplicação dos critérios de inclusão, 17 artigos foram obtidos e compuseram o *corpus* de análise. Uma análise cuidadosa do material obtido pelos autores demonstra que todos os instrumentos foram criados a partir dos anos 2000, sendo que a maioria foi criada nos últimos 7 anos. Isso demonstra uma preocupação bastante recente com a temática da avaliação em Cuidados Paliativos. Outro ponto de interesse sobre tal revisão é a escassez de instrumentos validados em nosso país; apenas um possui validação em nosso país, apesar de outros três possuírem versões validadas para o português de Portugal. É importante sublinhar também que todos os instrumentos apresentados destinam-se a populações específicas, tais como neonatos, pacientes com doença pulmonar, mães com perda fetal, pacientes com câncer e pessoas com doenças crônicas.

Para o profissional da saúde é aconselhável conhecer os instrumentos disponíveis considerando as condições clínicas dos pacientes, de maneira a executar um manejo responsável, técnico e ético do paciente em Cuidados Paliativos. Cada instrumento possui sua particularidade em função do objetivo a que se propõe avaliar, tais como a necessidade de suporte em domínios, tais como físico, psicológico, laboral, social, financeiro, espiritual e nas atividades da vida diária.

Em termos do momento indicado para a avalição nos Cuidados Paliativos, esta depende da população em específico, com critérios como hospitalizações não programadas, capacidade funcional, cognitiva ou laboral diminuída, dependência de outrem, sintomas persistentes e requisição médica, pessoal ou familiar. A utilização das escalas referidas pode auxiliar o profissional de saúde no sentido de obter medidas mais objetivas, de maneira a realizar sua prática de forma mais assertiva (INCA, 2022).

Considerações finais

A abordagem dos Cuidados Paliativos associa-se à qualidade de vida do paciente e de sua família, singularmente frente a processos ameaçadores da vida e iminência da morte, focando no cuidar, na busca de minimizar a dor total, a partir de estratégias de alívio do sofrimento físico, psicológico, social e espiritual. Neste sentido, para a população idosa, diante o processo de diminuição da funcionalidade, manejo de comorbidades e inevitável fim de vida os Cuidados Paliativos se fazem imprescindíveis.

O idoso, como qualquer paciente em tratamento, deve ser protagonista nas tomadas de decisão, a partir de sua participação ativa e conhecimento do seu diagnóstico, do tratamento, do prognóstico, para que as resoluções sejam pautadas em suas crenças e valores, respeitando sua biografia e valor da dignidade da pessoa. Cabe a todos envolvidos no cuidar desta população aprimorar formas de assistência para lidar com os aspectos existenciais, espirituais, psicológicos e emocionais do viver e morrer (Mccoughlan, 2004).

Para o familiar, em que o cuidar e todas as responsabilidades oriundos do processo de adoecimento e morte demandam significativas mudanças, pode criar sobrecarga, adoecimento, ajustes na rotina cotidiana, mudanças de papéis familiares e uma gama de sentimentos como tristeza, culpa, solidão, entre outros, é uma unidade de cuidado que se beneficia do suporte que os Cuidados Paliativos propiciam no transcorrer do cuidar. Oportunizando a partir da avaliação adequada das demandas de cada caso as estratégias necessárias para atender tanto aspectos práticos do cuidar, o luto antecipado e a assistência após óbito do paciente (Guimarães & Lipp, 2011; Guimarães & Enumo, 2015).

Mccoughlan (2004) destaca que nesta abordagem a prática é multidisciplinar e tem como proposta uma práxis intervencionista que demanda competência, decisão, maturidade, capacidade de trabalhar em equipe e compromisso humanitário do profissional inserido neste serviço. Esta prática deve respeitar os elementos centrais dos Cuidados Paliativos que é a identificação das necessidades específicas do paciente a partir de uma avaliação adequada, envolvendo todos os personagens do processo. Identifica-se, também, que os Cuidados Paliativos propiciam aos profissionais aprender a respeitar a condição humana e priorizar o que é essencial da vida.

Uma das prerrogativas do Estatuto do Idoso (Ministério da Saúde, 2013) é que o Estado deve zelar, garantir a saúde da população idosa. Porém, não consta no referido documento qualquer menção aos Cuidados Paliativos. Nesse sentido, qual seria o papel do Estado frente aos Cuidados Paliativos? Seria pela via da capacitação técnica das equipes multiprofissionais que atendem essa população específica?

Se assim for, um capítulo como o presente pode contribuir como um veículo de capacitação profissional, uma vez que são apresentadas diretrizes bioéticas de atendimento a essa população específica e recomendações avaliativas para que o profissional em seu dia a dia possa utilizar como ferramenta clínica.

Em termos de perspectivas futuras, ressalta-se uma limitação de instrumentos disponíveis no país para os cuidados paliativos, com especial ênfase para a população idosa. Nesse sentido, é relevante destacar o papel dos profissionais do campo para o desenvolvimento de novos instrumentos, visando a especificidade dessa população.

Perguntas e respostas

1. O que são cuidados paliativos?

Resposta: Os Cuidados Paliativos se referem aos cuidados realizados pela equipe de saúde com o propósito de melhorar a qualidade de vida dos pacientes e familiares, que enfrentam doenças que ameaçam a vida, fornecendo suporte para que o indivíduo possa viver o mais ativamente possível. Ela atua através da prevenção e alívio da dor e sofrimento físicos, psicossociais e ou espirituais. Essa é uma abordagem multiprofissional e que tem como objetivo principal focar nas necessidades dos pacientes e seus familiares. Assim, os Cuidados Paliativos promovem a qualidade de vida dos pacientes, levando em consideração seus valores e sua biografia, oportunizando um atendimento individualizado e atitudes de acordo com a proporcionalidade terapêutica e a exigência do paciente e sua família.

2. Quais são os referenciais éticos e os princípios da bioética que norteiam as práticas em Cuidados Paliativos?

Resposta: Os referenciais éticos dos Cuidados Paliativos são: veracidade; proporcionalidade terapêutica, referencial do duplo efeito; referencial da prevenção e o referencial de não abandonar. Já os referenciais bioéticos são: autonomia; beneficência; não maleficência e justiça.

3. Quem pode se beneficiar dos Cuidados Paliativos e em quais níveis de saúde ele pode acontecer?

Resposta: Os Cuidados Paliativos podem favorecer qualquer paciente que possua alguma doença crônica e/ou ameaçadora da vida, seja ele criança, adulto ou idoso e podem acontecer em todos os níveis de atendimento em saúde, seja ele primário, secundário e serviços especializados. Além do paciente, auxilia a família na assistência durante o processo de cuidar, na elaboração do luto antecipado, como também receber suporte após o óbito do familiar. E a equipe de saúde que no trabalho interdisciplinar busca atender o paciente e família de acordo com as necessidades identificadas, respeitando as crenças e valores do indivíduo, além de propiciar novas aprendizagens, identificando o que é prioridade em sua vida.

4. Como os Cuidados Paliativos podem colaborar na qualidade de vida e morte para o idoso e sua família?

Resposta: Os Cuidados Paliativos têm o propósito de melhorar a qualidade de vida dos pacientes e familiares que enfrentam um adoecimento cujo tratamento curativo não surte mais efeito, focando no cuidar. Quando pensamos na população idosa, é importante destacar que a evolução do adoecimento se dá muitas vezes em um cenário de grande fragilidade física, cognitiva e emocional, e os Cuidados Paliativos, nesse sentido, têm um papel fundamental, pois ao intervir nos sintomas que causam angústia e dor é viabilizada uma sensação de alívio, aumentando assim a qualidade de vida que o acompanha até a evolução da doença para o óbito. Assim, essa intervenção permite que o paciente tenha uma experiência menos dolorosa e sofrida, possibilitando uma morte digna. Para a família, além das orientações práticas do cuidar, auxilia na elaboração das perdas identificadas ao longo do processo como também assistência no pós-óbito do familiar.

5. Quais os principais aspectos que devem ser considerados ao avaliar o idoso em Cuidados Paliativos?

Resposta: Os principais aspectos que devem ser considerados na avaliação do idoso em Cuidados Paliativos são: coleta de dados biográficos; identificação das preferências e dificuldades; cronologia da evolução da doença; tratamentos já realizados; sintomas; exame físico; prognóstico; necessidades atuais; expectativas com relação ao tratamento proposto; avaliação funcional. Dessa forma, um trabalho realizado por várias mãos, propicia um plano de tratamento que atenda integralmente as vontades do indivíduo assistido.

Referências

Booth, L. N., & Brunet, A. (2016). The Aging Epigenome. *Molecular Cell*, *62*(5), 728-744. https://doi.org/10.1016/j.molcel.2016.05.013

Brasil (2013). Ministério da Saúde. *Estatuto do Idoso* / Ministério da Saúde – 3. ed., Ministério da Saúde.

Bronfenbrenner, U. (1986). Ecology of the Family as a Context for Human Development. Research Perspectives. *Developmental Psychology*, *22*(6). https://doi.org/10.1037/0012-1649.22.6.723

Burlá, C. & Py, L. (2004). Humanizando o final da vida em pacientes idosos: manejo clínico e terminalidade (pp. 125-134). In: L. Pessini, L. Bertachini, (org.). *Humanização e Cuidados Paliativos*. Edições Loyola.

Caponero, R. (2006). A Evolução do Movimento Hospice. In C. A. M. Pimenta, D. D. C. F. Mota, & D. A. L. M. Cruz. *Dor e Cuidados Paliativos – Enfermagem, Medicina e Psicologia* (pp. 1-15). Manole.

Carvalho, R. T. D., & Parsons, H. A. (2012). *Manual de cuidados paliativos*. Academia Nacional de Cuidados Paliativos. Sulina.

D'Alessandro M. P. S., Pires, C. T., & Forte, D. N. (2020). *Manual de Cuidados Paliativos*. Hospital Sírio Libanês/Ministério da Saúde.

Diamond, J. (2001). *Armas, germes e aço: Os Destinos das Sociedades Humanas*. Record.

Didoni, A. M., Piassalonga, M. C., & Corrêa, E. A. (2021). Idoso e Lazer: Contribuições de Atividades Recreativas no Meio Aquático para Melhoria da Qualidade de Vida. *RENEF*, *11*(16). https://doi.org/10.46551/rn2020111600042

Felix, J. S. (2009). *Economia da Longevidade: uma Revisão da Bibliografia Brasileira Sobre o Envelhecimento Populacional* [Dissertação de mestrado]. Pontifícia Universidade Católica de São Paulo.

Fundação SEADE (2021). *Pesquisa da Fundação Seade revela que idade média da população paulistana subiu de 25 para 37 anos em cem anos*. https://www.seade.gov.br/pesquisa-da-fundacao-seade-revela-que-idade-media-da-populacao-paulistana-subiu-de-25-para-37-anos-em-cem-anos/

Gorenstein, C., Wang, Y. P., & Hungerbühler, I. (2016). *Instrumentos de avaliação em saúde mental*. Artmed.

Guimarães, C. A., & Lipp, M. E. N. (2011). Um olhar sobre o cuidador de pacientes oncológicos recebendo cuidados paliativos. *Psicologia Teoria e Prática*, *13*(2), 50-62.

Instituto Nacional de Câncer – INCA – (Brasil). *A avaliação do paciente em cuidados paliativos*. Instituto Nacional de Câncer – INCA, 2022.

Guimarães, C. A., & Enumo, S. R. F. (2015). Impacto familiar nas diferentes fases da leucemia infantil [Family impact in different stages of child leukemia]. *Psicologia: Teoria e Prática, 17*(3), 66-78. https://doi.org/10.15348/1980-6906/psicologia.v17n3p66-78

Maciel, M. G. S. (2012). Avaliação do paciente em Cuidados Paliativos. In R. T. Carvalho e H. A. Parsons (orgs.). *Manual de cuidados paliativos ANCP*. (pp. 31-41). Sulina.

Marques, R. dos S., & Cordeiro, F. R. (2021). Instrumentos para identificação da necessidade de cuidados paliativos: revisão integrativa. *Revista Eletrônica Acervo Saúde, 13*(4), e7051. https://doi.org/10.25248/reas.e7051.2021

Mccoughlan, M. (2004). A necessidade de Cuidados Paliativos. In L. Pessini, & L. Bertachini (orgs.). *Humanização e Cuidados Paliativos* (pp. 167-180). Edições Loyola.

Medeiros Portella, S., Goudinho, L. da S., Ferreira, A. T. S., Mendes, M. C. B., Vale, M. R. M. dos S., Oliveira, A. F. de, Leite, E. A., Silva Junior, E. dos S., Silva, M. J. da, Fausto, I. R. de S., Pinto, S. C. C. da S., & Braz, R. M. M. (2021). As bases biológicas da surdez. *Research, Society and Development, 10*(10), 1-11. https://doi.org/10.33448/rsd-v10i10.18656

Miranda, D., Morais, G., Mendes, G., Cruz, A., Silva, A., & Lucia, A. (2016). O envelhecimento populacional brasileiro: desafios e consequências sociais atuais e futuras. *Revista Brasileira de Geriatria e Gerontologia, 19*(3), 507-519.

Nyberg, L., Lövdén, M., Riklund, K., Lindenberger, U., & Bäckman, L. (2012). Memory aging and brain maintenance. In *Trends in Cognitive Sciences, 16*(5), 292-305. https://doi.org/10.1016/j.tics.2012.04.005

Organização Pan-Americana da Saúde (2020). *Década do Envelhecimento Saudável 2020-2030*. Organização Pan-Americana da Saúde. https://pesquisa.bvsalud.org/portal/resource/pt/phr2-52902

Organización Mundial de la Salud (2016). Acción multisectorial para un envejecimiento saludable basado en el ciclo de vida: proyecto de estrategia y plan de acción mundiales sobre el envejecimiento y la salud. *Asamblea Mundial de la Salud*, 69.

Pessini, L. (2006). Bioética e Cuidados Paliativos – Alguns desafios do cotidiano aos grandes dilemas. In C. A. M. Pimenta, D. D. C. F. Mota, & D. A. L. M. Cruz. *Dor e Cuidados Paliativos – Enfermagem, Medicina e Psicologia*. (pp 45-66). Manole.

Pessini, L., & Bertachini, L. (orgs.) (2004). *Humanização e Cuidados Paliativos*. Edições Loyola.

Piccioli, A., Gazzaniga, V., Catalano, P., Caldarini, C., Marinozzi, S., Spinelli, M. S., & Zavaroni, F. (2015). Funerary Archeology and Field Anthropology. In Bones: *Orthopaedic Pathologies in Roman Imperial Age, 1*, 1-154. Springer. https://doi.org/10.1007/978-3-319-19485-1

Portella, M. R., &Bettininelli, L. (2004). Humanização da velhice: reflexões acerca do envelhecimento e do sentido da vida. In L. Pessini, & L. Bertachini (orgs.). *Humanização e Cuidados Paliativos* (pp. 101-112). Edições Loyola.

Rodrigues, L. F. (2012). Modalidades de atuação e modelos de assistência em Cuidados Paliativos. In R. T. Carvalho, & H. A. Parsons (orgs.) *Manual de cuidados paliativos ANCP* (pp. 23-30). Sulina.

Santos, F. S. (2011). *Cuidados Paliativos – Diretrizes, Humanização e Alívio de Sintomas*. Atheneu.

Sousa, M. da C., Barroso, I. L. D., Viana, J. A., Ribeiro, K. N., Lima, L. N. F., Vanccin, P. D. A., Silva, V. G. P. da, & Nascimento, W. C. (2020). O Envelhecimento da População: Aspectos do Brasil e do Mundo sob o Olhar da Literatura. *Brazilian Journal of Development, 6*(8), 61871-61877. https://doi.org/10.34117/bjdv6n8-564

Word Health Organization. Newsroom. Fact sheets. *Palliative care*. Geneva: WHO, 2020. Disponível em: http://www.who.int/news-room/fact-sheets/detail/palliative-care.

Ziemniczak, E. M., & Fante, C. C. de L. (2021). Dever legal de proteção ao idoso e a responsabilização dos descendentes por abandono afetivo. *Academia de Direito, 3*, 753-774. https://doi.org/10.24302/acaddir.v3.3228

# Seção 3
Técnicas para a avaliação psicológica de idosos

Avaliação psicológica de idosos: entrevista inicial

Clarissa Marceli Trentini
Micheli Bassan Martins
Julia Jochims Schneider
Murilo Ricardo Zibetti

Destaques

1) A anamnese tem o papel de esclarecer o objetivo da avaliação e gerar hipóteses diagnósticas.

2) O primeiro momento da entrevista deve ser dedicado à recepção do paciente, reduzindo a ansiedade com a entrevista.

3) Além das psicopatologias como depressão e ansiedade, o grupo dos transtornos neurocognitivos maiores (ou demências) são prevalentes em idosos.

4) Em idosos, talvez mais que em qualquer outra faixa etária, questões gerais de saúde são relevantes para a compreensão do caso.

5) A anamnese costuma ser feita com o idoso. Porém pode ser necessária a participação de um informante.

Contextualização temática

Nos últimos anos tem-se observado um aumento significativo no número de estudos desenvolvidos com foco no idoso. Em especial, percebe-se um aumento nas pesquisas na área da saúde que variam de investigações a respeito das patologias mais frequentes nessa faixa etária até intervenções que visam a proporcionar uma maior qualidade de vida em idosos. Não é para menos, uma vez que a população idosa é a que mais cresce no mundo, estima-se que em 2050 a população mundial de pessoas com 60 anos ou mais chegará a 2,1 bilhões (Organização Mundial da Saúde [OMS], 2021). No Brasil a realidade não é diferente, em 2012 o país registrava 22,3 milhões de idosos, e em 2021 o número superou a marca dos 31 milhões. Enquanto a população brasileira cresceu 7,6% nesse período, o número de idosos teve um aumento quase seis vezes maior, cerca de 40% (Instituto Brasileiro de Geografia e Estatística [IBGE], 2022).

A expansão da população idosa também está associada a uma grande prevalência de transtornos mentais, dados internacionais sugerem que quase 25% dos idosos vivenciam atualmente pelo menos um transtorno mental (Andreas et al., 2017). Isso leva a um aumento das demandas de avaliação psicológica clínica para essa faixa etária. No contexto clínico, é preciso que o avaliador conheça as particularidades desta etapa do desenvolvimento e as explore, desde a entrevista de anamnese, para compreender se as mudanças identificadas estão dentro do esperado ou se são resultado de um processo atípico para a faixa etária. A entrevista de anamnese é o primeiro passo para uma avaliação psicológica clínica adequada, momento em que as queixas do paciente e da família são interpretadas e estabelecidas na forma de demandas e hipóteses a serem testadas no processo de avaliação psicológica (Rigoni & Sá, 2016). O objetivo do presente capítulo é apresentar a entrevista de anamnese no contexto da avaliação psicológica clínica de idosos considerando as particularidades das demandas mais comuns para essa faixa etária.

Entrevista de anamnese

A entrevista é uma das fontes fundamentais de informação para a avaliação psicológica (Conselho Federal de Psicologia [CFP], 2018). Embora não se restrinjam às entrevistas psicológicas, Barreiros et al. (2021) ressaltam que a entrevista começa antes do momento em que o paciente entra no consultório. Por exemplo, quando se planeja avaliação de idosos é importante que sejam levadas em conta as dificuldades de mobilidade que são altamente prevalentes nesta faixa etária. Por isso, questões de acessibilidade são particularmente importantes para uma clínica adequada e demonstram uma preparação do ambiente para recebê-los. Aspectos pessoais (p. ex., emoções do profissional) e assistenciais (p. ex., contato com colegas que realizaram o encaminhamento) são outros elementos preparatórios que podem interferir na qualidade da entrevista inicial mesmo antes de se conhecer o paciente (Barreiros et al., 2021).

Especificamente, a entrevista de anamnese é uma coleta de informações em que se busca os motivos que levaram o paciente à consulta, bem como são explorados elementos de sua história que auxiliam na compreensão das demandas de avaliação. A entrevista de anamnese ocorre nas etapas iniciais do processo avaliativo, uma vez que, ao explorar essas temáticas, fornece subsídios para o restante da avaliação psicológica (Silva & Bandeira, 2016).

Pode-se dizer que a entrevista de anamnese tem o papel de elucidar o objetivo da avaliação (Silva & Bandeira, 2016), auxiliar na definição das hipóteses diagnósticas (Paula & Costa, 2015) e permitir a seleção dos instrumentos de avaliação mais adequados às demandas do paciente (Silva & Bandeira, 2016; Villemor-Amaral & Resende, 2018). Além desses objetivos, modelos atuais de avaliação psicológica terapêutica tendem a utilizar as entrevistas iniciais como um mecanismo para que o paciente possa avaliar e ter mais consciência de suas demandas, facilitando tanto o processo de avaliação como eventuais mudanças terapêuticas (Villemor-Amaral & Resende, 2018). Por fim, pode-se afirmar que a entrevista de anamnese auxilia na definição precisa do objetivo da avaliação psicológica e se torna uma ferramenta essencial para seu adequado planejamento (Schneider et al., 2020).

A partir dos objetivos da entrevista de anamnese, de buscas na bibliografia (Barreiros et al., 2021; Silva & Bandeira, 2016) e da experiência clínica, propomos, para fins didáticos, um conjunto de etapas para a realização dessa entrevista de anamnese com idosos. Então, o capítulo é estruturado nas seguintes etapas: (1) recepção do paciente; (2) exploração da queixa e dos sintomas específicos; (3) compreensão da história de saúde; (4) avaliação do curso de vida do paciente; (5) avaliação de outras fontes de informação e (6) contrato de avaliação e encerramento. Por fim, também são indicadas outras fontes de informação que devem ser consultadas para colaborar com a entrevista de anamnese de idosos.

Recepção do paciente e início da entrevista

Barreiros et al. (2021) sugerem que o primeiro momento da entrevista seja dedicado à recepção do paciente. Esse movimento inclui a apresentação mútua e visa a reduzir a ansiedade do paciente com a entrevista, tornando-a o mais confortável possível. Dessa forma, é potencializado o fluxo de informações do paciente para o profissional.

Posteriormente, deveriam ser realizadas as questões de abertura da entrevista que têm como objetivo investigar os motivos da consulta na perspectiva do paciente. Em geral, nesse momento, são utilizadas perguntas abertas (p. ex.: O que o/a fez vir à consulta?) que permitem maior flexibilidade das respostas (Barreiros et al., 2021). Esse autor ainda sugere que o profissional que realiza a consulta, a partir desse relato inicial, estabeleça uma agenda (tema principal) e previna a emergência de outras demandas para a entrevista (p. ex.: Tem algo mais que o/a fez me procurar ou que é importante que eu saiba?) (Barreiros et al., 2021).

É preciso considerar que, em algumas avaliações com idosos, o paciente pode ter problemas em reportar suas dificuldades em decorrência de seus *déficits* cognitivos. Portanto, o clínico precisa estar atento se os motivos da consulta estão mais associados às demandas dos familiares (acompanhantes) ou dos pacientes. Se a demanda for dos acompanhantes é recomendável que em algum momento da entrevista inicial essa pessoa seja ouvida. Se não houver tempo ou causar constrangimento pode ser recomendável que ocorra em outro momento (a justificativa para essa entrevista será explorada a seguir). Contudo, independentemente do nível de consciência do paciente sobre os motivos da consulta, é importante que o profissional maneje as expectativas dele(a) e consiga estabelecer um acordo de cooperação para o processo avaliativo. Esse momento inicial, que faculta a confiança ao processo de avaliação, é denominado como "Contrato" (melhor descrito ao fim do capítulo). Em geral, o contrato inteiramente estabelecido se dará ao final da entrevista inicial, porém para a segurança de ambas as partes é possível que algumas diretrizes possam ser apresentadas já nesse primeiro momento (p. ex.: o que é avaliação psicológica, a formação do profissional). Cabe salientar que detalhes podem ser combinados durante toda a entrevista, considerando a máxima de que o paciente é o principal interessado na avaliação. Um exemplo aplicado desse contrato é discutir com o paciente sobre a necessidade de uma entrevista adicional com os cuidadores ou familiares logo que se percebe essa necessidade. Após receber o paciente, assegurar essa cooperação inicial e estabelecer a demanda de avaliação, a entrevista passa para a fase de exploração dos sintomas (Barreiros et al., 2021).

Exploração de sintomas

Com base nas queixas iniciais e com a demanda mais bem-definida, o profissional responsável pela avaliação estabelece as primeiras hipóteses que explicam (ao menos parcialmente) o que o paciente apresenta. Nesse momento, passa a aprimorar essa hipótese a partir da exploração dos sintomas descritos inicialmente. Usualmente são feitas perguntas para qualificar os problemas reportados pelo paciente, como a frequência e a intensidade em que eles ocorrem.

Para estabelecer boas hipóteses diagnósticas é preciso ter conhecimentos sobre os quadros mais prevalentes nessa faixa etária. Portanto, entre idosos, deve-se prestar atenção aos transtornos de humor, particularmente a depressão, e ao grupo dos transtornos de ansiedade (Andreas et al., 2017). Além das psicopatologias frequentes em outras faixas etárias, o grupo dos transtornos neurocognitivos maiores (ou demências) apresentam grande prevalência entre idosos (Cao et al., 2020). Alzheimer, Corpos de Levy, doença vascular, degeneração lobar frontotemporal são alguns exemplos de doenças que causam demências, ou seja, manifestações neurocognitivas incapacitantes nas atividades de vida diária (APA, 2014). Em comum, essas doenças apresentam natureza degenerativa e, portanto, o caráter progressivo dos sintomas cognitivos afeta a independência do paciente.

Nos Transtornos de Humor e no início dos Transtornos Neurocognitivos é comum a queixa sobre o desempenho cognitivo. Um estudo de revisão mostrou que um quarto dos idosos apresentam declínio cognitivo subjetivo (DCS) (Röhr et al., 2020). Saber se há queixa de declínio cognitivo é um dos objetivos da anamnese. No entanto, devido à brevidade dessa entrevista, recomenda-se que uma avaliação formal do DCS seja feita em outro encontro (para uma lista de instrumentos ver em Borelli et al., 2021). Nesse momento inicial, sugere-se explorar questões sobre a forma de manifestação (p. ex.: solicitar descrição de situações em que o problema ocorre), o curso dos sintomas (p. ex.: marcos para o início e como se dá a progressão) e a intensidade (p. ex.: impactos funcionais e no dia a dia). Essas informações permitem que o profissional reconheça os padrões mais comuns relativos ao curso do envelhecimento normal ou associado às diferentes psicopatologias. Por exemplo, se o início dos sintomas está associado com um fator social (p. ex.: luto) com relevante impacto sobre o humor, as queixas podem estar mais relacionadas à emergência de um quadro de humor (p. ex.: transtorno depressivo maior). Por outro lado, se o início dos sintomas cognitivos tiver sido percebido antes do mesmo fato social (p. ex.: luto), isso poderá nos levar à hipótese de que outras condições de saúde (p. ex.: quadro neurodegenerativo incipiente) já estavam presentes e foram agravadas pelo fato relevante.

Apesar da lógica na exploração dos sintomas, em muitos idosos é particularmente difícil apresentar hipóteses muito precisas desde o início da avaliação. Em idosos, mais que em qualquer outra faixa etária, questões gerais de saúde são muito relevantes para compreensão do caso. Além disso, questões sobre o histórico de desenvolvimento mostraram o quão recorrentes são os sintomas descritos e o quanto representam mudanças em relação a outras fases do ciclo vital. Portanto, quando o clínico considera que a exploração inicial dos sintomas foi satisfatória ele passa à próxima fase da entrevista.

Compreensão da história de saúde geral

É difícil estabelecer o limite exato de quando a exploração dos sintomas se encerra e quando começa a avaliação da condição de saúde geral do paciente. No entanto, perguntas que levam a essa transição envolvem a história pregressa desses sintomas (p. ex.: *Você já experienciou esses sintomas em outros momentos da vida?*) e os passos tomados em decorrência dos problemas de saúde (p. ex.: *Você já buscou auxílio de outros profissionais para este problema?*). Assim, ocorre uma transição suave que leva o paciente a fornecer informações sobre sua saúde e que passa a ser explorada explicitamente a partir de então.

Durante o envelhecimento existem situações que são comumente observadas e que, portanto, merecem atenção no processo de avaliação. Por isso, as diretrizes do Ministério da Saúde (2018), recomendam uma avaliação multidimensional (englobando aspectos clínicos, psicossociais e funcionais) nessa faixa etária, considerando a presença de doenças agudas e crônicas; questões psicológicas específicas; e, contextuais que limitem a independência (sociais, econômicas e culturais).

Entre os principais elementos agudos de saúde que precisam ser considerados estão a presença de *delirium* e alterações sensoriais (Martins et al., 2019). O *delirium* é uma condição de alteração da consciência, atenção e orientação que ocorre de forma aguda em decorrência de uma condição de saúde (APA, 2014). Queixas associadas à flutuação diária de sintomas e/ou temporalmente próximas a infecções e hospitalizações necessitam ser amplamente exploradas na entrevista de anamnese para descartar essa hipótese. Para avaliar esse quadro é preciso que o profissional acesse um informante próximo ao paciente e use terminologia de fácil acesso e não termos técnicos, podendo incluir uso de exemplos para facilitar a identificação (Wilson & Austin, 2022). Em caso de suspeita de *delirium*, o prosseguimento da avaliação psicológica deve ocorrer após encaminhamento para avaliação ampla de saúde que permita a identificação e o tratamento do fator de saúde gerador dessa condição.

Outro aspecto que reforça a necessidade de avaliação geral das condições de saúde é a síndrome da fragilidade que se trata de uma condição multissistêmica, usualmente associada ao envelhecimento, que vulnerabiliza para a emergência de um conjunto de desfechos negativos no âmbito da saúde (Thillainadesan et al., 2020).

Embora o conceito carregue algum estigma sobre o próprio processo de envelhecimento, ele parece estar em um *continuum* comum no processo partindo da doença específica e passando pela multimorbidade (presença de diversas patologias) até um modelo sistêmico de redução das capacidades orgânicas, psicológicas e funcionais (Thillainadesan et al., 2020). Dentro desta visão multidimensional e multideterminada da fragilidade em idosos, podem surgir demandas para a avaliação psicológica clínica.

Relacionada à multimorbidade e à fragilidade, a avaliação geral de saúde do idoso também implica a coleta de informações sobre o uso de medicações, com especial ênfase, nas de uso contínuo. É crescente o número de idosos que fazem uso de vários medicamentos simultaneamente (Wastesson et al., 2018). No último consenso brasileiro de medicamentos potencialmente inapropriados para idosos, é referido que os principais riscos do uso da polifarmácia (uso de vários medicamentos concomitantes) são as múltiplas reações adversas, efeitos cruzados e risco de toxicidade em função das especificidades fisiológicas do idoso (Oliveira et al., 2016).

É particularmente difícil para um profissional da área da psicologia conhecer tantos detalhes sobre a saúde geral do paciente. Por isso, recomenda-se que dados de início e da dosagem de medicamentos sejam coletados por escrito ou escritos pelo paciente em outro momento e, até mesmo, em casos com dúvidas que os frascos dos fármacos sejam trazidos à consulta. Esse ponto da anamnese se comunica com a necessidade de que sejam obtidas informações de outras fontes que não apenas na entrevista, tema que será abordado posteriormente no capítulo. Apesar de os dados das patologias apresentarem um bom panorama da saúde dos idosos, parece importante conhecer a história de vida do avaliado, o que implica a maneira como ele experencia suas dificuldades.

Avaliação da história de vida

A exploração das questões de saúde durante o ciclo vital faz com que naturalmente comecem a ser abordados aspectos gerais e relevantes sobre curso de vida do paciente e seu processo de envelhecimento. Envelhecer pode ser considerado um fenômeno biológico, mas se relaciona com aspectos contextuais e é experienciado de forma diferente e única por cada pessoa (Santana & Sales, 2021). Sabe-se, por exemplo, que a busca por estilos de vida saudáveis proporciona uma melhor qualidade de vida a longo prazo ao sujeito idoso (Saxon et al., 2021). Nesse sentido, quando relevante para a demanda, é possível explorar com a entrevista as mudanças percebidas no decorrer do envelhecimento, o enfrentamento a essas mudanças e eventuais adversidades no processo (aposentadoria, luto por pessoas próximas).

Do ponto de vista biológico, entretanto, é evidente que quando estamos lidando com uma pessoa idosa iremos nos deparar com a diminuição de capacidades cognitivas e físicas. Nesse sentido, todos os sistemas do corpo humano estão adquirindo idade juntamente com a pessoa, sendo assim o equilíbrio global de todos os sistemas começa a ser impactado. É esperado que esse organismo opere de forma mais lenta tanto do ponto de vista orgânico como do comportamento (Saxon et al., 2021). Portanto, é tarefa do clínico discriminar o processo natural de envelhecimento que inclui o declínio nas capacidades físicas e cognitivas daquele observado nas patologias presentes na faixa etária.

No processo de entrevista de anamnese é importante ter em conta questões de ordem pragmática. Tavares (2000) enfatiza que a entrevista de anamnese seja realizada seguindo a ordem cronológica. Dessa forma, segundo o autor, o pensamento clínico e o próprio processo de entrevista poderá apresentar melhor organização. Entretanto, a entrevista precisa estar adequada à faixa etária a que se propõe a avaliar (Silva & Bandeira, 2016). Nesse sentido, manter a ordem cronológica é um grande desafio para a avaliação das pessoas idosas. Diferentemente de outras fases da vida, dados do início da vida (como a forma do parto e a primeira infância), só serão abordados em casos excepcionais. Em geral, há uma longa história de vida prévia e muitos fatos já não conseguem ser relatados em ordem. Além disso, é preciso que o entrevistador tenha habilidade para que, ao mesmo tempo em que conduz a entrevista para os temas prioritários, consiga ouvir e respeitar a importância do relato da vida.

Entre idosos, particularmente aqueles com demanda de avaliação cognitiva, é muito importante coletar dados demográficos como a idade, a escolaridade e o desempenho laboral prévio. Quanto à idade, nos países em desenvolvimento, a OMS define idoso como qualquer pessoa com mais de 60 anos (OMS, 2015). No entanto, Saxon et al. (2021) alertam para a grande variabilidade etária incluída na classificação. A partir disso, indicam que muitos autores trabalham com subdivisões entre idosos mais jovens e mais longevos, o que propicia melhor compreensão sobre cada etapa dentro dessa grande classificação de idosos. Independentemente da classificação de grupo etário, é importante ter um registro preciso da idade do paciente e considerar essa variável para a elaboração das hipóteses diagnósticas. Um exemplo da necessidade do registro da idade do paciente passa pelo fato de que a prevalência de transtornos neurocognitivos maiores dobra a cada cinco anos, após os 60 anos de idade (Cao et al., 2020).

Uma variável demográfica cuja abordagem e registro é essencial na entrevista inicial de idosos é a escolaridade (medida em anos de estudo). Martins et al. (2019) ressaltam a importância de considerar os impactos negativos da baixa escolaridade na avaliação de idosos. Na mesma direção, estudos têm demonstrado que a maior educação formal está associada com o funcionamento cognitivo e com o risco de demência, mostrando ser um potencial fator de proteção (Lövdén et al., 2020; Díaz-Venegas et al., 2019). Mesmo em pessoas saudáveis, menos anos de escolarização tendem a representar piores desempenhos em instrumentos cognitivos, ou seja, representam escores mais baixos em tarefas que envolvem velocidade de processamento, atenção, funções executivas, memória e inteligência (Brigola et al., 2019; Pereira & Ortiz, 2022).

Coletar, na entrevista de anamnese, dados precisos sobre a idade e sobre a escolaridade é essencial para a criação de boas hipóteses iniciais. Além desse fator, ressalta-se que diversos instrumentos de avaliação, particularmente cognitivos, apresentam pontos de corte ou o desempenho esperado conforme a idade e o nível de escolaridade (anos de educação formal). Por isso, esses dados também auxiliam o avaliador na interpretação dos resultados após a avaliação, evitando falsos positivos e falsos negativos.

Outro motivo pelo qual a educação formal precisa ser explorada na entrevista é o fato de que contribui para o aumento da reserva cognitiva do sujeito, sendo um fator de proteção contra doenças neurodegenerativas progressivas (Lövdén et al., 2020). Além disso, essa reserva auxilia na flexibilização de redes cognitivas permitindo ao cérebro resistir e minimizar também as mudanças usuais inerentes ao envelhecimento. O conceito de reserva cognitiva é amplo e dinâmico, estando associado a diferentes fatores, dentre eles as habilidades cognitivas adquiridas previamente, fatores genéticos e de escolaridade e experiência de vida. Sendo um conceito ativo e uma das explicações dos motivos pelos quais algumas pessoas lidam melhor com as alterações cerebrais do que outras. No entanto, é muito complexo haver um instrumento capaz de medir as diferentes facetas da reserva cognitiva; por isso, mesmo que limitada, a educação formal pode ser um indicador desse construto (Stern et al., 2019).

Eventualmente, para compreender melhor a reserva cognitiva do avaliando, é necessário traçar um breve histórico do desempenho laboral. Em países desenvolvidos uma grande reserva cognitiva é quase sinônimo de desempenho acadêmico durante a vida. No entanto, na realidade de muitos idosos brasileiros, é usual que não tenham estudado ou não tenham tido bom desempenho acadêmico por questões sociais e econômicas. Todavia, a forma como desempenharam adequadamente suas atividades laborais durante a vida fornece indícios de seu desempenho cognitivo e da estimulação cognitiva recebida fora dos contextos puramente acadêmicos. Ou seja, há que se ter cuidado em interpretar a escolaridade como o único indicador da reserva cognitiva e do desempenho prévio.

É importante ter informações sobre o nível de atividade atual do(a) idoso(a) e compará-lo com o nível pregresso. Por exemplo, se uma pessoa, mesmo após a aposentadoria, segue trabalhando, isso demonstra que está exposta a estímulos cognitivos complexos diariamente e sendo estimulada. Nesse sentido, se essa pessoa apresentar um sintoma leve, ele pode ser percebido diante das tarefas complexas que executa. Por outro lado, um(a) idoso(a) com uma rotina fixa e bem-estruturada pode apresentar um bom funcionamento mesmo apresentando prejuízos cognitivos maiores.

Cabe salientar que grande parte das informações mencionadas para a anamnese de idosos dará suporte à avaliação cognitiva. No entanto, uma exploração mais aprofundada do histórico afetivo e das relações sociais é essencial para avaliar demandas emocionais. Nesse sentido, informações sobre a satisfação geral com sua vida, capacidade de criar e manter vínculos com pessoas (próximas e distantes), as frustrações com a vida podem auxiliar na composição de hipóteses.

Os dados afetivos são muito importantes, mesmo que a demanda não seja primária, pois permitem a compreensão de um panorama geral do paciente. Por exemplo, o estado civil do participante e do histórico marital traz informações relevantes sobre o funcionamento atual e pregresso. Pesquisas mostram que a viuvez recente (nos últimos 12 meses) está fortemente associada com sintomas de depressão (Trentini et al., 2009). Dados gerais de suporte social também são fundamentais para compreender a dinâmica da pessoa em avaliação. Por exemplo, a solidão está fortemente associada a maiores níveis de sofrimento mental nesse grupo etário (Dahlberg et al., 2018), e que participar de grupo de idosos pode ser protetivo, pois se associa ao otimismo e à satisfação com suporte social (Glidden et al., 2019).

É difícil apresentar todos os temas que seriam importantes de serem abordados em uma anamnese para avaliação clínica de idosos. Entretanto, para manter a brevidade da entrevista (e do capítulo), algumas diretrizes para o profissional que conduz essa entrevista são sugeridas: (a) conheça as características do envelhecimento; (b) reconheça dados essenciais clínicos, gerais de saúde e demográficos; (c) utilize questões abertas direcionando o relato de aspectos que o auxiliem a aprimorar a hipótese diagnóstica. Salienta-se que, eventualmente, os outros encontros no curso dão a oportunidade para aprimorar a hipótese e esclarecer determinadas dúvidas. Por fim, considerando a exploração da vida do paciente e considerando a quantidade e a qualidade das informações suficientes para a montagem do plano de avaliação, o profissional passa à etapa de conclusão da entrevista.

Finalização e contrato de avaliação

Uma vez encerrada a fase de exploração, então o profissional passa a encerrar a entrevista. É recomendável que esse momento inicie com um resumo da demanda (p. ex., *então, você buscou ajuda para entender melhor por que tem mais esquecimentos hoje em dia*) e dos principais tópicos da entrevista (Barreiros et al., 2021). Nesse momento é possível esclarecer dúvidas pontuais, como a ordem cronológica de alguns dos fatos ou detalhes que facilitem a compreensão do relato do paciente.

Independentemente do tipo de entrevista, após retomar esses tópicos, alguns autores consideram que as entrevistas em saúde precisam ter um momento informativo (Barreiros et al., 2021). É nesse momento que o profissional deve apresentar suas impressões e considerações sobre o relatado e esclarecer eventuais dúvidas do paciente. Em nossa experiência tem sido muito positivo deixar explícito que você poderá auxiliá-lo a encontrar as respostas que procura (se não puder, sugere-se realizar encaminhamento).

A próxima etapa envolve a negociação do restante do processo de avaliação psicológica em que os acordos implícitos e explícitos que ocorreram durante a entrevista serão formalizados (não necessariamente por escrito). Nesse caso, o profissional retoma elementos do contrato que foram discutidos previamente durante a entrevista e apresenta aqueles que não haviam sido previamente acordados. Entre os temas importantes nesse momento estão o número estimado de sessões, regras sobre atraso e falta, necessidade do maior esforço possível para as tarefas, a dinâmica de avaliação, os resultados possíveis e outros.

Algumas particularidades podem ser evidenciadas na fase final da entrevista. Por exemplo, em idosos é comum a presença de déficits sensoriais, como a hipoacusia (Martins et al., 2019). A perda de acuidade sensorial (auditiva ou visual) impacta no desempenho de diversas tarefas e testes psicológicos. Por isso, em caso de constatação dessas dificuldades durante a exploração da entrevista é necessário combinar que o idoso compareça com dispositivos de correção (p. ex., aparelhos auditivos ou óculos) para apresentar o melhor desempenho possível no restante da avaliação (Zibetti et al., 2016). Alguns pontos como a eventual necessidade de contato com outras pessoas (como familiares e outros profissionais) e a necessidade de trazer exames de saúde são outros tópicos que podem ser combinados com o paciente que precisam ser mencionados, novamente, na conclusão da entrevista. Por fim, na prática clínica, nota-se com resultados positivos na adesão do paciente, quando o profissional o adverte, já nesse primeiro momento, que os resultados da avaliação poderão gerar encaminhamentos para tratamento das demandas de avaliação.

Outras fontes de informação

Conforme foi apresentado, a preparação para a entrevista de anamnese começa antes de a pessoa idosa comparecer à consulta. Alguns dados como: (a) a queixa do paciente no agendamento, (b) a especialidade do profissional que encaminhou, (c) a independência do paciente no agendamento e nos pagamentos, (d) a necessidade de acompanhamento na consulta, e (e) o comportamento na recepção, podem ser indicativos de como o idoso está funcionando em suas principais demandas diárias. Não parece relevante registrar esses dados, mas o clínico pode utilizá-los para aprimorar sua entrevista de anamnese.

De maneira geral, no processo avaliativo de idosos, o contato costuma ser feito diretamente com o paciente. Porém, há situações em que há um quadro psicopatológico e há a possibilidade de comprometimento na qualidade das informações, podendo ser necessária a participação de um informante (familiar, amigo, outro profissional de saúde) (Argimon et al., 2016). A necessidade de um informante se relaciona com a demanda do paciente. Em casos com transtorno neurocognitivo, por exemplo, o relato de um informante é imprescindível já que é comum que os pacientes subestimem suas dificuldades e o impacto dessas em sua vida (Gonzatti et al., 2019). No entanto, grande parte dos pacientes, mesmo sem transtorno neurocognitivo, apresenta queixas de falhas na memória, então é muito comum que o clínico assegure a qualidade das informações com o relato de outra pessoa e garanta que as informações obtidas sejam completas e precisas.

A entrevista com um informante, geralmente familiar, pode ocorrer no mesmo momento da entrevista inicial. Entretanto, o mais comum é que ocorra em outro momento, pois alguns relatos podem ser desconfortáveis na presença do paciente. Na experiência clínica, a solução mais viável tem sido consultar ambos sobre seus sentimentos e avaliação da necessidade da consulta em separado, podendo esse momento de entrevista do informante ocorrer de forma conjunta nos raros casos em que há uma relação extremamente positiva e franca. Dúvidas pontuais também podem ser sanadas com o informante fora dessa entrevista – durante o processo avaliativo. Conversar nos minutos iniciais ou telefonar para o informante, desde que com consentimento do idoso, pode reforçar ou esclarecer o que foi relatado pelo paciente em determinada consulta.

Cabe lembrar que ouvir o informante não significa negligenciar a informação obtida na entrevista com o paciente. Também é preciso avaliar a qualidade das informações prestadas pelo informante. Uma condição básica, na avaliação da funcionalidade de idosos com suspeita de demência, é que o informante conviva com o paciente com relativa frequência (Gonzatti et al., 2019). Além disso, o informante também possui vieses em seu relato, como suas características de personalidade, cansaço, sentimentos negativos em relação ao paciente, que devem ser considerados (Fransen et al., 2018).

Outra fonte de informação, muito comum na avaliação de idosos, é o resultado dos exames gerais de saúde realizados recentemente. Tanto melhor se a abordagem for multidisciplinar e se ações forem realizadas de maneira coordenada entre os profissionais que os atendem. Como mencionado previamente, a multimorbidade é frequente entre idosos e diversas patologias estão associadas a impactos emocionais e cognitivos. Por isso, acessar os exames e os profissionais que atendem o idoso é praticamente mandatório no contexto desse público. Por fim, os resultados dos exames podem ser solicitados para serem levados na entrevista de anamnese e estarem nesse processo inicial, ou podem ser mencionados na finalização da entrevista, compactuando com o paciente a necessidade de apresentá-los nas próximas consultas.

Considerações finais

A entrevista de anamnese de idosos envolve especificidades desde o momento de preparação do ambiente para realizá-la (p. ex.: acessibilidade) até o estabelecimento de um contrato para a avaliação (p. ex.: necessidade de contatar informantes). É muito recomendável ao psicólogo clínico conhecer como ocorre o envelhecimento e os quadros mais prevalentes na faixa etária, bem como respeitar a heterogeneidade e a história de cada sujeito.

Diferentemente de outras faixas etárias, questões de saúde geral estão muito associadas ao processo de envelhecimento e ocupam grande parte da entrevista de anamnese. Para as demandas mais comuns entre idosos, a entrevista auxiliará o profissional a identificar mudanças normais da faixa etária e aquelas que indicam um curso disfuncional e desadaptativo. Nesse sentido, para a maioria dos casos, questões sobre o início da vida (p. ex., parto) podem ser menos relevantes do que dados sobre a escolaridade e sobre o desempenho laboral do paciente para compreensão dos seus aspectos cognitivos. O padrão nas formas de relacionamento e funcionamento emocional durante a vida, também fornecem pistas sobre suas questões afetivas. Esses dados podem fornecer subsídios para compreender o paciente e seu processo de envelhecer.

Para encerrar destaca-se mais uma vez a importância da preparação do(a) psicólogo(a) clínico para as particularidades da avaliação entre idosos. A partir dessa preparação, a anamnese poderá cumprir suas funções essenciais: transformar queixas em demandas de avaliação, gerar hipóteses diagnósticas que permitam o planejamento das próximas etapas de avaliação, assim como conhecer o mais detalhadamente a história de vida do paciente.

Perguntas e respostas

1. **Quais são os aspectos essenciais a serem investigados durante a entrevista de anamnese com idosos?**

(a) Explorar como foi seu desempenho escolar na infância e adolescência.

(b) Explorar sua história pré e perinatal.

(c) Explorar queixas e sintomas específicos e compreender seu histórico de saúde.

(d) Investigar questões motoras e de linguagem (com que idade caminhou e quando pronunciou as primeiras palavras).

Resposta: (c) Explorar queixas e sintomas específicos e compreender seu histórico de saúde. É necessário que o surgimento dos sintomas (tanto do ponto de vista temporal como de apresentação) seja explorado. O histórico de saúde precisa ser revisado em função da frequência em que questões orgânicas podem contribuir para o surgimento de questões comportamentais e emocionais.

As respostas a, b e d dizem respeito a avaliação psicológica em etapas anteriores do desenvolvimento humano.

2. **Entre outros aspectos importantes a serem considerados durante a avaliação de idosos está(ão):**

(a) Realização de contato com outros informantes.

(b) Investigação do uso de medicações.

(c) Alterações sensoriais e motoras.

(d) Todas as alternativas anteriores.

Resposta: (d) Todas as alternativas anteriores. É necessário que seja feito contato com outra fonte de informação, para uma melhor compreensão do idoso. O uso de medicações precisa ser considerado, uma vez que há o risco de alguns fármacos influenciarem no funcionamento do paciente. As alterações sensoriais e motoras estão diretamente relacionadas a presença de quadros degenerativos da velhice.

3. **A entrevista de anamnese tem por objetivo:**

(a) Compreender as demandas da avaliação auxiliando na definição de hipóteses diagnósticas.

(b) Aplicação de testes psicológicos.

(c) Integração dos dados e diagnóstico psicológico.

(d) Realização de encaminhamentos.

Resposta: (a) Compreender as demandas da avaliação auxiliando na definição de hipóteses diagnósticas. A entrevista de anamnese é o primeiro contato com o paciente. Neste momento busca-se compreender a demanda e criar hipóteses que irão guiar as etapas subsequentes da avaliação.

4. Marque verdadeiro (V) e falso (F). Como forma de auxiliar o avaliador é recomendado:

( ) Uso de roteiro cronológico

( ) A frequência e a intensidade dos sintomas não precisam ser explorados

( ) Contatar a fonte de encaminhamento

( ) Acessar exames complementares

( ) O uso de medicação não precisa ser investigado

Respostas: V, F, V, V, F

O uso de roteiro cronológico auxilia na organização do entendimento clínico assim como no próprio processo de entrevista.

Para o melhor entendimento do caso, é necessário quantificar e qualificar os sintomas relatados pelo paciente.

É necessário que a fonte de encaminhamento seja contatada para o melhor entendimento da demanda e ampliação da coleta de dados.

O acesso a exames complementares permite que o processo fique mais completo e assim a avaliação seja mais acurada.

O uso de medicação precisa ser considerado, visto que muitos fármacos podem influenciar o comportamento do paciente.

5. Investigar a escolaridade do avaliando nessa faixa etária é fundamental, pois:

(a) A educação formal apresenta associação com o funcionamento cognitivo.

(b) Menos anos de escolaridade pode ser um risco para o desenvolvimento de demência.

(c) Instrumentos e testes psicológicos apresentam pontos de corte conforme o nível de escolaridade.

(d) Todas as alternativas anteriores.

Resposta: (d) Todas as alternativas anteriores.

Estudos demonstram que a educação formal influencia positivamente no funcionamento cognitivo na idade avançada.

Há evidências de que os anos de escolaridade atuam como reserva protetiva para o desenvolvimento de demências.

As medidas psicológicas têm como parâmetro o uso da escolaridade como ponte de corte para que as análises possam ser feitas de maneira apropriada.

Referências

American Psychiatric Association (2014). DSM-5: *Manual diagnóstico e estatístico de transtornos mentais*. Artmed.

Andreas, S., Schulz, H., Volkert, J., Dehoust, M., Sehner, S., Suling, A., Ausín, B., Canuto, A., Crawford, M., Ronch, C., Grassi, L., Hershkovitz, Y., Muñoz, M., Quirk, A., Rotenstein, O., Santos-Olmo, A. B., Shalev, A., Strehle, J., Weber, K., Wegscheider, K., Wittchen, H. U., & Härter, M. (2017). Prevalence of mental disorders in elderly people: The European MentDis_ICF65 study. *British Journal of Psychiatry, 210*(2), 125-131. https://doi.org/10.1192/bjp.bp.115.180463

Argimon, I. I. L, Iriguary, T. Q., & Zibetti, M. R. (2016). Psicodiagnóstico de Idosos. In C. S. Hutz, D. R. Bandeira, C. M. Trentini, J. S. Krug (orgs.). *Psicodiagnóstico* (pp. 247-256). Artmed.

Barreiros, B. C., Franco, C. A. G. S., Freitas, F. L., & Dohms, M. (2021). Habilidades essenciais para a comunicação clínica efetiva. In M. Dohms, & G. Gusso (orgs.) *Comunicação Clínica: Aperfeiçoando os Encontros em Saúde* (pp. 1-16). Artmed.

Borelli, W. V., Labrea, V. N., Leal-Conceicao, E., Portuguez, M. W., & Costa, J. C. D. (2021). Evaluating subjective cognitive decline: a systematic review of tools available for evaluating cognitive complaints in Portuguese. *Arquivos de Neuro-Psiquiatria, 79*, 238-247. https://doi.org/10.1590/0004-282X-ANP-2020-0153

Brigola, A. G., Alexandre, T. D. S., Inouye, K., Yassuda, M. S., Pavarini, S. C. I., & Mioshi, E. (2019). Limited formal education is strongly associated with lower cognitive status, functional disability and frailty status in older adults. *Dementia & neuropsychologia, 13*, 216-224. https://doi.org/10.1590/1980-57642018dn13-020011

Cao, Q., Tan, C. C., Xu, W., Hu, H., Cao, X. P., Dong, Q., Tan, L., & Yu, J. T. (2020). The prevalence of dementia: a systematic review and meta-analysis. *Journal of Alzheimer's Disease, 73*(3), 1.157-1.166. https://doi.org/10.3233/JAD-191092

Conselho Federal de Psicologia (2018). *Resolução CFP n. 009/2018*. Estabelece diretrizes para a realização de Avaliação Psicológica no exercício profissional da psicóloga e do psicólogo, regulamenta o Sistema de Avaliação de Testes Psicológicos – SATEPSI e revoga as Resoluções n. 002/2003, n. 006/2004 e n. 005/2012 e Notas Técnicas n. 01/2017 e 02/2017. https://satepsi.cfp.org.br/docs/ResolucaoCFP009-18.pdf

Dahlberg, L., Agahi, N., & Lennartsson, C. (2018). Lonelier than ever? Loneliness of older people over two decades. *Archives of gerontology and geriatrics, 75*, 96-103. https://doi.org/10.1016/j.archger.2017.11.004

Díaz-Venegas C., Samper-Ternent, R., Michaels-Obregón, A., & Wong, R. (2019). The effect of educational attainment on cognition of older adults: results from the Mexican Health and Aging Study 2001 and 2012. *Aging & ment health, 23*(11), 1586-1594. https://doi.org/10.1080/13607863.2018.1501663

Fransen, N. L., Holz, M., Pereira, A., Fonseca, R. P., & Kochhann, R. (2018). Acurácia do desempenho funcional em idosos saudáveis, com comprometimento cognitivo leve e doença de Alzheimer. *Temas em Psicologia, 26*(4), 1.907-1.919. https://dx.doi.org/10.9788/TP2018.4-08Pt

Glidden, R. F., Borges, C. D., Pianezer, A. A., & Martins, J. (2019). A participação de idosos em grupos de terceira idade e sua relação com satisfação com suporte social e otimismo. *Boletim-Academia Paulista de Psicologia, 39*(97), 261-275. http://pepsic.bvsalud.org/scielo.php?script=sci_arttext&pid=S1415-711X2019000200011&lng=pt&tlng=pt

Gonzatti, V., Yates, M. B., Farina, M., & Irigaray, T. Q. (2019). Idoso de 85 anos em diagnóstico diferencial de declínio cognitivo ou demência inicial. In D. B. Yates, M. A. Silva, & D. R. Bandeira (orgs.), *Avaliação Psicológica e Desenvolvimento Humano – Casos Clínicos* (pp. 321-334). Hogrefe.

Instituto Brasileiro de Geografia e Estatística. (2022). *População cresce, mas número de pessoas com menos de 30 anos cai 5,4% de 2012 a 2021*. Agência de Notícias IBGE. https://agenciadenoticias.ibge.gov.br/agencia-noticias/2012-agencia-denoticias/noticias/34438-populacao-cresce-mas-numero-de-pessoas-com-menos-de-30-anos-cai-5-4-de-2012-a-2021

Lövdén, M., Fratiglioni, L., Glymour, M. M., Lindenberger, U., & Tucker-Drob, E. M. (2020). Education and Cognitive Functioning Across the Life Span. *Psychological science in the public interest: a journal of the American Psychological Society, 21*(1), 6-41. https://doi.org/10.1177/1529100620920576

Martins, N. I. M., Caldas, P. R., Cabral, E. D., Lins, C. C. S. A., & Coriolano, M. G. W. S. (2019). Instrumentos de avaliação cognitiva usados nos últimos cinco anos em idosos brasileiros: Revisão. *Ciênc. saúde colet., 24*(7), 2.513-2.530. https://doi.org/10.1590/1413-81232018247.20862017

Ministério da Saúde. (2018). *Orientações técnicas de linha de cuidado para atenção integral à saúde da pessoa idosa no Sistema Único de Saúde*. Secretaria de Atenção à Saúde, Departamento de Ações Programáticas e Estratégicas. https://bvsms.saude.gov.br/bvs/publicacoes/linha_cuidado_atencao_pessoa_idosa.pdf

Oliveira, M. G., Amorim, W. W., Oliveira, C. R. B., Coqueiro, H. L., Gusmão, L. C., & Passos, L. C. (2016). Brazilian consensus of potentially inappropriate medication for elderly people. *Geriatrics,*

Gerontology and Aging, 10(4), 168-181. https://doi.org/10.5327/Z2447-211520161600054

Organização Mundial da Saúde (2015). *Relatório mundial de envelhecimento e saúde*. https://apps.who.int/iris/bitstream/handle/10665/186468/WHO_FWC_ALC_15.01_por.pdf?sequence=6

Organização Mundial da Saúde (2021). *Ageing and health*. https://www.who.int/news room/fact-sheets/detail/ageing-and-health

Paula, J. J., & Costa, D. S. (2015). A entrevista clínica em neuropsicologia. In L. F. Malloy-Diniz., P. Mattos, N. Abreu, & D. Fuentes (orgs.) *Neuropsicologia: aplicações clínicas* (pp. 56-73). Artmed.

Pereira, A., & Ortiz, K. Z. (2022). Language skills differences between adults without formal education and low formal education. *Psicol Reflex Crit*. 35(4). https://doi.org/10.1186/s41155-021-00205-9

Rigoni, M., & Sá, S. D. (2016). O processo psicodiagnóstico. In C. S. Hutz, D. R. Bandeira, C. M. Trentini & J. S. Krug (orgs.), *Psicodiagnóstico* (pp. 27-34). Artmed.

Röhr, S., Pabst, A., Riedel-Heller, S. G., Jessen, F., Turana, Y., Handajani, Y. S., Brayne, C., Matthews, F. E., Stephan, B., Lipton, R. B., Katz, M. J., Wang, C., Guerchet, M., Preux, P. M., Mbelesso, P., Ritchie, K., Ancelin, M. L., Carrière, I., Guaita, A., Davin, A., Vaccaro, R., Kim, K. W., ... Sachdev, P. S. (2020). Estimating prevalence of subjective cognitive decline in and across international cohort studies of aging: a COSMIC study. *Alzheimer's research & therapy*, 12(1), 167. https://doi.org/10.1186/s13195-020-00734-y

Santana, L. H. B. C., & Oliveira, J. A. S. (2021). Envelhecimento normal e patológico. In L. H. B. C., Santana, M. P. Sales (orgs.), *Neuropsicologia do adulto e do idoso* (pp. 5-20). Platos Soluções Educacionais S.A.

Saxon, S. V., Etten, M. J., & Perkins, E. A. (2021). Perspective on aging. In *Physical change and aging – A guide for helping professions* (pp. 1-6). Springer Publishing Company.

Schneider, A., Marasca, A., Dobrovolski, T., Müller, C., & Bandeira, D. (2020). Planejamento da avaliação psicológica: implicações para a prática e para a formação. *SciELO Preprints*. https://doi.org/10.1590/SciELOPreprints.521

Silva, M. A., & Bandeira, D. R. (2016). A entrevista de anamnese. In C. S. Hutz, D. R. Bandeira, C. M. Trentini, J. S. & Krug (orgs.) *Psicodiagnóstico*. Artmed.

Stern, Y., Barnes, C. A., Grady, C., Jones, R. N., & Raz, N. (2019). Brain reserve, cognitive reserve, compensation, and maintenance: operationalization, validity, and mechanisms of cognitive resilience. *Neurobiology of aging*, 83, 124-129. https://doi.org/10.1016/j.neurobiolaging.2019.03.022

Tavares, M. (2000). A entrevista Clínica. In J. A. Cunha (org.) *Psicodiagnóstico V* (pp. 43-54). Artmed.

Thillainadesan, J., Scott, I. A., & Le Couteur, D. G. (2020). Frailty, a multisystem aging syndrome. *Age and aging*, 49(5), 758-763. https://doi.org/10.1093/ageing/afaa112

Trentini, C. M., Werlang, B. S. G., Xavier, F. M. D. F., & Argimon, I. I. D. L. (2009). A relação entre variáveis de saúde mental e cognição em idosos viúvos. *Psicologia: reflexão e crítica*, 22, 236-243. https://doi.org/10.1590/S0102-79722009000200010

Villemor-Amaral, A. E. D., & Resende, A. C. (2018). Novo modelo de avaliação psicológica no Brasil. *Psicologia: Ciência e Profissão*, 38, 122-132. https://doi.org/10.1590/1982-3703000208680

Wastesson, J. W., Morin, L., Tan, E., & Johnell, K. (2018). An update on the clinical consequences of polypharmacy in older adults: a narrative review. *Expert opinion on drug safety*, 17(12), 1.185-1.196. https://doi.org/10.1080/14740338.2018.1546841

Wilson, L., & Austin, C. (2022). Recognition, Management, and Prevention of Delirium. In J. Busby-Whitehead, S. Durso, C. Arenson, R. Elon, M. Palmer, & W. Reichel (orgs.). *Reichel's Care of the Elderly: Clinical Aspects of Aging* (pp. 129-138). Cambridge University Press. https://doi.org/10.1017/9781108942751.012

Zibetti, M. R., Rodrigues, J. C., & Wagner, G. P. (2016). Psicodiagnóstico e alterações neurocognitivas em idosos. In C. S. Hutz, D. R. Bandeira, C. M. Trentini & J. S. Krug (orgs.) *Psicodiagnóstico* (pp. 382-395). Artmed.

Instrumentos psicológicos: testes e escalas específicas

Camila Rosa de Oliveira
Márcia Fortes Wagner
Luís Henrique Paloski
Fernanda Cerutti

Destaques

1) A avaliação de sintomas depressivos e de ansiedade é de grande valia para a prática clínica com idosos.

2) Desenvolvendo relações interpessoais mais produtivas, satisfatórias e duradouras, se está contribuindo com a saúde mental e física do idoso.

3) A personalidade pode permanecer estável ao longo da vida ou se modificar de acordo com experiências vitais que demandam adaptação.

4) Profissionais de saúde devem atentar para a avaliação do uso de álcool e outras drogas por idosos.

5) A investigação da cognição é fundamental, pois alterações podem estar presentes tanto em transtornos do humor quanto em quadros neurológicos.

Contextualização temática

O processo de envelhecimento é caracterizado por alterações cognitivas, sociais, funcionais e emocionais (Sánchez-Izquierdo & Fernández-Ballesteros, 2021). Dessa forma, no contexto de avaliação psicológica, esses aspectos necessitam ser considerados ao longo do planejamento dos recursos e técnicas de investigação a serem empregados.

No Brasil, ao longo dos últimos anos, verificou-se a publicação de diversos testes e de escalas desenvolvidos ou adaptados para a população idosa. Portanto, o objetivo deste capítulo será abordar alguns dos principais instrumentos que avaliam sintomas depressivos e de ansiedade, habilidades sociais, personalidade, uso de substâncias e cognição em adultos idosos. Ao longo do capítulo utilizaremos conceitos que são importantes para identificar as propriedades psicométricas, como validade e fidedignidade, as quais indicam se o teste é adequado para uso. A validade visa a assegurar que o instrumento avalia aquilo que se propõem a avaliar, enquanto a fidedignidade diz respeito ao grau de estabilidade do instrumento (também conhecida por confiabilidade ou por consistência interna) (Gorenstein et al., 2014).

Sintomas depressivos e de ansiedade

A avaliação de sintomas depressivos e de ansiedade é de grande valia para a prática clínica com idosos. Nesse cenário, existem instrumentos adaptados para o contexto brasileiro com propriedades psicométricas adequadas, sendo algumas ferramentas privativas para o uso de psicólogos e outras de livre-acesso. Aos psicólogos e profissionais da saúde mental recomenda-se o acesso regular ao site do Sistema de Avaliação de Testes Psicológicos (SATEPSI) para verificar os instrumentos com pareceres favoráveis.

No contexto brasileiro, encontram-se instrumentos privativos para avaliação de sintomas depressivos em idosos como a Escala Baptista de Depressão – Versão Idosos e o Inventário de Depressão de Beck-II. Como instrumento favorável, mas não privativo, encontra-se a Escala de Depressão Geriátrica. Para avaliação de sintomas de ansiedade está em análise no SATEPSI o Inventário de Ansiedade de Beck e existe o Inventário de Ansiedade Geriátrica.

Escala Baptista de Depressão – Versão Idosos (EBADEP-ID)

O instrumento é composto por 20 itens que abordam a sintomatologia depressiva, visando avaliar a frequência e duração dos sintomas. Destinado exclusivamente para pessoas com 60 anos ou mais. A proposta do teste é auxiliar os profissionais a detectar o comportamento saudável, bem como sintomatologia clinicamente importante, auxiliando-o no desenvolvimento de estratégias de intervenção específicas para cada caso, avaliando a melhora durante o tratamento (Baptista, 2019).

A EBADEP-ID consiste em uma ferramenta complementar no processo psicodiagnóstico, na detecção de sintomas depressivos clinicamente significativos e no acompanhamento e desenvolvimento de intervenções psicológicas e medicamentosas em idosos. Ela apresenta em seu formato de resposta itens dicotômicos e obteve valores adequados de consistência interna (Baptista et al., 2019).

Inventário de Depressão de Beck-II

O Inventário de Depressão de Beck II (BDI-II) é um instrumento autoaplicável composto por 21 itens, cujo objetivo é mensurar a intensidade dos sintomas depressivos a partir dos 13 anos até a terceira idade. A aplicação pode ser individual ou coletiva. Não há um tempo-limite para o preenchimento do protocolo, mas em geral, o BDI-II requer entre 5 e 10 minutos para ser completado (Gorenstein et al., 2014).

A literatura científica aponta que a utilização do BDI-II se demonstrou adequada para o rastreio de sintomatologia depressiva em idosos. Tendo em vista que os transtornos depressivos são uma das psicopatologias de maior prevalência em idosos, o BDI-II mostrou ser um instrumento com propriedades fidedignas para avaliar sintomatologia depressiva nessa população, tanto por medida preventiva quanto para complementar diagnósticos, tornando-se uma importante ferramenta para os profissionais da saúde mental na construção das suas intervenções (Argimon et al., 2016).

Escala de Depressão Geriátrica (GDS)

A Escala de Depressão Geriátrica (GDS) consiste em um instrumento de rastreio autoaplicável ou realizado por um entrevistador, possui itens dicotômicos para investigar a presença de possíveis sintomas depressivos. A escala apresenta diferentes versões (GDS-15, GDS-10, GDS-5 e GDS-4), sendo mais utilizadas as versões de 30 itens e de 15 itens. Estudos sobre a GDS, realizados no Brasil, apontam evidências psicométricas favoráveis para a escala (Dias et al., 2017). Na sequência apresenta-se os itens da GDS 30 e 15 (Tabela 1).

Tabela 1: Itens da Escala de Depressão Geriátrica (GDS)

Itens		Resposta	
*01.	De maneira geral, o senhor está satisfeito com a vida?	(1) Não	(0) Sim
02.	O senhor abandonou muitas das coisas que fazia ou gostava de fazer?	(0) Não	(1) Sim
03.	O senhor acha sua vida sem sentido atualmente?	(0) Não	(1) Sim
04.	O senhor está geralmente aborrecido?	(0) Não	(1) Sim
05.	O senhor se sente otimista em relação a sua vida futura?	(1) Não	(0) Sim
06.	O senhor está aborrecido com pensamentos que não consegue tirar da cabeça?	(0) Não	(1) Sim
07.	O senhor está de bom humor a maior parte do tempo?	(1) Não	(0) Sim
08.	Se sente inseguro achando que alguma coisa ruim vai lhe acontecer?	(0) Não	(1) Sim
09.	De maneira geral, o senhor costuma se sentir feliz?	(1) Não	(0) Sim
10.	O senhor costuma se sentir desamparado?	(0) Não	(1) Sim
11.	O senhor se sente cansado e irritado muitas vezes?	(0) Não	(1) Sim
12.	O senhor prefere ficar em casa ao invés de sair e fazer alguma outra coisa?	(0) Não	(1) Sim
13.	É comum que o senhor se preocupe com o futuro?	(0) Não	(1) Sim
14.	Tem mais dificuldades para lembrar das coisas do que a maioria das pessoas?	(0) Não	(1) Sim
15.	O senhor acha que vale a pena estar vivo hoje?	(1) Não	(0) Sim
16.	O senhor costuma se sentir desanimado e triste com frequência?	(0) Não	(1) Sim
17.	O senhor costuma se sentir menos útil com a idade que tem hoje?	(0) Não	(1) Sim
18.	O senhor pensa muito no passado?	(0) Não	(1) Sim
19.	O senhor acha sua vida emocionante?	(1) Não	(0) Sim
20.	É difícil para o senhor começar a trabalhar em novos projetos?	(0) Não	(1) Sim
21.	O senhor se sente bem disposto?	(1) Não	(0) Sim
22.	O senhor acha que sua situação não pode ser melhorada?	(0) Não	(1) Sim
23.	Acha que a maioria das pessoas está em melhores condições que o senhor?	(0) Não	(1) Sim
24.	Costuma ficar incomodado com coisas sem grande importância que acontecem?	(0) Não	(1) Sim
25.	O senhor sente vontade de chorar com frequência?	(0) Não	(1) Sim
26.	O senhor tem dificuldade para se concentrar?	(0) Não	(1) Sim
27.	O senhor gosta de se levantar cedo?	(1) Não	(0) Sim
28.	O senhor prefere evitar encontros com outras pessoas?	(0) Não	(1) Sim
29.	O senhor acha fácil tomar decisões?	(1) Não	(0) Sim
30.	A sua memória funciona hoje tão bem quanto antes?	(1) Não	(0) Sim

Nota: * = Itens em itálico e em negrito representam itens referentes à GDS-15. As respostas "Não" e "Sim" com indicativo de "1" entre os parênteses sugerem a presença do sintoma. O escore total é obtido a partir da soma dos itens. O ponto de corte para versão de 30 itens é 10-11 pontos e para a versão de 15 itens é 5-6 pontos (Dias et al., 2017).

Inventário de Ansiedade de Beck (BAI)

O instrumento constitui-se de 21 itens, dos quais o indivíduo deve apontar, em uma escala de quatro pontos, o nível de gravidade do sintoma. O escore total varia de 0 a 63 pontos, e permite a verificação do nível de intensidade da ansiedade. Na sua última atualização, o instrumento pode ser administrado em pessoas entre 18 e 90 anos de idade, além de índices de consistência interna adequados (Beck et al., 2022).

Inventário de Ansiedade Geriátrica (GAI)

É um instrumento desenvolvido para avaliar ansiedade em idosos, originalmente contém 20 itens e pode ser autoaplicável. Consiste em um inventário breve, com respostas dicotômicas e pode ser utilizado também em contextos de baixo nível educacional ou prejuízo cognitivo leve. O inventário já demonstrou boas propriedades psicométricas com idosos. O ponto de corte sugerido é de 10-11 para indicar a presença de ansiedade generalizada (Martiny et al., 2011). Existe uma versão de 5 itens (que considera os itens n. 1, 6, 8, 10 e 11 da versão completa) que também apresentou índices psicométricos adequados (Tisott, 2020). Na sequência apresenta-se os itens da GAI (Tabela 2).

Tabela 2: Itens do Inventário de Ansiedade Geriátrica (GAI)

Instrução: Por favor, responda aos itens de acordo com como o (a) senhor (a) tem se sentido na última semana. Marque CONCORDO se você concorda em maior grau que esse item descreve você; marque DISCORDO se você discorda em maior grau que esse item descreve você.

Itens	Resposta
*01. Eu me preocupo em grande parte do tempo.	( ) Concordo ( ) Discordo
02. Eu acho difícil tomar uma decisão.	( ) Concordo ( ) Discordo
03. Sinto-me agitado com frequência.	( ) Concordo ( ) Discordo
04. Eu acho difícil relaxar.	( ) Concordo ( ) Discordo
05. Eu frequentemente não consigo aproveitar as coisas por causa de minhas preocupações.	( ) Concordo ( ) Discordo
06. Pequenas coisas me aborrecem muito.	( ) Concordo ( ) Discordo
07. Eu frequentemente sinto como se tivesse um "frio na barriga".	( ) Concordo ( ) Discordo
08. Eu penso que sou preocupado.	( ) Concordo ( ) Discordo
09. Não posso deixar de preocupar-me mesmo com coisas triviais.	( ) Concordo ( ) Discordo
10. Frequentemente me sinto nervoso.	( ) Concordo ( ) Discordo
11. Meus próprios pensamentos com frequência me deixam ansioso.	( ) Concordo ( ) Discordo
12. Tenho dor de estômago por causa das minhas preocupações.	( ) Concordo ( ) Discordo
13. Eu me vejo como uma pessoa nervosa.	( ) Concordo ( ) Discordo
14. Eu sempre espero que o pior irá acontecer.	( ) Concordo ( ) Discordo
15. Frequentemente me sinto tremendo por dentro.	( ) Concordo ( ) Discordo
16. Eu acho que minhas preocupações interferem na minha vida.	( ) Concordo ( ) Discordo
17. Minhas preocupações frequentemente me oprimem.	( ) Concordo ( ) Discordo
18. Às vezes eu sinto como se tivesse um grande nó no estômago.	( ) Concordo ( ) Discordo
19. Eu perco coisas por me preocupar demais.	( ) Concordo ( ) Discordo
20. Frequentemente me sinto chateado.	( ) Concordo ( ) Discordo

Nota: * = Itens em itálico e em negrito representam a versão reduzida de cinco itens do GAI. Os itens marcados como "Concordo" recebem 1 ponto, enquanto os itens marcados como "Discordo" recebem 0 ponto. O escore total é obtido a partir da soma dos itens.

Habilidades sociais

Um repertório adequado de habilidades sociais pode ser compreendido como fator de prevenção ao adoecimento, visto que interagir socialmente auxilia o adulto idoso a manter redes de apoio social e a melhorar sua qualidade de vida. As habilidades sociais podem ser definidas de forma clássica como um conjunto de comportamentos em um contexto interpessoal relacionado à expressão de sentimentos, ações, vontades, ideias ou direitos de um indivíduo, realizados de uma maneira adequada à situação específica, buscando sempre respeitar o outro (Caballo et al., 2017). Nesse sentido, por meio do desenvolvimento de relações interpessoais mais produtivas, satisfatórias e duradouras, se está contribuindo com a saúde mental e física do adulto idoso.

Existem poucos instrumentos para a avaliação das habilidades sociais em adultos idosos utilizados no Brasil. Como principal instrumento para avaliar habilidades sociais especificamente nessa população foi construído e validado o Inventário de Habilidades Sociais para Idosos (IHSI-Del-Prette). Outra escala que vem também sendo utilizada em contextos clínicos e de pesquisas é o Questionário de Habilidades Sociais (CHASO), de origem espanhola e já traduzido para o português, o qual encontra-se ainda em processo de validação para a população brasileira e foi desenvolvido sem limite de idade.

Inventário de Habilidades Sociais para Idosos (IHSI-Del-Prette)

O IHSI-Del-Prette para idosos é um instrumento composto por 20 itens de autorrelato que descrevem uma situação específica que requer o uso de uma certa habilidade social envolvendo relacionamentos interpessoais. Nessa versão, realizada a extensão das normas do IHS-Del-Prette para 18 a 59 anos (Del Prette & Del Prette, 2018) e a adaptação de redação dos itens para a população acima de 60 anos. O indivíduo deve estimar a frequência com que age ou reage conforme sugere cada item, a partir de uma escala de cinco pontos.

O IHSI-Del-Prette propicia uma avaliação precisa, contribuindo para a pesquisa, avaliação e intervenção relacionadas à saúde mental em idosos. Apresenta uma estrutura fatorial em quatro dimensões: Expressividade Emocional (Fator 1), Assertividade (Fator 2), Conversação e Desenvoltura Social (Fator 3) e Abordagem Afetivo-sexual (Fator 4) (Braz et al., 2020).

O primeiro fator, Expressividade Emocional, inclui sete itens relacionados à classe de habilidade social de expressar sentimentos positivos e negativos a diferentes pessoas como parentes, amigos, colegas e desconhecidos. Também inclui habilidades sociais de elogiar, fazer perguntas, cumprimentar e reconhecer um elogio recebido.

O segundo fator, Assertividade, possui quatro itens relacionados a comportamentos de enfrentamento e autoafirmação com potencial risco de reação negativa por parte do interlocutor. Envolve discordar em situação de grupo, discordar de autoridade, interromper a fala de outra pessoa e lidar com situações injustas, críticas.

Já o terceiro fator, Conversação e Desenvoltura Social, inclui seis itens referentes às habilidades sociais de comunicação, principalmente conversação. Os itens abordam diretamente diversos aspectos de uma conversa (início, manutenção e/ou término de uma conversa) com pessoas conhecidas ou desconhecidas. Para desenvoltura social, foram considerados itens que se referem a habilidades conversacionais aplicadas a situações específicas como: pedir favores, aproximar-se de autoridade, pedir mudança de comportamento e interromper uma conversa telefônica.

E o último fator, Abordagem Afetivo-sexual, inclui três itens referentes à abordagem de um (potencial) parceiro afetivo, com ou sem interesse sexual. Os itens que carregaram neste fator referem-se a revelar amor e afeto, aproximando-se de quem se sente atraído sexualmente.

O IHSI-Del-Prette para idosos é um instrumento breve, desenvolvido com os objetivos bem especificados: (a) realizar o planejamento de intervenções com foco nos déficits encontrados, (b) avaliar os participantes nas etapas de pré e pós-intervenção, (c) fazer uso de projetos experimentais, (d) planejar sessões voltadas ao repertório deficitário de habilidades sociais dos idosos, (e) avaliar a eficácia do processo, (f) propiciar a generalização e a busca da validade social da intervenção. Em processos psicoterápicos, pode auxiliar na compreensão dos profissionais a respeito das melhorias necessárias ao atendimento de idosos e seus familiares.

Questionário de Habilidades Sociais (CHASO)

Instrumento de autorrelato que tem por objetivo avaliar as principais dimensões relacionadas ao construto das habilidades sociais. Trata-se de um questionário de 40 itens e que apresenta 10 dimensões: 1) Interagir com estranhos; 2) Expressar sentimentos positivos; 3) Enfrentar críticas; 4) Interagir com pessoas que me atraem; 5) Manter a calma diante de críticas; 6) Falar em público/Interagir com superiores; 7) Enfrentar o medo do ridículo; 8) Defender os próprios direitos; 9) Pedir desculpas; e 10) Recusar pedidos.

Em cada item, deve-se indicar o grau dos comportamentos que são característicos ou próprios de si, utilizando uma escala de cinco pontos de 1 = "Muito pouco característico" a 5 = "Muito característico". O CHASO é um instrumento já traduzido de sua versão original em espanhol para o português do Brasil e, como encontra-se em processo de análise e validação para a população brasileira, ainda não possui pontos de corte. Os seus escores são avaliados pelos cálculos de média e do desvio-padrão de cada uma das dimensões, sendo que se avaliam as dimensões mais desenvolvidas com as maiores médias e as deficitárias com as menores médias. O CHASO demonstra consistência interna satisfatória (Caballo et al., 2017).

Personalidade

A personalidade é um constructo muito caro à Psicologia. Pode ser conceituada como características que explicam as diferenças individuais expressadas consistentemente por meio de comportamentos, sentimentos e pensamentos. Com relação ao entendimento sobre a personalidade e o desenvolvimento humano, os estudos têm discutido se a personalidade pode tanto permanecer estável ao longo da vida ou se modificar de acordo com experiências vitais que provocam ajustes de adaptação, tal como as vivenciadas na velhice (Pocnet et al., 2020).

A avaliação da personalidade vai ser influenciada pela perspectiva teórica que fundamenta este constructo. O modelo teórico mais aceito na literatura é o Modelo dos Cinco Grandes Fatores (CGF) ou *Big Five*, que foi desenvolvido a partir de pesquisas de métodos estatísticos baseados em estudos anteriores de diversos pesquisadores.

Tais estudos explicavam os fenômenos psicológicos em fatores/dimensões, por discutirem o constructo da personalidade por meio de traços. No CGF existem cinco fatores que explicam a personalidade: 1) Extroversão; 2) Socialização (ou Amabilidade); 3) Realização (ou Conscienciosidade); 4) Neuroticismo; e 5) Abertura (Pocnet et al., 2020). Assim, neste capítulo, considerou-se trazer dois testes atualmente aprovados no SATEPSI que têm como base teórica o CGF.

Inventário dos Cinco Grandes Fatores – Revisado – NEO-PI-R

O NEO-PI-R foi adaptado para o Brasil por Flores-Mendonza (2007) e é baseado teoricamente no modelo de personalidade dos CGF e tem como objetivo avaliar a personalidade de adultos. A aplicação não tem limite de tempo e pode ser individual ou coletiva. A correção do teste está disponível gratuitamente através da Plataforma Online, acessível por meio da aquisição do livro de aplicação. O NEO-PI-R possui 240 itens, divididos em cinco escalas de acordo com os fatores: Neuroticismo (N); Extroversão (E); Abertura a experiências (O); Amabilidade (A), e Conscienciosidade. Mas existe a versão curta, o NEO FFI-R, que por conter 60 itens pode ser mais acessível ao público idoso. O Manual do NEO-PI-R e do NEO-FFI-R publicado para uso no Brasil, abrange o público-alvo com idade a partir dos 20 anos até os 60 anos de acordo com as tabelas normativas, embora o estudo de normatização tenha abrangido uma população de 1.353 sujeitos, com idades entre 16 e 74 anos. A indicação de escolaridade é de no mínimo o Ensino Médio. Possui bons resultados para consistência interna e estabilidade.

Bateria Fatorial de Personalidade – BFP

A BFP é uma alternativa relevante de teste que avalia a personalidade de adultos. Igualmente está baseada no CGF. Está publicada e é comercializada, com opção de correção informatizada. Recomenda-se seu uso em pessoas com, no mínimo, o Ensino Fundamental completo. Por meio de 126 afirmativas, e uma escala tipo de sete pontos, avalia as dimensões e suas respectivas subescalas: 1) Neuroticismo: N1 – Vulnerabilidade; N2 – Instabilidade emocional; N3 – Passividade/Falta de Energia; N4 – Depressão; 2) Extroversão: E1 – Comunicação; E2 – Altivez; E3 – Dinamismo; E4 – Interações Sociais; 3) Socialização: S1 – Amabilidade; S2 – Pró-sociabilidade; S3 – Confiança nas pessoas; 4) Realização: R1 – Competência; R2 – Ponderação/Prudência; R3 – Empenho/Comprometimento; 5) Abertura: A1 – Abertura a ideias; A2 – Liberalismo; A3 – Busca por novidades. Com relação à consistência interna, os valores foram considerados adequados para os cinco fatores (Nunes et al., 2016).

Uso de álcool e de outras drogas

A partir do aumento da expectativa de vida, também tem se visto um aumento do uso de drogas entre a população com idade acima de 65 anos. Nos últimos anos, mundialmente, está sendo observado um uso de drogas mais prevalente entre pessoas idosas, o que já se considera uma "epidemia oculta", de acordo com o relatório anual do Painel Internacional de Controle de Narcóticos (International Narcotics Control Board [INCB], 2022).

Para a avaliação do uso de álcool em idosos, é importante atentar-se para alguns sintomas, que podem se diferenciar dos sintomas ou sinais em pessoas mais jovens. Em idosos devem-se observar sintomas como: I) dificuldade em limitar o uso e inquietações para usar a droga, e uso pela manhã; II) menor tolerância quando o uso for prolongado, por alterações no funcionamento do fígado e do sistema nervoso central; III) desnutrição e deficiência em vitaminas devido à não realização das refeições – a vida gira em torno do consumo de álcool; IV) lapsos de memória e "apagões"; V) vômitos matinais e suor noturno; VI) alucinações e *delirium tremens* (Joshi et al., 2021). Destaca-se que alguns destes sintomas podem ser confundidos com quadros demenciais, o que vai requerer do(a) avaliador(a) um diagnóstico diferencial, podendo-se atentar ao uso de testes e outros instrumentos de avaliação indicados nas outras temáticas deste capítulo, tais como queixas cognitivas e sintomas depressivos.

Diante do exposto, entende-se que há uma necessidade de que a avaliação do uso de álcool e outras drogas por pessoas idosas seja sempre avaliado. Inclui-se também a avaliação do uso não prescrito de analgésicos, tranquilizantes e sedativos, que têm aumentado para esta população (INCB, 2022). Para a avaliação e rastreamento do uso de álcool e outras drogas, existem alguns instrumentos de uso livre que podem ser utilizados como tarefas complementares no processo avaliativo. Para a realidade brasileira e contemplando a população adulta e idosa indicam-se:

Teste de triagem do envolvimento com álcool, tabaco e outras substâncias (ASSIST)

Desenvolvido pela Organização Mundial de Saúde (WHO ASSIST Working Group, 2002) para detectar abuso e dependência de nove classes de substâncias psicoativas (tabaco, álcool, maconha, cocaína, estimulantes, sedativos, inalantes, alucinógenos e opiáceos). A validação para a realidade brasileira foi realizada por Henrique et al. (2004), cuja amostra foi composta por 147 adultos entre 18 e 45 anos de idade. Embora no Brasil não tenham sido identificados estudos específicos para a população idosa, os índices de confiabilidade do ASSIST para as principais substâncias, conforme o estudo de Henrique et al. (2014), foram considerados adequados.

As questões avaliam: frequência do uso na vida e nos últimos três meses; problemas relacionados ao uso; preocupação do entorno com relação ao consumo pelo usuário; dificuldades na realização de tarefas esperadas; insucesso nas tentativas de parar ou diminuir o consumo; compulsão; uso de drogas injetáveis. A pontuação é realizada considerando-se o cálculo para cada classe de droga, indicando: baixo risco (0-10 para álcool; 0-3 para outras substâncias), risco moderado (11-26 para álcool; 4-26 para outras substâncias) e alto risco (27 ou mais para álcool e outras substâncias) (Henrique et al. 2004). A Tabela 3 apresenta as questões referentes ao ASSIST.

Escala de Gravidade da Dependência (ASI)

A ASI é um instrumento que viabiliza a avaliação global da gravidade do uso de substâncias psicoativas (SPAs) na situação atual (últimos 30 dias) e passada (últimos 6 meses). O escore pontua a gravidade em 7 dimensões que dizem respeito às áreas da vida do/a usuário/a: 1) médica; 2) ocupação/sustento; 3) álcool; 4) outras

Tabela 3: Exemplos dos Itens do Teste de Triagem do envolvimento com álcool, tabaco e outras substâncias (ASSIST)

1 – Na sua vida, qual(is) dessas substâncias você já usou? (somente uso não-médico)		Não	Sim
a.	Derivados do tabaco (cigarros, charuto, cachimbo, fumo de corda...)	0	1
b.	Bebidas alcoólicas (cerveja, vinho, destilados como pinga, uísque, vodka, vermutes...)	0	1
c.	Maconha (baseado, erva, haxixe...)	0	1
d.	Cocaína, crack (pó, pedra, branquinha, nuvem...)	0	1
e.	Estimulantes como anfetaminas ou *ecstasy* (bolinhas, rebites...)	0	1
f.	Inalantes (cola de sapateiro, cheirinho-da-loló, tinta, gasolina, éter, lança-perfume, benzina...)	0	1
g.	Hipnóticos/sedativos (remédios para dormir: diazepam, lorazepan, lorax, dienpax, rohypnol)	0	1
h.	Drogas alucinógenas (como LSD, ácido, chá-de-lírio, cogumelos...)	0	1
i.	Opioides (heroína, morfina, metadona, codeína...)	0	1
j.	Outras. Especificar: _____	0	1

2 – Durante os três últimos meses, com que frequência você utilizou essa(s) substância(s) que mencionou? (Primeira droga, depois a segunda droga, etc)		Nunca	1 ou 2 vezes	Mensal-mente	Semanal-mente	Diariamente ou quase todo o dia
a.	Derivados do tabaco (cigarros, charuto, cachimbo, fumo de corda...)	0	1	2	3	4
b.	Bebidas alcoólicas (cerveja, vinho, destilados como pinga, uísque, vodka, vermutes...)	0	1	2	3	4
c.	Maconha (baseado, erva, haxixe...)	0	1	2	3	4
d.	Cocaína, crack (pó, pedra, branquinha, nuvem...)	0	1	2	3	4
e.	Estimulantes como anfetaminas ou ecstasy (bolinhas, rebites...)	0	1	2	3	4
f.	Inalantes (cola de sapateiro, cheirinho-da-loló, tinta, gasolina, éter, lança-perfume, benzina...)	0	1	2	3	4
g.	Hipnóticos/sedativos (remédios para dormir: diazepam, lorazepan, lorax, dienpax, rohypnol)	0	1	2	3	4
h.	Drogas alucinógenas (como LSD, ácido, chá-de-lírio, cogumelos...)	0	1	2	3	4
i.	Opioides (heroína, morfina, metadona, codeína...)	0	1	2	3	4
j.	Outras. Especificar: _____	0	1	2	3	4

Nota: Versão do instrumento de autoria do WHO ASSIST Working Group, 2002.

drogas; 5) legal; 6) familiar/social e 7) psiquiátrica. Indica-se a aplicação desta entrevista semiestruturada no início do tratamento. Leva-se em torno de 45-60 minutos para sua condução, que preferencialmente deve ser realizada por profissionais da saúde. No Brasil, a versão ASI-6 apresenta estudo das propriedades psicométricas. Os índices de consistência interna, nas dimensões que correspondem às áreas da vida, foram considerados satisfatórios. A amostra do estudo foi composta por 740 usuários de SPAs com média de idade de 36 anos. Ressalta-se que o público-alvo deste instrumento são usuários de SPA, que apresentam boa capacidade cognitiva para compreensão das perguntas (Kessler et al., 2012).

Michigan Alcoholism Screening Test – Geriatric Version (MAST-G)

O MAST-G foi elaborado com um recurso de *screening* para abuso e dependência do álcool. Sua primeira versão data do início dos anos 1970 voltada para jovens adultos (Selzer, 1971). A versão geriátrica foi publicada no início dos anos 1990 (Blow et al., 1992). O instrumento contém 24 questões dicotômicas, elaboradas segundo os critérios do DSM-III Revisado (DSM-III-R). Há um consenso de que esse instrumento identifica o uso, abuso e provável dependência ao álcool em idosos. Trata-se de um instrumento composto por 24 perguntas de "sim" e "não". Para o levantamento do escore, somam-se as respostas "sim", que valem um ponto cada. O ponto de corte é de cinco pontos. Quando a pontuação fica entre 0 a 4 pontos, indica-se que "não há evidência de uso abusivo de álcool", a pontuação igual ou acima de 5 pontos alerta para "problemas relacionados com o uso do álcool". O estudo de validação transcultural para a realidade brasileira, foi realizado com pessoas com idade acima de 60 anos, idade média de 70 anos, totalizando uma amostra de 111 idosos residentes no município de São Carlos, Estado de São Paulo. O instrumento apresentou bom índice de confiabilidade, com valores semelhantes à versão original (α = 0,79) (Kano et al., 2014).

Alcohol Use Disorders Identification Test (AUDIT)

O AUDIT foi desenvolvido por pesquisadores em parceria com a OMS na década de 1980 para detectar problemas associados ao álcool (Babor et al., 1992). Na validação da versão brasileira a amostra do estudo foi composta por pessoas com idade entre 18 e 60 anos e o índice de confiabilidade foi adequado (Lima et al., 2005). O instrumento pode ser aplicado por profissionais da saúde e de outras áreas, com treinamento. Sua aplicação pode ser realizada pela/o profissional ou pode ser autoaplicada, com uma duração em média de 2-4 minutos. Contempla 10 questões pontuadas de 0-4, baseadas nos critérios diagnósticos da Classificação Internacional de Doenças (CID-10). Pode-se utilizar o questionário completo ou reduzido: AUDIT C – três primeiras questões que fazem uma rápida triagem do consumo; AUDIT-3 – em que se pode aplicar apenas a terceira questão para avaliar o padrão de consumo pesado. O escore geral é obtido a partir da soma da pontuação de todos os itens e os pontos de corte são: 0-7 "abstêmios ou uso de baixo risco"; 8-15 "usuários de risco"; 16-19 "uso nocivo"; e 20-40 "sugestivo de dependência" (Lima et al., 2005).

Cognição

Adultos idosos apresentam maior prevalência de alterações cognitivas, principalmente nos processos relacionados à memória (Sánchez-Izquierdo & Fernández-Ballesteros, 2021). Ainda, o avanço da idade é um fator de risco para o desenvolvimento de transtornos neurocognitivos, dentre eles a Doença de Alzheimer (Silva et al., 2019). Portanto, a investigação da cognição é peça fundamental no processo de avaliação psicológica, visto que alterações nesse construto também podem estar presentes em transtornos do humor (Mukku et al., 2021), além de em quadros neurológicos. A seguir, serão apresentados dois instrumentos que atualmente encontram-se aprovados pelo SATEPSI para uso no Brasil.

Miniexame do Estado Mental (MEEM)

O MEEM é um instrumento de rastreio, de uso não privativo do psicólogo, que avalia componentes escolares (leitura e escrita, por exemplo), de orientação, de memória de curto prazo, evocação e reconhecimento (Melo et al., 2017). A sua administração é de aproximadamente cinco minutos e é uma das principais ferramentas utilizadas em estudos internacionais e nacionais para investigação de declínio cognitivo em adultos idosos, cujos escores podem variar de 0 a 30 pontos. De maneira geral, apresenta itens que verificam capacidade de orientação (por exemplo, "qual dia da semana é hoje?" ou que "em que cidade estamos?"), memória (repetir imediatamente e recordar posteriormente de três palavras), atenção (diminuir sete pontos de 100), linguagem (como escrever uma frase, ler e realizar um comando). No Brasil, encontram-se aproximadamente 11 versões do MEEM com pontos de corte diversificados de acordo com a escolaridade (Gallegos et al., 2022).

Teste de Aprendizagem Auditivo-Verbal de Rey (RAVLT)

O RAVLT foi adaptado e validado para o Brasil por Paula e Malloy-Diniz (2018) e tem como objetivo avaliar a memória declarativa episódica de evocação imediata, tardia e de reconhecimento. É constituído por uma lista de 15 palavras que são lidas em voz alta e o avaliando precisa repetir quantas conseguir lembrar, em qualquer ordem. A lista é repetida mais quatro vezes e o avaliando realiza a mesma tarefa a cada repetição. Após, uma nova lista é introduzida, a qual o avaliando também deve repetir as palavras que conseguir memorizar, e posteriormente deve novamente repetir as palavras da primeira lista. Aproximadamente 20 minutos depois, o avaliando deve repetir as palavras da primeira lista mais uma vez e, em seguida, realiza-se uma tarefa de reconhecimento na qual são apresentadas diversas palavras e o avaliando precisa identificar as que constavam na primeira lista. O RAVLT apresenta normas de desempenho para pessoas com idade entre 6 e 92 anos.

Considerações finais

Este capítulo buscou apresentar alguns dos principais instrumentos utilizados em adultos idosos para avaliação de sintomas depressivos, de ansiedade, de habilidades sociais, personalidade, consumo de substâncias psicoativas e de cognição disponíveis no Brasil. Embora tenha havido um aumento expressivo de ferramentas para esse público no contexto nacional, verifica-se ainda que é necessário maior investimento para o desenvolvimento de testes que contemplem a etapa do envelhecimento. Embora alguns testes tenham sido validados para uso em adultos-idosos, há ausência de pontos de corte específicos. Dessa forma, é importante ressaltar a continuidade de pesquisas com essa temática.

Perguntas e respostas

1. Cite um instrumento de rastreio específico para avaliar sintomas depressivos e outro para avaliar sintomas de ansiedade em idosos?

Resposta: GDS e GAI.

2. Qual é o principal modelo teórico que embasa alguns dos instrumentos de avaliação de traços de personalidade?

Resposta: O modelo dos cinco grandes fatores (*Big Five*).

3. Qual o principal instrumento utilizado para a avaliação das habilidades sociais em população idosa?

Resposta: Inventário de Habilidades Sociais para idosos (IHSI-Del-Prette).

4. O uso de álcool e outras drogas por idosos pode ser confundido com queixas cognitivas. Verdadeiro ou Falso?

Resposta: Verdadeiro. O uso frequência de álcool e outras substâncias em idosos pode apresentar como sintomas, dentre outros, lapsos de memória e "apagões", bem como alucinações, o que pode ser confundido com quadros demenciais.

5. Qual é o instrumento de rastreio, cuja administração é de aproximadamente 5 minutos e que é uma das principais ferramentas utilizadas em estudos internacionais e nacionais para investigação de declínio cognitivo em adultos-idosos?

Resposta: O Miniexame do Estado Mental.

Referências

Argimon, I. I. L., Paloski, L. H., Farina, M., & Irigaray, T. Q. (2016). Aplicabilidade do Inventário de Depressão de Beck-II em idosos: Uma revisão sistemática. *Avaliação Psicológica, 15*(n. esp), 11-17. http://pepsic.bvsalud.org/scielo.php?script=sci_arttext&pid=S1677-04712016000300003&lng=pt&tlng=pt

Babor, T. F., Fuente, J. R., Saunders, J., & Grant, M. (1992). *AUDIT. The alcohol use disorders identification test: Guidelines for use in primary health care.* WHO (World Health Organization)/PAHO. https://www.who.int/publications/i/item/WHO-MSD-MSB-01.6a

Baptista, M. N. (2019). *Escala Baptista de Depressão – Versão Idosos* (EBADEP-ID). Vetor.

Baptista, M. N., Cunha, F. A., & da Nóbrega Marques, M. A. (2019). Evidências de estrutura interna da Escala Baptista de Depressão – Versão Idoso (EBADEP-ID). *Revista Psicologia em Pesquisa, 13*(1), 76-85. https://doi.org/10.34019/1982-1247.2019.v13.23808

Beck, A., Valim, C. C. D., Carvalho, L. F., & Steer, R. A. (2022). *Inventário de Ansiedade Beck (BAI).* Pearson.

Blow, F. C., Brower, K. J., Schulenberg, J. E., Demo-Dananberg, L. M., Young, J. P., & Beresford, T. P. (1992). The Michigan Alcoholism Screening Test – Geriatric Version (MAST-G): A new elderly-specific screening instrument. *Alcoholism: Clinical and Experimental Research, 16*(2), 372. https://doi.org/10.1111/j.1530-0277.1992.tb01393.x

Braz, A. C, Fontaine, A. M. G. V., Del Prette, A., & Del Prette, Z. A. (2020). Social skills inventory for the elderly: An instrument for use in Brazil. *Revista da SPAGESP, 21*(2), 7-22. http://pepsic.bvsalud.org/pdf/rspagesp/v21n2/v21n2a02.pdf

Caballo, V. E., Salazar, I. C., & Equipo de Investigación CISO-A España (2017). Desarrollo y validación de un nuevo instrumento para la evaluación de las habilidades sociales: El "Cuestionario de habilidades sociales" (CHASO). *Behavioral Psychology/Psicología Conductual: Revista Internacional Clínica y de la Salud, 25*(1), 5-24. https://www.behavioralpsycho.com/producto/desarrollo-y-validacion-de-un-nuevo-instrumento-para-la-evaluacion-de-las-habilidades-sociales-el-cuestionario-de-habilidades-sociales/

Del Prette, Z. A. P., & Del Prette, A. (2018). *Inventário de Habilidades Sociais* (IHS2- Del-Prette): Manual de aplicação, apuração e interpretação. Pearson.

Dias, F. L. C., Teixeira, A. L., Guimarães, H. C., Barbosa, M. T., Resende, E. P. F., Beato, R. G., Carmona, K. C., & Caramelli, P. (2017). Accuracy of the 15-item Geriatric Depression Scale (GDS-15) in a community-dwelling oldest-old sample: The Pietà Study. *Trends* in *Psychiatry and Psychotherapy*, *39*(04), 276-279. https://doi.org/10.1590/2237-6089-2017-0046

Flores-Mendonza, C. E. (2007). *Inventário de personalidade NEO-Revisado*. Manual técnico. Vetor.

Gallegos, M., Morgan, M. L., Cervigni, M., Martino, P., Murray, J., Calandra, M., Razumovskiy, A., Caycho-Rodríguez, T., & Gallegos, W. L. A. (2022). 45 Years of the mini-mental state examination (MMSE): A perspective from ibero-america. *Dementia and Neuropsychologia*. Advance online publication. https://doi.org/10.1590/1980-5764-DN-2021-0097

Gorenstein, C., Pang, W. Y., Argimon, I. L., & Werlang, B. S. G. (2014). *Inventário Beck de Depressão-II. Manual*. Casa do Psicólogo.

Henrique, I. F. S., De Micheli, D., Lacerda, R. B., & Souza-Formigoni, M. L. O. (2004). Validação da versão brasileira do teste de triagem do envolvimento com álcool, cigarro e outras substâncias (ASSIST). *Revista da Associação Médica Brasileira*, *50*(2), 199-206. https://doi.org/10.1590/S0104-42302004000200039

Joshi, P., Duong, K. T., Trevisan, L. A., & Wilkins, K. M. (2021). Evaluation and management of alcohol use disorder among older adults. *Current Geriatrics Reports*, *10*(3), 82-90. https://doi.org/10.1007/s13670-021-00359-5

International Narcotics Control Board – INCB (2022). *Report of the International Narcotics Control Board for 2021*. United Nations Publication. https://www.incb.org/documents/Publications/AnnualReports/AR2021/Annual_Report/E_INCB_2021_1_eng.pdf

Kano, M. Y., Santos, M. A., & Pillon, S. C. (2014). Use of alcohol in the elderly: Transcultural validation of the Michigan Alcoholism Screening Test – Geriatric Version (MAST-G). *Revista da Escola de Enfermagem da USP*, *48*(04), 649-656. https://doi.org/10.1590/S0080-623420140000400011

Kessler, F., Cacciola, J., Alterman, A., Faller, S., Souza-Formigoni, M. L., Cruz, M. S, Brasiliano, S., & Pechansky, F. (2012). Psychometric properties of the sixth version of the Addiction Severity Index (ASI-6) in Brazil. *Brazilian Journal of Psychiatry*, *34*(1), 24-33. https://doi.org/10.1590/S1516-44462012000100006

Lima, C., Freire, A. C. C., Silva, A. P. B., Teixeira, R. M., Farrell, M., & Prince, M. (2005). Concurrent and construct validity of the audit in an urban Brazilian sample. *Alcohol & Alcoholism*, *40*(6), 584-589. https://doi.org/10.1093/alcalc/agh202

Martiny, C., Silva, A. C. D. O., Nardi, A. E., & Pachana, N. A. (2011). Tradução e adaptação transcultural da versão brasileira do Inventário de Ansiedade Geriátrica (GAI). *Archives of Clinical Psychiatry (São Paulo)*, *38*, 08-12. https://doi.org/10.1590/S0101-60832011000100003

Melo, D. M., Barbosa, A. J. G., & Neri, A. L. (2017). Miniexame do Estado Mental: Evidências de validade baseadas na estrutura interna. *Avaliação Psicológica*, *16*(2), 161-168. https://dx.doi.org/10.15689/AP.2017.1602.06

Mukku, S. S. R., Dahale, A. B., Muniswamy, N. R., Muliyala, K. P., Sivakumar, P. T., & Varghese, M. (2021). Geriatric depression and cognitive impairment-An update. *Indian Journal of Psychological Medicine*, *43*(4), 286-293. https://dx.doi.org/10.1177/0253717620981556

Nunes, C. H. S. S., Hutz, C. S., & Nunes, M. F. O. (2016). *Bateria Fatorial de Personalidade: Manual* (2. ed.). Casa do Psicólogo.

Paula, J. J., & Malloy-Diniz, L. F. (2018). *RAVLT Teste de Aprendizagem Auditivo-Verbal de Rey*. Vetor.

Pocnet, C., Popp, J., & Jopp, D. (2020). The power of personality in successful ageing: A comprehensive review of larger quantitative studies. *European Journal of Ageing*, *18*(2), 269-285. https://doi.org/10.1007/s10433-020-00575-6

Sánchez-Izquierdo, M., & Fernández-Ballesteros, R. (2021). Cognition in healthy aging. *International Journal of Environmental Research and Public Health*, *18*(3), 962. https://doi.org/10.3390/ijerph18030962

Selzer, M. L. (1971). The Michigan Alcoholism Screening Test: The quest for a new diagnostic instrument. *American Psychiatry Journal*, *127*(12), 1.653-1.658. https://doi.org/10.1176/ajp.127.12.1653

Silva, M. V. F., Loures, C. M. G., Alves, L. C. V., Souza, L. C., Borges, K. B. G., & Carvalho, M. D. G. (2019). Alzheimer's disease: Risk factors and potentially protective measures. *Journal of Biomedical Science*, 26(1), 33-43. https://doi.org/10.1186/s12929-019-0524-y

Tisott, C. G. (2020). *Estudo de validação brasileira do Inventário de Ansiedade Geriátrica–Versão Abreviada*. [Dissertação de Mestrado]. Universidade Federal de Ciências da Saúde de Porto Alegre.

WHO ASSIST Working Group. (2002). The Alcohol, Smoking and Substance Involvement Screening Test (ASSIST): Development, reliability and feasibility. *Addiction*, 97(9), 1183-1194. https://doi.org/10.1046/j.1360-0443.2002.00185.x

O uso de fontes complementares de informação na avaliação psicológica com pessoas idosas

Heloísa Gonçalves Ferreira
Carlos Eduardo Nórte

Destaques

1) Avaliações psicológicas pautam-se em fontes fundamentais de informação, que são métodos, técnicas e instrumentos psicológicos reconhecidos cientificamente.

2) Fontes complementares de informação quando combinadas às fontes fundamentais são úteis para pautar decisões em contextos de avaliação psicológica.

3) São exemplos de fontes complementares de informação: técnicas e instrumentos não psicológicos e documentos técnicos produzidos por equipes multiprofissionais.

4) Atividades ecológicas, exames laborais e de neuroimagem são exemplos de fontes complementares de informações em avaliações neuropsicológicas com pessoas idosas.

5) O trabalho interdisciplinar com pessoas idosas facilita a adoção de fontes complementares de informação em contextos de avaliação psicológica.

6) Triangular dados provenientes de fontes fundamentais e complementares de informações em avaliação psicológica favorece a prática profissional com pessoas idosas.

7) O uso de fontes complementares pode auxiliar no diagnóstico diferencial entre quadros de senescência e senilidade.

Contextualização temática

Uma boa avaliação psicológica envolve processos de coleta de informação de múltiplas fontes com o objetivo de responder a uma ou mais questões. No caso da população idosa, são diversos os propósitos e os contextos em que a avaliação psicológica pode ocorrer (Barroso et al., 2020). Para citar alguns exemplos: avaliações do estado emocional, cognitivo e/ou funcional da pessoa idosa são comuns em contextos de saúde, quando se é necessário, por exemplo, diagnosticar transtornos cognitivos e psiquiátricos e propor tratamentos; no contexto jurídico, quando há a necessidade de avaliar pedidos de interdição e curatela; no contexto de serviços socioassistenciais, quando há a necessidade de avaliar suspeitas e sinais de abusos contra a pessoa idosa.

Além da diversidade de contextos e de objetivos da avaliação psicológica com pessoas idosas, é importante considerar a heterogeneidade do envelhecimento (Pachana & Thompson, 2021). As trajetórias de envelhecimento poderão ser muito distintas de pessoa para pessoa, a depender das infinitas combinações e interações entre fatores biológicos, físicos, psicológicos, sociais, culturais e históricos que culminam em desfechos que vão desde a presença de doenças e incapacidades, caracterizando uma velhice mais fragilizada, até desfechos positivos em saúde, que colaboram para uma velhice com maior qualidade de vida.

Diante da diversidade de contextos e propósitos da avaliação psicológica, combinada com a heterogeneidade da velhice, conclui-se que uma avaliação psicológica precisa ser abrangente o suficiente para dar conta da complexidade das questões a serem respondidas. Nesse sentido, é desejável considerar o uso combinado de fontes fundamentais e complementares de informação para pautar as tomadas de decisão nos contextos diversos de avaliação.

Ao realizar uma avaliação psicológica, o profissional psicólogo precisa pautar suas decisões em duas fontes de informação, basicamente: (1) as fontes fundamentais de informação, que constituem métodos, técnicas e/ou instrumentos psicológicos com respaldo científico; e (2) as fontes complementares de informação, que compreendem técnicas e instrumentos não psicológicos com respaldo científico e que respeitem preceitos éticos e legais da profissão, além de documentos técnicos produzidos por equipes multiprofissionais (Conselho Federal de Psicologia [CFP], 2018). Dessa forma, as fontes complementares são informações provenientes de fontes científicas de ciências afins à psicologia ou de documentos multiprofissionais para complementar as fontes fundamentais (CFP, 2022).

A testagem psicológica é bastante útil para a coleta de informações de forma padronizada e objetiva, permitindo estabelecer comparações entre pessoas, grupos e entre o indivíduo com a sua amostra normativa (CFP, 2022). No entanto, uma avaliação psicológica realizada de forma compreensiva vai muito além da testagem psicológica, incluindo outras fontes de informação advindas de observações, entrevistas, prontuários, relatórios técnicos, informantes externos, protocolos, entre outros. Isto implica muitas vezes no uso de fontes complementares de informação.

O trabalho multi e interdisciplinar com pessoas idosas assume um caráter desejável, considerando a multidimensionalidade do envelhecimento, que engloba os domínios físico, cognitivo, psicológico, cultural, econômico e social da vida do indivíduo (de Sá & Herédia, 2022). Nesse sentido, a prática psicológica passa a ser implicada por esse caráter interdisciplinar que o trabalho com pessoas idosas requer. Isso significa que, em muitos contextos de avaliação psicológica com pessoas idosas, vai ser necessário estabelecer uma rede de comunicação efetiva com outros profissionais que também cuidam do bem-estar da pessoa, para buscar elementos pertinentes para a tomada de decisão. Nesse cenário, a busca por fontes complementares de informação em avaliação psicológica se torna quase um imperativo.

Consultas a informantes externos e documentos técnicos são especialmente relevantes para tomadas de decisão na avaliação psicológica de uma pessoa idosa, uma vez que é muito frequente que idosos estejam sendo acompanhados por outros profissionais de saúde, além de cuidadores e familiares, sobretudo quando apresentam suspeita ou diagnóstico de comprometimento cognitivo e/ou funcional (Pachana & Thompson, 2021). Consultas a essas fontes externas podem ser realizadas de diversas formas, como, por exemplo, em reuniões para discussões de casos com equipe interdisciplinar de profissionais que acompanham a pessoa, e por meio de consultas a prontuários e protocolos validados.

A consulta a prontuários pode ser realizada em contextos em que este tipo de registro é disponibilizado, quando mais de um profissional acompanha a pessoa idosa. Os prontuários guardam informações relevantes que contribuem para o psicodiagnóstico, como evoluções médicas, diagnósticos e prognósticos de doenças, prescrições e uso de medicamentos, resultados de avaliações anteriores realizadas por outros profissionais e outras informações que podem ser úteis para se ter uma compreensão mais integrada e aprofundada das condições psicossociais e de saúde da pessoa idosa. Como é recomendado que a prática profissional com a população idosa seja realizada em contexto interdisciplinar (de Sá & Herédia, 2022), consultas a prontuários e a informantes externos, no caso os profissionais de outras áreas, são muito elucidativas para complementar o trabalho do psicólogo numa avaliação.

Já o uso de protocolos também é muito útil para sistematizar dados numa perspectiva mais dinâmica em avaliação psicológica, quando muitas informações precisam ser coletadas, representando um poderoso recurso para orientar as atividades dos profissionais e possibilitar o desenvolvimento científico (dos Santos Azevêdo, 2010). Um protocolo reúne instrumentos com evidências de validade e pode englobar também outras técnicas de coleta de dados, sendo útil para padronizar rotinas e condutas de avaliação, além de facilitar a comunicação entre membros de uma equipe interdisciplinar.

Logo, a avaliação psicológica é um processo de coleta de dados que envolve técnicas e aplicação de instrumentos de investigação, dentre eles os testes psicológicos, que, por sua vez, são exclusivos do profissional da psicologia. O uso de testes psicológicos, embora seja reconhecidamente uma atividade privativa da categoria profissional, pode em alguns contextos se mostrar insuficiente, sobretudo quando as pessoas idosas constituem o público-alvo da avaliação, dada a multidimensionalidade do envelhecimento. Além disso, no contexto brasileiro ainda notamos grande carência de testes psicológicos validados e adaptados à população idosa (Barroso et al., 2020), trazendo como consequência a necessidade de adotar outras técnicas de investigação, tais como a análise da demanda, observação clínica, entrevistas e uso de testes não privativos ao profissional psicólogo. O uso adequado e combinado dessas técnicas pode fornecer dados qualitativos e idiossincráticos que auxiliam na compreensão da queixa e construção de hipóteses diagnósticas, tanto para quadros de senescência quanto de senilidade. Compreende-se a senescência como um processo progressivo e natural de perda da reserva funcional acompanhado de mudanças físicas, cognitivas e emocionais. A senescência pode envolver embranquecimento dos cabelos, diminuição da elasticidade da pele, perda de massa muscular, redução da mobilidade, que estão dentre as diversas alterações naturais decorrentes dos processos fisiológicos de envelhecimento (Malloy-Diniz et al., 2013).

Portanto, o processo de avaliação psicológica com pessoas idosas se beneficia do uso de mais de uma técnica de coleta de dados, principalmente quando essas técnicas acessam de forma combinada fontes fundamentais e complementares de informação. Essas informações, quando combinadas e trianguladas, maximizam a compreensão do quadro da pessoa e pautam o planejamento de intervenções, condutas e encaminhamentos a partir das demandas identificadas. O presente capítulo irá apresentar dois relatos de experiência visando exemplificar e descrever como se dá o uso de fontes complementares de informação em avaliação psicológica com pessoas idosas, especificamente, no contexto da saúde.

O uso de fontes complementares de informação no Programa de Atendimento Cognitivo Comportamental para Pessoas Idosas com Sintomas de Depressão – PACCID

O Programa de Atendimento Cognitivo Comportamental para Pessoas Idosas com Sintomas de Depressão – PACCID foi implementado na Policlínica Piquet Carneiro (PPC), um ambulatório que oferece serviços de saúde especializados em nível ambulatorial à população do município do Rio de Janeiro. A PPC é um dispositivo de atenção secundária à saúde vinculado ao Sistema Único de Saúde (SUS) e que integra o complexo de saúde da Universidade do Estado do Rio de Janeiro (UERJ).

O PACCID está arrolado ao Núcleo de Saúde Mental e Psicologia (NSMP) da PPC, e recebe encaminhamentos diretamente do setor de Geriatria da PPC. As pessoas idosas são encaminhadas para psicoterapia após terem passado pela Avaliação Geriátrica Ampla (AGA) no setor de Geriatria.

A AGA é um processo diagnóstico multidimensional e interdisciplinar que faz uso de escalas, testes e índices para avaliar deficiências, incapacidades e desvantagens aos quais a pessoa idosa está exposta, com o objetivo de planejar o cuidado e a assistência médica e psicossocial a médio e longo prazos (Galera et al., 2022). A AGA prioriza a avaliação do estado funcional e qualidade de vida da pessoa, além de facilitar comparações evolutivas e a comunicação entre membros de uma equipe interdisciplinar. Logo, é uma avaliação que acessa o estado funcional, cognitivo, nutricional e emocional da pessoa idosa, considerando os seguintes parâmetros: equilíbrio, mobilidade e risco de quedas; função cognitiva; condições emocionais; deficiências sensoriais; capacidade funcional; estado e risco nutricional; condições socioambientais; polifarmácia e medicações inapropriadas; comorbidades e multimorbidade (Galera et al., 2022).

A AGA avalia sintomas de depressão e ansiedade geriátrica por meio de escalas de rastreio, e quando há triagem positiva para depressão, bem como comprometimento cognitivo ausente a leve, a pessoa pode ser encaminhada para o PACCID no NSMP. No entanto, antes de considerar a psicoterapia como um tratamento elegível, a pessoa precisa passar por uma avaliação psicológica mais detalhada, realizada pela equipe de estagiários de psicologia que integra o PACCID.

Para esta avaliação psicológica que antecede a psicoterapia, é utilizado um outro protocolo que avalia os seguintes aspectos: condições sociodemográficas e de saúde da pessoa idosa avaliadas por questionário próprio elaborado para este fim; estado cognitivo avaliado pelo Miniexame do Estado Mental (Brucki et al., 2003); estado funcional, avaliado pelo índice Katz (Duarte et al., 2007) e Índice Pfeffer (de Oliveira Assis, 2015); sintomas de depressão avaliados pela Escala Geriátrica de Depressão – GDS-15 (Paradela et al., 2005) e pela Escala Baptista de Depressão para Idosos – EBADEP-ID (Baptista, 2019); sintomas de ansiedade avaliados pelo Inventário de Ansiedade Geriátrica – GAI (Martiny et al., 2011); tipos de suporte social avaliados pela Escala de Suporte Social MOS-SSS para idosos (Zucoloto et al., 2019); sintomas de solidão avaliados pela Escala Brasileira de Solidão UCLA-BR (Barroso et al., 2016) e repertório de habilidades sociais avaliado pelo Inventário de Habilidades Sociais para Idosos IHS-I (Braz et al., 2020). Esse protocolo foi construído com o objetivo de avaliar a presença de sintomas de depressão, bem como a manifestação de fatores de risco e de proteção para a depressão geriátrica, que constituem focos de intervenção na psicoterapia. Caso seja constatada triagem positiva para depressão, comprometimento cognitivo variando de ausente a leve, além de interesse do avaliando em fazer psicoterapia, a pessoa entra para uma fila de espera e aguarda ser chamada para o tratamento. Nota-se que este protocolo inclui testes psicológicos, mas não se restringe apenas a esse tipo de fonte de informação, uma vez que se faz necessário avaliar uma série de outros fatores que se associam a quadros de depressão geriátrica.

O tratamento psicoterapêutico, em si, de forma resumida, é estruturado da seguinte maneira (Ferreira & Batistoni, 2016): (1) fase inicial que introduz o tratamento, identifica as queixas principais e define os objetivos da intervenção; (2) fase intermediária, que foca no desenvolvimento de habilidades cognitivas, comportamentais, relacionais e emocionais necessárias para que a pessoa atinja seus objetivos; e (3) a fase final, que foca na preparação do cliente para o término do tratamento, e objetiva avaliar os ganhos e resultados obtidos, além de prevenir recaídas. Ao longo do tratamento também devem ser aplicados e reaplicados instrumentos para acompanhar a evolução do caso, muitos dos quais também são utilizados no momento da avaliação psicológica que antecede a psicoterapia propriamente dita.

Objetivos e possibilidades de uso de fontes complementares de informação

Como mencionado anteriormente, são muitos os objetivos e propósitos que uma avaliação com pessoas idosas pode assumir, da mesma forma como há uma variedade de maneiras sobre como as técnicas de avaliação psicológica podem ser empregadas e combinadas entre si para produzir resultados relevantes. Para fins didáticos, serão especificados quais tipos de fontes complementares de informação são acessadas nas avaliações psicológicas realizadas no PACCID, seus objetivos e formas de acesso, resumidos na Tabela 1.

Tabela 1: Tipos, objetivos da consulta e formas de acesso a fontes complementares de informação no PACCID.

Fonte complementar de informação	Objetivos	Forma de acesso
Protocolo	– Avaliar estado cognitivo, funcional e emocional da pessoa idosa – Tomada de decisão sobre encaminhar ou não a pessoa idosa para avaliação psicológica e tratamento psicoterapêutico de depressão	Consulta aos resultados da AGA realizada pela geriatria
Consultas a informantes externos – equipe interdisciplinar	– Investigar queixas subjetivas de esquecimento e alterações cognitivas – Investigar suspeitas de abuso – Investigar/compreender condutas médicas e de outros profissionais de saúde	Reuniões com equipe interdisciplinar que acompanha a pessoa idosa
Prontuários	– Identificar histórico de saúde (morbidades, comorbidades e multimorbidades) da pessoa idosa – Identificar prescrição de medicações e tratamentos – Identificar resultados de avaliações anteriores com outros profissionais da saúde	Consulta a prontuários eletrônicos que reúnem informações de todas as especialidades profissionais que a pessoa idosa passou na PPC
Testes de uso não privativo do psicólogo	– Avaliar fatores associados a depressão geriátrica (cognição e funcionalidade)	Uso de testes para avaliar cognição (MEEM) e funcionalidade (Índices Katz e Pfeffer) no protocolo de avaliação da depressão geriátrica

Protocolos multidisciplinares constituem documentos técnicos que podem ser adotados como fontes complementares de informação para tomadas de decisão em contextos de avaliação psicológica. No caso, os resultados da AGA pautam a tomada de decisão dos profissionais da geriatria para encaminhar ou não uma pessoa idosa com suspeita de depressão para avaliação psicológica que avalia elegibilidade para o PACCID. O protocolo da AGA foi desenvolvido há várias décadas no Reino Unido para avaliar diversos domínios e aspectos do paciente geriátrico, tendo sido adaptado e utilizado amplamente em diversos outros países, incluindo o Brasil (Galera et al., 2022). A vantagem desse protocolo é que ele é conhecido por profissionais que atuam com pessoas idosas, facilitando a comunicação e os encaminhamentos entre esses profissionais.

No entanto, como a tomada de decisão em avaliação psicológica precisa obrigatoriamente estar pautada por métodos e técnicas psicológicas reconhecidas cientificamente, também foi necessário estruturar um protocolo próprio do serviço de psicologia para investigar fatores associados à depressão geriátrica (quando esta já foi anteriormente rastreada pela AGA na geriatria) e compreender melhor as demandas do cliente para tratar a depressão. Por esta razão, as pessoas idosas também passam por uma avaliação psicológica inicial que precede a psicoterapia, como descrita anteriormente. Essa avaliação é relevante para realizar um levantamento inicial de demandas mais específicas para o tratamento, na identificação de casos prioritários, além de atualizar a avaliação de alguns construtos relacionados ao estado emocional, funcional e cognitivo da pessoa que possam ter sido avaliados inicialmente na AGA, uma vez que pode ter transcorrido algum tempo entre a realização da AGA e da avaliação psicológica. Na avaliação psicológica também são empregadas outras técnicas fundamentais, como observações e entrevistas, para buscar compreender as demandas psicológicas da pessoa. A aplicação combinada da AGA (fonte complementar de informações para avaliação psicológica) e do protocolo do PACCID, junto com observações e entrevistas (fonte fundamental de informações para avaliação psicológica) contribui para uma avaliação inicial bastante abrangente da pessoa idosa, auxiliando na identificação de demandas, encaminhamentos e planejamento da intervenção psicológica.

Consultas a informantes externos também são realizadas por meio de contatos a outros profissionais que acompanham a pessoa idosa na PPC, geralmente num contexto de reunião com a equipe interdisciplinar. Essas reuniões apresentam frequência semanal, e quando há a necessidade de a psicologia discutir algum caso, o mesmo é apresentado na reunião, ocasião em que as consultas aos profissionais são realizadas. Por exemplo, houve situação em que havia suspeita de abuso físico e psicológico de uma idosa já em atendimento psicoterapêutico. Logo, foi necessário coletar outras informações sobre essa suspeita pelo viés dos outros profissionais que a acompanhavam, para fazer os encaminhamentos necessários a partir das orientações fornecidas pela assistente social, se fosse o caso. Também é bastante comum que as pessoas idosas apresentem queixas subjetivas de memória na psicoterapia, e quando essas queixas ficam muito frequentes a ponto de interferir na rotina da pessoa, além de o terapeuta observar diversos episódios de esquecimento em sessão, a equipe interdisciplinar pode ser consultada para fornecer informações mais detalhadas sobre o estado cognitivo da pessoa idosa em atendimento, e avaliar pertinência de realizar uma avaliação neuropsicológica, se for o caso.

Consultas a prontuários também são realizadas de forma bastante frequente para coleta de dados que permitam pautar as ações do terapeuta. Por exemplo, ao consultar o prontuário do cliente, o terapeuta tem acesso aos resultados das avaliações realizadas anteriormente por outros profissionais em outros setores da PPC, ao histórico de doenças, às prescrições de medicações e de outros tratamentos, às condutas e encaminhamentos de outros profissionais, que são informações que nem sempre a pessoa idosa consegue relatar com maior precisão em sessão. A consulta aos prontuários ajuda o terapeuta a pautar suas decisões no contexto psicoterapêutico, principalmente quando é necessário ajudar o cliente a desenvolver estratégias de adesão a tratamentos de saúde (p. ex: hábitos alimentares para controlar a diabetes, realização de exercícios físicos para controle de dores crônicas etc.).

São muitas as possibilidades de consulta e integração de fontes complementares e fundamentais de informação na avaliação psicológica com pessoas idosas. Muitas vezes elas são acessadas simultaneamente visando cumprir um objetivo em comum. Por exemplo: a avaliação do estado cognitivo, funcional e emocional da pessoa idosa pode se dar de forma combinada pela aplicação de um teste padronizado, administração de um protocolo, observações diretas do avaliador nos atendimentos, realização de entrevistas e consultas aos profissionais, cuidadores, familiares e prontuários. Quanto mais essas técnicas são combinadas e quanto maior é a triangulação dos resultados gerados a partir da aplicação de técnicas distintas, maior a riqueza de informações sobre o avaliado e em melhores condições o avaliador estará para propor encaminhamentos, condutas e intervenções para a pessoa idosa e seus familiares, quando for o caso.

Por fim, vale salientar que o trabalho interdisciplinar com as pessoas idosas é um grande facilitador do emprego de técnicas complementares de avaliação psicológica com esse grupo. O envelhecimento é um fenômeno multidimensional e multideterminado, que leva a diferentes trajetórias e desfechos ao longo da vida, e por esta razão deve receber atenção de profissionais e pesquisadores de áreas diversas, caracterizando uma abordagem interdisciplinar (de Sá & Herédia, 2022). A avaliação psicológica com pessoas idosas só tem a se beneficiar de um olhar interdisciplinar que busque integrar as diversas dimensões e complexidades do processo de envelhecer, por meio do uso combinado de fontes fundamentais e complementares de informação.

O uso de fontes complementares de informação no atendimento neuropsicológico de pessoas idosas com queixas cognitivas

O atendimento neuropsicológico de pessoas idosas com queixas cognitivas funciona no Núcleo de Atenção ao Idoso (NAI), que é o Serviço de Geriatria do Hospital Universitário Pedro Ernesto da UERJ vinculado à Universidade Aberta da Terceira Idade (UnATI.UERJ). O NAI é composto por uma equipe multiprofissional envolvendo equipe médica (geriatras), enfermeiros, nutricionista, terapeutas ocupacionais, fisioterapeutas, assistentes sociais, fonoaudióloga, farmacêutica e psicólogos. Por oferecer um serviço especializado em nível ambulatorial e hospitalar voltado para o atendimento de usuários com 60 anos ou mais, o NAI se enquadra como um dispositivo de atenção secundária à saúde do Sistema Único de Saúde (SUS). Dessa forma, os atendimentos desse serviço são direcionados a pessoas idosas que apresentem fragilidade ou risco de perda de independência e/ou autonomia, dentro de uma linha de reabilitação, promoção da saúde e prevenção.

Queixas de prejuízos cognitivos em pessoas idosas são comuns dentro desse serviço. Em especial, falhas de memória e dificuldades de concentração são frequentes nos discursos de pessoas idosas e/ou cuidadores e geram um alerta para a equipe multiprofissional acerca do limiar entre senescência e senilidade. Dentre os aspectos cognitivos podemos observar dificuldades em armazenar novas informações, lentidão na velocidade do raciocínio, diminuição na capacidade de manter o foco e concentração, entre outras (Malloy-Diniz et al., 2013).

Por outro laudo, o envelhecer pode vir acompanhado pelo desenvolvimento de uma condição patológica oriunda de estresse emocional, acidente ou doenças, e nesses casos denominamos como senilidade. Doenças crônicas como hipertensão, diabetes, insuficiência renal e cardíaca, depressão e ansiedade, são alguns exemplos desse quadro. Entretanto, o limiar entre senescência e senilidade é tênue e envolve uma avaliação clínica especializada, pois nem todas as mudanças físicas, cognitivas e emocionais são naturais do envelhecimento e nem comum a todas as pessoas deste grupo etário (Teixeira et al., 2017). Por exemplo: dificuldades de memória são frequentes com o avanço da idade e são parte do envelhecimento. Porém, quando alterações de memória geram impactos funcionais, comprometendo a autonomia e produzindo riscos podem indicar características de algum Transtorno Neurocognitivo, como o Alzheimer, e configuram um quadro de senilidade.

Segundo o Manual de Diagnóstico e Estatístico de Transtornos Mentais 5ª Edição (DSM-5) (American Psychiatric Association, 2014), os Transtornos Neurocognitivos se referem a uma forma de prejuízo cognitivo em que os indivíduos sofrem uma perda progressiva das funções cognitivas o bastante para interferir em suas atividades diárias e relacionamentos sociais. O termo Transtorno Neurocognitivo substitui o antigo termo demência, usado no DSM-IV-TR, e considera como base para o diagnóstico um declínio cognitivo em relação a um nível de desempenho anterior em seis esferas cognitivas: atenção complexa, função executiva, aprendizagem e memória, linguagem, função perceptomotora e cognição social.

Os transtornos neurocognitivos estão presentes em pessoas idosas e podem ser classificados em leves, quando o indivíduo apresenta níveis modestos de prejuízos, e maior quando ocorre um impacto significativo com prejuízos. Dentre os principais subtipos de transtornos neurocognitivos é possível encontrar degeneração lobar frontotemporal, doença com corpos de Lewy, doença vascular, Mal de Parkinson, sendo o mais comum e popularmente conhecido a Doença de Alzheimer. Nesse contexto, a avaliação neuropsicológica especializada no atendimento à pessoa idosa se faz necessária para diferenciar o declínio considerado natural da senescência daquele que indicia traços cognitivos referentes a senilidade, ou suspeita de Transtorno Neurocognitivo.

A neuropsicologia é um campo de conhecimento interdisciplinar que busca investigar as expressões cognitivas, emocionais, comportamentais e sociais das disfunções cerebrais (Haase et al., 2012). Segundo Malloy-Diniz et al. (2013), a avaliação neuropsicológica voltada para o envelhecimento consiste em um exame clínico que busca coletar dados do comportamento da pessoa idosa em situações predefinidas de estímulo-resposta. Esse exame permite a outros profissionais fundamentar diagnósticos de quadros demenciais, pois permite identificar quais são as funções cognitivas afetadas e se a perda cognitiva vai além da faixa etária esperada.

Além do diagnóstico diferencial, o exame neuropsicológico aplicado à prática clínica da pessoa idosa tem aplicações no campo forense (ex: casos de interdições), processos de aquisição/manutenção de habilitação para condução de veículos automotores, fornecimento de parâmetros pra avaliação da eficácia de intervenções (farmacológicas ou não) e elaboração de rotinas de reabilitação cognitiva. Algo importante a ser considerado na neuropsicologia do envelhecimento se refere ao quanto é heterogênea a população de pessoas idosas no Brasil. Baixa escolarização formal, diferenças culturais, dificuldades para a leitura e escrita somadas às diversas condições crônicas de saúde são fatores importantes que precisam ser considerados na avaliação formal.

A equipe de neuropsicologia do Núcleo de Atenção ao Idoso (NAI), Serviço de Geriatria do Hospital Universitário Pedro Ernesto da UERJ, recebe encaminhamentos da equipe interdisciplinar com três finalidades principais:

1) Auxílio diagnóstico: saber qual é o perfil do funcionamento cognitivo da pessoa, indicando se os problemas apresentados se encaixam nosologicamente a algum subtipo de Transtorno Neurocognitivo. Esse auxílio diagnóstico também permite estimar o nível desse comprometimento em leve (prejuízos modestos) ou maior (prejuízos significativos). Os encaminhamentos também buscam o diagnóstico diferencial dos casos, pois permitem traçar inferências para além da queixa verbal do idoso/cuidador auxiliando na construção da hipótese diagnóstica adequada (ex.: discriminação de déficits cognitivos oriundos de depressão para prejuízos decorrentes de um quadro demencial).

2) Prognóstico: com o diagnóstico estabelecido, deseja-se acompanhar o curso da evolução dos sintomas e o impacto a longo prazo. Além disso, o laudo neuropsicológico pode ser uma ferramenta para o acesso do paciente a benefícios de políticas públicas do Ministério da Saúde na obtenção de fármacos especiais para tratamento de quadros demenciais. Esse serviço ocorre em centros especializados em todo o Brasil. No Estado do Rio de Janeiro quem fornece é a Farmácia Estadual de Medicamentos Especiais (Rio Farmes) da Secretaria de Saúde, ao qual o auxílio é garantido mediante a um laudo médico que confirma o diagnóstico e a necessidade do fármaco. O acompanhamento do prognóstico do paciente auxilia na construção do Laudo para Solicitação de Medicamentos (LME), cuja validade é de 90 dias e fornece fármacos para até 6 meses de tratamento.

3) Orientação para o tratamento: a avaliação neuropsicológica não só delimita as funções prejudicadas, mas também estabelece as hierarquias (indicando potencialidades e dificuldades), e a dinâmica entre elas. Tal mapeamento pode contribuir para a escolha, manutenção ou mudanças nos tratamentos medicamentosos ou outros tipos de intervenção.

O exame neuropsicológico é realizado em um ambiente seguro e controlado (luminosidade e ruídos) durante 5 encontros, cuja duração estimada é de 90 minutos cada. O exame funciona em etapas distintas, que são: 1ª etapa – Levantamento de informações da demanda e queixas principais; 2ª etapa – análise da demanda, levantamento das hipóteses iniciais e planejamento do processo avaliativo; 3ª etapa – Processo de avaliação propriamente dito e 4ª etapa – Devolutiva.

A avaliação em si tem como início a anamnese com o paciente e o cuidador. Nessa entrevista semiestruturada busca-se levantar informações sobre características sociodemográficas (idade, sexo, estado civil, escolaridade, dominância manual etc.), quadro de saúde atual, histórico clínico, fármacos atualmente em uso, histórico de presença de doenças neuropsiquiátricas na família, rotina de vida, histórico profissional, principais queixas e incômodos cognitivos e comportamentais. Ao longo dos encontros são aplicados os seguintes instrumentos: Miniexame do Estado Mental 2 (Spedo et al., 2019), Escala para Avaliação da Demência Fronto-Temporal DAPHNE (Boutoleau-Bretonnière et al., 2015), Lista de Recordação de Palavras (Memória CERAD) (Bertolucci et al., 2001), Inventário de Ansiedade Geriátrica (GAI) (Martiny et al., 2011), Escala Geriátrica de Depressão (GDS-15) (Paradela et al., 2005), Escala Geral de Atividades de Vida Diária (EGAVD) (Paula et al., 2014) e Escala de Avaliação para Casos de Demência (MATTIS) (Porto et al., 2003). A etapa de coleta de informações deve sempre respeitar o ritmo de cada paciente. O olhar atento do neuropsicólogo precisa estar direcionado a quaisquer mudanças comportamentais e às particularidades executadas pelo paciente em cada tarefa.

O uso de técnicas complementares na neuropsicologia do envelhecimento

O processo de avaliação neuropsicológica tradicionalmente se beneficia de fontes fundamentais, que compreendem em grande parte os testes neuropsicológicos aprovados pelo CFP. Esses instrumentos permitem a avaliação quantitativa do funcionamento cognitivo da pessoa com base em escores brutos e ponderados, e posteriormente a classificação dos sujeitos em comparação ao seu grupo-controle (dentro da mesma faixa etária e escolaridade).

A prática profissional na área da neuropsicologia do envelhecimento apresenta algumas barreiras e limitações. A principal dificuldade é a carência de instrumentos destinados para essa população reconhecidos pelo SATEPSI, ausência de dados normatizados, alto custo dos testes neuropsicológicos e, por vezes, sua inadequação diante da realidade populacional das diferentes regiões brasileiras (ex: população idosa rural com altos índices de analfabetismo). Além disso, alguns instrumentos são muito longos e/ou difíceis de serem aplicados e administrados na população idosa, o que prejudica a qualidade do processo avaliativo. Diante dos obstáculos citados, cabe ao profissional buscar fontes complementares como ferramentas para sua prática clínica. Nessa perspectiva, destaca-se cinco fontes complementares para a prática da avaliação neuropsicológica no envelhecimento (Tabela 2): o uso de tarefas padronizadas e validadas; consultas ao cuidador como informante externo; tarefas ecológicas; o uso de escalas e questionários de prejuízos cognitivos (não privativos do psicólogo); laudos de exames laboratoriais e de neuroimagem.

Tabela 2: Tipos, objetivos da consulta e formas de acesso a fontes complementares de informação na neuropsicologia do envelhecimento.

Fonte complementar de informação	Objetivos	Forma de acesso
Tarefas padronizadas e validadas	– Avaliação quantitativa de funções cognitivas	– Tarefas que apresentam propriedades psicométricas adequadas para uso na população idosa brasileira (ex. tarefa do desenho do relógio, fluência verbal, lista de recordação de palavras, tarefa de nomeação de Boston, entre outros)
Consulta ao cuidador	– Averiguação dos fatos relatados pelo paciente – Consciência da doença do paciente (anosognosia) – Investigar manifestação e impacto dos prejuízos cognitivos na rotina da pessoa – Consulta sobre a conduta atual e do passado	– Entrevistas – Questionários
Tarefas ecológicas	Observar qualitativamente o comportamento da pessoa idosa em situações análogas ao seu cotidiano, de modo a observar: – Comportamentos não verbais (gestos, expressões etc.); – Comportamentos espaciais, por exemplo o deslocamento do sujeito dentro do ambiente; – Comportamento extralinguísticos, tais como, velocidade da fala, volume e interrupções; – Comportamentos linguísticos, podem ser investigados o conteúdo da fala, detalhe e coerência; – Estratégias compensatórias que o sujeito comumente utiliza no seu cotidiano.	Situações e ferramentas que apresentem similaridade, ao menos conceitual, entre instrumentos de avaliação neuropsicológica e situações da vida diária do sujeito. Nesse sentido podem ser usados: – Jogos; – Atividades lúdicas; – Simulações de atividades cotidianas (ex: fazer compras em mercado, manejar dinheiro, preparar uma refeição).
Escalas e questionários de prejuízos cognitivos	– Avaliar a frequência, intensidade e o contexto que os prejuízos cognitivos se manifestam na vida da pessoa	– Instrumentos padronizados com propriedades psicométricas adequadas que acessam o funcionamento cognitivo e impactos na autonomia (decisão) e independência (execução) da pessoa idosa. (ex: Escala de Avaliação Clínica da Demência – CDR)
Exames laboratoriais e neuroimagem	– Investigar os efeitos que aspectos fisiopatológicos podem influenciar nas queixas apresentadas	– Análise de exames clínicos que envolvem hemograma completo, função tireoidiana, função hepática, glicemia e etc. – Exames de neuroimagem que possam avaliar infecções no sistema nervoso central, traumatismos e sangramentos intracranianos – Eletroencefalograma para investigar a possibilidade de delirium, rebaixamento do nível de consciência, crises convulsivas entre outros.

Considerações finais

O envelhecimento da população é uma realidade mundial, que produz impactos políticos, econômicos e sociais afetando a sociedade em geral. É necessário formar profissionais psicólogos habilitados a lidar com a heterogeneidade desta população, preparados para atender tanto as pessoas idosas saudáveis, bem como aquelas que apresentam envelhecimento patológico.

Para a adequada avaliação e intervenção com pessoas idosas, que requer em muitas circunstâncias uma abordagem interdisciplinar, é necessário considerar que a avaliação psicológica é um processo amplo que envolve a integração de informações oriundas de diversas fontes de informação (fundamentais e complementares), que buscam o desenvolvimento de hipóteses e levem à compreensão das queixas e demandas apresentadas.

Neste capítulo buscamos apresentar de forma específica o uso de fontes complementares de informação no contexto da avaliação psicológica e neuropsicológica com pessoas idosas. Para essa finalidade utilizamos dois relatos de experiência afim de ilustrar o uso e aplicação dessas fontes complementares, especificamente, no contexto da saúde. O uso de fontes complementares de informação beneficia uma prática mais integrada e interdisciplinar com pessoas idosas, além de trazer novas possibilidades diante da carência de testes psicológicos validados para as pessoas idosas, realidade que o Brasil ainda enfrenta. Esperamos com esse material ampliar a discussão sobre o tema e nortear o trabalho de profissionais que atuam no campo da psicologia do envelhecimento.

Perguntas e respostas

1. O que são fontes fundamentais e complementares de informação na avaliação psicológica?

Resposta: Segundo o Conselho Federal de Psicologia, as fontes fundamentais de informação são dados coletados a partir de testes reconhecidos pelo SATEPSI, entrevistas psicológicas e técnicas de observação. Já as fontes complementares de informação podem ser obtidas por meio de documentos técnicos de equipes multiprofissionais e aplicação de técnicas e instrumentos não psicológicos com respaldo da literatura científica e que respeitem o Código de Ética.

2. Quais são os principais objetivos do uso de fontes complementares de informações na avaliação com pessoas idosas?

Resposta: As fontes complementares de informação permitem expandir o conhecimento sobre possíveis fatores que possam explicar as queixas e demandas apresentadas. Além disso, auxiliam no diagnóstico diferencial entre quadros de senescência e senilidade e favorecem uma abordagem interdisciplinar de atendimento a essa população.

3. Qual é o papel da equipe interdisciplinar no atendimento à pessoa idosa?

Resposta: A equipe interdisciplinar permite a troca de experiências e conhecimentos sobre a pessoa avaliada, oferecendo a oportunidade de organizar informações de diferentes fontes e entender como diversos fatores podem se relacionar a fim de proporcionar uma ação integrada.

4. Quais são as principais fontes de informações complementares para avaliação socioemocional de pessoas idosas?

Resposta: Protocolos interdisciplinares, consultas à equipe interdisciplinar, consultas aos prontuários.

5. Quais são as principais fontes de informação complementares para avaliação cognitiva de pessoas idosas?

Resposta: Tarefas padronizadas e validadas, consultas ao cuidador, tarefas ecológicas, escalas e questionários de prejuízos cognitivos não privativos do psicólogo, exames laboratoriais e neuroimagem.

Referências

American Psychiatric Association (2014). *Manual de Diagnóstico e Estatístico de Transtornos Mentais 5ª Edição* (DSM-5). Artmed.

Baptista, M. N. (2019). *Escala Baptista de Depressão – Versão Idosos*. Vetor.

Barroso, S. M., Ferreira, H. G., Irigaray, T. Q., Argimon, I. I. L., & Oliveira, C. R. (2020). O que é mais frequente avaliar em idosos e como fazê-lo. In K. L. de Oliveira, P. W. Schelini, S. M. Barroso (orgs.), *Avaliação Psicológica: guia para a prática profissional* (pp. 107-117). Vozes.

Barroso, S. M., Andrade, V.S., Midgett, A. H., & Carvalho, R. G. N. (2016). Evidências de validade da Escala Brasileira de Solidão UCLA. *Jornal Brasileiro de Psiquiatria*, 65(1), 68-75. https://doi.org/10.1590/0047-2085000000105.

Bertolucci, P. H. F., Okamoto, I. H., Brucki, S. M. D., Siviero, M. O., Toniolo Neto, J., & Ramos, L. R. (2001). Applicability of the CERAD neuropsychological battery to Brazilian elderly. *Arquivos de Neuropsiquiatria*, 59, 532-536. https://doi.org/10.1590/S0004-282X2001000400009

Boutoleau-Bretonnière, C., Evrard, C., Hardouin, J. B., Rocher, L., Charriau, T., Etcharry-Bouyx, F., Auriacombe, S., Richard-Mornas, A., Lebert, F., Pasquier, F., Sauvaget, A., Bulteau, S., Vercelletto, M., Derkinderen, P., Bretonnière, C., & Thomas-Antérion, C. (2015). DAPHNE: A New Tool for the Assessment of the Behavioral Variant of Frontotemporal Dementia. *Dementia and Geriatric Cognitive Disorders Extra*, 5(3), 503–516. https://doi.org/10.1159/000440859

Braz, A. C., Fontaine, A. M., Del Prette, Z. A. P., & Del Prette, A. (2020). Social skills inventory for the elderly: an instrument for use in Brazil. *Revista da SPAGESP*, 21(2), 7-22. https://dialnet.unirioja.es/servlet/articulo?codigo=7603383

Brucki, S., Nitrini, R., Caramelli, P., Bertolucci, P. H., & Okamoto, I. H. (2003). Sugestões para o uso do mini-exame do estado mental no Brasil. *Arquivos de Neuro-psiquiatria*, 61, 777-781. https://doi.org/10.1590/S0004-282X2003000500014

Conselho Federal de Psicologia (2018). *Resolução CFP n. 9, de 25 de abril de 2018*. Estabelece diretrizes para a realização de Avaliação Psicológica no exercício profissional da psicóloga e do psicólogo, regulamenta o Sistema de Avaliação de Testes Psicológicos – SATEPSI e revoga as Resoluções n. 002/2003, n. 006/2004 e n. 005/2012 e Notas Técnicas n° 01/2017 e 02/2017. https://satepsi.cfp.org.br/docs/Resolucao-CFP009-18.pdf

Conselho Federal de Psicologia (2022). *Cartilha de Avaliação Psicológica*. 3. ed. https://site.cfp.org.br/publicacao/cartilha-avaliacao-psicologica-2022/

de Oliveira Assis, L., Assis, M. G., de Paula, J. J., & Malloy-Diniz, L. F. (2015). O Questionário de Atividades Funcionais de Pfeffer: revisão integrativa da literatura brasileira. *Estudos Interdisciplinares sobre o Envelhecimento*, 20(1), 297-324. https://doi.org/10.22456/2316-2171.50189

de Sá, J. L. M., & Herédia, V. (2022). Multidimensionalidade do envelhecimento e interdisciplinaridade. In E. V. de Freitas, & L. Py (eds.). *Tratado de Geriatria e Gerontologia* (5. ed, pp. e93-e99). Guanabara Koogan.

dos Santos Azevêdo, A. V. (2010). Construção do protocolo de avaliação psicológica hospitalar para a criança queimada. *Avaliação Psicológica*, 9(1), 99-109. https://www.redalyc.org/articulo.oa?id=335027281011

Duarte, Y. A. D. O., Andrade, C. L. D., & Lebrão, M. L. (2007). O Índex de Katz na avaliação da funcionalidade dos idosos. *Revista da Escola de Enfermagem da USP, 41*, 317-325. https://doi.org/10.1590/S0080-62342007000200021

Ferreira, H. G., & Batistoni, S. S. T. (2016). Terapia Cognitivo-Comportamental para idosos com depressão. In. E. R. Freitas, A. J. G. Barbosa, C. B. Neufeld (orgs.). *Terapias Cognitivo-Comportamentais com Idosos* (pp. 261-285). Sinopsys.

Galera, S. C., de Freitas, E. V., Costa, E. F. A., & Gabriele, R. R. (2022). Avaliação geriátrica ampla. In E.V. de Freitas, & L. Py (eds.), *Tratado de Geriatria e Gerontologia* (5. ed., pp. 77-89). Guanabara Koogan.

Haase, V. G., Salles, J. F., Miranda, M. C., Malloy-Diniz, L., Abreu, N., Parente, M. A. M., Fonseca, R., Mattos, P., Landeira-Fernandez, J., Caixeta, L., Nitrini, R., Caramelli, P., Teixeira Jr. A. L., Grassi-Oliveira, R., Christensen, C. H., Brandão, L., Corrêa, H., Silva, A. G., & Bueno, O. (2012). Neuropsicologia como ciência interdisciplinar: consenso da comunidade brasileira de pesquisadores/clínicos em Neuropsicologia. *Revista Neuropsicologia Latinoamericana, 4*(4), 1-8. https://doi.org/10.5579/rnl.2012.125

Malloy-Diniz, L. F., Fuentes, D., & Cosenza, R. M. (2013). *Neuropsicologia do envelhecimento: uma abordagem multidimensional*. Artmed.

Martiny, C., Silva, A. C. O., Nardi, A. E., & Pachana, N. A. (2011). Tradução e adaptação transcultural da versão brasileira do Inventário de Ansiedade Geriátrica (GAI). *Revista de Psiquiatria Clínica, 38*(1), 8-12. doi: https://doi.org/10.1590/S0101-60832011000100003

Pachana, N. A., & Thompson, L.W. (2021). Introduction to work with older adults. In N. A. Pachana, V. Molinari, L.W. Thompson, & D. Gallagher-Thompson (eds.). *Psychological Assessment and Treatment of Older Adults* (pp. 1-11). Hogrefe.

Paradela, E. M. P., Lourenço, R. A., & Veras, R. P. (2005). Validação da escala de depressão geriátrica em um ambulatório geral. *Revista de saúde pública, 39*, 918-923. https://doi.org/10.1590/S0034-89102005000600008.

Paula, J. J. de, Bertola, L., Ávila, R. T. de, Assis, L. de O., Albuquerque, M., Bicalho, M. A., Moraes, E. N. de, Nicolato, R., & Malloy-Diniz, L. F. (2014). Development, validity, and reliability of the General Activities of Daily Living Scale: a multidimensional measure of activities of daily living for older people. *Revista Brasileira de Psiquiatria, 36*(2), 143-152. https://doi.org/10.1590/1516-4446-2012-1003

Porto, C. S., Fichman, H. C., Caramelli, P., Bahia, V. S., & Nitrini, R. (2003). Brazilian version of the Mattis dementia rating scale: diagnosis of mild dementia in Alzheimer's disease. *Arquivos de Neuro-Psiquiatria, 61*(2B), 339-345. https://doi.org/10.1590/s0004-282x2003000300004

Spedo, C. T., Pereira, D. A., Foss, M. P., & Barreira, A. A. (2019). *Adaptação brasileira do Mini-Mental State Examination: guia portátil e tabela de normas*. Hogrefe.

Teixeira, A. L., Diniz, B. S., & Malloy-Diniz, L. F. (2017). *Psicogeriatria – Na prática clínica*. Person Clinical Brasil.

Zucoloto, M. L., Santos, S. F., Terada, N. A. Y., & Martinez, E. Z. (2019). Construct validity of the Brazilian version of the Medical Outcomes Study Social Support Survey (MOS-SSS) in a sample of elderly users of the primary healthcare system. *Trends in psychiatry and psychotherapy, 41*, 340-347. https://doi.org/10.1590/2237-6089-2018-0092

Sobre os autores

Allana Almeida Moraes é psicóloga (2009), especialista em Terapias Cognitivo-comportamentais (2012) pelo Instituto Wainer e Piccoloto, mestra em Psicologia Clínica (2017) e doutora em Gerontologia Biomédica (2021) pela Pontifícia Universidade Católica do Rio Grande do Sul.

Ana Paula Porto Noronha é psicóloga (1990), mestre em Psicologia Escolar (1995) e doutora em Psicologia (1999) pela Pontifícia Universidade Católica de Campinas. Docente do Programa de Pós-graduação *Stricto Sensu* em Psicologia da Universidade de São Francisco. Coordenadora do Laboratório de Avaliação de Características Positivas (LabC+). Bolsista produtividade em pesquisa 1A do CNPq.

André Pereira Gonçalves é psicólogo (2015), especialista em Avaliação Psicológica pela Pontifícia Universidade Católica (2017), mestre (2018) e doutor (2022) em Psicologia pela Universidade São Francisco. Professor adjunto no Instituto Multidisciplinar em Saúde (IMS) na Universidade Federal da Bahia (UFBA). Membro do grupo de trabalho Avaliação Psicológica e Psicopatologia da Associação Nacional de Pesquisa e Pós-graduação em Psicologia (ANPEPP).

Bruno Bonfá-Araujo é psicólogo (2017), especialista em Neurociências pela Universidade Federal de São Paulo (2019), mestre (2019) e doutor (2022) em Psicologia pela Universidade São Francisco. Professor auxiliar da Universidade de Mogi das Cruzes. Membro do grupo de trabalho Avaliação Psicológica e Psicopatologia da Associação Nacional de Pesquisa e Pós-graduação em Psicologia (ANPEPP).

Camila Rosa de Oliveira é psicóloga (2010) pela Universidade Federal do Rio Grande do Sul (UFRGS), especialista em Psicologia Cognitivo-comportamental (2012) pela WP, mestre em Psicologia – ênfase em Cognição Humana (2012) e doutora em Gerontologia Biomédica (2015) pela Pontifícia Universidade Católica do Rio Grande do Sul. Docente do Curso de Graduação em Psicologia e do Programa de Pós-graduação *Stricto Sensu* em Psicologia da ATITUS Educação, campus Passo Fundo/RS, Brasil. Coordenadora do grupo de pesquisa Núcleo de Investigação em Cognição, Emoção e Tecnologias em Neuropsicologia e Saúde (NICOGTEC). Parecerista *ad hoc* do Sistema de Avaliação Psicológica (SATEPSI) do Conselho Federal do Psicologia.

Carlos Eduardo Nórte é psicólogo (2010), mestre (2012) e doutor (2016) em Saúde Mental pela Universidade Federal do Rio de Janeiro. Professor do Departamento de Cognição e Desenvolvimento Humano e do Programa de Pós-graduação em Psicologia Social do Instituto de Psicologia da Universidade do Estado do Rio de Janeiro.

Caroline Tozzi Reppold é psicóloga (2000), mestre (2002) e doutora (2006) em Psicologia pela Universidade Federal do Rio Grande do Sul. Docente da Universidade Federal de Ciências da Saúde de Porto Alegre. Coordenadora do Laboratório de Pesquisa em Avaliação Psicológica/UFCSPA. Bolsista Produtividade em Pesquisa 1D do CNPq.

Clarissa Marceli Trentini é psicóloga (1997) pela Pontifícia Universidade Católica do Rio Grande do Sul (PUCRS, especialista em Psicologia Clínica com ênfase em Avaliação Psicológica (2004) pela Universidade Federal do Rio Grande do Sul (UFRGS). Mestre em Psicologia Clínica (2002) pela PUCRS e doutora em Ciências Médicas: Psiquiatria (2004) pela UFRGS. Professora titular nos cursos de Graduação e Pós-graduação em Psicologia da UFRGS. Coordenadora do Núcleo de Estudos em Avaliação Psicológica e Psicopatologia (NEAPP), na UFRGS. Bolsista de Produtividade em Pesquisa do CNPq, nível 1C.

Claudiane Aparecida Guimarães é psicóloga (2007) pela Universidade Federal de Uberlândia, mestre (2010) e doutora (2015) pela Pontifícia Universidade Católica de Campinas, com doutorado Sanduíche na Universidade de Lisboa. Especialista em Terapia Comportamental Cognitiva no Instituto de Psicologia e Controle do Stress. Especialização em Avaliação Psicológica pelo IPOG. Membro do Grupo de Pesquisa – FORDAPP – Formação docente, direito de aprender e práticas pedagógicas na Universidade de Uberaba (UNIUBE). Gestora do Curso de Psicologia na UNIUBE de Uberlândia e Uberaba.

Daiana Meregalli Schütz é psicóloga pela Pontifícia Universidade Católica do Rio Grande do Sul – PUCRS (2011), especialista em Psicologia Clínica de Técnicas Integradas IFP (2014), Psicologia Jurídica pelo Conselho Federal de Psicologia (2018) e Avaliação Psicológica pelo Conselho Regional de Psicologia do Rio Grande do Sul (2021). Mestre em Psicologia Clínica pela PUCRS (2019) e doutoranda em Psicologia Clínica pela PUCRS. Conselheira do Conselho Regional de Psicologia do Rio Grande do Sul (CRPRS) – Gestão 2022-2025. Presidenta da Comissão de Avaliação Psicológica no CRP-RS.

Deusivania Vieira da Silva Falcão é psicóloga (Licenciatura/Formação em Psicologia Clínica) (1998/1999), mestre em Psicologia Social (2001) pela Universidade Federal da Paraíba. Doutora em Psicologia (2006) pela Universidade de Brasília. Realizou Pós-doutorado em Psicogerontologia (2017-2019) pela University of Central Florida (UCF, EUA). Livre-docente (2020) pela Universidade de São Paulo (USP). Realizou intercâmbio de pesquisa pela Fundación Carolina na Universidad Autónoma de Madrid (Espanha, 2009) e no Japão (2022) pela JICA (*Japan International Cooperation Agency*). É professora associada da Universidade de São Paulo (USP) e membro da Society of Clinical Geropsychology (American Psychological Association, Div. 12-II).

Fabiane Konowaluk Santos Machado é psicóloga Social e do Trabalho. Especialista em Psicologia Jurídica e Perícia Psicológica (2021) pelo Conselho Regional de Psicologia do Rio Grande do Sul (CRP-RS), mestre (2003) e doutora (2007) em Serviço Social pela Pontifícia Universidade Católica do Rio Grande do Sul, Pós-doutorado em Psicologia Social e Institucional (2017) pela Universidade Federal do Rio Grande do Sul. Presidenta do CRPRS (7ª região). Atua na área da psicologia jurídica há mais de 10 anos.

Fabio Iglesias é psicólogo (UFRJ, 2000), mestre (UFRJ, 2002) e doutor (UnB, 2007) em psicologia, com Pós-doutorado na University of Victoria (Canadá). É professor do Departamento de Psicologia Clínica, na Universidade de Brasília, depois de ter sido professor do Departamento de Psicologia Social e do Trabalho (2009-2018). É orientador no Programa de Pós-graduação em Psicologia Clínica e Cultura e também no Programa de Pós-graduação em Psicologia Social, do Trabalho e das Organizações. Coordena o Grupo Influência (www.influencia.unb.br) de pesquisa aplicada.

Fernanda Cerutti é psicóloga (2014) pela Universidade Regional Integrada do Alto Uruguai e das Missões, psicóloga clínica com especialização em Terapia Cognitivo-comportamental (2022) pela Pontifícia Universidade Católica do Rio Grande do

Sul (PUCRS). Mestre (2014) e doutora em Psicologia Clínica (2018) pela PUCRS. Docente do curso de graduação em Psicologia da ATITUS Educação, Campus Porto Alegre/RS, Brasil.

Francisca Valda Gonçalves é professora, graduada em Letras/Português-Literaturas (2003) pela UNIR, especialista em Docência do Ensino Superior (2005) pela (UCAM) e em Psicologia do Desenvolvimento e da Aprendizagem (2022) pela (PUCRS), mestre em Ciências da Linguagem (2007) pela UNIR e doutora em Psicologia (2019) pela (PUCRS) em Dinter com a (FCR-RO). Atualmente, atua na rede estadual de ensino de Rondônia.

Heloísa Gonçalves Ferreira é psicóloga (2008), mestre (2011) e doutora (2015) em Psicologia pela Universidade Federal de São Carlos. Professora do Departamento de Cognição e Desenvolvimento Humano e do Programa de Pós-graduação em Psicologia Social do Instituto de Psicologia da Universidade do Estado do Rio de Janeiro.

Hugo Ferrari Cardoso é psicólogo (2008), mestre (2010), doutor (2013) e pós-doutor (2015) em Psicologia pela Universidade São Francisco. Docente do Programa de Pós-graduação *Stricto Sensu* em Psicologia do Desenvolvimento e Aprendizagem da Universidade Estadual Paulista. Bolsista produtividade em pesquisa do CNPq.

Irani Iracema de Lima Argimon é psicóloga (1979), mestre em Educação (1997), doutora em Psicologia (2002) pela Pontifícia Universidade Católica do Rio Grande do Sul. Atualmente é professora de graduação e pós-graduação do Curso de Psicologia da Escola de Ciências da Saúde e da Vida da Pontifícia Universidade Católica do Rio Grande do Sul (PUCRS), da Pós-graduação de Gerontologia da Escola de Medicina (PUCRS) e coordenadora do Grupo de Pesquisa Avaliação e Intervenção no Ciclo Vital. Bolsista Produtividade do CNPq 1C.

Júlia Jochims Schneider é psicóloga (2015), mestre em Ciências Médicas (2017) pelo Programa de Pós-graduação em Ciências Médicas da Universidade Federal do Rio Grande do Sul. Especialista em Psicoterapia Psicanalítica (2011) pelo Contemporâneo: Instituto de Psicanálise e Transdisciplinaridade. Psicóloga, especialista em saúde na Secretaria Estadual de Saúde do Rio Grande do Sul. Atua na área de avaliação psicológica, psicoterapia e saúde pública.

Leila Maria Ferreira Couto é engenheira civil (2001), historiadora (2007) e psicóloga (2017). Mestre (2022) e doutoranda em Avaliação Psicológica pela Universidade São Francisco e integrante do Laboratório de Avaliação de Características Positivas (LabC+).

Lisandra Borges Vieira Lima é psicóloga (2000), mestre (2012) e doutora (2015) em Psicologia pela Universidade São Francisco. Docente da Universidade São Francisco.

Lucia Helena de Freitas Pinho França é psicóloga (1978) pela UGF, especialista em Gerontologia (1989) pelo Instituto Sedes Sapientiae – (PUC-SP), mestre em Psicologia Social (1989) pela Universidade Federal do Rio de Janeiro, PhD em Psicologia (2004) pela University of Auckland e pós-doutor (2019) pela Universidade de Aveiro. Atuou por 17 anos como assessora técnica do SESC-Departamento Nacional, coordenando o Trabalho Social com Idosos em todo o Brasil. Desde 2006 é professora titular do Programa de Pós-graduação em Psicologia da Universidade Salgado de Oliveira, coordenando o Laboratório de Envelhecimento no Contexto Organizacional e Social e orientando alunos de mestrado e doutorado. É integrante do Grupo da ANPEPP – GT 09 – Carreiras: informação, orientação e aconselhamento. Realiza há mais de 30 anos consultoria em Programas de Preparação para a Aposentadoria. Coordenou dezenas de pesquisas e publicou uma centena de artigos, livros e capítulos nacionais e internacionais.

Ludgleydson Fernandes de Araújo é psicólogo (2004) pela Universidade Federal da Paraíba (UFPB), especialista em Gerontologia (2004) pela Universidade Federal da Paraíba (UFPB), mestre em Psicologia e Saúde (2011) pela Universidade de Granada e em Psicologia Social (2006) pela UFPB e doutor em Psicologia (2014) pela Universidad de Granada, com período sanduíche na Università di Bologna. Professor do Programa de Pós-Graduação (Stricto Sensu) em Psicologia da Universidade Federal do Delta do Parnaíba (UFDPar) e Professor permanente do projeto de APCN do Programa de Pós-Graduação (Stricto Sensu) em Psicologia Clínica e da Saúde da UNIESP. Bolsista de Produtividade PQ-2 em pesquisa pelo CNPq. Coordenador do PSICOGERONTO – Núcleo de Estudos e Pesquisas em Psicogerontologia e Vulnerabilidades Psicossociais.

Luís Henrique Paloski é psicólogo (2014) pela Universidade Regional Integrada do Alto Uruguai e das Missões, mestre (2016) e doutor (2020) em Psicologia pela Pontifícia Universidade Católica do Rio Grande do Sul. Docente do Curso de Graduação em Psicologia e do Programa de Pós-graduação *Stricto Sensu* em Psicologia da ATITUS Educação, campus Passo Fundo/RS, Brasil. Coordenador do grupo de pesquisa Núcleo de Intervenções e Pesquisas em Avaliação, Saúde e Carreira (NIPASC). Parecerista *ad hoc* do Sistema de Avaliação Psicológica (SATEPSI) do Conselho Federal do Psicologia.

Makilim Nunes Baptista é psicólogo (1995), mestre em Psicologia (1997) pela Pontifícia Universidade Católica de Campinas e doutor pelo Departamento de Psiquiatria e Psicologia Médica (2001) Universidade Federal de São Paulo. Docente do Programa de Pós-graduação *Stricto Sensu* em Psicologia da Universidade São Francisco. Coordenador do Laboratório de Avaliação Psicológica em Saúde Mental (LAPSAM-III). Bolsista produtividade em pesquisa do CNPq.

Márcia Fortes Wagner é psicóloga (1997) e pedagoga (1984) pela Universidade de Passo Fundo (UPF). Psicóloga Clínica (2014) com Certificação de Terapeuta Cognitiva pela Federação Brasileira de Terapias Cognitivas (FBTC). Mestre (2007) e doutora (2011) em Psicologia Clínica pela Pontifícia Universidade Católica do Rio Grande do Sul. Docente do Curso de Graduação em Psicologia e do Programa de Pós-graduação *Stricto Sensu* em Psicologia da ATITUS Educação, campus Passo Fundo/RS, Brasil. Coordenadora do Grupo de Estudos e Pesquisas Relações Interpessoais, Emoção, Comportamento e Cognição (GEPRIECC).

Marianne Farina é psicóloga (2011), mestre (2015), doutora (2019) e pós-doutora em Psicologia (2020) pela Pontifícia Universidade Católica do Rio Grande do Sul. Especialista em Terapia Sistêmica: Casal, Indivíduo e Família (2013) pelo Instituto da Família de Porto Alegre (INFAPA). Ganhadora do Prêmio CAPES Teses na área da Psicologia no ano de 2020.

Matheus Fernando Felix Ribeiro é psicólogo (2015) pela Universidade Federal de Minas Gerais, com formação complementar em Antropologia (2015). Realizou graduação sanduíche na Universitat Autònoma de Barcelona. Especialista em Terapia Cognitivo-comportamental (2018) pelo Instituto de Terapia e Controle do Stress e em Ciência da Religião (2018) pela Pontifícia Universidade Católica de São Paulo. Mestre em Psicologia Escolar e do Desenvolvimento (2018) pela Universidade de São Paulo e doutorando em Ciências do Comportamento pela Universidade de Brasília. Membro do GT de Psicologia Cognitiva da ANPEPP. Atualmente é docente na Universidade de Uberaba.

Maycoln Leôni Martins Teodoro é psicólogo pela Universidade Federal de Minas Gerais – UFMG (1998), mestre em Psicologia Social pela UFMG (2000) e doutor em Psicologia Clínica e do Desenvolvimento pela Albert-Ludwigs-Universität Freiburg (2004). Pós-doutorado na Universidade Federal do Rio Grande do Sul. Atualmente é professor associado da UFMG e orientador do Programa de

Pós-graduação em Psicologia: Cognição e Comportamento (CogCom) da UFMG. Foi membro da diretoria do Instituto Brasileiro de Avaliação Psicológica (2011-2013) e da Comissão de Políticas Científicas da Anpepp (2011-2014). Foi editor da Revista Brasileira de Terapias Cognitivas (2013-2017), Contextos Clínicos (2007-2010) e editor associado da revista Psicologia: Reflexão e Crítica (2013-2015). É editor do Programa de Atualização em Psicologia Clínica e da Saúde – Propsico, desde 2017 e membro da diretoria da Sociedade Brasileira de Psicologia (SBP, 2020-2022; 2022-2024).

Micheli Bassan Martins é psicóloga (2019) pelo Centro Universitário Ritter dos Reis, especialista em Psicodiagnóstico e Avaliação Psicológica (2021) pelo Contemporâneo: Instituto de Psicanálise e Transdisciplinaridade. Mestranda em Psicologia na Universidade Federal do Rio Grande do Sul.

Murilo Ricardo Zibetti é psicólogo (2010), mestre (2013) e doutor (2017) em Psicologia pela Universidade Federal do Rio Grande do Sul. É especialista em Neuropsicologia (Conselho Federal de Psicologia) e sua atuação clínica prioritária é na avaliação de idosos. Docente do Programa de Pós-graduação em Psicologia e dos cursos de Graduação de Psicologia e Medicina da Universidade do Vale do Rio dos Sinos (UNISINOS). Atua prioritariamente em pesquisas que envolvem avaliação cognitiva, avaliação psicológica (adaptação e validação de instrumentos), reabilitação neuropsicológica e a interlocução com a fisiologia. Possui experiência de ensino na graduação e em cursos de pós-graduação lato-sensu em Avaliação Psicológica, Psicoterapias e Neuropsicologia.

Patrícia de Cássia Carvalho-Campos é psicóloga pela Pontifícia Universidade Católica de Minas Gerais (2011), especialista em Administração Pública pela Fundação João Pinheiro (2016) e mestre em Psicologia do Desenvolvimento Humano pela Universidade Federal de Minas Gerais – UFMG (2015). Atualmente é doutoranda no Programa de Pós-graduação em Psicologia – linha Cognição e Comportamento da UFMG. É Analista de Políticas Públicas/Psicóloga na Subsecretaria Municipal de Assistência Social e Coordenadora do Serviço de Acolhimento Institucional para Idosos e Pessoas com Deficiência na Prefeitura de Belo Horizonte.

Priscila Mara Lorencini Selingardi é psicóloga (2000) pela Universidade São Francisco. Especialista em Neuropsicologia (2012). Mestre em Ciências (área de concentração Neurologia) pela Universidade de São Paulo (2022). Pesquisadora colaboradora do Grupo de Neurologia Cognitiva e do Comportamento e do Centro de Distúrbios do Comportamento do Hospital das Clínicas da Faculdade de Medicina da Universidade de São Paulo.

Raphaela Campos de Sousa é psicóloga (2016) pela Universidade Federal do Triângulo Mineiro (UFTM). Especialista em Educação Inclusiva (2017) pela faculdade Cândido Mendes e especialista em Terapia Cognitivo-comportamental (2021) pela MD cursos de formação em Psicologia Clínica, mestre em Psicologia (2018) pela UFTM. Atualmente vinculada ao Núcleo de Avaliação Psicológica e Investigação em Saúde (NAPIS) e docente na Universidade de Uberaba (Uniube).

Regina Maria Fernandes Lopes é psicóloga (2001), mestre em Psicologia Clínica (2008), doutora em Psicologia Clínica (2014) pela Pontifícia Universidade Católica do Rio Grande do Sul (PUCRS). Especialista em Avaliação Psicológica (2005) pela Universidade Federal do Rio Grande do Sul, em Neuropsicologia (2019), Terapia Cognitivo-comportamental (2019) e em Reabilitação Neuropsicológica (2014) pela HCFMUSP. Pós-doutora em Psicologia Clínica (2015) pela PUCRS. Coordenadora, supervisora e professora dos cursos do Núcleo Médico Psicológico (RS).

Sabrina Braga dos Santos é fonoaudióloga (2010), mestre em Ciências da Reabilitação (2013) e doutora em Ciências da Saúde (2018) pela Universidade Federal de Ciências da Saúde de Porto Alegre. Especialista em Atenção Geriátrica Integrada pela Pontifícia Universidade Católica do Rio Grande do Sul.

Sabrina Martins Barroso é psicóloga (2004) pela Universidade Federal de São João Del Rei, mestre em Psicologia (2006) e doutora em Saúde Pública (2016) pela Universidade Federal de Minas Gerais. Atualmente é professora da Universidade Federal do Triângulo Mineiro. Bolsista Produtividade nível 1D do CNPq. Autora/organizadora de diversos livros nas áreas de Avaliação Psicológica, Saúde Mental, Intervenção em abordagem Cognitivo-comportamental e Pesquisa em Psicologia, além de dezenas de capítulos de livros e artigos científicos sobre tais temas. Autora dos materiais para intervenção clínica: Memorex, para treino cognitivo de idosos; Jogo da Resiliência; Baralho das emoções: representação e psicoeducação para crianças e adolescentes; Baralho das emoções: representação e psicoeducação para adultos e idosos; Cards Intimidade e sexualidade na maturidade: 100 perguntas para a clínica com idosos e Baralho de vivências e reações a violência/bullying na escola.

Sérgio Eduardo Silva de Oliveira é psicólogo (Unilavras, 2009), mestre (UFRGS, 2012) e doutor (UFRGS, 2016) em psicologia e especialista em avaliação psicológica (UFRGS, 2014, e CFP, 2021). Fez estágio de doutorado sanduíche na University of Minnesota (UoM, 2015) sob supervisão do Prof. Robert F. Krueger e tem dois pós-doutorados, um na Universidade Federal do Rio Grande do Sul (2017) e outro na Universidade São Francisco (2023). Atualmente é professor do Departamento de Psicologia Clínica da Universidade de Brasília (UnB) e orientador no Programa de Pós-graduação em Psicologia Clínica e Cultura (PsiCC). Na UnB coordena o Núcleo de Estudos em Avaliação Psicológica Clínica (NEAPSIC) (http://neapsic.unb.br/) e o Serviço de Avaliação Psicológica (SAPsi) (www.sapsi.unb.br). Atualmente é membro e foi coordenador do Grupo de Trabalho Avaliação Psicológica e Psicopatologia (GT-APP) da Associação Nacional de Pesquisa e Pós-graduação em Psicologia (ANPEPP) por dois biênios consecutivos (2019-2020 e 2021-2022).

Silvia Miranda Amorim é psicóloga (2013) pela Universidade Federal de Juiz de Fora e especialista em Terapia Cognitivo-comportamental (2014) pela Faculdade Redentor. Mestra (2015) e doutora (2019) em Psicologia pela Universidade Salgado de Oliveira (UNIVERSO), com ênfase em Cognição Social, Organizações e Trabalho. Realizou estágio doutoral (2017) na Faculdade de Psicologia e de Ciências da Educação da Universidade de Coimbra (Portugal). Atualmente é professora adjunta do Departamento de Psicologia da Universidade Federal de Minas Gerais e do Programa de Pós-graduação em Psicologia: Cognição e Comportamento. Integrante do Laboratório de Estudos sobre Trabalho, Subjetividade e Saúde (LETSS), do Grupo de Trabalho Cultura Organizacional e Saúde no Trabalho da ANPEPP (GT 13) e da diretoria da Associação Brasileira de Psicologia Organizacional e do Trabalho.

Tainá Rossi é psicóloga (2017) pela Faculdade Meridional (IMED), especialista em Neuropsicologia pela UNIASSELVI, mestre (2022) e doutoranda em Psicologia Clínica pela Pontifícia Universidade Católica do Rio Grande do Sul (PUCRS).

Tatiana Quarti Irigaray é psicóloga (2004) e especialista em Psicologia Clínica (2007), Neuropsicologia (2010) e Avaliação Psicológica pela Universidade Federal do Rio Grande do Sul. Mestre (2006) e doutora em Gerontologia Biomédica (2009) pela Pontifícia Universidade Católica do Rio Grande do Sul – PUCRS. Decana Associada, Coordenadora de Educação Continuada e Professora Titular da Graduação e do Programa de Pós-graduação em Psicologia da Escola de Ciências da Saúde e da Vida da PUCRS. Bolsista Produtividade 1D CNPq, Coordenadora do grupo de pesquisa Avaliação, Reabilitação e Interação Homem-Animal (ARIHA).

Valéria Gonzatti é psicóloga (2005) pela Universidade Luterana do Brasil e tem Licenciatura em Psicologia (2013) pela UFRGS. Especialista em Avaliação Psicológica pelo Conselho Federal de Psicologia, em Atendimento Educacional Especializado (2022) pelo Centro de Ensino Superior Dom Alberto Ltda, Tec. Inf. Aplicadas à Educação (2017) pela Universidade Federal de Santa Maria, em Psicopedagogia (2012) pela Faculdade do Grupo UNIASSELVI, em Neurospsicologia (2010) pela Universidade Federal do Rio Grande do Sul e em Psicologia Hospitalar em Avaliação Psicológica e Neuropsicológica (2008) pelo Hospital das Clínicas da Faculdade de Medicina da Universidade de São Paulo. Mestre (2015) e doutora (2021) em Psicologia pela Pontifícia Universidade Católica do Rio Grande do Sul – PUCRS. Atualmente é docente do Departamento de Ciências da Saúde da Universidade de Santa Cruz do Sul – UNISC, psicóloga colaboradora do Conselho Regional de Psicologia – 7ª Região e da Pontifícia Universidade Católica do Rio Grande do Sul e assessora pedagógica na 27ª CRE do Governo do Estado do Rio Grande do Sul.

Coleção Avaliação Psicológica

– *Avaliação Psicológica – Aspectos teóricos e práticos*
  Manuela Lins e Juliane CallegaroBorsa (orgs.)
– *Compêndio de Avaliação Psicológica*
  Makilim Nunes Baptista, Monalisa Muniz et al.
– *Avaliação Psicológica – Guia para a prática profissional*
  Katya Luciane de Oliveira, Patrícia Waltz Schelini e Sabrina Martins Barroso (orgs.)
– *Formação e estratégias de ensino em Avaliação Psicológica*
  Katya Luciane Oliveira, Monalisa Muniz, Thatiana Helena de Lima, Daniela S. Zanini e Acácia Aparecida Angeli dos Santos (orgs.)
– *Avaliação psicológica na infância e adolescência*
  Marcela Mansur-Alves, Monalisa Muniz, Daniela Sacramento Zanini, Makilim Nunes Baptista (orgs.)
– *Tutoriais em análise de dados aplicados à psicometria*
  Cristiane Faiad, Makilim Nunes Baptista, Ricardo Primi (orgs.)
– *Avaliação psicológica de idosos*
  Irani Iracema de Lima Argimon, Sabrina Martins Barroso, Makilim Nunes Baptista, Hugo Ferrari Cardoso (orgs.)

Conecte-se conosco:

 facebook.com/editoravozes

 @editoravozes

 @editora_vozes

 youtube.com/editoravozes

 +55 24 2233-9033

www.vozes.com.br

Conheça nossas lojas:
www.livrariavozes.com.br

Belo Horizonte – Brasília – Campinas – Cuiabá – Curitiba
Fortaleza – Juiz de Fora – Petrópolis – Recife – São Paulo

  Vozes de Bolso

EDITORA VOZES LTDA.
Rua Frei Luís, 100 – Centro – Cep 25689-900 – Petrópolis, RJ
Tel.: (24) 2233-9000 – E-mail: vendas@vozes.com.br